童蒙養正 受益終身

《周易·蒙卦》经学诠释与儿童哲学研究

唐 艳 ◎ 著

上海交通大学出版社
SHANGHAI JIAO TONG UNIVERSITY PRESS

内容提要

本书是第一部基于《周易·蒙卦》文本而阐发古代中国儿童哲学的专著，立足儒家经学话语系统，从象、数、义、理、占、气、史多重维度分卷诠释《蒙》卦之卦象、卦辞、爻象、爻辞、《彖传》、《象传》的深刻内涵与哲学义理，通过对卦爻辞中"蒙""匪我求童蒙，童蒙求我""初筮告，再三渎，渎则不告""发蒙""包蒙""勿用取女""困蒙""童蒙""击蒙"等观念的解读，揭示"蒙"之本义与儿童哲学蕴意，结合当今的教育实践，探讨儒家童蒙教育的理念与方法。由《蒙》卦而演绎至《颜氏家训》《三字经》《弟子规》，在亲亲伦理、智慧启蒙、待人接物处事维度上挖掘传统蒙学经典中的优秀教育内容，以启发读者重新认识中国的儿童教育问题，助推儿童哲学的本土化建构。

图书在版编目(CIP)数据

童蒙养正，受益终身：《周易·蒙卦》经学诠释与儿童哲学研究/唐艳著.—上海：上海交通大学出版社，2023.1

ISBN 978-7-313-27217-1

Ⅰ.①童… Ⅱ.①唐… Ⅲ.①中华文化—教学研究—学前教育 Ⅳ.①G613.2

中国版本图书馆 CIP 数据核字(2022)第 143814 号

童蒙养正，受益终身：《周易·蒙卦》经学诠释与儿童哲学研究
TONGMENG YANGZHENG, SHOUYI ZHONGSHEN：《ZHOUYI·MENGGUA》 JINGXUE QUANSHI YU ERTONG ZHEXUE YANJIU

著　　者：唐　艳		
出版发行：上海交通大学出版社	地　　址：上海市番禺路 951 号
邮政编码：200030	电　　话：021-64071208
印　　制：上海万卷印刷股份有限公司	经　　销：全国新华书店
开　　本：890mm×1240mm　1/32	印　　张：13.25
字　　数：307 千字	
版　　次：2023 年 1 月第 1 版	印　　次：2023 年 1 月第 1 次印刷
书　　号：ISBN 978-7-313-27217-1	
定　　价：68.00 元	

上海市高校青年教师培养资助计划

重点推荐项目

"优秀传统文化融入现代幼儿教师立德树人教学实践研究"

(ZZzdz19003)

国家社会科学基金重大项目

"董仲舒传世文献考辨与历代注疏研究"

(19ZDA027)

上海交通大学中华君子文化研究中心

资助出版

童蒙養正

受益終身

題唐艷大著付梓

辛丑秋 劉大鈞

全国政协委员、中央文史馆馆员、中国周易学会名誉会长、
山东大学终身教授刘大钧先生题辞

南宋浙东茶盐司刻本《周易注疏·蒙卦》，中国国家图书馆藏

序 一

　　我在《周易明意》一书中深化了"意本论"，提出人是"意"念实化的存在，人生是"意"念实化流行的过程，以人意合于天意是《周易》的核心哲理。可以说，《周易》的"人天之意"是中国哲学与文化的总根，六十四卦、三百八十四爻及《易传》都是"人天之意"的哲理开展。无疑，六十四卦之一的蒙卦对于"人天之意"的表达有其独特性，而在教育哲学方面，蒙卦的意义同样非常重要。在《周易明意》意本论体系中，蒙卦为离（向）宫四世卦，主要讨论"意—向"论，可以理解为意向的理解、调整、涵养等。按先天八卦顺序，离（向）宫后接震（缘）宫；按后天八卦顺序，从震宫意缘经巽宫意识而有离宫意向，说明意向启蒙、发蒙、开蒙这一过程的复杂性和深刻性。

　　可以说，蒙卦恰恰揭示了当人之意向被各种各样的意缘蒙住而困惑迷茫、不知所向时的状态，与此同时，蒙卦代表意念境遇的转化和新生。不仅刚来到现世的幼稚婴孩极易受蒙，成人也可能会受蒙，所以需要启蒙、开蒙，而后人的意识境遇才能每时每刻都得到刷新，心灵世界也不断被清洗，变得澄明。先知先觉的圣人于阴阳未分之前通达启蒙的缘分，强调建立教育系统来引导、启迪人之意向走往贞正、恰当的道路，因此蒙卦才能够亨达光明。《周易》没有蒙卦，就不可能将天地交通艰难的大道注入人间世界；人不经历蒙态，就不可能成为能动进取、努力向善的生命存在。可见，蒙卦所蕴藏的易道智慧是人之成长不可或缺的德性根据与精神良药。

近年来，对于《周易》这部哲学经典的研究虽然很多，但发挥其作为"群经之首，大道之源"的思想慧命与时代价值的著作较少，甚至还出现了反传统的文化滑坡现象。《童蒙养正，受益终身》这本书让人眼前一亮！唐语鲛博士能够聚焦蒙卦来研究儿童哲学与教育问题，应该说是易学领域研究的一股清流。《周易》是"推天道以明人事"的书，其中天道与人道、天意与人意之间始终是相应相通的命运共同体，博大精深的易道本身就极富理性色彩与人文气息。易学的研究与传承不仅要走纯思哲学、抽象玄妙的向路，更要有的放矢地融入现代化实践领域当中发挥价值、创造效益，使得易道能够有着落、接地气，唯有如此方可不断激活《周易》的生命活力。作者从象、数、卦、辞等诸个面向对蒙卦做了透彻的解读，卦象、卦辞、爻辞中的每一个重要命题都有全面深刻的诠释与分析。该书纵横捭阖，既有扎实的儒家经学、训诂学、文献学功夫，又有活泼有趣、精辟独到的儿童哲学发挥，把经学与哲学勾连起来，朴实敦厚，清新流畅，遵古训又不失灵气。作者基于中国传统易学又融合了西方儿童哲学前沿理论，把蒙卦读懂了，把童蒙读通了，也把蒙卦写活了，既充分挖掘蒙卦的儿童哲学精神与教育智慧，又延伸到古代优秀蒙学经典中进一步落实，把"百姓日用而不知"（《系辞上》）的易道彰显得淋漓尽致。

在当今快节奏、强压力的社会背景下，人心浮躁、志意妄动，年轻的博士生一般都很难坐冷板凳，沉下心来研读古代经书，即便读也难以读得进去。唐语鲛博士很勤奋，很认真，很励志，年纪轻轻就申请到上海市资助重点课题项目,还能够如此尽心尽力、扎扎实实地研读《周易》、吃透蒙卦,可谓学术新秀之典范!她巧妙地把自己修习过的儿童教育专业知识与蒙卦融合起来,实现学科交叉、创新突破、双边体悟,既有经学根基和哲学高度,又不乏实践反思和磨炼功夫,实为易学研究领域难得的青年优秀力作。

　　我在夏威夷大学曾经修过 Thomas Jackson 教授的《儿童哲学》课程,受益良多。如今看到唐语鲛博士能够结合经典,写出如此文采飞扬、思路开阔、文献精深、游刃有余的著作,深感以蒙卦为代表的中国古代儿童哲学可谓得到了现代化地转化和表达,可以重新焕发青春。唐语鲛博士的治学思路明显受其中西兼治的导师余治平的学风影响,围绕主题自如驾驭中西文献,纵横捭阖而不失宗主,显得才情兼备。她所完成的工作,对把中国化儿童哲学的版本推向世界,推动中国源远流长的教育哲学登上世界哲学舞台,功莫大焉。

温海明

2021 年 8 月于京华

　　温海明,中国人民大学教授、博导。国际易学联合会秘书长兼学术部部长,山东大学易学与中国古代哲学研究中心客座教授,泰山学者。

序 二

《周易》作为中国传统文化的源头活水，其思想博大精深，对于中国传统社会的各个层面均有着或深或浅的影响。《周易》之所以能够有这样的影响力，不仅在于其思想体系高屋建瓴，更在于其以细腻的笔触，生动记录了数千年前中国古人的生活点滴。从"用涉大川"到"改邑不改井"，从"劳谦君子"到"田获叁狐"，在《周易》的文字中，不仅有诗与远方，更有浓郁的烟火气息。正是如此，《周易》才会虽百姓之不知，却日用而传之。

站在 21 世纪的今日，复兴与重振中华优秀传统文化离不开对于传统典籍的学理分析与解构，但这一工作本身存在着一定难度：其一，在于传统典籍在数千年间的传承过程中，本身就是见仁见智，不同时代与学派对于同一典籍的解读存在着很大差异；其二，在于今日社会与传统社会实在相去甚远，特别是近百年间，在中西文明的交织与碰撞中，如何以现代视角去审视与述说中国传统典籍一直是见仁见智，各有不同。因此，能够在准确解构传统思想的基础上又可以古鉴今，方可为真正弘扬中国传统之文化。在上海交通大学余治平教授的推荐下，我有幸拜读了唐艳博士的大作《童蒙养正，受益终身——〈周易·蒙卦〉经学诠释与儿童哲学研究》，正合于我心中的典范之作。

　　唐艳博士的大作分为三个部分，首先是从文本解读入手，对于《蒙》卦整体及其所涉及的哲学范畴加以分析，着力探讨了《蒙》之中涉及教育部分的文本含义，其以传统治《易》路径，从象数、义理、史学等不同维度入手，分析了《蒙》卦之文辞。她认为传统易学中将《蒙》解读为"微昧暗弱"是一种成人式的武断，掩盖了"童蒙"的内在力量与自然天性。因此《蒙》卦所言的教育是从人的本性出发，遵从"中""止"等原则，方可称之为正确的教育。在教育的过程之中，则突出了受教人与施教者、施教内容等因素的相契合。在她看来，教育是不断提升受教人同时不失本心的一个动态过程。因此"教"需向泉水之般，只有源源不断，才会奔流入海。其次，在第一部分落笔于"童蒙"的基础之上，作者在卷二中着重探讨了教育的理念与方法，认为"童蒙"之价值在于人性之源与仁心相一致，故而"仁心"在教育中有着不可替代之作用，以仁心达真心，以真心启童心，正是"童蒙"之正。在教育方法上，其认为因材施教乃"蒙"之方法，故而在卦爻辞中，以"发蒙""包蒙""童蒙""困蒙""击蒙"等不同文辞表达了多样的教育方法。最后，在对于《蒙》卦做出了细致解读后，作者又论述了中国传统文化中另外三部作品的儿童教育理念，在其看来，《颜氏家训》从修身、治家、处世、为学等方面训诫后代，继承与发展了儒家"明人伦""重仁义"的儿童教育哲学；《三字经》则以简、短、韵、易的文学特点，表达了充满正能量的教育内容；《弟子规》以正向引导、注重践履的育人精神传递着中国传统养育童蒙的经验智慧。

　　从整体而言，唐艳博士的著作在儿童教育哲学方面提出了许多富有创见的论断。中国传统文化历来有着注重教育的传统，但既往我们对于教育的关注多停留在成人教育，且更加关注教育对于人的改进，但如此之下，一则易忽略儿童之教与成人之教的不同,二则脱离个人之差异,亦背离孔夫子"因材施教"的育才初心。客观讲,教育之源头在于儿童之本性,如果不能够顺从本心与个性,教育只会反噬童心。唐艳博士之大作,重新梳理了《蒙》卦之思想体系,指出其极为丰富的教育理念与层次鲜明的教育方法,亦借助于后世三部与蒙教关系密切的典籍,梳理了《蒙》卦思想之流传。作为《周易》的研究者,鄙人以为唐艳博士之作既有高屋建瓴的哲思,亦有贴近生活之思索,实为近年来研究《周易》教育思想之佳作。蒙上海交通大学余治平教授与唐艳博士之信任,聊以数语为序,以待方家共正之。

刘　震

2021 年夏于京城新起点寓所

刘　震,中国政法大学教授、博导。中国周易研究会副会长,国际易学联合会常务理事。

目录

卷二 童蒙教育的理念与方法

卷三　日用人伦与文化浸润

儒家经学与儿童哲学的中国本土化建构

作为儒家群经之首的《周易》利用卦画、卦象、卦辞、爻画、爻辞和《易传》诠释的独特话语系统而呈现出天地宇宙、万事万物的生发流变过程。《易传·系辞上》曰："范围天地之化而不过，曲成万物而不遗。"①六十四卦具有极大的统摄性，人世间任何事物均可以从中找到存在根据与意义源泉。孔子阐述天道，力主使用融合理性与情感、勾连学理与现实、有血有肉的历史叙事方式，而不是抽象、空洞、概念化的哲学叙事方式，把天道做了精细化、清晰化、人伦化的加工和处理，"我欲载之空言，不如见之于行事之深切著明也"②，而形成了一种独特的中国人文传统。《周易》不是一套玄妙深奥而让人捉摸不透的晦涩学问，相反，其中还渗透着上古中国许多政治、军事、宗教、文化、伦理生活丰富而新鲜的内容。"乾知大始，坤作成物"③，《乾》《坤》二卦是原初宇宙发生的阴阳道

---

① 【明】来知德：《周易集注·系辞上》，胡真校点，上海：上海古籍出版社，2013年，第379页。
② 【汉】司马迁：《史记·太史公自序》，北京：中华书局，2011年，第2856页。
③ 高亨：《周易大传今注·系辞上》，济南：齐鲁书社，1998年，第382页。

体。至《屯》卦，"雷雨之动满盈"①，万物滥觞，事相发生。而这一切又必须依赖人类意识的形成和自我认知的觉醒。《蒙》卦卦辞曰："蒙，亨。匪我求童蒙，童蒙求我。初筮告，再三渎，渎则不告。利贞。"蒙虽幼稚，却有亨达之理，只要教化得当，便可走出蒙昧而通向光明。"发蒙""包蒙""困蒙""童蒙""击蒙""圣功"等所蕴含的关于儿童天性、精神、求知、教化的深邃智慧，岂不正是西方现代儿童哲学理论所追求的旨意和圭臬嘛！而探讨《蒙》卦的易学诠释体系，无疑将有利于我们建构和确立中国本土化的儿童哲学叙事。

哲学学科一向被看作是舶来品，②儿童哲学的缘起最早也发端于美国。20 世纪 70 年代，美国哥伦比亚大学教授 M. 李普曼被誉为"儿童哲学之父"，③他创始了"儿童哲学项目"（the

---

① 【明】来知德：《周易集注·屯》，第 28 页。

② 作为外来词汇的"哲学"，在希腊语中为Φιλοσοφία，Philosophia，即爱智慧；在英语中为 Philosophy；在德语中为 die Philosophie，philosophieren。哲学相当于古代中国《易传·系辞上》的"形而上者谓之道"。（见【明】来知德：《周易集注·系辞上》，第 383 页）指运用抽象概念去思考天地自然和人事世界的存在者，而形成的一套学术系统。1874 年，日本人西周（にしあまね，1829—1897）把 Philosophy 译为平假名"哲学"，后经黄遵宪、梁启超等人的引进才在中国日渐通行。哲学实际上就是一种能够脱离具象，单纯使用概念而运思的能力。中、西方文化中均具有哲学思维，但作为学科建制则最先起源于西方。20 世纪以来的中国学者都试图效仿西方哲学，对中国固有的文化资源进行套解而建立自己的哲学学科体系，但这种做法在 21 世纪初的"中国哲学合法性"大讨论中遭到抵制和批判，回归中国传统本身的要求和呼声逐渐兴起。如果中国哲学有存在的合理性，中国儿童哲学亦当有存在的正当性。

③ M. 李普曼受到 J. H. 裴斯泰洛齐《林哈德与葛笃特》（Lienhard und Gertrud）、《葛笃特如何教育其子女》（Wie Gertrud ihre Kinder lehrt?）和 J. J. 卢梭的《爱弥儿》（émile：ou De l'éducation）等教育小说的影响。1969 年，他的第一部儿童哲学小说《哈利·史图特迈尔的发现》（Harry Stottlemeire's Discovery）标志着儿童哲学的诞生。（参阅潘小慧：《儿童哲学的理论与实践》，桂林：广西师范大学出版社，2020 年，第 14－17 页）1970 年，他在新泽西以此部小说教导中学生，成为儿童哲学实验的开始。1974 年，M. 李普曼与其研究团队助理在州立蒙特克雷尔学院（Montclair State College）成立儿童哲学促进研究所（Institute for the Advancement of Philosophy for Children，IAPC），从事有关儿童哲学的研究。参阅詹栋梁：《儿童哲学》，广州：广东教育出版社，2005 年，第 2－5 页。

Philosophy for Children Program），主要内容是“思考的思考”（to Think about Thinking），关注对儿童逻辑技能（Reasoning）的训练。他在《教室里的哲学》（Philosophy in the Class-room）中对儿童哲学教育的目的、方法、实践和主题等进行了系统论述。[1] 美国马萨诸塞州大学哲学教授 G. B. 马修斯受到 M. 李普曼的启发，1994 年出版了《童年哲学》（*The Philosophy of Childhood*）一书，正式提出“童年哲学”（The Philosophy of Childhood）的概念，将“童年”和“哲学”联结在一起。G. B. 马修斯说：“正像《纽约人》封面上的美国鸟瞰图一样，我将儿童视为小小哲学家的观点也一样是扭曲。但是传统童年观认为，童年就是经历过一系列与年龄大致相关的阶段、以成熟为目标的发展；这种童年观也是一种扭曲。有时候，似乎纠正扭曲的最好方式就是，用反向的扭曲来矫枉过正。”[2] 他把儿童视为小哲学家，强调儿童也有自己的哲学（Philosophy of Children），这不仅是对以往哲学研究的突破，还刷新了过去狭隘的儿童观与教育观。G. B. 马修斯又出版了《哲学与幼童》（*Philosophy and the Young Child*）、《与小孩对话》（*Dialogue with Children*），充分阐释了“童年哲学”的思想内涵。[3]

---

[1] 参阅［美］M. 李普曼：《教室里的哲学》（*Philosophy in the Classroom*），张爱琳、张爱维编译，太原：山西教育出版社，1997 年。

[2] ［美］G. B. 马修斯：《童年哲学》（*The Philosophy of Childhood*），刘晓东译，北京：生活·读书·新知三联书店，2015 年，第 13 页。

[3] “儿童哲学”（Philosophy for Childhood）2005 年 5 月被收入《史丹福哲学百科》（*The Stanford Encyclopedia of Philosophy*），“童年哲学”一词也于同年 9 月收入。“童年哲学近来被视为与科学哲学、历史哲学、宗教哲学及许多其他‘哲学’学科相类似的研究领域，它被视为与这些已经具有哲学研究合法领域的‘哲学’学科类似的学科。”“童年哲学”的提出似乎是对于“成人哲学”的一种对比式观照。参见潘小慧：《儿童到底可不可能是真正的哲学家——从周大观及其诗集〈我还有一只脚〉谈起》，见张斌贤、于伟主编：《新儿童研究》第一辑，桂林：广西师范大学出版社，2020 年，第 84－85 页。

　　哲学不再只是成人或哲学研究者的专利，儿童也有自己的哲学，①甚至哲学因他们而变得活泼、灵动、率真。6岁忙着舔锅子的蒂姆说："我们怎么才能知道一切不是一场梦呢？"②3岁的史蒂夫不喜欢吃香蕉，对爸爸说："如果你是我的话，你也不会喜欢。"③林德宏记录了儿子苗苗3～5岁时提出的问题，如1978年6月29日："爸爸，为什么你比安云哥哥大，却没有他高呢？"1979年11月11日："世界上哪个数字最大呀？"④周国平记录女儿啾啾的言语："妈妈，要是你生的是笑笑怎么办？为什么正巧

---

① 儿童哲学包括三种意涵：认识和意识儿童的思维特征，尊重并欣赏儿童的创意与表现（Philosophy for Children）、陪伴儿童一起从事哲学思考活动，以儿童为核心的方式在各种具体情境中一起做哲学（Philosophy with Children）和灵活运用并开发教材教法，引导儿童从事哲学思考活动（Philosophy by Children），（参阅潘小慧：《儿童哲学的理论与实践》，第14－17页）儿童哲学也可用"P4C"来表示：儿童逻辑推理技能的训练（Philosophy for Children）、在不同情境下与儿童进行哲学对话（Philosophy with Children）、探索儿童自身哲学思想（Philosophy of Children）、借助儿童主体力量创设哲学探究空间（Philosophy by Children）。"Philosophy for Children（P4C）is more than simply a way to engage inshared, substantive inquiry into narrative or informational text; it offersways to open discourse channels for interacting with and contemplating the perspectives of others."以P4C为核心内容的儿童哲学不仅仅是一种对事件或信息文本的本质性探究方式，还为与他人互动、思考他人观点提供了一种交流渠道。Monica B. Glina. *Philosophy For，With，and of Children*，Newcastle-upon-Tyne：Cambridge Scholars Publisher；2013. Pxiii. 同时，还衍生出了童年哲学（Philosophy of Childhood）这个新领域，M. 李普曼、G. B. 马修斯、肯尼迪、可汗等国际学者已进行初步探索，刘晓东、郑敏希、苗学红、高振宇等国内学者也试图从东西方的哲学传统出发建立具有浓厚哲学韵味的童年哲学。参阅高振宇：《儿童哲学导论》，桂林：广西师范大学出版社，2020年，第4、137－139页。
② ［美］G. B. 马修斯：《哲学与幼童》（*Philosophy and the Young Child*）（修订本），陈国容译，北京：生活·读书·新知三联书店，2015年，第2页。
③ ［美］G. B. 马修斯：《与儿童对话》（*Dialogues with Children*），陈鸿铭译，北京：生活·读书·新知三联书店，2015年，第136页。
④ 参阅林德宏：《儿童的哲学世界》，《南京大学学报》（哲学·人文科学·社会科学）1999年第4期，第149－155页。

生的是我?""有时候我老觉得自己在做梦。会不会一直在做梦,还没有醒来呢?"①"我困得都睡不着了""我都累精神了"②。儿童出于自然天性的好奇发问与有趣思考并没有降低哲学形上、超越的高深特性和终极地位,反而是对哲学学科的一种反转、唤醒与补充。儿童哲学关注孩子的精神世界和心灵世界,为人们更好地发现儿童、教育儿童、研究儿童开辟了新的路径与向度,这无疑是一种哥白尼式的转变。③

　　中国自 20 世纪 90 年代末引入儿童哲学以来,迄今不足 40年,儿童哲学在教育学领域基本已被普遍认可并取得一定成果,但儿童哲学的本土化一直是个大难题。中国的儿童哲学研究还一直处于向西方学习、吸收、模仿的阶段。高振宇说"儿童哲学的中国化就是要以中国文化去改造儿童哲学",④中国的儿童哲学少不了中国文化的滋养和推动,尊重儿童哲学理论本质的同时,还要关注自身所处的文化境遇与哲学传统。今天的儿童哲学研究多基于欧美的儿童哲学学科体系,致力于抽象的思维训

---

① 周国平:《宝贝,宝贝》,南昌:二十一世纪出版社,2014 年,第 2 页。

② 周国平:《女儿四岁了,我们开始聊哲学—真有圣诞老人吗? 审美》,北京:电子工业出版社,2016 年,第 4 - 5 页。

③ 从 M.李普曼发起的儿童哲学研究至今刚满 40 年,已逐步成为一种国际性的学术。目前,儿童哲学研究在欧、美、亚、欧世界各地蓬勃发展。欧美国家基于不同的文化立场对儿童哲学的研究各有特点:美国的儿童哲学受 M.李普曼以"思想"为主导的影响,注重推理的规则与技巧。欧洲继承古希腊源远流长的古老传统,把哲学视为"爱智慧",儿童哲学旨在教导儿童追求真理。詹栋梁从儿童哲学的意义上讨论欧美差异,认为美国是狭义的,欧洲是广义的。在哲学背景上,欧洲重视传统,美国重视创新;在社会制度上,欧洲比较保守封闭,美国比较开放自由;潘小慧认为这种差异无损于他们对儿童哲学的重视和发扬。高振宇强调,两个地区的差异尽管存在,但不能过分夸大,两者实际已呈现出彼此融合的状态。分别参阅潘小慧:《儿童哲学的理论与实践》,第 7 - 17 页;詹栋梁:《儿童哲学》,第 11 页;高振宇:《儿童哲学导论》,第 4 - 5、137 页。

④ 高振宇:《儿童哲学导论》,第 106 页。

练、批判精神和真理追求，以西治中，重洋轻本，而忽视了中国传统的儿童哲学道统。熊秉真说："关于历史上的孩子，中国还藏有一份最丰富而宝贵的资产，向来少人挖掘。"①中国孩子有自己的发展历史与文化传统，老祖宗留下了大量的智慧结晶，值得我们好好咀嚼和消化。民国时期的儿童教育家黄一德说："我们中国人已成了一只'迷羊'，一部分的人更其生了'迷羊'病。"②21世纪，我们仍是"迷羊"，中国的传统经典博大精深、意蕴悠长，但愿意扎根于中国自身的儿童文化而深入钻研下去的人屈指可数。儿童哲学中国化的问题关键是要弄清楚中国儿童是怎样生活和思考的。中国传统文化与儿童哲学有没有契合之处？如果有，是偏向美国的"推理与思考"，还是欧洲的"分析与判断"③？或者是另辟蹊径，走出一条符合中国气质的儿童哲学道路？儿童哲学的本土化构建不仅要向西方学习，还要在中国优秀文化传统中求资源、找灵感、寻出路。

一

"尽管中国古汉语里没有'哲学'这个词汇，但是中国古代一定有可以于西方哲学相匹对的这门学问"④，中国同样没有"儿

---

① 熊秉真：《童年忆往：中国孩子的历史》，台北：麦田出版，2000年，第48页。
② 王稚庵编：《中国儿童史·序》，上海：儿童书局，1932年，第1页。黄一德先生在序中还提到，1931年由中华慈幼协会提出每年4月4日为儿童节，中国才有了儿童节。据《汉语大词典》记载，儿童节即六一国际儿童节。1949年11月国际民主妇女联合会决定每年6月1日为国际儿童节，我国于1949年12月规定6月1日为中国儿童的节日。（参阅罗竹风主编：《汉语大词典·儿部》第二卷，上海：汉语大词典出版社，2001年，第273页）中国本可以把每年4月4日定为儿童节，很可惜这个提议没有延续下来，取而代之的是国际儿童节。
③ 潘小慧：《儿童哲学的理论与实践》，第16页。
④ 余治平：《中国的气质——发现活的哲学传统》，北京：中国社会科学出版社，2019年，第4页。

童哲学"的说法,但我们仍然可以找到与西方儿童哲学相对应的儿童学问。目前,已有学者对儿童哲学中国化的必要性与可能性做了有益探索,但尚未提出具体实施路径。高振宇说:"西方哲学传统的儿童哲学课,是以强调逻辑推理、审慎论辩为主要特点的,所反映的是一种追问到底的精神,意在养成批判分析的态度,这与中国传统哲学的思维风格是有所不同的。"①中、西方的文化差异铸造了西方人与中国人不同的民族气质与思维方式,儿童哲学自然也有不同的生长根基与存在方式。谢遐龄说:"为什么西方的制度嫁接到中国社会上不能成功? 因为那是西方人之外化,对中国人,那无异于异体器官移植,不因此而引起败血症,就算是幸运的了。"②我们不否认西方倡导儿童哲学的重大意义,但不能随意将其嫁接在中国孩子身上,必须致力于确立中国自己的儿童哲学,构建具有中国传统文化特色的儿童哲学。虽然中国哲学中仁、爱、道、心、理、气等概念可以注入儿童哲学的相关理论研究中去,但若不能唤醒中国儿童哲学的自觉意识,就无法确立其自身的主体地位,终究还是以西为本、以中为末,治标不治本。

近年来,中国学者为引进儿童哲学理论做出了诸多努力,包括接受外国的培训,参加国际儿童哲学委员会(ICPIC)会议,翻译作品,撰写论文,出版专著,推广实践,等等,这些成绩虽得到了国际认可,但在全球化的儿童哲学盛会上,"亚洲的声音非常薄弱,基本上处于'作为学徒'的状态"。③ 我国儿童哲学研究现

---

① 高振宇:《儿童哲学导论》,第 109 页。
② 谢松龄:《天人象:阴阳五行学说史导论》,济南:山东文艺出版社,1989 年,第 8 页。
③ 高振宇:《儿童哲学导论》,第 126 页。

状主要趋势是引进欧美的研究成果，①缺乏本土化叙事，没有将中国传统智慧植根于儿童哲学的学科建制当中，自身童年文化的特色与优势没有被充分挖掘和发挥，底气不足，自信不够，使得儿童哲学难以彻底完成本土化构建。同时，儿童哲学本土化过程中出现了很多理论争议与实践困境。魏润身明确提出："儿童哲学课还是不开好"，"我们必须要承认，当一个孩子凡事都要'把一个概念放在与另一个概念的关系中，加以辩证的思考'的时候，他还天真吗？他还是一个赤条条的孩子吗?"②儿童哲学强调的抽象思维训练与童真童趣之间还很难保持良好的张力和融合度。在本土化的教学实践中，儿童哲学还常常被界定为一种思维训练课，而较少关注儿童哲学素养与精神世界层面。教师普遍缺乏哲学素养与教学经验，对儿童哲学没有形成正确的认识，断章取义，刻意扭曲，有的学校甚至还打着儿童哲学旗号来美化传统的封闭教学方式，这种异化现象不得

---

① 通过 Citespace 知识图谱和 CNKI 知识网络文献分析系统，高振宇得出儿童哲学研究关键词的分布：儿童哲学原理研究(如 M. 李普曼、G. B. 马修斯、童心主义、童年哲学、J. 杜威等)、儿童哲学的课程研究(如儿童哲学课、幼儿园教育活动、校本课程、绘本等关键词)、儿童哲学中的学校及教师研究(如六一小学、南站小学、教师发展等关键词)、儿童哲学的国际比较研究(如中国化、比较、美国、澳大利亚等)。可以看出，除了"童心主义""中国化"的关键词体现出为儿童哲学本土化倾向之外，人们主要把目光放在西方的研究成果上，对中国传统文化中的儿童哲学智慧关注得太少了。高振宇、陈荟、汤广全、杨隶瑛、黄彬、魏桂军、骆明丹等对儿童哲学中国化过程中所存在的主要问题内外原因、解决对策等进行了重点讨论，为未来儿童哲学的优化发展指明了方向。但是，中国化的研究须进行更加实质性的探索，解决如何基于中国传统文本来开展哲学探究、如何基于中国传统智慧来构建中国儿童哲学的理论框架，甚至是流派、如何设计出具有中国特色的实践模式等，才能在国际儿童哲学研究的舞台上有一席之地。参阅高振宇：《儿童哲学导论》，第 135－144 页。

② 魏润身：《儿童哲学课还是不开好》，《北京晨报》2014 年 4 月 2 日。

不让人担忧。①

　　究其原因，中国儿童哲学研究主要存在两个问题：一方面，中国儿童哲学自身缺乏完整的学科系统；另一方面，儿童哲学的研究领域太局限、太保守、太封闭，有儿童无哲学，有哲学无儿童。不仅中国哲学界尚未将儿童（童年）哲学视为一个"合法"领域，而且在儿童学研究领域，"儿童哲学的价值也未充分显现出来，主要还是把它作为一个特殊的教育项目来看待，因为关注儿童哲学最多的群体基本来自教育界。"②在中国哲学的话语体统中，哲学思考与教育实践之间可以相互沟通、彼此交融，儿童哲学研究还没有将这一文化特征落到实处，因而难以形成与中国气质相符的研究思路和方法。"有什么样的哲学观、儿童观，就会有什么样的儿童哲学观。有什么样的哲学观、儿童观、教育观，就决定了我们会建构怎样的儿童哲学教育观。"③要弄懂儿童哲学，必须先回归中国哲学，要弄懂儿童哲学教育，必须先回归中国的儿童教育。如果把中国哲学与教育学的学科精粹吸收到儿童哲学中，为其奠定坚实可靠的学科基础与文化前提，儿童哲学研究才能立得稳、站得高、走得远，否则就是个空皮囊，没有灵魂，没有主心骨，被带有西方特质的外来文化推来推去，东倒西歪，最后还不知道会成为何种奇怪的模样！"中华民族究竟会变到哪里去？究竟会在多大限度内采纳西方创造的、表现着西方人之本性的文化产品？都是关系到我们现在应该做什么事、

---

① 除此之外，在课程资源设置、课程资源开发、课程实施的模式与方法、师资培训等方面还存在诸多儿童哲学在中国开展的困难。详细内容可参阅高振宇：《儿童哲学导论》，第118－125页。

② 高振宇：《儿童哲学导论》，第114页。

③ 刘晓东：《童心乃哲学之根——兼评一堂儿童哲学课》，《上海教育科研》2018年第1期，第5－9页。

关系到我们民族前途命运的大问题。"①儿童哲学中国化的问题还有很长的路要走，每走一步我们都必须保持坚定的文化立场与自主精神，否则只会把自己走丢了，把别人走偏了，不伦不类，弄巧成拙，最终一事无成。

二

构建中国儿童哲学的主体性地位就应该把更多精力和关注点放在儿童哲学的本土化叙事层面，从传统文化里去寻找支撑资源，而不是完全依傍于西方，更不是用西方儿童哲学的理论、范式来套解中国的儿童教育实践。高振宇强调为"儿童哲学正名"，②儿童哲学也有自己的规定性。《广雅·释诂》曰"命，名也"，王念孙《疏证》曰"名、鸣、命古亦同声同义"，③根据事物之命名或指称来确定名之基本含义。《释名·释言语》曰："名者，名实事使分明也。"④名之本义强调自身与他物的区别。儿童"具有原始的哲学思维"⑤，他们的哲学源自与生俱来的禀赋，天底下孩子都应该有自己的哲学，这是儿童之为儿童的共性所在，而把儿童置于不同的文化背景之中，其称谓、含义和蕴意则大有不同，譬如，"婴儿"与"baby"，"童蒙"与"children"，"道"与"philosophy"，在中、西方的话语系统中各有韵味。为儿童哲学正名，就是要确立儿童哲学自身的学科地位与本土特色。

① 谢松龄：《天人象：阴阳五行学说史导论》，第9页。

② 高振宇：《儿童哲学导论》，第29页。

③【清】王念孙：《广雅疏证·释诂》，张靖伟等校点，上海：上海古籍出版社，1989年，第542、543页。

④【清】王先谦：《释名疏证补·释言语》，上海：上海古籍出版社，1984年，第178页。

⑤ 林德宏：《儿童的哲学世界》，《南京大学学报》（哲学·人文科学·社会科学）1999年第4期，第149-155页。

儿童哲学作为一门学问，必定有其生长的根或本，古希腊有"爱智慧"的求真精神，中国有追寻做人最根本的仁与道。如果哲学可以区分为中国哲学、西方哲学，那么儿童哲学也应有西方儿童哲学与中国儿童哲学。前者适应于西方儿童的逻辑思维，强调对真理的探究；后者适应于中国儿童的性情涵养，强调对大道的追求。关于追寻中国传统经典中关于儿童、童年、童心的观念和智慧，刘晓东曾经基于对 M. 李普曼、G. B. 马修斯、雅思贝尔斯等人的儿童哲学研究，立足于中国传统文化，以"童心"为切入点，把先秦的老子、孟子，明代心学中泰州学派的罗汝芳、李贽串联起来，试图打通中国古代"童心""赤子"概念与 J. J. 卢梭的"自然人"。[①] 这姑且算开辟了儿童哲学中国化的一个向度。L. 维果斯基认为："儿童心理发展的高级机能是人类物质生产过程中发生的人与人之间的关系和社会文化—历史发展的产物。"[②]儿童心理世界与精神世界的构建都离不开社会历史文化的熏陶。在我看来，儿童有自己的哲学，中国儿童也应该有中国儿童自己的哲学，我们要在了解欧美儿童哲学研究的基础上，重新审视中国的传统文化，探索具有本土特色的儿童哲学发展路径。

儿童哲学（Philosophy for Children）、童年哲学（Philosophy of Childhood）强调对儿童的精神世界与心灵世界予以关注，研究中国的儿童哲学就必须聚焦中国孩子的身体、心灵和精神，进入中国儿童的生活世界，挖掘中国儿童的行为特征、习惯倾向和思维方式，总结和概括出中国儿童的概念系统和形上学说。反思

① 参阅刘晓东：《童心哲学史论——古代中国人对儿童的发现》，《南京大学学报》（社会科学版）2015 年 6 期，第 82－93 页。

② 转引自朱智贤、林崇德：《儿童心理学史》，见《朱智贤全集》第 6 卷，北京：北京师范大学出版社，2002 年，第 388 页。

儿童哲学在中国出现的种种问题，究其原因还是我们不够了解自己的儿童。詹栋梁提出"从历史中去了解儿童哲学"的理念，[①]今人不认真读中国儿童的历史，也没有好好研读关于儿童的经典文献，而是不经理性选择和深刻反思地依赖西方心理学、生物学、卫生学、神经学等领域的成果。西方以学科见长的研究范式的确有助于人们更好地认识和教育儿童，但把儿童放在显微镜下分成一个个模块去探究，好像他们是由不同零件拼接起来的机器人似的，凭借这种方式所获取的儿童知识好比"盲人摸象"，实在太有限了。西医治病高效、精准、快速，胃不好治胃，腿不好治腿，脑不好就开颅，而中医不舍得把人分离开，"天人合一"的观念把天、地、人看作是一个紧密关联的生命联动体，治病还要考虑到天气呢。西方文明的科学化、精确化与中国文化的整体性、模糊性相互配合、相互补充。儿童哲学在西方率先兴起并发展成为一门独立学科，与西方人能够把真理与生活、物质与精神、思想与实践分开对待的思维倾向不无关系。而在中国人看来，儿童是一个圆融的整体，不可随意切割，儿童哲学与儿童的生活、行为、思想和精神水乳交融，很难像西方那样将儿童剥离开来专门去讨论他们的精神世界。

三

如果说儒学哲学是"性情哲学"，那中国的儿童哲学也应该有性情的一面。西方自笛卡尔以来，几乎不把注意力放在性情上，康德的"纯粹理性"（reinen Vernunft）和"实践理性"（praktischen Vernunft）均不允许有"情"的介入，一切普遍的道德法则（moralische Gesetz）均要摒弃情的主观成分。而中国哲

---

① 詹栋梁：《儿童哲学》，第 40—45 页。

学里的"情"是"性"之用、"性""接于物"之后所生发出来的现象
存在。①《荀子·正名》曰："生之所以然者谓之性,性之和所生,
精合感应,不事而自然谓之性,性之好恶、喜怒、哀乐谓之情。"杨
倞注曰："'精合'谓若耳目之精灵与见闻之物合也。'感应'谓外
物感心而来应也。"②人与生俱来有感知万物之官能,世间万物
自然而然进入人心世界谓之性,情是人心加工之后随性而出的
主观产物。《礼记·礼运》曰："何谓人情? 喜、怒、哀、惧、爱、恶、
欲,七者弗学而能。"③人生来有性,性接于物自然就会产生情,
从性到情是人从本体境界流向现象世界的必经过程。韩愈《原
性》总结说:"性也者,与生俱生也。情也者,接于物而生
也。"④性乃人之本体自在,而情是人来到现世后与万事万物发
生关联之后而产生的,性好比水之源,情好比水之流,水流之急
缓、清浊皆因其接于外物所致。

　　正因人有这种性情特质,儒家才极力倡导以礼治情、以德养
性,使人在接物、待人、处事的过程中能有所节制、守住底线,从
而流露出人性中善的一面。余治平说:"或许是因为没有性情,
西方哲学才能够产生出系统、成熟的认识论,从而为近代科学的
发生发展奠定必要的理性根基。但是,在中国,情况却完全不
同。儒学哲学里,性情的问题几乎涉及生活在世、安身立命、成
家守业、社会交往、道德修持等人生实践的方方面面,所以始终
备受关注。甚至可以进一步说,不懂性情就无法理解中国人,也

① 参阅余治平:《中国的气质—发现活的哲学传统》,第 83 页。
② 【唐】杨倞注:《荀子·正名》,耿芸标校,上海:上海古籍出版社,2014 年,第 270、
　271 页。
③ 【汉】郑玄、【唐】孔颖达:《重刊宋本礼记注疏附校勘记·礼运》(影印本),台北:艺
　文印书馆,2013 年,第 431 页下。
④ 马其昶:《韩昌黎文集校注·原性》,上海:上海古籍出版社,2018 年,第 25 页。

无法把握中国的政治、文化、社会和历史。性情的问题牵动着整个中国哲学。"①人之性情与日用生活的点点滴滴紧密交融在一起，修身、齐家、治国、平天下的人生理想中，每个环节都是人之性情活生生的展现与考验。这种扎根实践的生活愿景区别于西方绝对抽象的道德律令，始终重视对人的情感关怀。人不可能永远保持天真纯一而与世隔绝，儿童生来自带的美好天性也必须要进入现实世界并被其洗礼和塑造，而不是道家"以万物为刍狗"②"塞其兑，闭其门，终身不勤"③地把自身完全封闭、堵塞起来以直击生命纯粹本然的无为状态，更不是佛教那样把情识和欲望全部禁锢、灭除掉的涅槃（nibbāna）境界。儿童哲学与孩子们的现实生活融为一体、相伴共生，是他们在日常生活中展现出来的有血有肉、有理有情、生机勃勃的人道学问。没有性情读不懂中国儿童，更读不懂中国的儿童哲学。

儒学的人性根基异于柏拉图强调的灵魂中的理性（Reason），而建立在人们日用生活的感性亲情之中，因而儿童的精神世界与身心世界也从来没有分开过，身心不离，知行合一，这是儿童哲学在中国的基本存在方式与精神风貌。《论语·学而》曰："孝弟也者，其为人之本与。"钱穆解说："培养仁心当自孝悌始。"④孝、悌乃人之本性的情感源头，是人之为人最原初、最自然的性情因子，一切善性、伦理、道德统统发端于此。柏拉图在《欧绪弗洛篇》中也讨论过孝道的问题，苏格拉底通过"产婆术"与控告自己父亲杀人的欧绪弗洛对话，以引出欧绪弗洛对虔

---

① 余治平：《中国的气质——发现活的哲学传统》，第81页。
② 陈鼓应：《老子注译及评介·五章》，北京：中华书局，1984年，第78页。
③ 陈鼓应：《老子注译及评介·五十二章》，第265页。
④ 钱穆：《论语新解·学而篇第一》，北京：生活·读书·新知三联书店，2012年，第5-6页。

诚观念的偏见:"如果你对什么是虔诚、什么是不虔诚没有真知灼见,那么你为一名雇工而去告你年迈的父亲杀人是不可思议的。"①欧绪弗洛没有认识到虔诚的绝对真理就不能控告其父亲,苏格拉底对其告父的忤逆行为十分反感,"认为告父本身就是不虔敬,就是一种罪恶。"②父子之亲是通过论证虔诚之真理而得以凸显的。而在中国的性情文化中,孝是源发于个体内在善性而表现于言行的一种功夫修炼。《三字经》曰:"香九龄,能温席。孝于亲,所当执。"③东汉9岁的黄香冬天为父亲暖被窝的举动就是孝,人人皆当以此为榜样来效仿。"父母呼,应勿缓。父母命,行勿懒。父母教,须敬听。父母责,须顺承。"④子女当及时答应父母的呼唤,认真对待父母的命令和责备,不懈怠,不拖沓,不懒惰。孝道必须经得起实践检验,而不是空谈一堆大道理。古代儿童侍奉父母之孝心,放在当今没有几个人能做到,因为我们越来越缺乏践行的功夫。没有亲身经历事亲的磨砺,就不可能真正理解儒家的孝道,更不可能达到儒家对孝的规定与要求。

四

儒学哲学里的性情几乎渗透在生活实践的方方面面,儿童在极富性情气质的文化熏陶中成长,其内在天性的发挥与精神世界的构建离不开日用生活中的行为磨炼与实践经验。高振宇

① [古希腊]柏拉图著:《柏拉图全集》第一卷《欧绪弗洛篇》,王晓朝译,北京:人民出版社,2002年,第254页。

② 郭齐勇、陈乔见:《苏格拉底、柏拉图与孔子的"亲亲互隐"及家庭伦常观》,《社会科学》2009年第2期,第110-116页。

③ 【宋】王应麟等著:《三字经·百家姓·千字文》,吴蒙标点,上海:上海古籍出版社,2017年,第9页。

④ 转引自余治平:《做人起步〈弟子规〉:脩礼立教以找回一种向善的生活方式》,上海:上海三联书店,2015年,第29-32页。

说:"从本质上来说,儿童哲学并不仅仅是为了训练学生的思维能力或其他能力而已,而是要通达儿童精神世界的深处,使他们学会关心和照料自己的'灵魂',并在探寻真理的过程中不断享受理性之光的照耀,最终实现'灵魂'的健康成长与卓越。"①与西方所强调的形式主义的儿童哲学观念不同,中国儿童从小接受的教育是如何掌握做人的基本原则与生存大道,儿童学习之目的不是为了穷追某种绝对真理,而是努力寻求一种情理交融、合情合理的生活方式,以便好好做个"人",在社会上安身立命。儒学哲学不讲一套空泛抽象的概念系统与逻辑推论,始终抓住"人"这个主体,儿童有怎样的生活情状就会产生怎样的思维方式和精神风貌。

中国的儿童从小就在行动中体悟孝悌、仁爱、正义、诚信等美德,在实践中诱发真挚情感、启迪美好心灵。《礼记·内则》曰:"子能食食,教以右手。能言,男唯女俞。男鞶革,女鞶丝,六年,教之数与方名。七年男女不同席,不共食。八年出入门户及即席饮食。"儿童从学会吃饭、说话开始就要根据相应的礼节行事,就连应答之辞也有性别区分:男用"唯",女用"俞"。② 儿童身上佩戴的荷包,男孩以皮革为材,象征勇武之意;女孩以缯帛制成,象征女红之事;六岁开始识数、辨认方向;七岁开始男女有别,坐不同席;八岁出入、饮食有礼,长幼尊卑有序,等等。儿童自幼就要懂得各种礼仪规矩,他们是在一种有伦有序、有度有

---

① 参阅高振宇:《儿童哲学导论》,第4-5页。

② 孙希旦《集解》曰:"唯、俞皆应辞,但唯之声直,俞之声婉,故以为男女之别。"男声从直,女声从婉,儿童开始学说话时就要有相应的角色认同与发音规定,男孩说话就要有男孩的果敢坚毅,女孩说话就有女孩的温婉娇柔,这可能与中国古代的性别观念与男女礼法规定有关。引文参阅【清】孙希旦:《礼记集解·内则》(中),北京:中华书局,1989年,第768页。

节、有仁有爱的生活秩序中去构建自己的精神世界的。王稚庵所编的《中国儿童史》从智编、智编续、仁编、勇编四辑记述了中国古代 16 岁以下儿童的故事总集，各类"好模样"儿童总计1 018 个人。① 黄一德在序中说："对儿童讲抽象对名词，如学术、谋略、气概、廉洁、果决等，有的虽能了解几分，有的简直要莫名所以。教师可以借这部书，对儿童引证一二，作为示例和示范的说明；儿童读这本书，就能'哦！廉洁是如此的！我们应该有此廉洁；哦！气概是如此的，我们应该有此气概……'的充分了解和效法。"②儿童在一个个历史中好榜样的引领和驱动下，亲身践行，真切体会，从而去理解和感受各种抽象概念的内涵和意义。儿童书局创办人张一渠在《中国儿童史》封面题记中说："小朋友，这是您们自己的历史，请您们自己看，自己去玩味吧。"儿童也应该像成人一样，学习自己的历史，继承自己的文化，在过去儿童那里延续一种向善的生存方式。

　　儿童哲学被认为是一门应用哲学，③而非纯理论的学问，这

---

① 王子今：《秦汉儿童的世界》，北京：中华书局，2018 年，第 2 页。
② 王稚庵编：《中国儿童史·序》，第 2 页。王子今认为，《中国儿童史》还不算充分学术意义的"儿童史"。中国传统文献中确实没有"儿童史"，没有"记述中国历代的儿童"的专门著作。儿童史或儿童生活史的学术起步较晚，散见于中国家庭史、中国教育史、中国医学史、中国风俗史等研究中。参阅王子今：《秦汉儿童的世界》，第 2 - 3 页。文献资料的零散、匮乏为今人了解古代儿童的真实现状带来了困难。熊秉真说："中国社会之历史，一向材料丰富，儿童及童年之过去，可多方追究。"虽然没有系统专门的儿童历史论著，但也可从其他学科领域窥探儿童在那时生活的基本现状。（引文见熊秉真：《幼幼：传统中国的襁褓之道》，台北：联经出版事业股份有限公司，1995 年，第 5 页）她还提出从四类素材中获取儿童生活的痕迹：训示性、指导性的素材（如《礼记》），描述性、记录性的材料（如家谱、族谱），实证性或技术性讯息（如医书、法律档案），艺术性或想象性的材料（如《西游记》）。参阅熊秉真：《童年忆往：中国孩子的历史》，第 16 - 21 页。
③ 分别参阅潘小慧：《儿童哲学的理论与实践》，第 16 页；高振宇：《儿童哲学导论》，第 111 页。

与儒家的工夫论、实践教育学有相通之处，儿童哲学应该融于孩子们的生活，而不是干巴巴地进行思维训练，没有实践的儿童哲学很难算是中国本土的学问。中国古代儿童入小学，"教之以洒扫、应对、进退之节，礼乐、射御、书数之文"，[①]学习如何踏踏实实做事、认认真真做人，以养成温厚务实、彬彬有礼的行为习惯与德性品质。在西方，儿童外向的性格被认为是一个优点；而在东方，儿童从小被教育要克制和沉默。[②] 中、西文化的差异塑造了儿童不同的历史形象与性格特征，也酝酿出了不同的儿童哲学气质。儿童的精神世界不是受自由、奔放、独立的主体意识激励而成的，也不是靠惊讶、闲暇、自由的"贵族哲学"传统思辨而来的，而是经过日积月累的孝亲敬长的功夫修炼中铸造、升华而成的。不同于西方儿童哲学抽象、超越的文化特征，中国的儿童哲学在文化基因上就散发着务实、中和、内敛、诗意的学科气质，只有深入中国儿童教育的历史文化中，才能找到儿童哲学本土化研究的突破口与发力点。

五

儿童哲学学科的基础应该植根于中国本土文化，追溯到上古的儒家经学文献中去，《周易》无疑是我们自己的教育智慧宝典。《周易》六十四卦中序列第四的《蒙》卦（䷃），是中国古代儿童教育绕不过去的重要经典，其以独具特色的易学系统展现着先祖圣贤对儿童教育的高深思考与独到解读，从哲学、教育学、伦理学、人类学、宗教学等多个向度启发当今儿童哲学的本土化

---

① 【宋】朱熹：《四书章句集注·大学》，北京：中华书局，2017年，第2页。

② 参阅［英］H. R. 谢弗：《儿童心理学》（*Introducing Child Psychology*）（修订本），王莉译，北京：电子工业出版社，2016年，第28页。

建设。"形而上者谓之道，形而下者谓之器"，我们对事物的认识
不能仅仅停留在感性认识"形"的层面，还要由"形"升华至"道"，
即脱离感性事物而实现一种理念化、本体化的精神超越。[①] 在
易道的诠释系统中，儿童不仅仅是人们凭借感官所认识的扎着
小丫角、满口娃娃音、活蹦又乱跳的小人儿，也不是压缩版的小
大人，更不是一个刻板冰冷的年岁规定，其在天地大道中象征着
人类生命的开端与起点，引领着人之为人的本性初心与精神归
宿，是具有浓厚生命灵气与强大精神能量的宇宙存在体。《蒙》
卦从形上高度为儿童哲学中国化提供了重要的文献根据与理论
支撑。

---

① "'器'是物自身，是本体之物、自在之物，它在我们的感觉之外，永远不可能被我
们的感觉系统所认识。而'形'则是器在我们感觉中的存在样态，是有形的、看得
见、摸得着的事物，是能够被我们的眼、耳、鼻、舌、身等感官系统所察觉到的世界
存在物，一如色、声、香、味、触之类。而'道'则是世界存在物在人心思维中的抽
象形式，是世界存在物在人心意识中相对稳定的记忆残留。一个物有一个物的
道，同一个物在不同人的思维中，其道也是不同的。同一个人在不同时期看同一
个物，道也一定有不同的呈现。"《易传·系辞上》曰："一阴一阳之谓道。"道是阴、
阳存留于天地之间的一种最基本理念形式，也就是人心对现象世界所有事物的
抽象和提升，如果要立足于中国文化抽象地去理解儿童，就必须以阴阳之道为基
本原理。"一阴一阳，就是中国哲学所追寻的'一'，是中国哲学简约得不能再简
约得永恒的'逻各斯'(Logos)。所以，一阴一阳之谓道，无疑应是真正的哲学，又
何尝逊色于四方哲学。"阴阳非现象世界之存在物，亦非西方靠知性论证、逻辑推
演而得出的绝对理念或抽象概念，"毋宁是一种无法用理性精神进行确凿把握的
关系、性质或状态"。每个人都生活在由阴阳所构建、推动、作用的世界当中，但
却很难用我们现有知识能力去感受、判断和评估阴阳的变化之道。《易传》(包括
"十翼"：《彖》上、《彖》下、《象》上、《象》下、《系辞》上、《系辞》下、《文言》《序卦》、
《说卦》、《杂卦》十篇)对《周易》进行了阴阳化的改造和诠释，"从《周易》的基本符
号、核心卦象、爻位爻象、象数奇偶等方面入手，将《周易》实行了较为彻底的阴阳
化重构"，在《周易》《易传》的阴阳诠释系统中，儒家哲学的发展脉络与呈现方式
更加内在、清晰、深刻，易道也是儿童哲学本土化研究的重要文化根基。引文参
阅余治平：《中国的气质——发现活的哲学传统》，第5、13、30-33页。

《蒙》卦

　　《蒙》卦位列《乾》《坤》《屯》卦之后，《需》卦之前，代表着天地万物化生流变过程中的起始阶段与幼稚状态。①《易传·序卦》曰："有天地然后万物生焉，盈天地之间者唯万物，故受之以《屯》。屯者，盈也。屯者，物之始生也，物生必蒙，故受之以蒙。蒙者蒙也，物之稚也。"②乾坤之气，氤氲一体，郁结未畅，混沌不分，盈满而动，万物始生，萌发之初，可谓《蒙》象。这种隐晦、深邃、微妙的"蒙"态又无法通过具体言语来准确描述，"圣人立象以尽意，设卦

―――――――――――――――

① 《屯》《蒙》相邻，二者互为综卦，进退往复，交通相宜。顾伯叙曰："屯蒙一综，为全《易》中之一环节，综以成环，节以为度，序一环节，则曰'必'曰'故'。"《蒙》《屯》构成了《周易》的重要一环，二者之序"皆随象数以为变"，其发生之理是以象数变化为依据的。《序卦传》以"必……故"之文书之，属于自既未来者，自然之数，必然之象。（参阅顾伯叙：《〈序卦〉研究》，见刘大钧等著：《象数精解》，成都：巴蜀书社，2004年，第21－22页）程颐说："屯者物之始生，物始生，稚小，蒙昧未发，蒙所以次屯也。"（见【宋】程颐：《易程传·蒙》，台北：文津出版社，1987年，第34页）《蒙》次于《屯》，乃"气之自然，理之自至"，是天地万物发生流变过程之必然规律，先有物之始，而后有物之稚，自然而然地发生发展，天理自在其中。（引文见列圣齐注：《易经证释·蒙》第二部，台北：正一善书出版社，2005年，第5137页）《杂卦传》曰："屯见而不失其居，蒙杂而著"，高亨认为，《屯》卦之义是物初生出现于地上，各居其所。《蒙》卦之义是万物之萌芽错杂而显著。（参阅高亨：《周易大传今注·杂卦传》，第488页）相对于"屯"之混沌初始状态，"蒙"乃万物生长萌发之象，不同之物其蒙态各异，草木之蒙生嫩绿，人、畜之蒙幼而稚，无论何物之"蒙"，皆随时而生，因势而动，蒙之有理，幼之有道，这就从根本上为"蒙"找到了天道本源之内在根据，故物之蒙不可轻视之。

② 【明】来知德：《周易集注·序卦传》，第366页。

以尽情伪",①言不尽意,辞不达志,为了尽可能完整、深刻、透彻地
传达《蒙》卦的原初意旨,圣人采取借象明义的方法来诠释卦义。
王弼曰:"言生于象,故可寻言以观象;象生于意,故可寻象以观
意。意以象尽,象以言著。"②从言到象,从象到意,③层层推进,逐
步深入,"最为神秘的莫过于卦象",④故研究卦象最能接近圣人设
卦之本义。《蒙》卦的卦体结构为上艮(☶)下坎(☵),《说卦传》曰
"坎为水""艮为山",⑤以"山水"之象隐喻蒙象。干宝曰:"施之于
人,则童蒙也。"⑥于人而言,是将童蒙置于山水的自然表象符号中
予以解读,泉水涌动,高山静厚,形象生动地展现了儿童天真无
邪、明净好动、自由活泼的本然特质,揭示了人之为人最初的精神
状态与生命源头。因而,要读懂《蒙》卦须在察象求义的过程中融
入艺术家的审美情操、文学家的浪漫性情和哲学家的通透智慧,
否则就难以体悟其内在的思想精髓与易道神韵。

　　《蒙》卦以自身独有的符号话语系统与卦象诠释方式揭示了

---

① 高亨:《周易大传今注·系辞上》,第 406 页。

② 【魏】王弼:《周易略例·明象》,见《周易注:附周易略例》,楼宇烈校释,北京:中华书
局,2011 年,第 414 页。

③ 谢松龄认为,意是体,象、言是用。人类总是先有了某种体验,或某种意,才去创造
表达无形的意(体验)、有形的象和言,使意(体验)得以显现。我们耳闻目睹的,是
文化,是象、言,其中虽然有意(体验),但文化或象、言不能尽意。而且,越是深邃的
意,就越是不能表尽。中国文化的独特价值,不在于它绚丽多彩的表层形态,而在
于其文化形态,或象、言所表象的体验(意)、境界。(参阅谢松龄:《天人象:阴阳五
行学说史导论》,第 1—4 页)因而,《周易》之卦象、爻象、卦辞、爻辞也仅仅是意之
用,而非意之本,今人能够从中理解、研读和分析的内容是圣人之意的一种表征或
可能,而非内在本真。《蒙》卦中蕴藏着的深刻大意就像一个谜,我们只能努力透过
言、象去体达、接近其本意,却不可能穷尽。

④ 刘震:《〈周易〉导读:纳甲筮法·〈周易〉与占筮》,上海:上海科学技术文献出版社,
2016 年,第 3 页。

⑤ 【明】来知德:《周易集注·说卦传》,第 393 页。

⑥ 转引自【清】李道平:《周易集解纂疏·蒙》,北京:中华书局,1994 年,第 105 页。

儿童天性之生发过程、特征呈现与教育路径，展开"何为童蒙"①"怎样施教"的核心教育问题，启发了现代儿童哲学与儿童教育研究。一方面，从易学的原理与系统中去解读儿童、认识儿童。尽管《蒙》卦整个卦爻辞中没有任何关于儿童的概念义界，但其以特殊的结构体系（卦体、卦位、爻位）与独特的叙事方式（卦象、卦辞、爻辞、传解）赋予童蒙丰富的生命内涵与哲学意蕴。《蒙》卦之卦象从哲学本体层面昭示儿童是人之为人最本真、最源初、最纯洁的生命原型与精神胚胎。《象》辞以"山下出泉"的卦象结构呼应儿童纯洁澄明、活泼率真的美好天性。泉水突破险阻而喷涌奔腾，彰显出儿童内在强大无穷的生长潜能。《蒙》卦的卦辞曰"匪我求童蒙，童蒙求我"，将儿童视为具有独立性、自主性、能动性的生命体。通过对《彖》辞"险而止"②之卦体分析，又巧妙显露出儿童幼稚特征的发生缘由。《蒙》卦似乎已经全方位、多维度地呈现出了中国儿童的文化特质与精神风貌，在

---

① 《周易》经文"童"字有七见，其中《蒙》卦卦辞曰："匪我求童蒙，童蒙求我。"《蒙》卦六五爻辞曰："童蒙，吉。"共出现三处"童"字。朱启经从阴阳角度分析，认为"童"即"小，幼稚（阴爻）。"（见朱启经：《周易爻变解·蒙》，上海：上海科学技术文献出版社，2016年，第29页）《蒙》卦四阴爻代表童蒙。指年龄幼稚年少，蒙蔽无知的孩子。朱骏声解曰"童，未冠之称"，（见【清】朱骏声：《六十四卦经解·蒙》，北京：古籍出版社，1958年，第24页）即指未成年的儿童。而廖名春以六五爻辞"童蒙，吉"和卦辞"匪我求童蒙，童蒙求我"为例，提出"童"应作为动词，解为"脱去"。（参阅廖名春：《〈周易〉经学与易学史续论：出土简帛与传世文献的互证》，北京：中国财富出版社，2012年，第33-38页）虽然爻辞意思上说得通，但不一定符合《周易》意旨。六五爻辞"童蒙，吉"，若"童"为动词，与"蒙"构成动宾结构，与"发蒙""包蒙""困蒙""击蒙"保持一致，而六三爻辞何不称"某蒙"？此外，"匪我求童蒙，童蒙求我"，"童"字不可能解为"脱去"，"脱蒙之人"何以言求"我"？"我"即教师，童蒙之所以"蒙"，才需求助于师。程颐曰："童取未发，而资于人也。"（见【宋】程颐：《易程传·蒙》，第50页）童蒙处于未被启发、开化的状态，需要发蒙者引导和教化使其开明通达。故将"童蒙"解为"脱蒙的人"，略有不妥。

② 引文见【明】来知德：《周易集注·蒙》，第33页。

中国本土的易学话语系统中去解读儿童的精神世界,把儿童从西方生物学、心理学、教育学、医学、社会学意义上的科学概念转变成一种天地交融、自然化生、精气流通、纯一向善的生命境界。山泉之性隐喻着儿童最真实的存在样态,他们的美好天性如同山间淙淙泉水,清澈明净,叮咚奔腾,源源不绝,意蕴无穷,像一本千年不朽的经典,又像一杯醇香浑厚的烈酒,让人读不倦、尝不尽。人们若想通过《蒙》卦去发现儿童的哲学,就必须全身心投入去思考和体悟《蒙》之卦爻象、卦爻辞以及经传注疏中的微妙大义。今人把儿童视为幼稚、不懂事、知识少、愚昧无知之人,在《蒙》卦面前,显然太肤浅、太干瘪了。成人以教化名义施加于童蒙的社会性、知识性、伦理性内容必须予以清洗、剔除和还原,把儿童从蒙昧庸俗的观念中解救出来,才能深刻意会到《蒙》卦中精微高妙的儿童哲学精神。

另一方面,《蒙》卦将儿童纳入了一个恢宏而严谨的卦画符号系统中予以解读,经由卦爻辞诠释、卦爻象变化、爻位关系分析、卦体结构演绎,深刻全面地揭示了童蒙养正的发生过程与实施要求,并为其注入了丰富的人文价值与精神旨趣,从教育理念、教育目的、教育方法、教育时机到教学要求、师生关系等,几乎涵摄了儿童教育中所有的重要问题。《彖》辞曰:"蒙以养正,圣功也。"早在几千年前,儿童教育就不是一件小事,"蒙以养正"与"圣功"相提并论,足见古人对教化之事的慎重与关注。《蒙》卦初六、六三、六四、六五为阴爻,代表童蒙;九二、上九为阳爻,代表施教者。群阴有"初筮""勿用取女""困蒙""童蒙"等致蒙之因,施教者有"发蒙""包蒙""击蒙"①之教,蒙者情形各异,启蒙者因材施教。M.李普曼说:"应该知道人一生中什么是至关重

---

① 引文见【明】来知德:《周易集注·蒙》,第33-36页。

要的东西，因为一旦领悟了人生的真谛，我们就会有更多机会去享受人生的好奇和美好。"[①]教育旨在启迪儿童认识和发现自己宛如泉水涌动般的生命本性，帮助他们解除蒙蔽、去污除垢、保护自心，让每个孩子都能拥有一双明亮的眸子，一个清醒的脑袋，从而欢愉雀跃地奔向光明，趋近至善。在《蒙》卦阴阳化变、动态演绎的易学系统中，儿童教育不再只是一种社会化的实践活动，而是上升到了人的精神追求与善性改造的高度，而凝练成一门涵摄天道与人道、交融自然与文明的生命艺术。

《蒙》卦以最精简的易学文字与符号系统昭示出高深的哲学智慧与教育精髓，为中国本土化的儿童哲学理论与教育思想奠定了可靠的学术根据与坚实的文化信念。以《蒙》卦为根基和切入点，延伸至中国传统文化中的蒙学读物，选择优秀的传世文本，精读一二，深刻领会，便可真真切切地感受到中国儿童的生活情状与精神世界，以寻求中国儿童哲学的思想本源。王稚庵说："儿童教育首重家庭教育，家庭教育的主要条件是要训练贤父良母，使其制造儿童们的良好环境。次为幼稚教育和小学教育。幼稚教育和小学教育的重大使命，是要贤明的教师们去指导儿童们投入良好的环境中去。"[②]从家训、启蒙教育到行为规范是传统中国儿童教育实施的基本脉络。《颜氏家训》教人如何做个好父母，《三字经》提供启蒙教育的实施指南，《弟子规》把待人、接物、做事的礼法要求渗透到儿童的日用常行之中，三者依次递进，可视为《蒙》卦的教育思想与儿童哲学精神的拓展与发挥。如何为经学《蒙》卦注入现代学术内涵与精神活力，则是中国儿童教育本土化建构需要解决的一个重要问题。

① ［美］M.李普曼：《教室里的哲学》，第5页。
② 王稚庵编：《中国儿童史·自序》，第5、6页。

卷一 ◈ 经学诠释与哲学阐发

第一章

"儿童"与"童蒙"：文字考辨与意义诠释

　　"童蒙"最早出现在《周易》卦辞"匪我求童蒙，童蒙求我"中，朱熹《本义》曰"童蒙，幼稚而蒙昧"①，指年龄幼小、昏蒙未开化之人。童蒙亦指无知的儿童或童年，②幼稚不懂事的孩童、知识少、愚昧无知。③ "儿童"一词大概出现在春秋战国时期，《列子·仲尼》曰："闻儿童谣曰：'立我蒸民，莫匪尔极。'"④儿童谣即童谣，表示孩童唱的歌谣。古代凡年龄大于婴儿而尚未成年的人都叫儿童，⑤或指幼儿、未成年之男女。⑥ 据现有的文献资料记载，"童蒙"一词可能比"儿童"一词出现得更早，使用得更

① 【宋】朱熹：《周易本义·蒙》，廖名春点校，北京：中华书局，2009 年，第 52、53 页。
② 参阅罗竹风主编：《汉语大词典·立部》第八卷，上海：汉语大词典出版社，2001年，第 391 页。
③ 古代汉语词典编写组：《古代汉语词典》，北京：商务印书馆，2002 年版，第 1564页。
④ 【晋】张湛注，【唐】卢重玄解，【唐】殷敬顺、【宋】陈景元释文：《列子·卷四·仲尼》，陈明校点，上海：上海古籍出版社，2014 年，第 125 页。
⑤ 参阅罗竹风主编：《汉语大词典·儿部》第二卷，第 272 页。
⑥ 参阅商务印书馆编辑部等：《辞源·儿部》（修订本）第一册，北京：商务印书馆，1979 年，第 283 页。

久，二者均有一个"童"字①，"蒙"与"儿"的含义有别，当今多使用"儿童"，却很少用"童蒙"。因而，有必要重新考察"童""儿""蒙"的字源本义，澄清"童蒙"与"儿童"的真实内涵与意义关联，有助于人们进一步理解《周易》第四卦设"蒙"为卦名、"童蒙"为卦辞的深刻缘由与特殊旨蕴。

一、"牛羊之无角者曰童"

童，《释名·释长幼》曰"牛羊之无角者曰童，山无草木亦曰童，言未冠似之也"，②表示尚未长角的牛羊，或草木不生而显得光秃秃的山体，代表初生幼稚之象。《周易·大畜》六四爻辞曰："童牛之牿。"③童牛即幼小无角之牛。《庄子·徐无鬼》曰："尧

---

① 童，商代甲骨文为🔱，上部像以刑具刺目之形，下从"壬"。西周金文作🔱，上部承袭了甲骨文的以刑具刺目之形，下部改从"東"声。后"東"下增"土"旁，与"重"形近。在秦简和小篆中，省去了中部的"目"，就成了所谓的"从辛，重省声"了。(参阅李学勤主编：《字源·辛部》，天津：天津古籍出版社、沈阳：辽宁人民出版社，2012 年，第 198 - 199 页)"童"最初指用刀施刑于人眼之象，引申为人被刑具惩罚或束缚。《说文·辛部》曰："男有罪曰奴，奴曰童，女曰妾。"童最初指有罪的男性。段玉裁注曰："今人童仆字作僮，以此为僮子字，盖经典皆汉以后所改。"汉代以后"童"字表示幼小的孩子，而原本指有罪之奴隶的"童"加了单人旁为"僮"，以表区分。上海博物馆战国楚竹书《周易·蒙卦》六五爻辞作"僮龙"，濮茅左曰："僮"作"童"，"今以'僮幼'字作'童'，'僮仆'字作'僮'。"(参阅濮茅左：《周易释文考释》，见马承源主编：《上海博物馆藏战国楚竹书(三)》，上海：上海古籍出版社，2003 年，第 137 页)《旅》卦六二爻辞曰："得童仆贞。"来知德解曰："少曰童，长曰仆。"(见【明】来知德：《周易集注·旅卦》，胡真校点，上海：上海古籍出版社，2013 年，第 259 页)童即年幼之意。陈中龙、杜思慧认为秦汉时期的"童"字大概区分为两类。第一，是"未成年人"之意衍生出的用词，如"童蒙"之类。第二，是由"受过刑罚之人"衍生出的用词。(参阅陈中龙、杜思慧：《秦汉"童"字意义及其用词》，见金滢坤主编：《童蒙文化研究》(第三卷)，北京：人民出版社，2018 年，第 68 页)《蒙》卦中的"童蒙"之"童"当从前者。

② 【清】王先谦：《释名疏证补·释长幼》，上海：上海古籍出版社，1984 年，第 147 页。

③ 【魏】王弼、【晋】韩康伯：《周易注·蒙》，见《文渊阁四库全书·经部一·易类》，台北：台湾商务印书馆，2018 年，第 7 - 225 页上、下。

闻舜之贤，举之童土之地。"成玄英疏曰："地无草木曰童土。"①童亦指贫瘠的山地。而人本无角，无法以有角无角来表人的幼稚状态，而是将角引申为头顶的帽子，童即指年幼未冠的小孩。人不同于动物，其成熟的标志除了体格成长，还必须兼顾道德修养，加冠之后才算是完整的人，故以"冠"作为成人与儿童的分水岭。冠，小篆取象人用手把帽子戴在头上。《释名·释首饰》曰"冠，贯也，所以贯韬发也"，王先谦疏证曰"卷与贯声义通"，②指古人用帻巾包扎头发。《说文·冖部》曰"冠，絭也。所以絭发，弁冕之总名也"，段玉裁注曰"冠以约束发，故曰絭发"，③徐锴《系传》曰"絭音卷，卷束也"。④ 冠之本义是将头发盘卷起来，引申为帽子之总称。徐灝《段注笺》曰："古之冠者，以笄贯发而巾覆之，故曰所以絭鬓也。"⑤古代男子加冠礼的第一步就要用帻巾束拢头发，用簪子贯发而固定之。《仪礼·士冠礼》详尽记载了周代士冠礼的官服、礼器、仪节的具体要求，须依次佩戴缁布冠、皮弁、素冠，"三加弥尊，论其志也。冠而字之，敬其名也"。郑玄注曰："弥，犹益也，冠服后加益尊，喻其志者，欲其德之进也。"⑥三次加冠，一次比一次尊贵，隐喻男子要树立志向、修养德性，此后开始称其字以表尊重。

女子成年行"笄礼"，用簪子把头发绾起，改梳为成人的发髻

---

① 【晋】郭象、【唐】成玄英：《庄子注疏·杂篇·徐无鬼》，北京：中华书局，2011年，第452页。

② 【清】王先谦：《释名疏证补·释首饰》，第230、231页。

③ 【汉】许慎、【清】段玉裁：《说文解字注·冖部》，许惟贤整理，南京：凤凰出版社，2015年，第617页下。

④ 转引自汤可敬：《说文解字今释》，长沙：岳麓书社，2001年，第1032页。

⑤ 转引自汤可敬：《说文解字今释》，第1032页。

⑥ 【汉】郑玄、【唐】贾公彦：《重刊宋本仪礼注疏附校勘记·士冠礼》（影印本），台北：艺文印书馆，2013年，第33页下。

样式。《说文·竹部》曰"笄，簪也"，指用来别住头发的簪子。《释名·释首饰》曰"笄，系也，所以拘冠使不坠也"，①女子盘头或男子固定帽子所用的发饰。②《国语·郑语》曰"既笄而孕"，韦昭注曰"孕，任身也。女子十五而笄"。③女子15岁举行笄礼，代表其已成年或出嫁。《礼记·杂记下》曰："女虽未许嫁，年二十而笄。"郑玄注曰："妇人执其礼，明非许嫁之笄。"④女子至20岁未许嫁亦行笄礼。⑤说明古代不允许女子做一个"老儿

① 【清】王先谦：《释名疏证补·释首饰》，第231页。
② 《说文通训定声》曰："笄有二：髻内安发之笄，男女皆有之；固冕、弁之笄，惟男子有之。"（见【清】朱骏声：《说文通训定声·履部第十二》，清道光二十八年刻本）笄当有两种，一种是男女通用的固发簪子；另一种是男子加冠时固定帽子、皮弁的簪子。笄，对男子而言，仅仅是固发之器具；对女子而言，不仅可装饰发型，还是成年的标志。"笄女""笄年"指成年之女子。在古代，妇人结发为礼，女子15岁举行上笄之礼是一种成人仪式，表示已成年、身有所属（许嫁），与男子举行冠礼一样重要。《朱子家礼·笄礼》曰："女子许嫁，笄。"女子有婚约就要举行笄礼，"年十五，虽未许嫁，亦笄"。年龄满15岁，即使尚未许嫁，亦当行笄礼。"母为主"，笄礼由母亲担任主人。"前期三日戒宾，一日宿宾"，笄礼前三天相约宾客，前一天再次召宾，选择亲姻妇女中贤而有礼者担任正宾。笄礼也有一套复杂的礼法规定与操办流程，自周代起就是贵族女子必行的礼节之一。引文见时亮编：《〈朱子家训　朱子家礼〉读本·朱子家礼·冠礼·笄》，北京：中国大学出版社，2016年，第99、100页。
③ 【战国】左丘明、【三国】韦昭：《国语·晋语六·韩献子不从栾中行召》，上海：上海古籍出版社，2015年，第349、350页。
④ 【汉】郑玄、【唐】孔颖达：《重刊宋本礼记注疏附校勘记·杂记下》（影印本），第755页下、766页上。
⑤ 许嫁即允婚，古代女子身份转变的重要象征。《仪礼·士昏礼》曰："女子许嫁，笄而醴之"，郑玄注曰："许嫁，已受纳征礼也。"【汉】郑玄、【唐】贾公彦：《重刊宋本仪礼注疏附校勘记·士昏礼》（影印本），第60页上）许嫁即女方已接受男方聘礼。《礼记·昏义》中记载古之婚礼有六礼：纳彩、问名、纳吉、纳征、请期、亲迎，到了纳征这个环节，婚礼基本可以确定了。孔颖达《正义》曰："纳征者，纳聘财也。征，成也，先纳聘财而后昏成。"按照婚礼的步骤和仪式要求，只有男方到女方下聘礼，才算婚成。【汉】郑玄、【唐】孔颖达：《重刊宋本礼记注疏附校勘记·昏义》（影印本），第1000页上）《仪礼·士昏礼》曰："纳征，玄纁、束帛、俪皮，如纳吉。"郑玄注曰："征，成也，使使者纳币以成昏礼。"贾公彦《疏》曰："纳（转下页）

童"，到了一定年龄就必须有规有矩，不能以未许嫁为借口而像孩童一样嬉戏打闹、莽撞非礼、无拘无束。笄礼指妇人定婚待嫁，亦指女子成年。《公羊传·鲁僖公九年》曰："妇人许嫁，字而笄之。"何休《解诂》曰："笄者，簪也，所以系持发，象男子饰也。服此者，明系属于人，所以养贞一也。"①女子行笄礼将头发盘起，表示其已身有所属，日后将一心从夫，坚守妇德。女子完成笄礼后尊称其字，与男子加冠后称字相同。

未冠、未笄的男女孩童可蓄发、披发，随性活泼，自由散漫，无须严格受制于礼法规约，他们在获得童年欢乐的同时，也影响到了其在崇礼尚乐的传统社会中的地位。《公羊传·鲁庄公十年》曰："人不若名，名不若字。"②春秋时期，称字比称名更加尊贵。古代孩童概称其名，但在男加冠、女及笄之后便立刻改口称其字，表明其已告别童年身份而成为值得被尊重的社会成员了。一方面，古人对童年男女是宽容博爱的。孩童年幼，不能以成年人的标准去要求和对待他们。"年未满十五，过恶不在其身"，③15岁以下的儿童心智未熟、不明事理，若有过错，责任当由抚养者

（接上页）此，则昏礼成，故云征也。"（【汉】郑玄、【唐】贾公彦：《重刊宋本仪礼注疏附校勘记·士昏礼》（影印本），第 42 页上）经过纳彩、问名、纳吉之后，若占卜得吉、血缘无亲、八字相合，则男方请使者去女方下聘礼且女方接受，基本就可以敲定两家婚事，这个时候女子才算许嫁成功，表示身有所属，必行开笄之礼。《礼记·曲礼上》曰："女子许嫁，缨。非有大故，不入其门。"郑玄注曰："皆为重别，防淫乱。"女子许嫁之后，就意味着是有夫之妇，非特殊情况其他人不可进入其闺房，以正男女之伦。"女子许嫁，系缨，有从人之端也。"（【汉】郑玄、【唐】孔颖达：《重刊宋本礼记注疏附校勘记·曲礼上》（影印本），第 37 页上）女子许嫁后，腰间系彩色带子，不仅是一种审美需求和身份象征，更是其从人伦、守妇德、尊礼法之开端。

① 【汉】何休、【唐】徐彦：《春秋公羊传注疏·鲁僖公九年》，刁小龙整理，上海：上海古籍出版社，2013 年，第 416 页。

② 【汉】何休、【唐】徐彦：《春秋公羊传注疏·鲁庄公十年》，第 263 页。

③ 【宋】范晔、【唐】李贤：《后汉书·李王邓来列传》，第 591 页。

承担。从《三字经》《百家姓》《千字文》《弟子规》等童蒙读物的内容上可看出，古人对儿童的要求重在规范其言行细节，并未将其纳入严肃的礼法制度系统加以约束，这无疑是对儿童的一种保护与仁爱。另一方面，儿童的社会地位低于成人。男、女儿童成年后才有能力、有资格承担相应的社会责任，履行成年人的伦理要求与礼法规定，从而成为一名合格的社会公民。从满足国家需求、维护社稷安定、为社会做贡献的维度上讲，成人显然比儿童更有优势，更值得被重视。

成年礼不仅代表着男女儿童年龄、身份、地位的转折，更是礼法文明得以执行的关键起点。《礼记·冠义》曰："冠者，礼之始也。"①冠，对男子而言，是成年的标志；对国家而言，是礼仪的开端。这并不是说未成年人就不需要礼法教化，而是强调加冠、既笄之人的名分变了，社会对其提出的要求更高、更严格，成人不能再像小孩一样天真无忧了，必须积极修为，涵养德性，承担起个人、家庭、社会的相应责任和义务，表现出成人该有的样子。《太平御览》卷七一八引《白虎通》曰："男子幼娶必冠，女子幼嫁必笄。"②男子娶女必先加冠，女子嫁人必先开笄。因为加冠、开笄之前的人尚未成熟，他们还不具备为人夫、为人妇的能力水平与道德素养，即便结了婚他们也不知道尊法守礼以维护家庭和睦，婚姻可能会像一场游戏般被玩完，足见古人对未成年人的谨慎态度。

"童"的年龄界限当依据加冠、开笄的具体时间而定，一般指20岁以下的未成年男女。《礼记·曲礼上》曰："二十曰弱冠。"

---

① 【汉】郑玄、【唐】孔颖达：《重刊宋本礼记注疏附校勘记·冠义》(影印本)，第553页上、下。

② 【宋】李昉等撰：《太平御览·服用部二〇·笄》，北京：中华书局，1998年，第3181页。

孔颖达疏曰:"二十成人,初加冠,体犹未壮,故曰弱也。"①20 岁的贵族男子当举行加冠礼以示成年,但此时其身体还尚未强壮。《释名·释长幼》曰:"二十曰'弱',言柔弱也。"②男子刚刚成年,身心还没有完全达到强盛状态。《白虎通·嫁娶》曰:"男子三十筋骨坚强,任为人父。"③男子二十岁行成人礼,还需再经过十年的成长与磨炼,身体强健,德性大成,方可为人父。但君王加冠礼须提前进行,《诗经·国风·卫风·芄兰》曰"童子佩觿",郑玄注曰:"觿,所以解结成人之佩也,人君治成人之事,虽童子犹佩觿,早成其德。"一国之君,位高权重,必须比常人早学习、早成熟、早涉事,当紧着功夫修炼德性,提前举行束发加冠之礼。孔颖达疏引《尚书》注云:"人君十二而冠。"④为人君者 12 岁就要举行冠礼,早早进入成人阶段,相比普通孩子,他们的童年期整整缩短了 8 年。⑤ 因而,"童"所指的具体年龄阶段还与个体的

---

① 【汉】郑玄、【唐】孔颖达:《重刊宋本礼记注疏附校勘记·曲礼上》(影印本),第 16 页下、17 页上。

② 【清】王先谦:《释名疏证补·释长幼》,第 147 页。

③ 【清】陈立:《白虎通疏证·嫁娶·嫁娶之期》,吴则虞点校,北京:中华书局,1994 年,第 453 页。

④ 【汉】郑玄、【唐】孔颖达:《重刊宋本毛诗注疏附校勘记·国风·卫风·芄兰》(影印本),第 137 页下、138 页上。

⑤ 这 8 年,对于普通孩子而言,还属于童年的快乐时光,而对于人君而言则已经成人,加冠与没加冠、成人与没成人,社会所赋予的礼法要求与评价标准是完全不一样的。为人君者,就不得和普通老百姓家的孩子一样嘻嘻哈哈、打打闹闹,而是从小就开始饱读诗书、修养德行,才有资格继承国之大业。因而,儒家强调尊君,更强调重道,没有道就不能为君,即便为君也没有好下场。荀子曰:"从道不从君。"君无道就不配为君,臣子宁有道而无君。(见【唐】杨倞注:《荀子·子道》,耿芸标校,上海:上海古籍出版社,2014 年,第 359 页)可以看出,儒家对君主一直都是高标准、严要求的。据《吕氏春秋·览部》记载,成王以桐叶为珪封唐地与母弟叔虞。"周公以请曰:'天子其封虞邪?'成王曰:'余一人与虞戏也。'周公对曰:'臣闻之,天子无戏言。天子言,则史书之,工诵之,士称之。'于是遂封叔虞于晋。"(见许维遹:《吕氏春秋集释·审应览》,梁连华整理,北京:(转下页)

身份地位有关，并无明确定论。

　　"童"之年龄范围或宽或窄、或大或小，相对统一的基本含义为"未冠"，但使用和理解"童"字还要考虑到具体语境而灵活变通。《释名·释长幼》曰："十五曰童。"①15 岁谓之童。玄应《一切经音义》曰"童，幼少也"，②即指年龄幼小的孩童、少儿。彭卫、杨振红把汉代未成年人分为婴儿、孺子、悼、幼、童五个阶段，③幼的年龄在 10～15 岁之间，童（成童）的年龄在 15 岁至冠

（接上页）中华书局，2017 年，第 478 页）于孩童而言，成王封唐于叔虞仅是儿童之间玩的游戏而已。但于君者身份论之，则一定言必信、行必果。普通人可以嬉戏打闹、说玩笑话，但君主乃天下之主、人民之模范，任何时候、做任何事都不得马虎。

① 【清】王先谦：《释名疏证补·释长幼》，第 147 页。

② 徐时仪：《一切经音义（三种校本合刊）·玄应音义》上册，上海：上海古籍出版社，2008 年，第 448 页。

③ 《释名·释长幼》曰："人始生曰婴儿，胸前曰婴，抱之婴前。"人刚生下来未经现世侵染谓之婴儿。毕沅曰："抱，褢字之俗"，王先谦注曰："婴无胸前义，此借婴为膺。"婴儿柔弱娇嫩，成人抱之于胸前，婴即胸，由此而得名。《释名·释长幼》曰"儿能始行曰孺子"，比婴儿稍大开始行走的儿童曰"孺子"。"七年曰悼，悼，逃也，知有廉耻，隐逃其情也。亦言是时而死，可伤悼也。"7 岁儿童谓之"悼"，包含两层意思：第一，悼即逃、去掉、逃脱之意，儿童 7 岁开始产生羞耻感、廉耻心，逐渐隐藏其内在情感，而不像婴儿、孺子那样率真、开显；第二，7 岁以后的儿童若不幸去世，人们可以哀悼、伤感。《礼记·曲礼上》亦曰"七年曰'悼'"，郑玄注曰："'悼'，怜爱也。"古代婴儿死亡率较高，养孩子乃不易之事，7 岁孩童体格初成，知事行礼，此时去世不免让人感到悲痛、怜惜。《释名·释长幼》曰："毁齿曰龀，龀，洗也。毁洗故齿更生，新也。"小孩乳牙开始脱落，恒牙长出谓之龀。《白虎通·辟雍》曰："以为八岁毁齿，始有识知，入学学书计。"（见《清】陈立：《白虎通疏证·辟雍·总论入学尊师之义》，第 253 页）毁齿之年龄为 8 岁。《说文·齿部》曰："龀，毁齿也。男八月生齿，八岁而龀；女七月生齿，七岁而龀。"换牙年龄女孩比男孩稍早，男孩 8 岁，女孩 7 岁。《释名·释长幼》又曰"幼，少也"，幼即少儿、少年。"十五曰童"，十五岁谓之童。《礼记·曲礼上》曰："人生十年曰幼"，幼比龀稍长，比童稍小，10 至 15 岁之间谓之幼。引文分别参阅【清】王先谦：《释名疏证补·释长幼》，第 144、146、147 页；【汉】郑玄、【唐】孔颖达：《重刊宋本礼记注疏附校勘记·曲礼上》（影印本），第 16 页下、17 页上。

礼(20 岁)之间。① 朱骏声《说文通训定声》曰:"僮,未冠也。从人童声。按十九以下,八岁以上也。"②童又指 8 至 19 岁之间的儿童,8 岁以下则不属于童。③ 马丽从广义、狭义层面对"童"做了解释:"童",统言之,泛指未成年人,析言之,指称 9~19 岁者。"'童'虽然有一个中心内涵——'未冠',但外延是比较模糊的,正是由于年龄段上的弹性和宽度,才适应了人们在约定俗成下行之有效的社会交际。"④"童"字的这种模糊性恰恰也凸显了汉字使用的灵活性与多样性。石安石说:"语义虽是对于事物的概括反映,但往往只是大体精确地反映了事物。因为有很多事物相互间的界限本不清楚,而人的认识也有模糊性的一面。"⑤例如,成人自谦为"小童";⑥长辈称晚辈为"孩子""孩童""小孩",

---

① 彭卫、杨振红:《中国风俗通史·秦汉卷》,上海:上海文艺出版社,2002 年,第 354 页。

② 【清】朱骏声:《说文通训定声·丰部第一·僮》,清道光二十八年刻本。

③ 根据美国幼儿教育协会(National Association for the Education of Young Children,NAEYC)的定义,年幼儿童指的是从出生到 8 岁的孩子。0~8 岁可分为婴儿(0~1 岁)、学步儿(1~3 岁)、幼儿园儿童(3~5 岁)、学前班儿童(5~6 岁)、小学低年级儿童(6~8 岁)。参阅[美] R. 查尔斯沃思:《理解学前儿童心理发展》,王思睿、孙梦、封周奇、陈叶梓译,北京:中国轻工业出版社,2019 年,第 2 页。

④ 马丽:《〈三国志〉称谓研究》,北京:中国社会科学出版社,2010 年,第 239 页。

⑤ 石安石:《语义研究》,北京:语文出版社,1994 年,第 65 页。

⑥ 正因"童"的未成熟性与幼稚性,又常被用来表达谦卑、谦逊、低微之意。《礼记·曲礼下》:"夫人自称于天子曰'老妇',自称于诸侯曰'寡小君',自称于其君曰'小童'。"(参见【清】孙希旦:《礼记集解·曲礼下》(上),北京:中华书局,1989 年,第 145 页)《论语·季氏》亦曰:"夫人自称曰小童。"(见【清】刘宝楠:《论语正义·季氏第十六》(下),北京:中华书局,1990 年,第 669 页)"小童"乃夫人在君主面前对自己的谦称。"童蒙者拾其香草。"(见【南朝梁】刘勰:《文心雕龙·辨骚》,【清】黄叔琳注,【清】纪昀评,上海:上海古籍出版社,2015 年,第 25 页)"童"皆作自谦之辞。而在道家看来,童子无欲无争、纯洁真诚,更接近、顺应自然大道。如《庄子·人世间》曰:"人之谓童子,是之谓与天为徒"。见【晋】郭象、【唐】成玄英:《庄子注疏·内篇·人世间》,第 79 页。

都是很常见的事。"童"字相关词语的运用，时而精确，时而模糊，有别于当今的"儿童"概念。① 人们在使用与童相关的诸多称谓时也不可能完全精确化、规范化，而当依据交际中尊卑礼法、长幼关系、伦理境遇、道德要求等因素灵活判断。②

二、从髦、髫、总角到束发

古代年少儿童的年龄称谓词，主要是由发式名词引申而来的。③ 男女未成年之前可蓄长发，或披或束于两侧，直到成年之日，举行成人礼之后则需束发，男加冠，女及笄，有冠无冠、笄与未笄是男女成年的标志性特征。《新唐书·车服志》曰："未冠者童子髻。"④人在没有举行加冠礼之前梳童子发型，以表明其童子身份。甚至关于儿童的发型样式管理也有一套详尽规定。《礼记·内则》曰："三月之末，择日剪发为鬌。"儿童生下来三个

---

① "联合国儿童基金会"（United Nations International Children's Emergency Fund，UNICEF）将"儿童"定义为"18 岁以下的青少年。"《儿童权利公约》（Convention on the Rights of the Child）第一条载明："儿童系指 18 岁以下的任何人。"转引自潘小慧：《儿童哲学的理论与实践》，桂林：广西师范大学出版社，2020 年，第 1－2 页。

② 据居延汉简，官方对儿童尚有特定指称。简牍文书载录的年龄分层是：大男和大女，年龄在 15 岁以上；使男和使女，年龄在 7 岁至 14 岁；未使男和未使女，年龄在 2 岁到 6 岁。（《居延汉简释文合校》简 27.4、55.20、55.25、133.20 等）又据《居延新简》收录之简文，汉代尚有"小男"和"小女"概念，分别包括使男、未使男和使女、未使女。（《居延新简》E.P.T43：335；E.P.T44：1；E.P.T65：413）彭卫、杨振红认为，按照政府对各个年龄层所赋予的责任，大男和大女属于成年人，小男、小女属于未成年人，这意味着汉代政府有把成人年龄提早的倾向，15 岁以上的成童不仅要承担赋役，还要承担相应的法律责任。参阅彭卫、杨振红：《中国风俗通史·秦汉卷》，第 354 页。

③ 马丽：《〈三国志〉称谓研究》，第 232 页。

④ 【宋】欧阳修、【宋】宋祁：《新唐书·车服志》，北京：国家图书馆出版社，2014 年，第 151 页上。

月时，父母需选择吉日为其剪发，剪发也不是剃成光头或随意设计造型，而是留一种名为"鬌"的特定发式。郑玄注曰"鬌，所遗发也"，即儿童剃发时专门留着不剪的头发。《玉篇·髟部》曰："小儿翦发为鬌。"鬌是小孩特有的一种头式，具体分为两种情况："男角女羁，否则男左女右。"一种是男孩留囟门两边之发，女孩留头顶中间之发；另一种是男孩留左边头发，女孩留右边头发。郑玄注曰："夹囟曰角。"孔颖达曰："囟是首脑之上缝，故《说文》云：'十其字，象小儿脑不合也，夹囟两旁当角之处留发不翦。'"囟门是婴儿初生头顶脑盖上尚未闭合的十字凹口，脆弱易伤，为保护囟门，剪发时要刻意回避。男孩留囟门两侧的头发谓之角，女孩曰"羁"，郑玄注曰："午达曰羁。"孔颖达疏曰："《仪礼》云：'度尺而午。'注云：'一纵一横曰午。'今女翦发留其顶上，纵横各一，相交通达，故云午达，不如两角相对，但纵横各一在顶上，故曰羁。羁者，只也。"①"午达"不同于男孩两边相对之"角"，是留头顶纵横交错之中心处的整块发区，看上去类似马羁套在马头上的形状，故曰羁。"男角女羁"的不同发式，不仅出于卫生、安全、审美等方面的需求，还可能渗透着极其深刻的文化意蕴与精神旨趣，值得专门研探。

小孩头发留长而下垂谓之"髫"，《说文·髟部》曰："髫，小儿垂结也。从髟召声。"髟，毛发下垂之貌；召即"招"之初文，有招手、呼唤、招致之意。小孩嬉戏跑动时，额上弯曲下垂的头发一颠一颠，好像人点手招呼的动作。陶渊明《桃花源记》曰："黄发垂髫，并怡然自乐。""垂髫"指小孩、儿童。"髫稚""髫草""髫儿"皆从此意。《后汉书·伏湛传》曰："髫发厉志。"李贤注曰："《埤

---

① 引文参见【汉】郑玄、【唐】孔颖达：《重刊宋本礼记注疏附校勘记·内则》（影印本），第553页上、下。

苍》曰：'髫，髦也。'髫发，谓童子垂发也。"①髫即髦，指儿童下垂之头发，类似今之刘海。《释名·释形体》曰"髦，冒也。覆冒头颈也"，②指头发生长而覆盖头颈之象。《诗·鄘风·柏舟》曰"髧彼两髦"，郑玄注曰："髧，两髦之貌。髦者，发至眉。子事父母之饰。"③"两髦"亦指儿童，④髦顺垂至眉须，犹如子女谦卑孝敬父母。《礼记·内则》曰"子事父母，鸡初鸣，咸盥漱，栉縰笄总，拂髦冠緌缨"，郑玄注曰："髦，用发为之，象幼时髻。"⑤子女长大侍奉父母时需戴上用假发做的刘海，像小时候留在额头前的遗发，以常怀孝子之心。⑥《仪礼·既夕礼》曰"主人说髦"，郑玄注曰："长大犹为饰存之，谓之髦。所以顺父母幼小之心"，孔颖达疏曰："是以舜年五十不失孺子之心者也。"⑦在父母面前，

---

① 【宋】范晔、【唐】李贤：《后汉书·伏侯宋蔡冯赵牟韦列传·伏湛传》，北京：中华书局，1965 年，第 896、897 页。

② 【清】王先谦：《释名疏证补·释形体》，第 105 页。

③ 【汉】郑玄、【唐】孔颖达：《重刊宋本毛诗注疏附校勘记·鄘风·柏舟》（影印本），第 109 页上。

④ 《三国志·吴书·路绩传》注引《姚信集》曰："乞蒙圣朝，斟酌前训，上开天聪，下垂坤厚，褒郁生以义姑之号，以厉两髦之节，则皇风穆畅，士女改视矣。"陆绩之女郁生，婚后 3 个月其夫张白客死他乡，郁生发誓不改嫁，愿意照料张氏家族，姚信上书皇帝希望授予其"义故"称号，以此来激励儿童从小培养良好的气节。"两髦"即指称儿童。参阅马丽：《〈三国志〉称谓研究》，第 232 页。

⑤ 【汉】郑玄、【唐】孔颖达：《重刊宋本礼记注疏附校勘记·内则》（影印本），第 517 页下。

⑥ 《说文·髟部》曰："髳，长发森森也。""髳"为长发的专名，而"髟髟"则形容发长而垂。"髟"字从长、彡会意。《说文·长部》曰："长，久远也。从兀，从匕。"其实，"长"的原始意义并非"久远"。甲骨文的"长"像人披着长发之形。（参阅黄宇鸿：《〈说文〉中所见的古代风俗礼仪——〈说文〉汉字民俗文化溯源研究之四》，《社会科学家》2003 年第 2 期，第 122－125 页）髦，从髟，从召，小孩蓄"髦"以事父母，蕴含着孝心长久不变之意，待其长大，孝敬父母时仍要以髦为饰，彰显事亲之志。

⑦ 【汉】郑玄、【唐】贾公彦：《重刊宋本仪礼注疏附校勘记·既夕礼》（影印本），第 481 页上。

人无论多大，都必须保持一颗孺子之心，竭尽全力尽孝，故古人事父母常饰以幼童之髦，只要父母在世，"髦"就不能离身。髦不仅是一种发型样式，还要借发明义，赋予其伦理意义与道德规定。

随着儿童年岁日增，头发渐长，发型样式也有所变化，大概在8岁入小学时，①儿童就不能披头散发了，而是要梳成先秦时期最流行的发型——"总角"，即剪发与肩齐，分左右两髦，向上梳拢，左右各一，扎束成两个发髻。《诗·齐风·甫田》曰："婉兮娈兮，总角丱兮。"郑玄《笺》曰："总角，聚两髦也。"孔颖达《疏》曰："言总聚其髦以为两角也。"②总即收拢、束拢、攒起之意；角，像动物头顶的凸起物；"总角"即把两髦毛发梳成两个结，形状如角，俗称"小丫角"。《诗·卫风·氓》："总角之宴，言笑晏晏。"③总角儿童单纯幼稚，安闲和悦，欢声笑语常相随。陶渊明《荣木》诗序曰："总角闻道，白首无成。"④总角亦指童年。"丱"，朱熹《诗集传·齐风·甫田》曰"丱，两角貌"，⑤指儿童头

---

① 《颜氏家训·勉学》曰："总丱之年，必先入学，观其志尚。"（见【北朝齐】颜之推著，【清】赵曦明注、【清】卢文弨补注《颜氏家训·序致》，上海：上海古籍出版社，2017年，第74页）总丱之年即入小学之年，《大戴礼记·保傅》曰："古者年八岁而出就外舍。"（见黄怀信《大戴礼记译注·保傅》，上海：上海古籍出版社，2019年，第80页）儿童大概8岁左右开始梳总丱发型。"余自总丱之岁溺志斯途，南北东西访求余二十载。"（见【明】胡应麟《少室山房笔丛·经籍会通二》，上海：上海书店出版社，2009年，第26页）"总丱"与"总角"皆指儿童束起两角之发型，代表幼儿或童年。从字形上看，"总丱"关注整体造型，"总角"注重发髻细节。

② 【汉】郑玄、【唐】孔颖达：《重刊宋本毛诗注疏附校勘记·国风·齐风·甫田》（影印本），第197页下、198页上。

③ 【汉】郑玄、【唐】孔颖达：《重刊宋本毛诗注疏附校勘记·国风·卫风·氓》（影印本），第136页下。

④ 【晋】陶潜撰、【宋】李公焕笺：《笺注陶渊明集·诗四言·荣木》，《四部丛刊》景宋巾箱本。

⑤ 【宋】朱熹：《诗集传·国风·齐风·甫田》，北京：中华书局，1958年，第61页。

上左右翘起的两个角辫。郑玄注曰："丱，幼稚也。"头上梳着两角辫儿，一看就是孩童的典型标志。除童髦、垂髫、总角、总丱之外，童儿、儿童、童子、童女、幼童、童男，也用来表示孩童之意。①

古人在举行加冠礼之前，分为童子和成童两个阶段，其发式也有所不同。《论语·先进》中，曾皙曰："冠者五六人，童子六七人。"②童子与冠者相对，表示年少未成年的孩子。《增韵》曰："十五以下谓之童子。"不满 15 岁称为童子。③《仪礼·丧服》曰"童子唯当室缌"，郑玄注曰"童子，未冠之称"，贾公彦疏曰："谓十九以下。"④童子指未冠或十九岁以下的男子。《史记·商君列传》曰："童子不歌谣，舂者不相杵。"⑤韩愈《师说》曰："彼童子之师，授之书而习其句读者。"⑥童子皆指未成年人。据古代儿童入小学、大学的年龄来看，15 岁以上一般称为成童。《大戴礼记·保傅》曰："古者年八岁而出就外舍，学小艺焉，履小节焉。束发而就大学，学大艺焉，履大节焉。"⑦儿童 8 岁外出住宿入小学，发型为总角，待其年龄稍长入大学时，便要解散头上的总角而扎成一个发髻，即"束发"，意味着小学结束，将迈入大学

---

① 参阅马丽：《〈三国志〉称谓研究》，第 239 页。
② 【清】刘宝楠：《论语正义·先进第十一》（下），第 474 页。
③ 《礼记·玉藻》曰："童子之节也，缁布衣，锦缘，锦绅并纽，锦束发。"孔颖达疏："锦束发者，以锦为总而束发也"，"童子所用之锦皆用朱色之锦"。童子之礼节要求用红色锦帛束拢头发，红头绳也是古代童年的重要象征。引文见【汉】郑玄、【唐】孔颖达：《重刊宋本礼记注疏附校勘记·玉藻》（影印本），第 565 页上、下。
④ 【汉】郑玄、【唐】贾公彦：《重刊宋本仪礼注疏附校勘记·丧服》（影印本），第 399 页上。
⑤ 【汉】司马迁：《史记·商君列传》，北京：中华书局，2011 年，第 1977 页。
⑥ 马其昶：《韩昌黎文集校注·师说》，上海：上海古籍出版社，2018 年，第 51 页。
⑦ 黄怀信：《大戴礼记译注·保傅》，第 80 页。

阶段。①《礼记·内则》曰"成童舞《象》"，郑玄注："成童，谓十五以上。"②《后汉书·李固传》曰"固弟子汝南郭亮，年始成童"，李

① 据《礼记·内则》记载，男孩、女孩的学习内容与成长历程有所差异。男孩 10 岁"出就外傅，居宿于外"，离开家到外面小学住宿跟随老师学习识字和算术。"十有三年学乐，诵《诗》，舞《勺》，成童舞《象》，学射御。二十而冠，始学礼，可以衣裘帛，舞《大夏》，惇行孝弟，博学不教，内而不出。"13 岁开始学乐器、诵读歌、学舞《勺》。15 岁学习舞《象》、射箭和驾车。20 岁行冠礼，开始学习五礼，继续学习各种知识，涵泳德性。而女孩从 10 岁开始则要留在家中学女事、养妇德。"姆教婉娩听从。执麻枲，治丝茧，织纴组紃。学女事以共衣服。观于祭祀，纳酒浆笾豆菹醢，礼相助奠。十有五年而笄，二十而嫁。有故，二十三年而嫁。聘则为妻，奔则为妾。"由女教师在家教其婉柔说话、贞静装扮、举止听从，学习绩麻缫丝、织布织缯、编织丝带等女红之事，以供制作衣服。同时，还要观摩祭祀活动，传递酒浆、笾豆、范酿等祭品、祭器，依据礼节规定协助长者放置祭品。至 15 岁举行笄礼，进入成年阶段。20 岁可出嫁，特殊原因可推迟至 23 岁。纳采、问名、纳吉、纳征、请期、亲迎六礼齐备，明媒正娶，谓之正妻。若无媒自通，六礼不备，谓之贱妾。（引文见【汉】郑玄、【唐】贾公彦：《重刊宋本礼记注疏附校勘记·内则》（影印本），第 538 页下、539 页上）古代入小学、大学之年龄规定说法各异，且入学年龄与身份地位紧密相关。《尚书大传》曰："使公卿之太子、大夫元士嫡子，年十三始入小学，见小节焉，践小义焉。年二十，入大学，见大节焉，践大义焉。"（见朱维铮主编：《中国经学史基本丛书·尚书大传·周传》，上海：上海古籍出版社，2012 年，第 41 页）太子、大夫、元士之嫡子 13 岁入小学，20 岁入大学。贾谊《新书·容经》曰："古者年九岁入就小学"，"束发就大学"。束发年龄一般为 15 岁，即 9 岁入小学，15 岁入大学。（【汉】贾谊：《新书·容经》，卢文弨校，上海：上海估计出版社，1989 年，第 47 页上）《白虎通》曰："八岁入小学，十五入大学是也。此太子之礼。"（转引自《大戴礼记注·卷三》，清文渊阁四库全书本）9 岁入小学、15 岁入大学是针对太子而言的。周代时期，王子 8 岁入小学。公卿的太子和大夫、元士之嫡子 13 岁入小学，诸子的晚成者及余子 15 岁入小学。庶民子弟 15 岁入小学；王子 15 岁入大学，公卿的太子、卿大夫、元士之嫡子 20 岁入大学，诸子早成者及余子 18 岁入大学，乡人与余子同。《礼记·王制》曰："王太子、王子、群后之太子、卿大夫元士之嫡子，国之俊选，皆造焉。凡入学以齿。"无论是谁，凡入大学以后，遵守长幼之序，不分贵贱之等。（参阅马宗荣：《中国古代教育史》，上海：文通书局，1942 年，第 50、53 页）一方面，入大学、小学之年龄根据社会尊卑等级而定，一般是身份越尊贵入学越早，身份越低贱入学越晚；另一方面，入学还要考虑到每个人的生活背景、智力、天赋、体格等差异。

② 【汉】郑玄、【唐】孔颖达：《重刊宋本礼记注疏附校勘记·内则》（影印本），第 538 下。

贤注亦曰："成童，年十五也。"①15 岁开始进入成童阶段，发型更整洁，学习要求更高。东汉崔寔《四民月令》中，"命成童以上入大学"，"命幼童入小学"，②成童比幼童更成熟，可以进入大学学习。《白虎通·辟雍》曰："七八十五，阴阳备，故十五成童志明，入大学，学经籍。"③从汉代盛行之阴阳理论分析，七为奇为阳，八为偶为阴，成童取十五之数，七、八之和，表明阴阳皆备、万物生成，个体身心发展趋于完备，此时才有能力学习五经。15 至20 岁之间皆可称为成童，④相当于今天的青少年。

　　中国古代儿童的发式变化也反映出人们对儿童的态度与观念。从"髫""鬌"到"总角""束发"，头发从披散、飘扬、活泼的样貌日渐收拢、整齐、归一，隐喻人心由自由散漫、无拘无束的状态日渐变得有规有矩、收敛有节。在生物学意义上，人头顶的毛发只是一种普通的身体特征，而人们如何对待、修饰和打理毛发，则渗透着深厚的文化内涵。头是人最接近天的身体部位，在中国"天人合一""天人感应"的哲学观念中，人不认真对待头发就是不敬天、不重神，一个人连老天爷都不放在眼里，说明其心中没有道德底线与信念支撑，人无法无天，与禽

---

① 【宋】范晔、【唐】李贤：《后汉书·李杜列传·李固传》，第 2088 页。
② 石声汉：《四民月令校注·正月》，北京：中华书局，1965 年，第 9 页。
③ 【清】陈立：《白虎通疏证·辟雍·总论入学尊师之义》，第 253 页。
④ "成童"年龄说法不一。《穀梁传·昭公十九年》曰："羁贯成童，不就师傅，父之罪也。"范甯注曰："羁贯，谓交午剪发以为饰。成童，八岁以上。"（见【晋】范甯、【唐】杨士勋：《重刊宋本穀梁注疏附校勘记·鲁昭公十九年》（影印本），第 177 页下）儿童从 8 岁开始转变发式，女为羁，男为贯，自此拜师求学，谓之成童。而《礼记·内则》中"男角女羁"是婴幼儿 3 个月之后剪发的样式。此处说羁、贯是 8 岁成童的发式，女子发式仍为羁，而男子更为贯，贯即贯穿，可能是通过簪子固定发束之意。交午即纵横交错。洪迈注曰："二径交午，不知所适。"（见【宋】洪迈：《夷坚志·夷坚甲志·高俊入冥》，清影宋抄本）交午类似十字路口之貌，而成童多是将头发挽起，代表行为将有所规束，此交午当为何解，有待斟酌。

兽何异？因而，在儒家看来，孩童即便作为未成年个体也不能随心所欲、自由放纵，否则只会沦落为蛮夷之人。只要儿童的年龄一跟进，就立刻对其提出相应的身份要求和行为规范，循序渐进地对他们进行礼乐教化，以帮助他们摆脱身上随意散漫的孩子气而走向成熟稳重、有伦有序的生活状态。儿童的发型每变化一次就意味着一次身份升级，逐渐被注入儒家不同层次的礼法要求与道德理想，发型的伦理化是中国古代儿童身上特有的文明特征。

三、"孺子"之幼，"总角"之乐

儿、童二字并称又产生出了新的语义空间与内涵规定。古代"儿童"一词主要用来指代年幼未成年的孩子，如《三国志·贾逵传》曰："自为儿童，戏弄常设部伍"，[①]唐代贺知章《回乡偶书其一》曰"儿童相见不相识，笑问客从何处来"。若从文字学、训诂学上细究字义会发现，"儿"字本身也有特定的含义，其对"儿童"之"童"做了深刻、有趣的语义诠释。探究"儿"字的原初旨意，对人们理解中国"儿童"一词有重要的启示意义。

"儿"字有简体和繁体，"儿童"之"儿"从繁体之义。[②] 儿，象

---

① 【晋】陈寿：《三国志·魏书·贾逵传》，百衲本景宋绍熙刊本。
② 简体的"儿"，日纽，真韵，如邻切。《说文·儿部》曰："儿，仁人也。古文奇字人也，象形。孔子曰：'在人下，故诘屈。'"段玉裁注曰："此籀文象臂胫之形，其作儿者，则古文奇字之人也，""儿"在史籀文中取人之两个手臂之象，乃古文奇字（战国时代东方六国文字）之人。今俗本上有"仁人也"三字，段玉裁认为是添蛇足。周宝宏认为是望文生训，不足为据。"在人下，故诘屈"，即人在下而屈曲身体之象，"举孔子说证象形也，籀文兼象臂胫，古文奇字则惟象股脚"，"儿"又像人身体弯曲时之双脚。《说文·儿部》中有兀、儿（繁体）、允、兑、充等字，还有兄部、兒部、先部、见部等字所从之"儿"（简体）的篆文形体皆在字形结构下部，因此必须写作 ⺇ 形。这些从"儿"（简体）的字大多也见于甲骨文、金文、战国文字，与篆文形体近似，只是小篆"儿"（简体）部更弯曲而已。参阅李学勤主编：《字源·儿部》，第 756 页。

形字,甲骨文作👤👤👤,有两种解释:第一种,取象小儿未合之囟门。《说文·儿部》曰:"儿,孺子也。从儿,象小儿头囟未合。"段玉裁注曰:"子部曰:'孺,乳子也。'乳子,乳下子也。"儿即孺子或乳子,指幼稚柔弱的婴孩。[①] "囟者,头会脑盖也,小儿初生,脑盖未合,故象其形。"[②]婴儿初生有前后两个囟门,后囟门靠近头枕部,前囟门在头顶部,此当指前囟门,即额骨、顶骨之间形成的骨缝间隙,这种生理特征可用来表示发育未完全的幼小婴儿。在卫生学上,小儿的前囟门在一岁半至两岁半左右闭合,哺乳期的婴儿囟门未合,故谓之孺子。陕西民间还把刚生下来的动物幼崽称为"儿子儿","儿"字再加儿化音,加强语气,表示十分幼小娇嫩。清人王筠《说文释例》曰:"象小儿头囟未合,谓曰也。"[③]小孩囟门未合,中部凹陷之貌,像曰字形体,段玉裁认为是篆体"曰"。[④] 而周宝宏认为,儿字之构形像小儿头囟未合形,引申为乳子,但甲骨文、西周金文皆不见儿字之本义者,[⑤]说明这种解释可能是后人附加上去的。第二种,取象儿童之总角。李孝定《甲骨文集释》曰:"'儿'象小儿头囟未合,契、金文儿字殊不象头囟未合之形。"西周金文"儿"作👤或👤,人头顶类似鹿角之貌,左右各一,两侧对称。

---

① 《释名·释长幼》曰:"儿能始行曰孺子。孺,濡也,言濡弱也。"孺子即蹒跚学步的幼儿,娇小柔弱。王先谦曰:"凡从需之字,多有弱义,孺弱、儒弱、懦弱、濡弱皆是,濡则未有不弱者。"(见【清】王先谦:《释名疏证补·释长幼》,第 146 页)孺子即年幼柔弱之孩童。《易传·彖·需》曰:"需,须也。险在前也。"来知德解曰:"险在前,不易于进,正当需之时也。"孺子幼稚柔弱,无法独立生活,需要成人的抚养和教化。参阅【明】来知德:《周易集注·需》,第 38 页。

② 【汉】许慎、【清】段玉裁:《说文解字注·儿部》,第 709 页下。

③ 【清】王筠:《说文释例》卷十一,清道光刻本。

④ 参阅【汉】许慎、【清】段玉裁:《说文解字注·儿部》,第 709 页下。

⑤ 李学勤主编:《字源·儿部》,第 757 页。

李孝定据《礼记·内则》"男女未冠笄者，鸡初鸣，咸盥漱，栉
縰，拂髦，总角，衿缨，皆佩容臭"之文推理，"古之生子，自初
生于弱冠皆作'总角'"，又"契、金文'儿'字皆象总角之
形"，①故"儿"当指儿童年幼时的总角发型。但弱冠之前的发
型并非都是总角，童子 15 岁则需"束发"，总角发式大概流行
于 8 至 15 岁的孩童。姚孝遂不同意李孝定"象总角"之说，在
《甲骨文字诂林》按语中曰："《释名》：'人始生曰婴儿。'初生
之儿也。难以总角，且卜辞字𠀉作𠀉，亦不象总角形。儿当以
'象小儿囟未合'之说为是。"据《释名》之文，"儿"指刚出生的
婴孩，比总角儿童更幼小，而且卜辞中也没有与总角相关的例
证。然而，仔细分析甲骨辞中的𠀉，虽没有直接凸显总角之
貌，但大概取象小儿四肢舞动、髦发飘起的样子，像正在向上
梳拢而即将成髻的总角，又像儿童嬉戏打闹、随风奔跑时上下
挥动的垂髦。② 以上两种说法均有各自的诠释合理性。

　　无论"儿"是囟门未合的乳子之貌，还是取孩童"总角"之象，
都是对"童"之"未冠"含义的一次形象、生动、深刻的语义重塑。
如果单单以"童"字去规定未成年人，就无法凸显小孩特有的形
貌特征，"儿"字的叠加与涉入，使得"儿童"一词更加具有生命力

---

① 参阅于省吾主编、姚孝遂按语编撰：《甲骨文字诂林》，北京：中华书局，1996
　年，第 89-90 页。
② 《玉篇·女部》引《仓颉篇》云："男曰儿，女曰婴。"玄应《一切经音义》引《三
　苍》曰："女曰婴，男曰儿。"（见徐时仪：《一切经音义（三种校本合刊）·玄应
　音义·卷第十八》上，第 381 页）《说文·女部》曰："婴，颈饰也。"婴，本义指
　女性之颈饰，引申为初生女孩，男孩与其相对曰"儿"。《广雅·释亲》曰：
　"儿，子也。"儿最初可能专指男性、儿子。将"儿"解为总角之象，可能与"男
　角女羁"（《礼记·内则》）的儿童发式有关。故李孝定认为"盖男则总角，女
　则佩颈饰"，男取总角，女取颈饰，亦有其理。引文参阅于省吾主编，姚孝遂按
　语编撰：《甲骨文字诂林》，第 90 页。

与解释力。① 若"儿"字解为囟门未合的乳子之貌，"儿童"就被赋予了幼小、柔弱、稚嫩、发育未完成等含义。《教育大辞典》就将"儿童"界定为"身心处于未成熟阶段的个体"。② 若"儿"解为"总角"，则更有趣味，儿童之所以是儿童，因为他们有不同于成人的样貌、发式和行为表现，两个角辫飞起，象征着快乐、天真、自由、浪漫的美好天性与精神状态。正因中国汉字的多义性、形象性和会意性，才诱发人们对"儿童"产生无限的联想、猜测和创造，催生出了更加丰富、饱满、立体的文字内涵与意义空间。熊秉真认为，中文常用的"儿童""孩子""子""童"或"幼"，有三层意义：第一，指的是人生阶段的起始；第二，代表的是一个"社会地

---

① 但从古代语言文化上看，"儿"有幼稚的含义，亦有轻蔑鄙视之意。王子今说："汉代人语言习惯中称'儿'者，往往有轻蔑义。"他列举了《汉书》中《陈平传》《霍光传》《朱博传》《王莽传》等诸例予以说明，如"儿妇人""群儿""齐儿""卖饼儿王盛"，其中"儿"字都是对成年人的轻蔑之称，而非指幼儿。"儿"原本指未成年的孩子，而用以指代成人则变为一种"蔑称"或"鄙语"。这一文化现象体现出未成年人社会地位低下，可能与中国农耕民族老幼尊卑的历史传统有关。（参阅王子今：《秦汉儿童的世界》，北京：中华书局，2018年，第547－549页）杨小平对《后汉书·方术传下·公沙穆》中把"苍头"与"儿客"并举之例进行分析，认为"儿客"为男性奴仆，亦为"奴客"，"儿"绝不是幼童之义，而应与"奴"同义；对愚人、庸人常称"儿"；对地位低的人也常称"儿"。（参阅杨小平：《〈后汉书〉语言研究》，成都：巴蜀书社，2004年，第53页）汪少华对《后汉书》中"婴儿""小儿""儿童""童儿""僮儿""孩儿""孙儿""妻儿""乞儿""轻薄儿""儿曹""儿女""男儿""健儿"等几十种用例进行分析，认为仅有"男儿""健儿"为褒义，"大儿""小儿"是汉代对男子的尊称。如今称"丈夫""好男儿""好儿郎"是夸奖之词的结论不符合语言实际，因为在汉魏六朝文献中找不到一例"大儿""小儿"用作对杰出男子的尊称。（参阅汪少华：《释"大儿、小儿"》，《浙江教育学院学报》2003年第6期，第27－31页）张永言《世说新语词典》对"儿"字用法总结的五个义项中也包括对人的蔑称。（参阅张永言：《世说新语辞典》，成都：四川人民出版社，1992年，第101页）可见，"儿"字略带鄙蔑之义已是一种明显的语言文化倾向，这可能也是民间很多批评、詈骂他人的粗俗话语中习带"儿"字的缘由之一。
② 顾明远主编：《教育大辞典》（简编本），上海：上海教育出版社，1999年，第82页。

位"或角色，不只是指年幼的孩子，而是如五伦中"父子"中的"子"；第三，指的是"抽象意涵"的儿童，近乎"童心稚情"的意思，代表如小孩般的"精神特质"，"像孩儿似的"心情性格，某种"纯真童稚的"存在状况，是广义的孩子。① 我们不仅要关注儿童的生物学特征和伦理学地位，更要关注他们的精神世界与心灵诉求。儿童这个概念并不足以彰显孩子身上的所有生命意涵，其背后还潜藏着广博而深邃的人文旨趣，需要不断被开发和挖掘。

四、"儿童"与 puer、infans

西方早期对于"儿童"的认识和描述与中国有类似之处。在古典时代和希腊化时代的雅典，表示儿童的词有 pais（儿童、小男孩、儿子、女儿或年轻奴隶）、nèpion（年幼儿童、婴儿）、teckon（后代、儿子、女儿），这些词概不分男女。"古希腊的儿童就像是一幅简单的人类草图"，②仅从这些单词中并不能帮助我们认识儿童的形象与特征。在古罗马拉丁语中，puer（儿童）是古代社会最古老、最常用的词语，它的词根 pu-表示"人或动物的幼小"，后缀-er 指区别，组合起来专门表示人或动物的幼小状态。塞纬利亚的伊西多尔《词源学》中，"儿童被称为 puer，这个词来源于 a puritate（纯洁性）一词，因为儿童是纯洁的（purus），没有体毛，没有胡须，或者儿童被称为 pueri（复数形式），因为他们是一个纯洁的，也就是说未到青春期的群体"。③ 人或动物生下来

---

① 熊秉真：《童年忆往：中国孩子的历史》，台北：麦田出版，2000 年，第 24 页。

② ［意］E. 贝齐、［法］D. 朱利亚主编：《西方儿童史：从古代到 17 世纪》（*Histoire de l'enfance en Occident：1. De l'Antiquité au XVIIe siècle*）（上卷），申华明译，北京：商务印书馆，2016 年，第 36 页。

③ 转引自［法］J. P. 内罗481：《古罗马的儿童》（*être enfant à Rome*），张鸿、向征译，桂林：广西师范大学出版社，2005 年，第 28 页。

没有体毛和胡须，看上去异于成熟的个体，故谓之 puer。在中国，"童"最初也是对出生无角之牛羊的称谓，相比成熟之牛羊，刚生下来的幼崽无角显得特殊，故称为"童"。

有趣的是，Puer 的同义语 infans 是由"说"的动词的现在分词加上前缀"in-"组成，意思是"不说"，把不会说话的特征作为儿童的意义指代。瓦罗在《论拉丁语》中说："年幼的人第一次说出有意义的话之前，被称为 infantes。"[①]infantes 是没有说话能力或不能流畅表达意思的儿童，第一次换牙后儿童的说话能力会得到改善，故 infantia 指 7 岁以下的儿童。德·格兰维尔在《拥有万物的人》中说："生命的第一个阶段是童年，童年是从出生到 7 岁。童年时期，孩子长出牙齿，这个阶段的人被称为'儿童'，这个词的基本意思是'不能流畅地说话、不能组织流畅的话语'；这是因为牙齿没长齐，也不坚固。"[②]以牙没长齐而影响说话的特点为标志来定义儿童，与中国以总角、总丱、童髦、垂髫等发式特点指代儿童的倾向颇为相似。

中、西方对儿童的规定都是以成人为参照标准的，儿童皆被看作是未成熟的、缩小版的成人。儿童之所以幼稚，是因为他们缺乏成人该有的能力与特征，待其日渐成熟而具备成人该有的东西时，他们就可以告别儿童身份而蜕变为高级的成人。美国儿童哲学家 G. B. 马修斯称其为"童年的小大人理论"（the Little Person Theory of Childhood）。[③] 英国心理学家 H. R. 谢

---

① 转引自［法］J. P. 内罗杜：《古罗马的儿童》，第 34 页。

② 参阅［法］J. P. 内罗杜：《古罗马的儿童》，第 25－33 页。

③ G. B. 马修斯说："按照这一理论，儿童因为年幼，所以只是一个很小的人。儿童发展就是变大，这是一个人们可以接受的理论。正如波斯克医生说的'起初你会认为发育只是长得更大'"。儿童的身体看起来就是缩小版的、未长大的成人样子，人们自然而然就会认为儿童的心理、精神也同样不如成人，或者处于愚（转下页）

弗说："儿童经常被看作是较小和较弱版本的成人——更具有依赖性，缺少知识、竞争力，没有完全社会化也不善于控制情绪。这样使用负面词语对儿童进行描述，使得人们只注意到儿童所缺乏的能力，而忽略了儿童所具有的成长的巨大潜力。"①成人对儿童的消极规定是一种肤浅、片面、狭隘的感性认识，而并非儿童的全部真相。"成人把自己看作是儿童的创造者，并从他们自己与儿童行为的关系的角度来判断儿童好或坏。"②在幼小的儿童面前，成人总会不自觉地狂妄自大起来，他们擅长以"我"为中心去评价儿童，这似乎就决定了东、西方古代的儿童史和儿童观不可能是完全积极、正面的，而是略带轻蔑、贬抑、压迫色彩的。"人们对待婴幼儿的态度，常毫无保留地诉说着他们根本的关怀或偏执所在。"③成人有着怎样的认知倾向与思维方

（接上页）钝、笨拙的状态。"儿童与成人之间往往有显著的尺寸差异。儿童一般来说比幼儿大，但比青少年和成人小。乍一看，外表呈现的大小差异是无伤大雅的。这意味着，与我们大部分成人不同，儿童是由'巨人'包围着的，这些'巨人'会弯身与他们交谈，甚至坐在地板上处于同一高度跟他们交谈，大多数'巨人'会喜欢居高临下的优越感。"与成人的尺寸相比，儿童是矮小幼稚的，这就容易给人一种错觉，凡是与儿童打交道时，成人必须放低身姿，带着娃娃腔，否则孩子可能看不清、听不懂，无形之中又会助长成人在儿童面前不自觉的傲慢，这种傲慢很容易迷惑人，使得成人常常被小小的儿童"蒙在鼓里"。引文参阅［美］G. B. 马修斯：《童年哲学》（*The Philosophy of Childhood*），刘晓东译，北京：生活·读书·新知三联书店，2015 年，第 20 页。

① ［英］H. R. 谢弗：《儿童心理学》（*Introducing Child Psychology*）（修订本），王莉译，北京：电子工业出版社，2016 年，第 16 页。作者还认为，描述儿童的性质事实上是一个非常复杂的任务。困难之处在于我们无法给出客观的定义，每个人都曾经是儿童，因而关于儿童的判断必须反映出我们自身的某些特点。儿童的概念受到具体时间、具体地域的社会、经济和政治的影响，因而，"何为儿童"这一问题也就无法根据简单的某些特性来回答。它取决于儿童所处的特定社会的性质，社会观念体系以及社会习俗。

② ［意］M. 蒙台梭利：《童年的秘密》（*Secret of Childhood*），马荣根译，北京：人民教育出版社，2004 年，第 31 页。

③ 熊秉真：《幼幼：传统中国的襁褓之道》，台北：联经出版事业股份有限公司，1995年，第 1 页。

式就会产生怎样的儿童观念，并对儿童赋予他们认为是合理的社会地位与价值判断。

越追溯到古代，人们对儿童的关照越少、认识越表面，我们能够获得的与儿童有关的信息就越少。德莫斯在《儿童的历史》（*The History of Childhood*）一书的开场白中说：“童年的历史是一个噩梦，我们不过是刚刚醒来。越往古看，人们对儿童的照顾越少，儿童越容易被杀死、遗弃、虐待、恐吓和受到性侵犯。”[1]古代儿童所遭受的伤害、歧视和虐待极其残忍，放在当今，是绝不可能被容忍和接受的。古罗马以 pupa（玩具娃娃）和 papus 来命名小女孩或小男孩，直接把儿童当成玩具来看待。[2] 古罗马人会把刚出生的婴孩放在父亲脚边，如果父亲抱起孩子，说明给了孩子生活的权利；如果孩子很虚弱，或身体健康但父亲家庭负担过重，就让孩子躺在地上，命运注定要他死去。儿童是父亲的合法财产，其生死完全由父亲决定。受宗教信仰的影响，中古时期的人们还把儿童看作是“原始的罪恶”来到人世。[3] 法国的 P. 阿利埃斯说，“传统社会看不到儿童”，“溺爱”（Mignotage）只是成人对儿童极其浅薄的情感。“存留在儿童生活的最初几年里，即当他还是一个好玩的小东西的时候，人们与他玩耍就像与动物玩耍、与不知羞耻的猴子玩耍一样。孩子如果在这个阶段死了，有人会为此感到悲痛，但一般情况下，这种悲伤也不会保持多久，很快有另一小孩替代之，但后来的孩

---

① 转引自［英］H. R. 谢弗：《儿童心理学》（修订本），第 19 页。

② 参阅［法］J. P. 内罗杜：《古罗马的儿童》，第 254 页。把儿童解读为玩具，有两种可能：一方面，儿童小巧可爱，幼稚活泼，成人常以逗儿童取乐，把儿童当玩具一样对待；另一方面，儿童与生俱来喜欢玩耍、热爱玩具，因其好游戏的天性而得名。

③ 参阅朱智贤、林崇德：《儿童心理学史》，见《朱智贤全集》第 6 卷，北京：北京师范大学出版社，2002 年，第 5 页。

子也摆脱不了默默无闻的命运。"①儿童的整个生命都是由成人所主宰和控制的，在社会上毫无地位可言。②

在中国古代，因为民间信仰与社会习俗的影响，也存在杀子弃婴的现象。《诗经·大雅·生民》记载姜嫄三次抛弃后稷的故事。《列子·汤问》曰"越之东有辄沐之国，其长子生，则鲜而食之"，殷敬顺、陈景元引杜预注《左传》曰："人不以寿死曰鲜，谓少也。"③妇人生下的第一胎要被人为杀害，以便能够顺利延续香火；《后汉书·南蛮传》曰："生首子辄解而食之，谓之宜弟。"④妇

---

① ［法］P.阿利埃斯：《儿童的世纪：旧制度下的儿童和家庭生活》（*L'enfant et la vie familiale sous l'Ancien Régime*），沈坚、朱晓罕译，北京：北京大学出版社，2013年，第1-2页。

② 人们过去对儿童的态度，一方面，可能与婴儿非常高的死亡率相关。中世纪时期，婴儿能够活到1岁就是一种成就，在1～2岁的婴儿中最多只有1/3能够活下来（McLaughlin，1974）。儿童过高的死亡率对母亲的心理造成严重打击的同时，也影响了她们对活着的孩子的态度。根据历史学家的考证，在这种情况下，母亲会通过冷淡地对待儿童来进行自我保护：在自己的孩子平安度过童年之前，母亲们不会过分喜爱他们。（参阅［英］H.R.谢弗：《儿童心理学》（修订本），第18页）从心理学上分析，母亲们只有选择冷漠、不在乎儿童，才能缓解孩子频繁死亡给自己带来的痛苦。而当今儿童的发展离不开母爱，母亲的温柔呵护、悉心陪伴是他们形成健康人格的重要条件，这种亲子关系对古代儿童而言是不可思议的。另一方面，可能与重男轻女的文化观念相关。英国心理学家、精神病学家J.鲍比尔说："很多女孩子在早年被抚养的过程中就是一个备受伤害的对象，在关键时刻会被牺牲掉。没有被善待的女性很难真正地善待自己的孩子。"（见［英］J.鲍比尔：《安全基地：依恋关系的起源》（*A Secure Base*），余萍、刘若楠译，北京：世界图书出版社有限公司，2017年，第3页）尤其是在中国古代宗法制度社会中，重男轻女的观念十分明显，女性地位得不到社会的认可和支持，母亲们本身就是一个受害者，自我效能感低，自我价值得不到彰显，容易产生悲愤、怨恨、消极的心理情绪，从而直接影响到其作为一个母亲的心态和行为。因而，要改善人们对儿童的观念还必须考虑到社会对女性的态度。

③ 【晋】张湛注、【唐】卢重玄解、【唐】殷敬顺、【宋】陈景元释文：《列子·汤问》，第147、148页。

④ 【宋】范晔、【唐】李贤：《后汉书·南蛮西南夷列传·南蛮传》，第2834页。

人非本宗族之人，为确保血统纯正，形成了"杀首子"的恶俗。因为生活条件艰苦，甚至还有杀女婴、"不举子"[①]的惨状。《韩非子·六反》曰："产男则相贺，产女则杀之。此俱出于父母之怀妊，然男子受贺，女子杀之者，虑其后便，计之长利也。"[②]父母考虑到自己日后养老的需要，重男轻女，伤害了多少无辜女婴的生命。这些在特定历史境遇中的虐童案例，为人们理解中国古代儿童的生活情状与发展历史具有一定的启发意义。

儿童因为幼稚的生命特征而被成人所轻视，也正因这种未成熟性让他们的精神世界与心灵世界比成人更加干净、澄明、纯粹，他们没有被社会所污染，能够排斥掉外界事物而保留自我强大的生命根性，沿着自己的内在方向成长成熟，显得柔韧不屈、幼稚灵活、圣洁高贵。内罗杜认为，"儿童是不成熟的"这个意义既是否定性的，又是肯定性的，一直比较模糊。[③]古人受制于经验认知与习俗观念，倾向于对儿童做否定性的解读，而随着生理学、心理学、卫生学、神经学、哲学、宗教学等学科的兴起，人们对儿童的认识越来越趋于肯定性的一面。儿童不是柔弱无能、幼稚愚昧的人类幼崽，而是凝聚人世间真、善、美的生命精灵，这在中、西方文化里均有体现。阿斯卡尼俄斯在《埃涅阿斯纪》中描绘了完美的儿童形象：他很美，他的头"闪闪发光，像一块珍贵的宝石，头发好像镀着浅黄褐色的金子，熠熠生辉，使前额和脖颈

---

① 《汉书·王吉传》曰："聘妻送女亡节，则贫人不及，故不举子。"贫困人家生活艰辛、贫寒，自己吃穿可能都是问题，更没有能力去养育子女，或为他们准备嫁娶物资，养不活就直接将婴儿溺死。今日看来，确实残忍，但在当时古人连基本温饱都不能解决时，也就无力去考虑残不残忍、狠不狠心的道德问题了。引文见【汉】班固：《汉书·王吉传》，北京：中华书局，2012年，第2649页。

② 【清】王先慎：《韩非子集解·六反》，钟哲点校，北京：中华书局，2003年，第417页。

③ ［法］J.P.内罗杜：《古罗马的儿童》，第28页。

显得更加优美"，①其对儿童的赞美充满着敬畏、欣赏、喜悦与尊重，已经把儿童作为一种神圣完美的生命象征予以歌颂了。

在中国传统文化中，儿童也代表着吉祥如意。唐代长沙窑瓷器上出现《婴戏图》，宋代这种画风极其盛行，主题多是儿童嬉戏玩耍的场景，孩子们神态各异，天真烂漫，活泼喜悦，无忧无虑，有多子多福、大富大贵、生活美满之意蕴。在中国传统的礼乐、祭祀、祈祷、求雨过程中，儿童还能起到沟通神灵的作用。《史记·秦始皇本纪》曰："请得斋戒，与童男女求之。于是遣徐市发童男女数千人，入海求仙人。"②徐市为著名的方术之士，其请以数千童男童女入海求仙，说明儿童能够助益于他的求仙之功。《春秋繁露·求雨》篇中，春旱求雨仪式要求"小童八人，皆斋三日，服青衣而舞之"，③《后汉书·礼仪志中》亦曰："公卿官长以次行雩礼求雨。闭诸阳，衣皂，兴土龙，立土人舞僮二佾"，④古之求雨、雩祭活动根据五行之数，儿童也是重要的角色之一。《祭祀志下》还记载祭祀后稷"舞者用童男十六人。"⑤可见，在古代祭祀活动中，儿童不仅代表年幼群体，还能够超越成人而更直接地与天、神、仙等发生感应，类似女巫祷告通灵之神力。⑥ 可能

① 转引自［法］J.P.内罗杜：《古罗马的儿童》，第100页。

② 【汉】司马迁：《史记·秦始皇本纪》，第212页。

③ 【汉】董仲舒：《春秋繁露·求雨》，上海：上海古籍出版社，1989年，第88页。

④ 【宋】范晔、【唐】李贤：《后汉书·志第五·礼仪中》，第3117页。

⑤ 【宋】范晔、【唐】李贤：《后汉书·志第九·祭礼下》，第3204页。

⑥ 男童、女童在汉代的各种庆典、祭祀、礼仪、求雨活动中扮演着特殊角色。例如，《汉书》曰："初，高祖既定天下，过沛，与故人父老相乐，醉酒欢哀，作'风起'之诗，令沛中僮儿百二十人习而歌之。""以正月上辛用事甘泉圜丘，使童男女七十人俱歌，昏祠至明。"（见【汉】班固：《汉书·礼乐志》，第964页）《太平御览·礼仪部五》引《汉旧仪》曰："五仪元年，儒术奏施行，董仲舒请雨事，始令丞相以下求雨。雪曝城南，舞童女祷天神五帝。"（见【宋】李昉等撰：《太平御览·礼仪部五·祭礼下》，第2388页）张平子在《东京赋》中描绘驱逐疫鬼仪式中曰"侲子万童"，（转下页）

老祖先也感觉到了儿童内在的生命潜能和神秘力量，除了儿童以外，很难在现实生活中找到内心完全没有私心、杂念的人。因而，在一些虔诚、圣洁的重要仪式上，儿童必须出场，且不可替代，只有他们能够代表纯一之善。

相比于西方，中国对儿童的欣赏与赞美显得十分娇羞而内敛，隐隐约约，慎慎微微，大概与中国深沉、含蓄、儒雅的民族性格有关。西方对于儿童的态度，自 18 世纪以来有所改善，到 20 世纪发生了实质性的大转变。受西方童年文化的影响，中国对儿童的认识也更加科学化、外显化，把古人对儿童所表现出的保守、节制的一面真正转化为对幼稚生命的尊重、关怀和敬畏。中、西方对儿童的认识、理解与态度的差异，好比东方复古淑女与欧美摩登达人给人留下的不同感受，前者温婉精致，后者奔放自由，各有特色。儿童的发展历史也是一个民族构建本土文化的重要面向之一。

五、从帽象到女萝："蒙"的本源考察

如果说儿童是对"童"的一种形象概括与年龄限定，那么"童蒙"就是对儿童的性质、状态的一种描述。《汉书·杨雄传》曰"天降生民，倥侗颛蒙"，颜师古注引郑氏曰："童蒙无所知也。"①《淮南子·齐俗训》曰："古者，民童蒙不知东西，貌不羡乎

（接上页）薛综注曰："侲子，童男童女也。"（见【梁】萧统编、【唐】李善注：《文选·京都中·东京赋》，北京：中华书局，1977 年，第 63 页上）可见，在各种与天、神灵、鬼魂交互的活动中，儿童均是不可或缺的神秘人物。或是出于某种民间风俗信仰，或是因为老祖宗在一定历史情境中所形成的儿童观念，古人似乎已经隐约察觉和意会到儿童身上那些成人替代不了又满富能量的天性特质，但又难以用准确、明晰之言辞表达出来。

① 【汉】班固：《汉书·扬雄传下》，第 3083 页。

情，而言不溢乎行。"①《抱朴子·正郭》曰："中人犹不觉，童蒙安能知？"②童蒙或指儿童，或被看作是一种无知蒙昧、心智未开的生命状态。从语言学上分析，"儿"序"童"字之前，是以儿童的主要特征对其进行语义规定；而"蒙"序"童"字之后，意在对儿童蒙昧未发的生命特质进行说明。《周易·蒙卦》对"童蒙"做了十分深刻、精到的解读，但只有先弄清楚"蒙"的字源流变与原初本义，才能更加准确地理解和阐发《蒙》卦的内在义理。

蒙从草冢声，因声求义，"蒙"乃闷闷不响亮之意。"蒙"古作"冢"，《说文·冖部》曰："冢，覆也。"段玉裁注曰："凡蒙覆、僮蒙之字今字皆作蒙。依古当作冢。蒙行而冢废矣。"③"蒙"古作"冢"，今表覆盖义用"蒙"而不用"冢"。在《唐韵》《正韵》《集韵》《韵会》中，"冢"音皆作"蒙"。《集韵》、韩国《新字典》中"冢"与"蒙"通。④ 先秦时期，在董同龢、周法高、李方桂的古音系统中，"冢"之韵部为东，生母为 m。《说文·艸部》曰："蒙，王女也。从艸，冢声。""蒙"字本是冢声。《广韵》《韵略》《增韵》《洪武》中为"莫红切"，《集韵》为"谟蓬切"，《经典释文》作"莫公反"⑤，"冢"的发音主要是后鼻音，声音闷闷不畅，音调低沉，浑厚而不清脆，颇似声音被包裹或阻隔时所发出的声音，与"鼓"字因声表义相通。古人创造"蒙"字时必然伴随着个体真切的发音感受与情境体验，蒙的状态，好像是被东西捂住头部，视而不见，一片黑暗；

① 刘文典：《淮南鸿烈集解·齐俗训》，合肥：安徽大学出版社、昆明：云南大学出版社，1998年，第349页。
② 【晋】葛洪：《抱朴子·外篇·正郭》，《四部丛刊》景明本。
③ 【汉】许慎、【清】段玉裁：《说文解字注·冖部》，第618页下。
④ 参阅王平、[韩]河永三主编：《中韩传统字书汇纂》（第一卷），北京：九州出版社，2017年，第337页。
⑤ 【明】陆德明：《经典释文·周易音义·蒙》，上海：上海古籍出版社，2013年，第78页。

又似乎是声音闷在腹中，隐隐约约，欲动不能，欲响不明。

"蒙"的甲骨文作🐾，上部为🐾，取帽子之象。例如，胄，甲骨文为🐾，从人从帽，指头盔，保护头部的帽子。① 🐾后简化为"冖"。下部为"豕"上加一横，《殷墟甲骨文字通释稿》曰："豕，象形。短尾下垂，突肚。为殷王田猎物及祭牲。"②豕最初是一种猎物或牺牲，后专指长吻大腹、四蹄短尾之猪。"豕"冠一横指野猪头部被遮挡或笼罩而挣扎受驯之象。"蒙"续甲骨文为🐾、🐾、🐾、🐾，中山王壶铭文作🐾，汉印为🐾，石篆为🐾，《说文》小篆作🐾、🐾、🐾。③ 在字形演变过程中，篆文异体字在"豕"上加"草"作"蒙"，表示用草木枝叶遮蔽禽兽的双眼，使其因视线受阻而被人所捕获。"蒙"最初可能是人们驯服禽兽的一种形象化的情景指代，并无其他特殊含义。至于驯兽时为何会盖上草木枝叶呢？有两种可能：一是用草作为制作生产工具的材料，编织成帽状物，趁禽兽不注意时扣住其头部，阻隔其视线，若禽兽无法自行挣脱，最终只能被降服；二是面对凶猛的野兽，人们无法直面迎击，只能暗设陷阱，盖上草物，以引诱兽物上当而被捉。

蒙，在《尔雅·释草》中还表示名为女萝或菟丝的植物。《尔雅·释草》曰："唐，蒙，女萝。女萝，菟丝。"邢昺疏曰："唐也，蒙也，女萝也，菟丝也，王女也，凡五名。"④《说文·草部》亦曰："蒙，王女也。"唐人李贺《七月一日晓入太行山》诗曰"一夕绕山

---

① 朱歧祥编：《甲骨文词谱》（第一册），台北：里仁书局，2013年，第59页。

② 转引自朱歧祥编：《甲骨文词谱》（第三册），第3-164页。

③ 参阅王平、臧克和等编：《常用汉字字源手册》，广州：南方日报出版社，2002年，第122页。

④ 【晋】郭璞、【宋】邢昺：《尔雅注疏·释草》，上海：上海古籍出版社，2010年，第249、250页。

秋,香露溘蒙茣",王琦注曰："蒙,兔丝也",①唐、蒙、女萝、菟丝、王女疑为一草之五别名。《宋本玉篇》曰："唐蒙,女萝别名。"韩国《全韵玉篇》《字类注释》皆以"女萝"之别名为"飞扬、薂蒙"。② "蒙"作为草名,可能因地域差异而叫法不同。女萝亦作"松萝",多附生在松树上,成丝状下垂。③《诗·小雅·頍弁》曰："茑与女萝,施于松柏。"郑玄注曰："女萝,菟丝,松萝也。"④唐代元稹《梦游春七十韵》诗曰："朝藓玉佩迎,高松女萝附。"可知,女萝、菟丝、松萝疑为同一植物,缠绕松柏而生。⑤ 而"蒙"是如何从驯兽之意变为一种草名的? 可能因女萝这种植物因某种特性被用于驯兽活动,随着狩猎技术的提高,这种驯兽方式被淘汰,"蒙"之本义被搁置,而专门用来指代女萝这种草,产生出"蒙"之别义。菟丝子缠绕于他物之上,与"蒙"之覆盖之象亦有吻合之处,说明不同字义之间也会存在某种内在关联。

---

① 【清】王琦：《李长吉歌诗汇解》卷三,清乾隆宝笏楼刻本。

② 《汉书·扬雄传上》曰："浮薂螵而撤天。"颜师古注引晋灼曰："薂螵,蚊也。"疑薂蒙为一虫名。(见【汉】班固：《汉书·扬雄传上》,第 2618 页)据韩国《新字典》可知,"女萝"确实为草名,而"飞扬、薂蒙"则是"蒙"之另一层含义。参阅王平、[韩]河永三主编：《中韩传统字书汇纂》(第十四卷),第 14 – 15 页。

③ 参阅罗竹风主编：《汉语大词典·儿部》第四卷,第 265 页。

④ 【汉】郑玄、【唐】孔颖达：《重刊宋本毛诗注疏附校勘记·小雅·頍弁》(影印本),第 776 页上。

⑤ 也有人认为菟丝与女萝是不同植物,孔颖达《正义》引陆玑《毛诗草木鸟兽虫鱼疏》曰："菟丝蔓连草上生,黄赤如金,今合药菟丝子是也。非松萝。松萝自蔓松上生,枝正青,与菟丝殊异。"(见【汉】郑玄、【唐】孔颖达：《重刊宋本毛诗注疏附校勘记·小雅·頍弁》(影印本),第 483 页下)女萝缠生于草而生,其色尚金,与菟丝子同;而松萝则多缠于松树而生。李白《白头吟》曰："兔丝固无情,随风任倾倒。谁使女萝枝,而来强萦抱。两草犹一心,人心不如草。"《古意》曰："君为女萝草,妾作菟丝花。"说明菟丝、女萝可能为两种不同的植物。从情理推之,女萝与菟丝就算不是一物,也是属于植物形态或特征高度相似的植物,古人因极易混淆才将二者等同。

　　"蒙"从甲骨文本义到指代女萝这种植物是汉字意义生成流变的必然现象。吕思勉说："一事之成与变，皆有其所以然之故，其成也，大抵因众所其须，无形之中，合力创造，积累而成其变也，则出于事势之变流。"①文字形演变背后必定牵扯复杂的历史文化因素，后人在解读和使用"蒙"字也必须因情制宜，因时制宜，灵活变通，多面向解读。"童蒙"之"蒙"，可能是出于"蒙"之本意的自然延伸，亦可能与"蒙"字之别义有关。

六、覆而不明："童蒙"的本性发显

　　"蒙"本义是兽物头顶一帽，因视线受阻而陷入莽撞愚昧、不知所向的浑噩状态。朝鲜时代沈有镇在字书《第五游》中曰："𩇕，覆也。冃，冒之省。豕，钝畜，而加草、冒则尤无所知识也。"②"豕"本为牲畜，野蛮无知，又冠以草帽，愚钝至极曰"蒙"，从"豕"至"蒙"是因头部被他物覆盖所致，后直接将"蒙"解为"覆"。冡，《说文》《宋本玉篇》及韩国《全韵玉篇》皆作"覆也"，③《尔雅·释言》将"蒙"直训为"奄也"，郭璞注曰"奄，奄覆也"④，即覆盖、遮蔽、阻挡之意。《小尔雅·广诂》曰："蒙、冒，覆也。"⑤蒙、帽之象同，均有覆盖义。刘大钧、林忠军认为，冡，高地，高地被草木覆蔽。⑥ 戴震《疏证》曰："蒙，亦作幏。"段玉裁《说文解字注》中将"幏"解为"覆盖物之衣也"⑦，按照宋代王圣

① 吕思勉：《中国文字变迁考》，上海：商务印书馆，1931年，第1页。
② 转引自王平、[韩]河永三主编：《中韩传统字书汇纂》（第十四卷），第14页。
③ 参阅王平、[韩]河永三主编：《中韩传统字书汇纂》（第一卷），第337-338页。
④ 【晋】郭璞、【宋】邢昺：《尔雅注疏·释言》，第97页。
⑤ 【清】胡承珙：《小尔雅义证·广诂》，石云孙校点，合肥：黄山书社，2011年，第4页。
⑥ 参阅刘大钧、林忠军：《周易古经白话解·蒙》，济南：山东友谊出版社，1989年，第9页。
⑦ 【汉】许慎、【清】段玉裁：《说文解字注·巾部》，第630页上。

美提出的"其类在左，其义在右"的原则，①"蒙"有类似一种被布帛之物覆盖、包裹之象。《广雅·释诂二》曰"幪，覆也"，王念孙疏证曰："幪、冡、蒙并通。"②幪、冡、蒙三字意义相通，均有覆盖不明之意。《国语日报辞典》中，"蒙"有七层含义，其中"遮盖"也是其首要意旨。③ "蒙"字覆而不明存在两种情况：

第一，"蒙"通"矇"，眼睛不明。《广韵》《正韵》《集韵》《韵会》中"矇"并音"蒙"。李富孙《易经异文释·卷四》曰："蒙者，蒙也。众经音义三引作'矇'。"《康熙字典》引东方朔《七谏》曰："冀幸君之发矇。""矇"通"蒙"，别作"瞢"。金敏圣在博士论文中认为，矇，"瞢"仝，意为"有眸，不见，青盲，矇瞍"，④即视线受阻而不见光明之意。矇，《说文》曰"不明也"，指"瞳仁被蒙"或"不明"。⑤《诗经·大雅·文王之什·灵台》曰"矇瞍奏公"，郑玄注曰"有眸子而无见曰矇"，⑥矇是有眼珠而看不见的病态。《释名·释疾病》解"矇"为"蒙蒙无所别也"，⑦即眼睛看不见，无法分辨事物而处于昏暗无知的状态。对于人而言，眼睛不仅是心灵之窗，亦是感知与认识世界的重要通道，视线受阻必然会造成认知缺陷或言行笨拙，故"矇"可引申为人无知愚昧或智力未开化的愚钝状态。王充在《论衡·量知》曰："人未学问曰矇。"人不

---

① 【宋】沈括：《梦溪笔谈·艺文一》，张富祥译注，北京：中华书局，2009 年，第 161 页。
② 【清】王念孙：《广雅疏证·释诂》，张靖伟等校点，上海：上海古籍出版社，1989 年，第 312、313 页。
③ 何容主编：《国语日报辞典》，台北：国语日报社，1974 年，第 714 页。
④ 金敏圣：《刘汉翼的〈字林补注〉研究——以异体字为中心》，釜山大学中文系博士论文，2015 年，第 397 页。
⑤ 王平、臧克和等：《常用汉字字源手册》，第 122 页。
⑥ 【汉】郑玄、【唐】孔颖达：《重刊宋本毛诗注疏附校勘记·大雅·文王之什·灵台》（影印本），第 581 页上。
⑦ 【清】王先谦：《释名疏证补·释疾病》，第 388 页。

学习则不明事理，智慧不出，愚钝不堪。他甚至将这样的人视为粗糙不堪、未经雕琢的"竹木之类"，①这显然是对"蒙"字本意的延伸与发挥。

第二，"蒙"通"曚"，日光不明。玄应《一切经音义》曰："蒙昧，字体作曚，同。"②《广韵》《集韵》《正韵》中，"曚"并音"蒙"，释作"曚昽""日未明"，韩国《全韵玉篇》《字类注释》《新字典》中皆从此说，③曚指日光不见、光线暗淡之象。人处于黑暗无光的情况下，找不到前进方向，昏蒙无助，处处有危，恰似《蒙》卦"山下有险，险而止"的两难境地，来知德解曰："退则困于其险，近则阻于其山。"④蒙上有艮山之阻，下有坎水之险，只有等待发蒙者来引路、照亮，童蒙才能由暗至明而通往亨通大道。

蒙、曚、矇之间的内涵互相发明，⑤生动地彰显出"蒙"字覆而不明的本质含义。目不明是眼被遮挡而不见，日不明是缺乏光线而黑暗，二者皆由外因所致，"蒙"并非某一事物的真实特性。"蒙"始终是一种内自明而受制于外的尴尬状态，不能用以规定任何事物的自在真实。然而，"蒙"又往往容易给人产生昏

① 引文参阅【汉】王充：《论衡·量知》，上海：大中书局，1933年，第222页。
② 徐时仪：《一切经音义（三种校本合刊）·玄应音义》上，第57页。
③ 参阅王平、[韩]河永三主编《中韩传统字书汇纂》（第六卷），第355页。
④ 【明】来知德《周易集注·蒙》，第33页。
⑤ 蒙之异体字还有"濛"，多用来形容细雨飘蒙、混沌不分的状态。《楚辞·九辨》曰"云蒙而蔽之"，旧注曰："蒙，作濛。"《诗经·豳风·东山》："我来自东，零雨其濛。"孔颖达《疏》曰："道上乃遇零落之雨，其濛濛然。"（见【汉】郑玄、【唐】孔颖达《重刊宋本毛诗注疏附校勘记·豳风·东山》（影印本），第297页上）濛，指细雨绵绵之朦胧意境。"濛鸿"象征一种混沌不分、元气未开的状态。如宋均《春秋命历序》："濛鸿萌兆，浑浑混混。"韩愈《元和圣德诗》："渎鬼濛鸿，岳祇嶪峩。"《庄子·在宥》曰："云将东游，过扶摇之枝，而适遭鸿蒙。"司马彪曰："鸿蒙，自然元气也。"（见【清】王先谦《庄子集解·内篇补正·在宥》，北京：中华书局，1987年，第95页）鸿蒙与濛鸿的意思相近，均可用来表示天地阴阳之气尚未分化的一种初始状态。

暗、愚钝的错觉，使得人们对"蒙"的解读趋向片面化、表象化、感性化，很少有人会关注"蒙"的真实处境与原初深意，导致对"蒙"的诸多认识都是经过人心主观加工、调剂过的。如《尚书·洪范》曰："曰雨，曰霁，曰蒙。"孔安国曰："蒙，阴闇。"①蒙即阴暗。《黄帝内经·素问·五藏生成篇》曰"徇蒙招尤，目冥耳聋"，张志聪注曰："蒙，昏冒也。"②"蒙"还可指昏愦不醒、神志不清的生理情况。《易传·彖·明夷》曰"以蒙大难"，郑康成注曰"蒙，犹遭也"③，引申为人所遇到的不幸或大难。《左传·僖公二十四年》曰"上下相蒙"，杜预注曰："蒙，欺也。"④"蒙"甚至被抽象为人与人之间的欺骗、隐瞒之意。故而也就不难理解"童蒙"之"蒙"的人为附加性和主观臆断性。

人们常常把"蒙"最初的覆盖、蒙蔽、愚钝、无知、昏暗的特征不经处理就嫁接在"童蒙"身上，一开始就给他们扣上了愚钝无知的帽子，并把愚昧当作童蒙自性来看待，甚至有"蒙与明相反，蒙昧而不明"⑤之说，将童蒙规定为一种"无能品""残弱品""愚昧品"，淹没了他们内在的生命力量与自然天性。《全韵玉篇》曰："蒙，覆也，欺也，幼学未通。"覆盖、蒙蔽之象就是童蒙智慧未开的样子。《精蕴》曰："幼学未通也。养之以正，作圣胚胎也。

---

① 【汉】孔安国、【唐】孔颖达：《重刊宋本尚书注疏附校勘记·周书·洪范》（影印本），第 174 页下。
② 【清】张志聪：《黄帝内经集注·素问·五藏生成篇》，方春阳等点校，杭州：浙江古籍出版社，2002 年，第 86 页。
③ 【汉】郑康成、【宋】王应麟：《周易郑康成注·明夷》，见《文渊阁四库全书·经部一·易类》，第 7－164 页上。
④ 【汉】杜预、【唐】孔颖达：《重刊宋本左传注疏附校勘记·鲁僖公二十四年》（影印本），第 255 页上。"蒙"在"欺骗"义和"胡乱猜测"义上读"mēng"。参阅王平、臧克和等编：《常用汉字字源手册》，第 122 页。
⑤ 【明】杨爵：《周易辩录·蒙》，见《文渊阁四库全书·经部二五·易类》，第 31－14 页下。

群生蚩蚩，有物蔽覆，暗者当求明也。"①童蒙昏暗不明、智慧未开，需经后天教化才能化蒙为圣、去暗从明。这无疑是将"蒙"所描述的"豕上加帽"之象直接与"童蒙"之"蒙"等同，岂不是人之蒙昧乃豕上加一帽，人还不如豕?! 不仅消解了人、禽之间的差异，更无法凸显童蒙内在的天性特质与生命境界，这显然是不合理的。因而，"蒙"从驯兽之意至"童蒙"之"蒙"并非一以贯之，这两种"蒙"之间存在无法逾越的鸿沟，仅以字源考证与逻辑推演的方法解释不通。

　　"童蒙"之"蒙"基于"蒙"的原初本意，又超越"蒙"的具体含义，要理解"童蒙"，必须跳出"蒙"的文字结构本身，通过类比、意象、联想的方式进行一番人文化的意义改造与价值赋予。《周易·蒙卦》以山水之卦象对童蒙内在的本然特质与自然天性揭示得最为生动、形象、透彻。《蒙》卦（☷）上艮（☶）下坎（☵）的山水卦象结构以意象的方式巧妙地显露了童蒙的内在本然特质。《易传·说卦》曰"坎为水"，"艮为山"，②山下泉水涌动，昭示着童蒙天真无邪、明净好动、自由活泼之天性。《易传·象·蒙》曰"山下出泉，蒙"，王宗传解曰"泉者，水之源，所谓纯一而不杂者是矣。泉之始出于山下也，以况则蒙之欲亨而未亨之象"，③以山下泉水始出隐喻儿童清澈透亮、纯净专一、涌动不息的本然样态与精神世界，这是"蒙"字本身无法从语言学上传达和描述出来的深刻蕴意与生命内涵。

① 王平、[韩]河永三主编:《中韩传统字书汇纂》(第一卷)，第337-338页。
② 【明】来知德:《周易集注·说卦传》，第393页。
③ 【宋】王宗传:《童溪易传·蒙》，何俊主持整理，张天杰点校，上海:上海古籍出版社，2017年，第51、52页。

七、"菟丝子"与"童蒙"的意象关联

蒙之别义为女萝或菟丝,其与童蒙之"蒙"若存在某种内在关联性,则将会从另一个面向衬托出童蒙的生命特征与真实意指。"蒙"在篆文中出现草字头,在魏晋时期至唐朝的异体字中,"蒙"字始终不离"草",[①]说明"蒙"作为一种草类植物已经成为人们的共识。那么,为什么"蒙"用来指代女萝或菟丝子而非其他植物?这种植物有何独特性?菟丝子与"童蒙"之"蒙"有何关系?是"童蒙"之"蒙"取义于菟丝子,还是菟丝子之"蒙"取义于"童蒙"?这些都是饶有趣味的问题。

童蒙指代人,而菟丝子指代植物,二者之间的关联可能是出于巧合,也可能是古人在生活实践中赋予菟丝子与童蒙相类似的感性认知与心理体验。女萝或菟丝子必须覆盖和缠绕在其他植物上方可生存,这与蒙之引申义"覆盖"相通。菟丝子($Cuscufa\ chinensis$)属于旋花科($Convolvulaceae$)植物,[②]是一年生寄生缠绕性草本。[③] 缠绕于豆科农作物上生长,遮挡阳光,吸食营养,俗称豆寄生或豆阎王。有趣的是,菟丝子在生物学上的三种主要特征都与童蒙的生命表现颇为相似。

第一,寄生性与依赖性。菟丝子属($Cuscuta$)植物不含叶绿体,没有自养能力,依靠吸取寄主养分来维持生存,是一种典

---

① "蒙"之字形,北魏时期,王氏墓志中为**蒙**,尉迟氏造像中为**蒙**;北周时期,童道生造像中为**蒙**;唐代颜真卿《干禄字书》中为**蒙**。可以看出,字形总体变化不大,始终以"草帽"覆上。"豕"上一横有时在"冖"外,有时在"冖"内,但总体字形一致。在童道生造像中,"豕"上一横变成动物之大嘴,可能意指驯服凶猛之动物。参阅王平主编:《中国异体字大系》,上海:上海书画出版社,2008年,第364页。
② 岳仑锁:《寄生植物菟丝子》,《生物学教学》2014年第5期,第46页。
③ 盛晋华、张雄杰等:《寄生植物概述》,《生物学通报》2006年第3期,第9-12页。

型的全寄生植物，①种子萌发后会产生丝状的茎，通过触觉刺激或感知寄主源的信号找到寄主。它需要寄主植物的萌发刺激，从寄主植物处获取生长发育所需的营养物质和水分。② 菟丝子不具备独立生长的能力，必须缠绕寄主茎蔓并吸收其营养为生。因为这种生长特性，其被诸多文人用以隐喻男女两性爱情之缠绵。③ 童蒙对成人的依赖恰恰也表现出这种类似特征。初生婴儿几乎处于无能状态，吃、喝、拉、撒、睡都靠成人的呵护与照料，离开成人他们就难以正常生活。孔子曰"子生三年，然后免于父母之怀"，马融注曰："子生于二岁为父母所怀抱。"④婴儿头两年基本上是在父母的怀抱中长大，他们对成人的需求程度远远超过其他动物，亲子之间的依恋关系更是"菟丝附女萝"的缠绵难以比拟的。菟丝子通过生物传递汲取寄主营养，胎儿则通过脐带、胎盘汲取母体养分，新生儿最好的食物来源也是母乳，母婴似乎是上天安排好的最佳连体生命物。随着儿童的年龄增长，成人除了

---

① 转引自张静、闫明等：《不同程度南方菟丝子寄生对入侵植物三叶鬼针草生长的影响》，《生态学报》2012 年第 10 期，第 3137 – 3143 页。

② 参阅吴昱果、刘志鹏：《菟丝子和寄主互作的生物学研究进展》，《中国草地学报》2020 年第 7 期，第 169 – 178 页。

③ 如屈原《楚辞·九歌·山鬼》曰："若有人兮山之阿，被薜荔兮带女萝。"(见【汉】刘向编：《楚辞章句·九歌》，陈深批点，凌氏朱墨套印本，明万历二十八年，第 7 页)屈原通过女萝表现山鬼之多情缠绵描绘得淋漓尽致。《诗经·鄘风·桑中》曰："爰采唐矣？沫之乡矣。云谁之思？美孟姜矣。"郑玄注曰："唐，蒙。"(见【汉】郑玄、【唐】孔颖达：《重刊宋本毛诗注疏附校勘记·鄘风·桑中》(影印本)，第 113 页下)"唐"即菟丝子，男子看到豆荚枝上缠绕的菟丝子，想象与心上人孟姜女相恋的温暖情形，浪漫又甜蜜。汉代古诗《冉冉孤生竹》曰："与君为新婚，菟丝附女萝。菟丝生有时，夫妇会有宜。"《文选》五臣注曰："兔丝女萝并草，有蔓而蜜，言结婚情如此。"(见【南朝梁】萧统撰、【唐】李善等注：《六臣注文选·杂诗上》，四部丛刊景宋本)菟丝与女萝是均为蔓生植物，相互亲密缠绕，可象征两性之好，成为文人抒情达意的爱情象征物。

④ 【魏】何晏、【宋】邢昺：《重刊宋本论语注疏·阳货》(影印本)，第 185 页上。

要养护他们的身体健康,还必须对其进行适当教化。儿童对成人的依赖性要比菟丝子缠绕松柏的寄生性复杂、深刻、细腻得多。

第二,纤细性与柔弱性。菟丝子的茎极其纤细,直径只有 1 毫米,①可紧紧缠绕寄主植物,这与童蒙天生的柔弱特性十分相似。《易传·序卦》曰:"蒙者蒙也,物之稚也。"②蒙是万物生命最开始的状态,一切都尚未成熟,显得娇嫩柔弱。对于人而言,童蒙身上的柔弱性不仅是一种生物学特征,更是一种高尚的生命境界。老子曰:"人之生也柔弱,其死也坚强。万物草木之生也柔脆,其死也枯槁。"③无论是人,还是动物,初生的状态都是柔弱纤细的,而死亡的时候都是僵硬枯竭的。菟丝子因为有纤细柔软的植物特性,才有了能够缠绕寄生在其他植物身上的本领。童蒙因为幼稚无知,才有了进一步生长发育和接受教化的可能与机会。"欲刚者,必以柔守之;欲强者,必以柔保之",④柔弱乃刚强之本,事物越是呈现出柔的状态,其生命发挥的弹性与空间就越大。菟丝子和童蒙恰恰都是以超级柔弱的特性昭示出一股坚强的生命力量。

第三,休眠性与"幼态持续"。菟丝子种子萌芽后有一个长达数月到数年的后熟或休眠期,⑤在这期间必须受到寄主的化学信号的刺激,方可不断发育完善,其幼芽紧紧缠绕在寄主植物

① 参阅石晓峰:《菟丝子的发生及防治方法》,《陕西林业科技》2014 年第 2 期,第 101-103 页。
② 【明】来知德:《周易集注·序卦传》,第 366 页。
③ 陈鼓应:《老子注译及评介·七十六章》,北京:中华书局,1984 年,第 342 页。
④ 刘文典:《淮南鸿烈集解·原道训》,第 23 页。
⑤ 研究表明,菟丝子种子具有休眠性,休眠期可达 20 年。多种菟丝子的种子在成熟后 1~2 年萌发。菟丝子寄生后生长迅速,可产生许多缠绕茎,从而扩大寄生范围,扩大侵染,大量消耗寄主制造的营养物质。参阅岳仓锁:《寄生植物菟丝子》,《生物学教学》2014 年第 5 期,第 46 页。

身上，生活力极强，生长旺盛。[①] 这与人类童年期的"幼态持续
（Neoteny）"[②]现象类似。人类不像其他动物生来就能迅速适应
环境，而是需要相对漫长的发育期，故不得不长期保留年幼时期
的某些特征。因为人类婴儿出生时的未成熟程度很高，发展过
程很慢，因此没有哪一个动物的依恋行为所需要的时间要比人
类更长。[③] 刘晓东将这视作人类进化的一种优势，认为人的发
育之慢，除了可以为保留后代成年生活方式的幼年特征提供机
制以外，还具有别样的适应意义，那就是社会进化。[④] 人类的童
年期长、发育缓慢，使得个体的可塑性、生长性、灵活性、适应性
更强，昭示出强大的生命潜能。生物学家 A. 蒙塔古系统地总结

---

① 门晓岩、白绍忠：《北方药用菟丝子栽培技术》，《种子世界》2004 年第 2 期，第 41
页。

② 幼态持续（Neoteny）是生物学领域的重要概念。J. 科尔曼首次以"neoteny"来描
述性成熟的蝾螈仍保留幼年呼吸特征这一现象。人类的进化是通过保留我们祖
先的幼年阶段和失去以前的成体结构，这一过程叫幼态持续。（参阅［美］S. J. 古
尔德：《自达尔文以来》（*Ever Since Darwin*），田洺译，海口：海南出版社，2008 年，
第 158 页）后来，"幼态持续"这一术语被用于指代人类的成体保留了灵长类祖先
的幼年特征，这种进化现象就叫作幼态持续，字面上的意思就是"保持幼年状
态"，或者说通过延迟发展保留胚胎或青少年的特征。（参阅杨宁：《人类行为的
幼态持续———兼论游戏的本质与意义》，《学前教育研究》2001 年，第 44－46
页）人在任何年龄阶段，只要保持幼年时期的某些行为或心理特征就有发展、进
步的空间和可能。K. Z. 洛伦兹呼吁把儿童期游戏、好奇、创造性、探索精神等延
伸至整个人生周期中。A. 蒙塔古强调，我们应趁着为时未晚之机，把自己从"成
熟"的方式中解救出来。（参阅［美］J. O. 卢森：《人生发展心理学》（*Life Span
Development*），陈德民、周国强、罗汉等译，上海：学林出版社，1996 年，第 962－
963 页）当然，这一过程并非将儿童的幼稚特征原封不动地搬到成人身上，而是强
调人在成长进步的同时，还要尽可能关切和保护内心最原始的纯洁本心与童年
特质。

③ 参阅［英］J. 鲍比尔：《依恋三部曲》第一卷《依恋》（*Attachment Vol. 1*），汪智艳、
王婷婷译，北京：世界图书出版有限公司，2017 年，第 174 页。

④ 参阅刘晓东：《"幼态持续"及其人文意蕴》，《南京师大学报》（社会科学版）2014 年
第 11 期，第 77－89 页

了人类幼态期生物与行为特征,例如依赖期和生长期持续时间长、游戏、好奇心、想象力等。心理学家 K. Z. 洛伦兹还呼吁要延长儿童期,终身保持儿童在身体、精神与社会性上的特质。[1] 陈鹤琴提出,儿童期是发展个人的最好的机会,言语、习惯、道德、能力在儿童期学习最速,养成最易,发展最快。[2] 儿童的幼稚期蕴藏着巨大的生发能量,如同菟丝子的休眠期一样,只要得到合适的环境刺激,便可一跃释放出惊人的爆发力与创造力。

然而,古人在以"蒙"命名菟丝子时并没有对其做过一番科学研究,菟丝子与童蒙之间的关系可能仅是一种感性的意象比附或联想体悟,正因如此,"童蒙"才被赋予了完全不同于西方科学概念系统的生命内涵与文化特征。基于"天人合一"的哲学观念,"天地万物之间可以感应"[3],事物之间的感通与类比是古人认识世界的一种重要方式,"感通成为《周易》最为核心的观念之一,进而成为中国哲学最为核心的观念之一"[4],天地万物之间皆可相互作用、相互感应、相互影响,在任何境遇中都可能发生非逻辑性的意义关联。《易传·系辞下》曰:"近取诸身,远取诸物。"[5]菟丝子之"蒙"与童蒙之"蒙"虽指代对象不同、含义不同,但基于中国特有的感通思维倾向也可能存在某种互通性,使得"童蒙"一词在中国文化的语境中有了更丰富的诠释空间与解读

---

[1] 转引自[美]J. O. 卢格:《人生发展心理学》,第 962—963 页。

[2] 参阅北京市教育科学研究所编:《陈鹤琴教育文集》(上卷),北京:北京出版社,1983 年,第 60 页。

[3] 余治平:《中国的气质——发现活的哲学传统》,北京:中国社会科学出版社,2019 年,第 136 页。

[4] 刘云超:《〈周易〉感通观与后现代政治哲学》,《周易研究》2020 年第 3 期,第 5—14 页。

[5] 朱维焕:《周易经传象义阐释·系辞下》,台北:台湾学生书局,1980 年,第 496 页。

思路。

八、"赤子之心"："童蒙"的精神境界

　　"蒙"虽有覆盖、昏暗、幼稚、柔弱的特性，但古之先贤对童蒙的价值注入与精神追求丝毫也不悲观、不消极，反而将其视为个体生命的最高境界与终极归宿，这可能也是《蒙》卦取"蒙"为卦名的重要原因。《蒙》卦六五爻辞曰："童蒙，吉"，六五阴居阳位，柔而得中，纯而有善，至真至诚，朱熹《周易本义》称六五是"纯一未发"①，明人蔡清还将其与《蒙》卦卦辞中的"童蒙"区分，强调六五"纯则不杂，一则不二，盖有安己之心，而无自用之失"。② 六五虽与诸阴爻一样为童蒙，但其内心极其明净、赤诚，能够透过童蒙幼稚的表象而散发出人性的内在善性光辉。爻辞编纂者对六五身上的纯真本心是持赞赏态度的，故独以"童蒙"之辞注释六五爻，似乎是在强调唯六五才是真童蒙，才能配以童蒙之名。在易道的话语系统中，蕴含着一种"易境"，③《蒙》卦的"易境"昭示出儿童美好的生命特质与精神世界。因而童蒙之"蒙"必然要超越无知愚钝的禽兽之"蒙"，跳出菟丝子植物的寄生、柔弱特性，显现出人之为人的独特天赋与生命魅力，他们身上幼稚纯洁、心智未开、无知无欲的本然天性激励着人类回归本心、去除物欲、从善如流。这不仅是对"童蒙"一词的意义构建与哲学发挥，更是对童蒙从现象到本质、从实体到精神的一种认知超越与理性升华。

---

① 【宋】朱熹：《周易本义·蒙》，第55页。
② 【明】蔡清：《易经蒙引·蒙》，刘建萍点校，北京：商务印书馆，2017年，第103页。
③ 周利明：《易境：文人画的易学文化精髓》，《周易研究》2019年第6期，第83-88页。

童蒙之"蒙"原始的覆盖意象(▓)与菟丝子的比附联想(▓)
只是对童蒙外部特征的表征和描述,昏暗不明、幼稚柔弱是人心
强加在儿童身上的一层愚昧面纱,只有主动将其揭开方可触及
儿童的生命真实,发现那颗原初自然的"赤子之心"。面对天真
幼稚、简单无知的儿童,我们要学会做减法,把对他们的先在认
识、想法、观念、判断、偏见通通剔除干净,最终剩下的,无非就是
《蒙》卦六五爻所保持的"纯一未发"状态,即明净的"赤子之心"。
赤,本义为火红色,①《尚书·康诰》曰"若保赤子,惟民其康乂",
孔颖达疏:"子生赤色,故言赤子。"②赤子以婴儿的肤色得名。
《汉书·贾谊传》曰:"故自为赤子而教固已行矣。"颜师古注曰:
"赤子,言其新生未有眉发,其色赤。"③新生儿呱呱坠地时,皮肤
娇薄,毛发未生,水嫩泛红,故曰"赤子"。④ 郭小武、叶青说:"赤
子是光着身子来到人世的,因此'赤'可引申为光着、空着、裸露、

① 赤,从大从火,甲骨文、金文形均为上"大"下"火"。《释名·释采帛》曰:"赤,赫
也,太阳之色也。"(见【清】王先谦:《释名疏证补·释采帛》,第 220 页)赤本指太
阳之色。《说文·赤部》曰:"赤,南方色也。"据汉代阴阳五行理论,南方属火,火
为赤,故以赤为南方之色。《礼记·檀弓上》曰:"周人尚赤,大事敛用日出。"孙希
旦曰:"物萌色赤。日出时亦赤。"(见【清】孙希旦:《礼记集解·檀弓上》(上),第
173 页)太阳、火、日皆为泛红之色,故曰赤。郭小武、叶青认为,红色象征热烈,
故"赤"可比喻为忠诚、纯真、专一等义,可用来象征革命。参阅李学勤主编:《字
源·赤部》,第 907 页。
② 【汉】孔安国、【唐】陆德明、【唐】孔颖达:《重刊宋本尚书注疏附校勘记·尚书·康
诰》(影印本),第 202 页下、203 页上。
③ 【汉】班固:《汉书·贾谊传》,第 1961、1963 页。
④ 有学者提出称谓词有"生理特征表示法",即"不同年龄段都有其明显的生理特
征,表现为发须、皮肤、牙齿、身形、体力等身体状况会发生变化,古人常用这些词
语来指称年龄"。"赤子"就是因为初生的婴儿全身通红而名之。作者还参考何
九盈《词义商榷》一文,指出"赤"通"尺","赤子"就是"一尺之子",即按照新生儿
身高特征来命名的。参阅马丽:《〈三国志〉称谓词研究》,第 225 页。

一无所有等义。"①"赤"又指赤裸裸、空尽无物②，引申为纯洁澄明、自然纯真、赤诚专一、昭示着元气无损的生命初始状态。"赤子"是婴儿进入现实世界并能够被人所感知到的最原始的生命形态，在此之前，尽管借助各种超声波仪器也可以看到胎儿的模样，但胎儿并没有被真正拖进人类的经验世界，也无法赋予其基于人类感性实情而催生出的精神含义。"赤子之心"是对儿童内在精神世界的重大揭秘，这个世界干干净净、清清爽爽，未经任何外界污染。儿童成长的过程中，赤子心保持得越好，就越不容易被眼花缭乱的事物所迷惑或误导，从而成为真真实实的儿童，在幼稚中体验童趣，在蒙昧中收获光明。

儿童虽有"蒙"的特点，但其一来到人世间就怀揣着一颗明净无瑕的"赤子心"，这颗心被他们幼稚柔弱的外表包装得严严实实，低调内隐，纯洁不显，不易被人发现，而人类所有的美好特质都是从这里生长出来的，生命所有的生存大道都可以在儿童身上找到源头。赤子娇小柔弱、浑然懵懂、纯粹专注，在他们的眸子里，什么我们也读不到，却什么都有，充满了善良、赤诚、纯洁、天真、柔美和快乐。儿童看上去蒙昧昏暗，但他们生来就澄明无邪；相比成人，儿童显得无知无能，但他们只要一用力生长，速度和效能都是惊人的。只要稍稍靠近儿童的内心世界，我们就越不敢相信自己的所见所闻，越不敢把蒙昧、愚钝、昏暗、柔弱的标签往他们身上贴，更不敢对那些长着小小身体、头上翘着总角、来回飞奔打闹的孩子们指手画脚、评头论足。人心一旦被外

---

① 李学勤主编：《字源·赤部》，第 907 页。
② 《韩非子·十过》曰："晋国大旱，赤地三年。"（见【清】王先慎：《韩非子集解·十过》，第 131 页）赤即指光秃秃的不毛之地。《汉书·夏侯胜传》曰："蝗虫大起，赤地数千里。"颜师古注曰："言无五谷之苗。"赤，亦指受灾后空无所有、庄稼颗粒无收的地面景象。引文见【汉】班固：《汉书·夏侯胜传》，第 2726 页。

界事物所填充,就会越来越堵塞、僵硬、失去弹力,甚至连眼神都变得浑浊不清,赤子之心也逐渐被遮蔽,甚至消失。老子曰:"含德之厚,比于赤子。"①"赤子"是一个人道德修炼的理想状态,是人之为人绝对的、至上的、终极的精神追求。孟子曰:"大人者不失其赤子之心。"②大人者非人大,而是其内心存养着赤子心。老子强烈呼吁"复归于婴儿"③,成人不得不回过头去重新审视儿童,向他们请教和学习,以努力保持明净的赤子之心。人生的轨迹就是努力画个圆圈,起点是"赤子",终点再回到"赤子",尽管此赤子非彼赤子,但人的精神归宿终始不变。

　　这样看来,童蒙之"蒙"当是一种善意的、高级的蒙,这种"蒙"在保护儿童赤子之心不被外界干扰和破坏的同时,又迷惑了成人的感官、思维和判断。J.J.卢梭感慨道:"对我们最有用,但我们掌握最少的,是关于人的知识。"④成人对儿童的理解过于依赖于自己的感性直觉与理性推论,意识不到人类的认知局限就不可能看清真儿童。"蒙"为儿童"纯一未发"的生命特性做了最巧妙的注释,童蒙的"蒙"好像从来都没有蒙蔽过他们自己,而只会蒙蔽那些瞪着眼、拉着脸、皱着眉而拼命想要了解和掌控他们的成人。儿童告诉我们"什么是孩子",童蒙启迪我们"孩子怎么样",《周易·蒙卦》选择用"童蒙"而不用"儿童",正是在向人们宣告,孩子们内心那个我们无法用肉眼看到的精神世界更

① 侯才:《郭店楚墓竹简〈老子〉校读·甲书》,大连:大连出版社,1999年,第71页。
② 【汉】赵岐、【宋】孙奭:《重刊宋本孟子注疏附校勘记·离娄章句下》(影印本),第144页上。
③ 陈鼓应:《老子注译及评介·二十八章》,第178页。
④ 〔法〕J.J卢梭:《论人与人之间不平等的起因和基础》(*Discourse on the Origin and foundations on Inequality among mankind*),李平沤译,北京:商务印书馆,2015年,第35页。

加多彩绚烂、深邃迷人。老子用"赤子""婴孩"，而不用"儿童"，亦是一种看透了儿童的幼稚而直击生命本真的高超智慧。

儿童哲学恰恰就是要探寻孩子们的心灵世界与精神世界，而这个世界神秘又深邃，我们无法用感知想象、理性思辨、逻辑论证等人类擅长的认识方式去彻底获得，只能无限地接近儿童、走进儿童。"要认识儿童不容易，因为儿童以其能力所表达的，难以让成人充分地认识；而成人对童年往事，只有部分的记忆，而其中大部分都已遗忘，造成这样的空隙，是了解困难的主因"，[1]通过人的眼、耳、鼻、舌、身、心，能够从儿童身上获取的信息十分有限，凭借成人的生命能力去追忆童年和解读儿童，也只能是"以有涯随无涯"。[2] 在中国人眼里，儿童是天地造化的生命体，其本身就是一个谜，正是这种未知性又不断激励着人们锲而不舍地去发现儿童。因为儿童跟成人不一样，成人就不得不保留几分畏惧、仰慕和尊重。即便是博大精深的《周易》也难以描述出儿童的清晰义界。刘晓东在《儿童是什么》一文中对儿童进行了 12 种多维描述，其目的仍是让社会发现儿童、尊重儿童、珍视童年、追随儿童。[3] 无论成人创造出多么精准的概念来规定童蒙，都无法触及最真实的儿童本身。圣人借助《蒙》卦诗意的山水卦象与精简的卦爻辞，恰如其分地对儿童进行精微、深刻地诠释，不多用一象，不多添一词，生怕描述过多而偏离儿童之本真。

---

① 詹栋梁：《儿童哲学》，广州：广东教育出版社，2005 年，第 58 页。
② 【清】郭庆藩：《庄子集释·养生主》，王孝鱼点校，北京：中华书局，1961 年，第 115页。
③ 刘晓东：《儿童是什么——儿童"所是"之多维描述》，《湖南师范大学教育科学学报》2020 年第 4 期，第 20 – 34 页。

第二章

童蒙养正：尊天性而施教化

《序卦传》曰："物生必蒙，故受之以蒙。蒙者，蒙也，物之稚也。"[1]万物发生之初无一例外会经历"蒙"的幼稚阶段，[2]代表着生命极其纯洁自然的初始状态。《蒙》卦之前，《乾》《坤》《屯》纯属天地生发之自然状态；《蒙》卦之后，则有人心参与和外物涉入之痕迹。"蒙"处于万物自然与非自然、应然与实然之间的转折、交接、过渡的环节。于人而言，蒙一般被解为"蒙昧的童子"，[3]即人幼稚柔弱、心智未开、年少无识的未成熟状态。童蒙是人从天道本然走向人道现实的初始阶段，也是贯通天人关系最直接、最重要的生命载体。《蒙》的卦象结构为上艮下坎，上山

---

① 高亨：《周易大传今注·序卦传》，济南：齐鲁书社，1998 年，第 480 页。

② 陆德明《经典释文》曰"蒙，稚也"（见【唐】陆德明：《经典释文·周易音义·蒙》，上海：古籍出版社，2013 年，第 78 页），指代万物生长发展的幼稚状态。《尔雅·释言》曰："幼，稚也。"（见【晋】郭璞、【宋】邢昺：《尔雅注疏·释言》，王世伟整理，上海：上海古籍出版社，2010 年，第 100 页）《诗经·鲁颂·閟宫》云"黍稷重穋，稙稚菽麦"，《毛传》曰"先种曰稙，后种曰稚"。（见【汉】郑玄、【唐】孔颖达：《重刊宋本毛诗注疏附校勘记·鲁颂·閟宫》（影印本），台北：艺文印书馆，2013 年，第 776 页上）"稚"指发芽较晚之幼苗，"蒙""幼""稚"在表示"初始"含义上相互贯通。

③ 周振甫：《周易译注·蒙》，北京：中华书局，1991 年，第 25 页。

下水，将儿童最初之生命样态置于山水之意象符号中予以还原和解读，人心之感受、想象、情感、意识、思考都将赋予"童蒙"深刻的人文蕴意与精神特质。《蒙》卦这种独一无二的符号诠释系统将天、地、人、物的源初本真融为一体，童蒙不再是某个学科体系或知识范畴所能剥离清楚的概念对象，而必须将其上升到本体、大道层面进行哲学发挥。《蒙》卦恰恰从学理上澄清了成人以往对儿童产生的"蒙昧"错觉与偏见。

一、"蒙"，生命的初始状态

童蒙代表着人类生命的起点和发端，是"蒙"施于人的幼稚状态。儿童刚来到世界时，混沌一体，主客不分，以自我为中心（egocentrism）[①]，这种先天区别于成人的心理发展特征可以帮助他们抵抗外界的诸多侵扰，使其无忧无虑地荡漾在童年的快乐之中。然而，随着认知系统的逐渐发展，儿童很快会通过微笑、模仿、社会同步行为等方式进入现实世界，[②]不知不觉，就被赋予了社会化的价值判断与道德规范，经历一种人文化塑造而踏进成人的复杂世界。相比已经社会化的成人，他们无法表现出成熟的身心能力与理性的思维特征，似乎总显得愚钝、滑稽、笨拙，这样的"弱势群体"很容易被人们所轻视和误会。

---

① J.皮亚杰的"自我中心主义"（Egocentrism）概念指儿童不能采取另一个人的观点，这个术语并非专门针对儿童而言的，成人也存在"自我中心主义"。儿童之所以不采取别人的观点是因为他不能这样做，相反，自我中心的成人之所以不采取别人的观点则是因为他不愿意这样做。参阅[瑞士]J.皮亚杰：《儿童的心理发展》（*The Psychology of the Child*），傅统先译，济南：山东教育出版社，1932年，第17页。

② 社会同步行为，指出生才几个小时的新生婴儿会随着父母说话的"音乐"声而"起舞"（康登、桑德斯，1974），随着"舞蹈"，社会参与便开始了。参阅[美]J.O.卢格：《人生发展心理学》（*Life Span Development*），陈德民、周国强、罗汉等译，上海：学林出版社，1996年，第245页。

孔颖达将"蒙"称为"微昧暗弱之名"，①幼小、愚昧、昏暗、软弱成了童蒙的一般属性，这种结论显然是一种成人附加的武断，掩盖了儿童本真天性的内在实情。《尚书·伊训》曰："臣下不匡，其刑墨，具训于蒙士。"孔颖达疏曰："蒙谓蒙稚，卑小之称。"②蒙甚至与卑微、弱小之辞捆绑在一起，这种解释显然不能用在童蒙身上。孔颖达之说可能受《蒙》卦初六、六四爻辞的影响。《蒙》卦初六爻辞曰："发蒙，利用刑人，用说桎梏，以往吝。"朱高正解曰："不辨之以将萌，不惩之于初犯，而任其蒙昧滋长，则可鄙吝。"③幼童蒙昧无知，不明世事，需以刑法规矩教化其行。六四爻辞曰"困蒙，吝"，王弼注曰："无人发去其童蒙，故曰困于蒙昧而有鄙吝。"④童蒙若安于蒙态，不亲师近贤，便会深陷蒙昧而无法通达。"蒙"好像确实有种无知、愚钝的意味。但究其本质，"发蒙""困蒙"实则是儿童接于外物而产生的困境，不应以此规定儿童的自性。人们对儿童的认识普遍存在一种刻板印象或思维定式。朱熹曰："蒙，昧也。物生之初，蒙昧未明也。"⑤童蒙生来幼稚，昏暗不明，所以每个儿童都必须经历由幼至长、去暗从明、化愚为智的发展过程。这种"阶段/成熟模型"（Stage/Maturational Model）的理论设想成了人们看待儿童的一般方式，而 G. B. 马修斯说："一旦说到哲

---

① 【魏】王弼、【唐】孔颖达：《周易正义·蒙》，《十三经注疏》标点本，北京：北京大学出版社，2000 年，第 44 页。

② 【汉】孔安国、【唐】孔颖达：《重刊宋本尚书注疏附校勘记·商书·伊训》（影印本），第 115 页上、下。

③ 朱高正：《易传通解·蒙》，台北：台湾商务印书馆，2014 年，第 268 页。

④ 【魏】王弼、【晋】韩康伯、【唐】孔颖达：《南宋初刻本周易注疏·蒙》，郭彧汇校，上海：上海古籍出版社，2014 年，第 99 页。

⑤ 【宋】朱熹：《周易本义·上经·蒙》，北京：中华书局，2009 年，第 53 页。

学，这一设想就用错了地方。"①成人擅长从外表去解读儿童，却忽略了孩子们哲学思考与精神世界，因而给儿童下的定义

① G. B. 马修斯总结了童年研究在 20 世纪发展的两个核心观点。其一，儿童是发展的，并且发展是成熟的过程。"就某方面来说，成熟显然是一个生物学过程，儿童会长高、腿和臂会变长、婴儿脸会长成大人的脸，乳齿掉落并长出恒齿，等等。但成熟也是一个心理过程和社会过程。婴儿的说话、婴儿的思考，婴儿的行为，会被幼童继而被大龄儿童、少年并最终被成人的所取代。"其二，成长发生于可识别的一系列"阶段"。成长过程的目标是成熟，早期的阶段会被后期的阶段所取代，于是人们便会自动地设想，早期的阶段不如后起的阶段令人满意。儿童发展的"阶段/成熟模型"在童年研究中被毫无怀疑地接受下来，而建立在这一观念上的评价会导致偏见。心理学家 J. 皮亚杰提出了儿童的认知发展阶段理论，"要说哲学是认知上不成熟的活动，这显然是不符合事实"，哲学是"处于认知发展外围的东西"，"也许童年哲学的兴趣和把哲学做好的能力，与认知心理学家感兴趣的能力是完全不同的两件事"。(参阅[美]G. B. 马修斯：《童年哲学》(*The Philosophy of Childbood*)，刘晓东译，北京：生活·读书·新知三联书店，2015 年，第 9 - 11、32 - 40 页)人在认知上的成熟与不成熟似乎并不能说明哲学思考力的问题，因而也就无法用认知发展的阶段论来研究儿童的哲学问题，或者说二者并没有直接关联。J. 皮亚杰在《儿童关于世界的概念》(The Child's Conception of the World)也提出了一系列具有哲学意义的问题，例如，什么是思维？ 什么是梦？它们藏在什么地方？ 等等，按照儿童对概念的掌握程度，J. 皮亚杰将儿童智力的发展分为三个或四个不同的有序发展阶段。对此，G. B. 马修斯提出了三种担忧：第一，把孩童或任何人掌握哲学问题的明显进步看作一种标准或正常发展阶段是否合理？ 第二，J. 皮亚杰在方法论的基础上，轻视和排斥了不同于一般性反应的特殊反应。第三，孩子最有趣味、最为吸引人的哲学评论很可能被 J. 皮亚杰当成"虚构的答案"(Romancing)。(参阅[美]G. B. 马修斯：《哲学与幼童》(*Philosophy and the Young Child*)(修订本)，陈国容译，北京：生活·读书·新知三联书店，2015 年，第 54 - 76 页)美国心理学家 A. 高普尼克提出，S. 弗洛伊德、J. 皮亚杰的理论中婴儿被限制在他们直接的感觉、直觉以及经验里是一种传统的观点，认为就算很小的孩子也已经能够考虑各种可能性，并区分可能的事与现实，甚至还能借此来改变世界，这无疑是对儿童心理学领域的重新审视，同时又打破了儿童哲学的年龄限制。(参阅[美]A. 高普尼克：《宝宝也是哲学家：学习与思考的惊奇发现》(*The Philosophical Baby：What children's Minds Tell Us About Truth，Love，and the Meaning of Life*)，杨彦捷译，杭州：浙江人民出版社，2014 年，第 4 页)心理学与哲学研究的兴趣、目标、重点、方法不同，儿童哲学问题也不可能在心理学上找到可靠的理论依据和解释途径，因而必须要构建儿童哲学研究的路径与方法，才能更好地从哲学层面去解读儿童、发现儿童。

多是不准确、不适宜的。

　　蒙是天地化育而成的生命初始状态，实实在在，真真切切，无是无非，无好无坏，蒙只是蒙，成人看到的"蒙"，只是一种假象而已。明代陈士元对"蒙"的解读非常高妙，"蒙，幼也，非蒙昧也，如蒙昧也。"①童蒙幼稚而不蒙昧，顶多只能说看上去蒙昧，但看是人去看的，蒙昧也必是人自己规定的。张献翼说："蒙者，人之初，非性之昧。"②蒙与昧不可等同，对于人而言，蒙仅表达一种幼稚的状态和性质，而不能规定儿童之本体。"'蒙'，不是物的本体不明，而是物由于受到什么东西的掩蔽而造成的不明。很像镜子之蒙垢，眼睛之蒙翳，若将垢和翳去掉，其本体是明的。"③也就是说，童蒙本身明净无瑕，蒙而不昧，只是暂时受外界种种事物的覆盖而蒙蔽，好比人眼被遮挡而视力受阻的昏暗状态。教育就是不断"去污""解蔽""除尘"的过程，促使儿童逐渐显露真我、发扬本性。我们强加给儿童的东西未必就符合儿童的自性规定，心理学以研究动物的方式去操弄儿童，或以常规指标去评估儿童，显然存在着巨大风险和弊端，最安全的方式还是把"儿童当成儿童来看待"（das Kind als Kind zu respektieren）④，尽量减少成人先入为主的预设和限制。

---

① 【明】陈士元：《易象钩解·蒙》，见《文渊阁四库全书·经部二五·易类》，台北：台湾商务印书馆，2018 年，第 31 - 657 页上。

② 【明】张献翼：《读易纪闻·蒙》，见《文渊阁四库全书·经部二六·易类》，第 32 - 442 页上。

③ 金景芳、吕绍纲：《周易全解·蒙》（修订本），上海：上海古籍出版社，2017 年，第 82 页。

④ "儿童当成儿童来看待"（das Kind als Kind zu respektieren）是德国的精神科学教育（geisteswissenschaftliche Pädagogik），或称"文化教育学"或"文化学派的教育学"（kulturliche Pädagogik）的主张，（转引自詹栋梁：《儿童哲学》，广州：广东教育出版社，2005 年，第 60 - 61 页）但将"respektieren"解为"尊重"，意思更妥。

童蒙幼稚的身体里还包裹着一个极其丰富、奥妙、生动、强大的内在世界，而成人习惯性地只观察儿童外表，却不善察其内在。《易经证释》曰："故蒙字上有草，下为冒，而中藏豕，明其外为草昧，上被蔽障，中如豕之蠢然欲动，以其内童骏而外昏暗，心蠢动而形粗率。草草然之象，昧昧然之思，贸焉求出，突尔以生，如草木之萌，其势勃焉；如布幪之冒，其见默焉；如愚妄之畜，其行止忽焉，故曰蒙。"[①]活泼泼之蒙象：头有蔽障不见明，心如豕畜欲求生；外有浑然之愚昧，内藏生生之灵动；草草然而骚动不安，昧昧[②]然而纯厚欲明。童蒙的一言一行、一思一语皆显得鲁莽粗苯、滑稽可笑，他们自己却全然不自知，可爱至极！无论何种视角，童蒙总昭示出一股灿烂光明的生发力量。儿童是天地精灵，跌跌撞撞成长，浑浑噩噩入世，冥冥之中却能化蒙为圣。郑玄曰："蒙，幼小之貌，齐人谓萌为蒙也"，[③]"蒙"同"萌"，草木发芽破土而出，柔而不弱，生机无限，力量无穷，何以软弱无能？儿童活泼天真、好奇好问、乐于探索的先天本能，正是这种强大生命力的体现。M.蒙台梭利说："儿童心灵中某些部分总是未知的，但又是必须了解的。我们必须以牺牲精神和怀着一种激情去探究。就像那些人远涉外国，翻山越岭去寻

---

① 列圣齐注：《易经证释·蒙》第二部，台北：正一善书出版社，2005年，第5-43页。

② 《淮南子·俶真训》曰："而知乃始昧昧琳琳，昏欲离其童蒙之心。"刘文典引王念孙云："《说文》《玉篇》《广韵》《集韵》皆无'琳'字，'琳琳'当为'棽棽'。""昧昧、棽棽，一声之转，皆欲知之貌也。"昧昧、琳琳皆指代昏暗而渴望知识、寻求光明的样子。《文子·上礼篇》作'昧昧懋懋'，'懋'与'棽'古字通。（转引自刘文典：《淮南鸿烈集解·俶真训》，合肥：安徽大学出版社，昆明：云南大学出版社，1998年，第63页）《后汉书·章帝纪》曰："乌呼懋哉"，注曰："懋，美也。"懋懋、昧昧皆有活泼、茂盛、美好之义，浑然而有力，潜藏着无限生机，隐喻蠢动待发之蒙象。引文见【宋】范晔、【唐】李贤：《后汉书·肃宗孝章帝纪》，北京：中华书局，1965年，第159页。

③ 【汉】郑玄：《周易郑康成注·蒙》，见《文渊阁四库全书·经部一·易类》，第7-131页上。

找隐藏的黄金一样。"①儿童内在未知又深邃的生命秘密，光芒四射，魅力无穷，将不断激励着无数成人去探究和学习。"大自然总是向最好的方向去做的"，②童蒙的美好天性是人类生命得以延续和发展的珍贵火种，需要被善待和呵护，而不可被随意践踏和破坏。

童蒙纯洁质朴、无欲无求的本真特性，让许多成人羡慕不已，特别是在经历生活挫折与社会风雨之后，儿童更会成为他们的一种终极精神追求。儿童在日渐社会化的过程中，也不知不觉把成人当作自己的生命理想。N.波兹曼在《童年的消逝》的引言中说："不得不眼睁睁地看着儿童的天真无邪、可塑性和好奇心逐渐退化，然后扭曲成为成人的劣等面目，这是令人痛心和尴尬的，而且尤其可悲。"③儿童在迈向成人的过程中失去的天真、纯洁、好奇、专注等自然特质恰恰是成人拼命跟随儿童、追忆童年所寻找的东西。④ A.叔本华"钟摆理论"认为，人生是在痛

---

① ［意］M.蒙台梭利：《童年的秘密》（*Secret of Childhood*），马荣根译，北京：人民教育出版社，2004年，第30页。

② ［法］J.J.卢梭：《爱弥儿》（*émile：ou De l'éducation*）（上卷），李平沤译，北京：商务印书馆，1996年，第75页。

③ ［美］N.波兹曼：《童年的消逝》（*The Disappearance of Childhood*），吴燕莛译，桂林：广西师范大学出版社，2004年，第4页。

④ M.李普曼在《教室里的哲学》中说："无论他们的家庭环境如何，孩子们总是忽闪着明亮的眼睛，满怀着好奇心和求知欲走向幼儿园。然而到了三年级，许多孩子的好奇心开始减弱。及至上了中学，他们就开始觉得自己是被迫待在学校，而且，待在学校对他们并无好处，不过是把他们看管起来的，也使他们暂时不进入劳动力市场。当然，也不是说学校生活就完完全全地枯燥无味；正是在学校儿童可以交上朋友，可以和能与之交流思想感情的同龄孩子共同享受集体生活的乐趣。但假如学校生活能够像它本应达到的那样富有意义、丰富多彩，就不会有那么多儿童讨厌学校生活了。"活泼泼、水灵灵、笑嘻嘻的孩子，从幼儿园到小学、中学、大学一步步变成了老态龙钟、悲愤厌学的小大人，成人死盯着他们的 （转下页）

苦与无聊这两个敌人之间来回摇摆的,在接近一个敌人的时候,就远离了另一个敌人,反之亦然。① 这无疑也是一种人性"围城效应",儿童想长大为成人,成人又想变成儿童。而当儿童真正成年以后,他们又会像成人那样想回归最初的自己。这个"钟摆"的终极制衡也只能在童蒙的精神世界中找到慰藉。"儿童身上与生俱来就孕育着未来人的种子"②,他们朴素单纯、充满稚气的生活和观念中蕴含着以后发展的各种萌芽。③ 这种生俱来的天赋潜能与精神基因是人之生命发展最根本的力量源头,故华兹华斯在诗中写到"儿童是成人之父"(The Child is father of the man)。儿童能够唤醒成人的心灵世界,净化社会中的事事

(接上页)成绩不放,却忽略了对他们心灵世界的关爱、呵护和启发。孩子们的身体越来越高大,面容貌越来越成熟,知识越来越富丰富,而心灵却越来越空虚。M.李普曼发起"儿童哲学"研究,鼓励儿童思考,呼吁"重新设计教育",强调把教育的注意力从文化知识转移一部分到儿童的精神世界中来,这样培养出来的人才完整、健全,而不至于有体无心、有身无魂。(引文参阅[美]M.李普曼:《教室里的哲学》(Philosophy in the Classroom),张爱琳、张爱维编译,太原:山西教育出版社,1997年,第1-13页)反思中国今日之学前教育,家长和教师都在努力不让孩子输在起跑线上,孩子们在幼儿园吭哧吭哧把小学一年级的知识都学完了。而拿走世界上一半诺贝尔奖的德国人却故意让孩子输在起跑线上,通过国家介入禁止对孩子过早开发智力,避免将孩子的大脑变成储存知识的硬盘,以留给孩子更多的想象与思考空间。德国孩子入小学之前的唯一任务就是快快乐乐地成长,他们在幼儿园可以尽情地玩耍,体验各种生活的乐趣和美好,孩子们的情感胚胎被保护,精神世界被关注。英国、法国也普遍重视孩子自身的成长天性与发展规律。这一点,中国要向欧洲国家学习。我们的孩子基础知识虽然很扎实,但想象力、思考力却"老化"得很快。如何保护孩子们的天性,让他们活得更轻松、更快乐、更美好、更幸福,是中国学前教育改进的重要方向。

① 参阅[德]A.叔本华:《人生的智慧》(The Wisdom of Life),韦启昌译,上海:人民出版社,2005年,第21页。

② [德]鲁道夫·施泰纳教育友好协会编:《Waldorf教育:联合国教科文组织第44届日内瓦国际教育大会巡展资料一览》,成都:四川大学出版社,2005年,第12页。

③ 参阅刘晓东:《儿童精神哲学》,南京:南京师范大学出版社,1999年,第90页。

物物,甚至像母亲一样拯救着已被物欲化、空心化、功利化的可怜人类。然而,在现实社会中,"我们保留的这种童年的心理过程是如此的少"①,成人还喜欢在儿童面前显摆自己高大、成熟、聪慧的优越感,用自以为高尚的认知、能力、习惯、经验、观念去评判和塑造儿童,自身却因流失了童年特质而变得干瘪、刻板和枯竭,殊不知"儿童常常是清新的、有创意的思想者,相伴成熟而来的却是僵化呆滞和缺乏创意",②这种极富想象力与创造力的哲学思考是成人难以企及的。G.B.马修斯说:"忽略儿童的哲学思考,会鼓励成人对儿童的那种不应有的居高临下的态度。"③儿童的精神世界越得不到关注,成人在儿童面前就越嚣张。因而,J.O.卢格提出,要把儿童的爱、探索、分享、学习、游戏、舞蹈、欢笑这些人类基本特征予以扩大改变,使其成为以后人生中的日常体验。④ 儿童社会化,社会亦需儿童化,这无疑是人类自我保存的最高智慧。

"蒙"不拒绝生长,童蒙也不排斥教化,这种自然的初始状态是实施教育的基础与动力。来知德曰,"小者必养而后长大"⑤,"当蒙时养之以正"⑥,再好的天性若得不到合理开发,也会被浪费、糟蹋,儿童从小就接受适宜教养才能走上为人之正道。温海明说:"教育的根本在于教会人控制意念的方向,驾驭人生的'缘'分,包括自己与他人、他心的'缘',以及与他物的

① 〔奥〕S.弗洛伊德:《性学三论与论潜意识》,见车文博主编:《S.弗洛伊德文集》3,长春:长春出版社,2004年,第47页。
② 〔美〕G.B.马修斯:《童年哲学》,第12页。
③ 〔美〕G.B.马修斯:《童年哲学》,第5页。
④ 参阅〔美〕J.O.卢格:《人生发展心理学》,第962-963页。
⑤ 【明】来知德:《周易集注·序卦传》,第366页。
⑥ 【明】来知德:《周易集注·蒙》,第33页。

'缘'."①儿童纯洁无染，意念灵动，懵懵懂懂，教育就在于引导他们学会认识、感受和控制自身的意缘而使其往光明的方向驱动，以善念去感应、同化万物。教化与儿童天性之间并非矛盾对立关系，而当相互促进、彼此交融。K. 雅斯贝尔斯认为，教育正是借助于个人的存在将个体带入全体之中，如果与一个更明朗、更充实的世界合为一体的话，人就能够真正成为他自己。② 高明的教育能将个体带入全体而不产生排异反应，"在满足社会生活的限制与机会的同时，也需要维护个人的完整"，③尽可能减少对人的异化。"儿童是教育的出发点，社会是教育的归宿点，正像两点之间形成一条直线一般，在教育出发点的儿童和教育归宿点的社会之间，形成了教育历程"，④而如何将儿童与社会联结？天性与教化之间的张力怎样控制？这些都是儿童教育的大难题。M. 蒙台梭利说："儿童只有在一个不受约束的环境中，即在一个与他的年龄相适应的环境中，他的心理生活才会自然地发展并展现他内心的秘密"，⑤儿童在舒适愉快的教育环境中才会展现真我、暴露天性。成人想要发现儿童、解读儿童就必须尊重他们的天性需求，努力顺应和疏导儿童内在的原始动能与精神特质能够往善的方向率性升腾、由自释放，而不是将儿童培养成为被声色物欲所填充和钳制的"现代人"。J. J. 卢梭说："人愈是接近他的自然状态，他的能力和欲望的差别就愈小，因而，他

---

① 温海明：《周易明意：周易哲学新探》，北京：北京大学出版社，2019 年，第 129 页。

② ［德］K. 雅斯贝尔斯：《什么是教育》（*Was ist Erziehung?*），邹进译，北京：生活·读书·新知三联书店出版社，1991 年，第 54 页。

③ 参阅［美］J. O. 卢格：《人生发展心理学》，第 378 页。

④ ［美］J. 杜威：《民主主义与教育》（*Democracy and Education：An Introduction to the Philosophy of Education*），王承绪译，北京：人民教育出版社，1990 年，第 14 页。

⑤ ［意］M. 蒙台梭利：《童年的秘密》（*Secret of Childhood*），金晶、孔伟译，天津：天津社会科学院出版社，2010 年，第 5 页。

达到幸福的路程就没有那么遥远。"①因而，教育与儿童在多大程度上保持一致，就能多大程度上取得成功，也能多大程度上维护人的尊严与价值。

二、"山下出泉"：儿童的天性与力量

"夫象者，出意者也"②，观《易》之卦象可察其内在深意。《蒙》卦是以"取象"释卦，③卦体结构为上艮（☶）下坎（☵），艮为山，坎为水，山水相交，上下相接，动静相合，意在以山水之象来揭示蒙之原初本意。④ 山，《说文·山部》曰"宣也，宣气散生万物"，即疏通、散布天地之气以生成万物。《释名·释山》曰："山，

――――――

① ［法］J.J.卢梭：《爱弥儿》（上卷），第75页。
② 【魏】王弼：《周易略例·明象》，见《周易注·附周易略例》，楼宇烈校释，北京：中华书局，2011年，第414页。
③ 李镜池：《周易探源·周易卦名考释》，北京：中华书局，2007年，第230页。
④ 在古代"天人合一"的哲学观念下，"天地万物之间可以感应"，（见余治平：《中国的气质——发现活的哲学传统》，北京：中国社会科学出版社，2019年，第136页）天、神、人、物之间可相互通达，人之美德与自然界山水之意境相互关联、彼此映衬。中国古代绘画艺术中的水墨丹青，更是清新淡雅、出神入化，将人之精神、意念、审美与山水自然融为一体，营造出浪漫又朦胧、真实又虚幻的人生意境，让人回味无穷，反映出了极具中国特色的性情哲学与审美诉求。山有德，水有性，自然山水与人之性情、美德之间有着内在的感应性与可通约性。以人心观物则物有性有情、有灵有道，为其注入了丰富的人文价值与伦理蕴涵。韩愈《原性》中曰："性也者，与生俱生也。情也者，接于物而生也。"（见【唐】韩愈：《韩愈文·原性》，赵曜曜、木西丹译，武汉：崇文书局，2017年，第13页）性主静，情主动，性乃人之本性，情乃生发于物，动静相宜，性情不离，故人、物亦不可分。在中国人眼中，世间万物均为活泼泼的生命体，形成重心不重形、重内不重外、重情不重理的思维特征，故荀子曰："相形不如论心。"（见【唐】杨倞注：《荀子·非相篇》，耿芸标校，上海：上海古籍出版社，2014年，第40页）物之意义皆需人心主动构建并赋予其生命价值，形成物物共存、共生、共鸣的天人同体境涵，这是中国人独特的心性需求与思维倾向。正因如此，相比西方科学化、系统化的概念解释路径，山水之《蒙》卦的含义更加丰富深邃、耐人寻味。

产也,产生物也。"①山石坚固而形高耸,廓然畅达,坚实博厚,花草树木、虫鱼鸟兽、江川河流无不资取其土、仰赖其德。水,《广雅·释言》曰"准也",王念孙《广雅疏证》曰:"养物平均有准则也,水与准古同声而通用",②万物皆以水为准。《尚书·洪范》曰"水曰润下",孔颖达疏曰:"可用以灌溉。"③水向下流动而润化土壤、滋养万物。《说文·水部》曰:"象众水并流中有微阳之气也",坤水为阴,藏养万物生命而生阳,有水则阳气自在其中。"水者,地之血气,筋脉之通流者",房玄龄注曰:"水言材美具简其润泽若气,以支持于地若筋,分流地上若脉也。"④水为地之筋脉,流动不息,通达四方,宽厚涵德,以甘甜润泽天下生命。据汉代盛行的阴阳五行理论,水位居北方而"冬藏至阴"⑤,万物起寒而主伏藏,"在黄泉之下,任养万物",⑥万物在北方经阴水滋养后方可入东方之春以始生。《纬书·春秋元命苞》曰:"水者天地之苞幕,五行之始焉,万物之所由生,元气之腠液也。"⑦阴水流淌,生生不息,万物生长皆始于水。可见,山以高厚静德成物之养,水以阴柔沾濡任物之生,山水交合,一高一低,一静一动,"山泽通气"⑧,生机盎然。《论语·雍也》曰:"智者乐水,仁者乐山。

---

① 【清】王先谦:《释名疏证补·释长幼》,上海:上海古籍出版社,1984年,第56页。
② 【清】王念孙:《广雅疏证·释言》,张靖伟等校点,上海:上海古籍出版社,1989年,第819页。
③ 【汉】孔安国、【唐】孔颖达:《重刊宋本尚书注疏附校勘记·周书·洪范》(影印本),第169页下。
④ 【唐】房玄龄注、【明】刘绩补注:《管子·水地》,上海:上海古籍出版社,2015年,第285页。
⑤ 【汉】董仲舒:《春秋繁露·五行顺逆》,上海:上海古籍出版社,1989年,第79页。
⑥ 【清】陈立:《白虎通疏证·五行·总论五行》,北京:中华书局,1994年,第167页。
⑦ 〔日〕安居香山、中村璋八:《纬书集成·春秋元命苞》(中),石家庄:河北人民出版社,1994年,第589页。
⑧ 【明】来知德:《周易集注·说卦传》,第390页。

智者动,仁者静。"①《蒙》卦的山水之象聚集了仁、智之道于一身,凸显其卦象的深刻蕴意。"圣人有以见天下之赜,而拟诸其形容,象其物宜,是故谓之象",圣人通晓万物之理,取适宜之象传达确切之意,"其所以形容之者,莫不各当其所拟"。②《蒙》卦以山水为象,启迪人们思考童蒙与山水之性、山水之德、山水之美之间的感应关系,从而进一步窥探儿童精神世界的本然样态与真实意涵。

《象》辞以"山下出泉"诠释"蒙",外观其动静之理,内察其生生之道,为儿童哲学指引了一条意象化、形象化、类感化的解读路径。水与人之性情、美德、审美之间有着天然的互感性与可通约性。山下泉流始出,距水源最近,童蒙乃人之始生,离本性最近。J.洛克说:"儿童的心智和源头的水性相近",③水最贴近人原始的生存状态与精神世界,"山下出泉"之意象最能隐喻出儿童纯洁自然之源初天性。《蒙》卦之卦义也蕴含"赤子"之象。《孟氏逸象》中,艮为"小子",为"童",为"小"④,指年龄幼小之童蒙。《说卦传》曰:"坎为血卦,为赤",孔颖达《疏》曰:"血卦,取其人之有血,尤地有水也。为赤,亦取血之色。"⑤赤子肤色尚红,刚由母体养育而成,虽柔弱幼稚,但形色不衰,精气饱满,欲望开显,眼神澄明,心无凝滞,悠然至极,彰显出人之生命初始的强盛

① 钱穆:《论语新解·雍也》,北京:生活·读书·新知三联书店,2012 年,第143 页。
② 【宋】王宗传:《童溪易传·蒙》,何俊主持整理,张天杰点校,上海:上海古籍出版社,2017 年,第 498 页。
③ 〔英〕J.洛克:《教育漫话》(*Some Thoughts Concerning Education*),杨汉麟译,北京:人民教育出版社,2005 年,第 7 页。
④ 王亭之:《周易象数例解》,香港:香港商务印书馆,2013 年,第 23 页。
⑤ 【魏】王弼、【晋】韩康伯、【唐】孔颖达:《重刊宋本周易注疏附校勘记·说卦传》(影印本),第 186 页上。

力量，这与山下泉水绵延流淌、清澈纯净、静滋万物之意象完美相契。《老子·五十五章》曰："含德之厚，比于赤子。"[①]赤子纯一自然，守道抱德，昭示出人之生命的无限潜能。山下泉水清澈婉转、叮咚跳跃、银雾飞溅，亲扶着鱼儿，缠绕着青石，哼吟着天籁，又宛如儿童欢声笑语、无忧无虑、纯真快乐的童年生活。故《太平御览》引《瑞应图》将"蒙水"释为"瑞水"，[②]蒙水出于山下，源深流清，潺潺不息，充盈着美好、纯洁、祥瑞、光明之生命征兆，呼应了儿童美好的自然天性。

"山下出泉"显露出一种动态、活泼、诗意、繁盛的生命景象，从中可为儿童活泼好动、好奇好问、天真烂漫等天性特质找到发生根源。

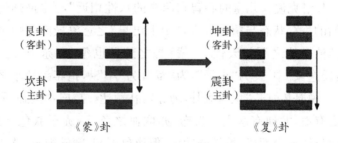

《象·蒙》曰"山下出泉，蒙"，虞翻曰："艮为'山'，震为'出'，坎流泉出。"[③]《蒙》卦外卦艮为山，内卦坎为水，又卦互为《复》卦（☷☳），坤上震下。《易林》逸象中震为"出"，[④]有山下泉水涌动而

---

① 董平：《老子研读·五十五章》，北京：中华书局，2015 年，第 218、219 页。
② 【宋】李昉等撰：《太平御览·地部二四·水下》，北京：中华书局，1998 年，第 283 页。
③ 转引自【清】李道平：《周易集解纂疏·蒙》，北京：中华书局，1994 年，第 108 页。
④ 王亭之：《周易象数例解》，第 24 页。

出、奔流不息之象。^① 王夫之解曰："'泉'，水始出之细流，故于山下之水，不言水而言泉。"^②山下泉水之始流，上有高山静养，下有地坤涵泳，细小湍急，绵延无休，清透怒涌，淌动着无限生机。泉水穿越黑暗崎岖，突破艰难险阻，终能喷珠吐玉，昭示出生命的内在爆发力与无限生长力。而在医学显微镜下，人之生命在两性交合的一刹那开始便经历着与泉涌极其相似的艰辛历程。从精子穿过输卵管、冲破卵子，到受精卵着床子宫，再到长出胚囊、胎心跳动、幼体发育，胎儿的形成，每走一步都十分不易。这种强劲的生长动能一定源于天地自然的强大造化力，再先进的人工辅助生育手段都不可能替代或超越。每个新生儿都是经历过无数次生死考验与艰难挑战的伟大胜利者，他们身上勇敢坚韧的生命品格肇启并维系着整个人类的生命活动。

"山泉"与"童蒙"在精神特质上的契合性，决定了"山下出泉"不可能一种静态、表面的卦象描述，而是一种灵动、深邃且极富运动感与力量感的生命象征。《易经证释》曰："盖蒙之象，为山下泉流。泉者，水也，动也。山者，土也，静也。水在土下，静居动上，此其为蒙也。生而不畅，行而有阻，昧然末明，蠢焉末达，如物之蒙昧，而气之不充，神之不用，则茫然无可为。童然无所知，是欲末能进，欲明而不见光，则其所持之不盈。所本之未

---

① 《尔雅·释水》中有滥泉、氿泉、沃泉，《蒙》之象当属"滥泉"。"滥泉，正出。正出，涌出也"，邢昺《疏》曰："《诗》言槛泉者，正直上出之泉也。其水涌出，故更云正出。"李巡曰："水泉从下上出曰涌泉。"泉水从地下涌动而出，中正无邪，高洁有道，此谓之蒙象。《说文·水部》曰："泉，水原也。"山下泉流隐喻生命之源头。引文参见【晋】郭璞、【宋】邢昺：《尔雅注疏·释水》，第364页。

② 【清】王夫之：《周易内传·蒙》，李一忻点校，北京：九州出版社，2004年，第60页。

足。"①水之动在下，山之静在上，山下泉流，土下淌水，外静内动，蠢蠢欲发，非安稳、祥和之象，暗藏着一种"内在骚动"(inner upheaval)②。泉水之欢愉叮咚止于山土而不能通畅，欲发而不能，欲动而不知所为，与儿童内心所潜藏的率真、机灵、活泼、敏锐、好奇的生命冒动感颇为相应，如火山地震之待发，随时随地都可能动及全身而进溅出惊人的生长势能，昭示出童蒙天性中所储藏的巨大能量与原初潜力。《梅花易数·卦应》曰："坎之体、隐伏之物，水中之物。"③坎水隐默不显，表面看似平静，内里却有生生之动，成人若不通达内在童心，则不可能识得真儿童。

三、"险而止"：困境与教化

哭是婴儿来到现实世界的第一个信号，J.J.卢梭说："由于人最初是处于艰难和柔弱的境地，所以他最初的声音是悲泣和啼哭。"④谁也不知道孩子一出生就撕心裂肺地哭到底意味着什么，夹杂着何种感受、情绪和心境。或许并不是成人所解读的软弱无

---

① 列圣齐注：《易经证释·蒙》第二部，第5-55页。

② K.雅斯贝尔斯说："在任何情况下，哲学都开始于心灵的内在骚动(inner Upheaval)，正是这种内在骚动决定着哲学追寻的目的。"柏拉图、亚里士多德为惊异所动，笛卡尔"我思故我在"(Je pense, donc je suis)是在非确定中追求确定性而动，斯多葛派寻求心灵的明晰(Clarity)、安宁、自由而动，儿童骚动感则完全来源于生命最根本、最原初的自然冲动。"当我们把哲学融为己有时，就能透过那历史性的外壳，而深入那存在于我们内心的原初的根源之中。"如果抛开所有历史概念与文化境遇，人内心的"坚固的根基""存在的深层(Deepth)"在儿童身上才保存得最完整、最纯净。要谈哲学，又怎能绕得过儿童呢？参阅[德]K.雅斯贝尔斯：《智慧之路》(Way to Wisdom)，柯锦华、范进译，北京：中国国际广播出版社，1988年，第9-14页。

③ 【宋】邵雍：《梅花易数·卦应》，李峰标点、注释，海口：海南出版社，2010年，第143页。

④ [法]J.J.卢梭：《爱弥儿》(上卷)，第75页。

能的表现，也许是一种"终极机遇"（Ultimate Situations）①的出现，或者是心灵意念的新生。《彖》辞以卦象诠释卦名，将"蒙"解释为"山下有险，险而止"，②可从中发掘出儿童最初蒙受的真实境遇。《蒙》卦之卦体结构为上艮下坎，艮为山为止，坎为水为险，水欲流，山欲止，险不可处，止不能通，陷入极其为难的困境。《易经证释》曰："言水流山下，有所压迫。生于地上，而不见光明。动于水中，而不克游。故曰蒙。"③《尔雅·释言》曰："克，能也。"④泉出山下而不能奔腾自流，动而未畅，行而未达，蒙似乎是一种堵塞、憋屈、穷厄的处境。《蒙》卦上有山，下有水，退则陷于水险之难，进则止于高山之阻，陷入"两无所适"⑤的尴尬状态。程颐曰："内险不可处，外险止莫能进，未知所为，故为昏蒙

---

① "ultimate situations"德文为"grenzsituation"，是 K.雅斯贝尔斯存在主义思想中的重要概念。"它们是一些我们无法逃避或改变的境况。"比如必然死亡，必然遭受痛苦，必须奋斗，为机遇所制，等等，这些"终极境遇"我们不可逃避、不可超越、不可改变，而只能去接受、认可、把握它们，并在人的实际利益的冲动下对它们做出计划和行动，使其对人有利。往往人们在面对"ultimate situations"时的反应是"困惑"（Obfuscation），如果真正理解了它们，反应则是"绝望"（Despair）和"再生"（Rebirth）。也许儿童在未出生之前，并没有这种关于生命的真实体悟，而他们一旦来到现世就不得不面对各种人生困惑与生命挑战。参阅［德］K.雅斯贝尔斯：《智慧之路》，第 11 页。
② 《象传》以"山下有险，险而止"解释"蒙"的用意颇深。李道平曰："'山下有险'，先言'山'后言'险'，卦象自上而下也。'险而止'，先言'险'后言'止'，易气皆自下生也。"（见【清】李道平：《周易集解纂疏·蒙》，第 106 页）前半句就卦象而言，后半句就卦气而论，卦气、卦象杂糅交融而构成了蒙的特殊意象。而李镜池说："《象传》对于卦名的解释，有时也用卦象的说法，不过他不肯老老实实地用象，喜欢说卦德。"《象》辞多从卦象出发释卦名，而不直言卦象。李境池认为"山下有险，险而止"应该写成"山下有坎，险而止"，艮为山，坎为险，《象传》宁愿复言"险"之义而不书"坎"之象，是重卦德之故。引文参阅李镜池：《周易探源·周易卦名考释》，第 239 页。
③ 列圣齐注：《易经证释·蒙》第二部，第 5 - 43 页。
④ 【晋】郭璞、【宋】邢昺：《尔雅注疏·释言》，第 144 页。
⑤ 【明】来知德：《周易集注·蒙》，第 33 页。

之义。"①蒙之处境上下不顺、内外不通、茫然无知，可谓"不知所当为之象"。② 蒙又是一种让人无法理解、手足无措而又必须直面的困窘、无助、迷茫、昏暗的境遇。③

如果把"山下有险"想象成童蒙来到世界的最初情状，那么"险而止"就是他们面对陌生事物而产生的蒙态。《子夏易传》曰："蒙者，时之昧也。杂乱不足以明也，而中心昭著矣，待其时而行然后通也。"④童蒙之蒙是受出生之时所限制，其初入俗流之世而被陌生世界所蒙蔽，但内心积极澄明、充满希望。婴儿出生之前，在母亲子宫狭小的空间里拳打脚踢、上下翻跳，其实就是他们的游戏玩耍，无拘无束，自得其乐，其发展受一种相对固定的常律（Immanent Law）⑤所支配，这种本然的生命形态无须"幼稚""蒙昧""柔弱"之名来修饰，而他们一旦降落人间，陌生感便突然袭来：空气、食物、衣服、摇篮、铃铛……没有一样是他们熟悉的。"对新生儿来说，这是很具有戏剧性和创伤性的时刻"，他们被迫自己呼吸、接受扑面而来的充满光亮的事物和空间。面对生疏的世界，他们只有依靠父母帮助才能生存并保持自己

---

① 【宋】程颢、程颐：《二程集·周易程氏传·蒙》，北京：中华书局，1981 年，第 719 页。

② 金景芳、吕绍纲：《周易全解·蒙卦》（修订本），第 83 页。

③ 实际上，"蒙"是人每时每刻都经历着的生存境遇，《孟氏逸象》中，坎为"艰""惕""疑"，艮为"舍""居""穴居"，即人处困境之象。（参见王亭之《周易象数例解》，第 22、23 页）人非圣贤，每个人在生活的不同阶段、不同情境中总会遇到困顿和迷惑而处于进退两难、无所适从的境地。孔颖达曰："恐进退不可，故蒙昧也。"（见【魏】王弼、【唐】孔颖达《周易正义·蒙》，第 45 页）"蒙"是一种普遍性的个体生存状态，人生是不断致蒙、发蒙的过程，跌宕起伏，终始往复，方可生成波澜壮阔、丰富有趣的生命旋律。

④ 【周】卜子夏：《子夏易传·杂卦传》，见《文渊阁四库全书·经部一·易类》，第 7 - 127 页上。

⑤ 〔德〕K. 考夫卡：《心灵的成长：儿童心理学导论》（*The Growth of Mind：An Introduction to Child-Psychology*），高觉敷译，北京：商务印书馆，2020 年，第 45 页。

的"自体熟悉感"(sense of self-familiarity)。[①]"婴儿对被从子宫挤出感到怨恨并希望回到子宫中去",[②]但现实中,他们不可能再返回到母亲子宫里那种熟悉而幸福的生活状态,而必须与母亲面对面共处,迎接生活中的各类挑战,这种进退两难之困境,好比泉水被截流而停滞不通的情景。如果孩子最初的感觉只有快乐和痛苦,[③]那一定是痛苦才哭着来到现世的。这种痛苦首先应该源于婴儿对周遭环境的陌生感,因陌生而恐惧,而害怕,而啼哭。这时候,婴儿就不得不发挥其内在的山泉韧性,勇往直前,盈科后进,拼命地探索事物、认识世界、摆脱蒙暗,求知欲和好奇心自然也被激发出来了。"泉出山下,出而遇险受阻,犹如人之初生,处在童稚阶段,未知所适",[④]泉水向下流动,必受山石草木之阻,儿童既然来到人间,也必须要告别生命初体的自由状态而接受眼下的现实秩序与生存法则。来知德《集注》曰:"泉乃必行之物",[⑤]泉水奔流不息的本性推动其不断寻求自我突破的能量发射口,儿童也终能如涌泉般释放出天性中的潜能因子。所以,婴孩无法再在母亲子宫里的羊水中游泳,便学着走路;没有脐带输送营养,便学会吃饭;不能光着身子玩耍,便学着穿衣……这一切都让人感到心疼和敬畏!

　　童蒙本性不纵恣声色,不滞着耳目,率性显露真我,而降落

---

① [以色列]R.索兰:《童年之谜:了解儿童内心世界的心理学指南》(*The Enigma of Childhood : The Profound Impact of the First Years of Life on Adults as Couples and Parents*),丁瑞佳译,北京:人民邮电出版社,2020 年,第 8 页。

② 英国精神病家、心理学家 J.鲍比尔将这个理论称为"初级回到子宫渴望"。参见[英]J.鲍比尔:《依恋三部曲》第一卷《依恋》(*Attachment Vol. 1*),汪智艳、王婷婷译,北京:世界图书出版有限公司,2017 年,第 170 页。

③ [法]J.J.卢梭:《爱弥儿》(上卷),第 49 页。

④ 金景芳、吕绍纲:《周易全解·蒙》(修订版),第 85 页。

⑤ 【明】来知德:《周易集注·蒙》,第 34 页。

世间之后便被"蒙蔽封锁住了人的一切"①，山之盖压，水之坎险，使其光明不见、本性不显，高亨称之为"蒙盖"②，好像是有物加盖于上而使其被压抑、被遮蔽的状态，这对儿童而言，毋宁是一场突如其来又具有挑战性的重大遭遇。《易经证释》曰："处乎昏暗之世，而不能独明，生乎蔽障之时，而不能独达，乃受其累也。"③儿童初入俗流之世，不识物体，不明事故，混沌迷茫之中被一切有形无形之"塑身衣"所包裹和挤压，待其逐渐有了自我意识，便会感到不适和痛苦。而通过对《蒙》卦之卦气、卦德、卦象、卦辞的分析，可发掘儿童内心深处渗透着一股清透柔韧的生命活力，有一种朝气蓬勃的"待启之象"。④童蒙身上的山泉之性静厚深邃、勇敢执着，行有澄明之欢跃，止有生发之潜动，任何时候都散发出纯善绚丽的人性光辉。朱启经说："不管是进还是退都能'居中'地'应其时'而动。"⑤童蒙遇险而止，安于蒙昧而不妄动，善恶是非不藏于心，待阳而动，随时而发，恰好也为儿童个体的发展与"蒙以养正"⑥的教化之功提供了条件和可能。

对个体发展而言，"险而止"是一种时止、善止，故卦辞曰"利贞"。《周易》中《艮》卦序列第五十二，《艮》卦序于《震》卦之后，震为动，艮为止，说明事物运动至一定程度必有所止，止而后可安久。《序卦传》曰："震者，动也，物不可以终动，止之，故受之以艮。"⑦饭吃饱就放下碗筷，否则胃难受，一直吃下去

---

① 李笑野：《〈周易〉的观念形态论》，上海：上海古籍出版社，2016年，第75页。
② 高亨：《周易大传今注·蒙》，第78页。
③ 列圣齐注：《易经证释·蒙》第二部，第5—39页。
④ 【清】王夫之：《周易内传·蒙》，第59页。
⑤ 朱启经：《易经爻变解·蒙》，上海：上海科学技术文献出版社，2016年，第30页。
⑥ 【明】来知德：《周易集注·蒙》，第33页。
⑦ 【明】来知德：《周易集注·序卦传》，第370页。

只会撑死;汽车速度达到一定码数就必须制动,否则就会酿成大祸。万事万物皆须动静有序、行止有道,才能保持弹性和活力。《易传·象·艮》曰:"时止则止,时行则行。动静不失其时,其道光明。"①止发生在合适的地点、时间、情景,则为善止。《广韵》曰:"止,待也,"②有等候、需要、停留、依靠之意。童蒙处于上遇山阻、下陷水险的两难困境,选择适时而止,保持一种幼稚状态以等待成人的疏导和开化。王夫之曰:"不涉倾危,安于未有知而不妄行,未为善而抑未习于不善。"③面对"险而止"的现实处境,童蒙没有放任山泉般的奔流之性而鲁莽前行,更没有恐惧退缩,而是保持中立,坚守自性,欲求光明,好坏、善恶皆未入侵其心,为自身的持续发展与日后接受教化创造了有利前提。

"山下有险,险而止"还可被视为一种积极的教育优势与契机。《艮》卦之主、客卦皆为艮,一阳乘二阴之上,以阳止阴,以刚治柔,有停止、保护、命令、教化之象。《蒙》卦《彖》辞先言险而后有止,险、止皆得时得位,意在以艮止阻坎险,以阳刚治阴蒙,正是施教的最佳时期,凸显成人的教化之功。《九易家》曰:"艮,止也,艮阳。"④艮为山为阳,蒙为水为阴,阳止而阴正,阳施而阴化,阴蒙需要刚阳之师的引导。《六十四卦经解·蒙》曰:"蒙,喻童子弱昧,必依附先生以强立,故曰童蒙。"⑤童蒙来到这个世界而导致蒙,就必须经过施教者的养育和栽培以使其摆脱昏暗而通向光明。《蒙》卦之主爻九二处下卦坎之中位,爻辞曰:"包蒙

① 【明】来知德:《周易集注·艮》,第240页。
② 余乃永:《新校互注宋本广韵》,上海:上海辞书出版社,2000年,第250页。
③ 参阅【清】王夫之:《周易内传·蒙》,第59页。
④ 【宋】邵雍:《梅花易数·卦应》,第145页。
⑤ 【清】朱骏声:《六十四卦经解·蒙》,北京:古籍出版社,1958年,第24页。

吉，纳妇吉，子克家。"九二道广博施而包群阴，刚中涵德而娶新妇，忠孝立身而能治家，有这样贤德的施教者，终能带动童蒙亨达向善。而且，童蒙处昏暗之境时，受天性驱动而自发地求近阳刚之师以去暗从明，无须任何外在的督促和强迫，求知可谓儿童的一种本能，故卦辞曰："匪我求童蒙，童蒙求我。"教育活动本质上是儿童处于痛苦两难之蒙境而主动发起的一场突破性的自我革命运动，而这场运动又离不开施教者的引导和帮助。儿童在幼稚时期接受恰到好处之教化，才能真正唤醒他们内在的精神自觉而逐渐发展成为一种向善的生命态势。

　　童蒙"险而止"的状态能致蒙，亦能发蒙，是一种充斥着巨大生长空间与创造可能的人性资本，为教育实施提供了先天推动力。人类的幼态持续（Neoteny）便是"险而止"的理论明证。德国心理学家 K. 考夫卡说："一个个体，其在动物界中的位置愈高等，则其在产生时便愈无能力，而其所有的幼稚时期也愈长。人类在这两点都趋于极端，他在产生时既然几乎完全依赖他人，所以有很长的幼稚时期和少年时期，而且这种时期实超过于许多动物的全部生命。"[1]人类不仅生来毫无能力，而且幼稚期十分漫长，这是其高于其他动物最根本的生物学原因。因为"幼稚时期是最有发展的可能的时期"，人类便可以充分利用幼稚时期的发展潜力而从最柔弱、最无能的生物跃升为最完备、最高级的动物。温海明说："人来到世界上，刚开始都是蒙昧的、易被蒙住的，也是幼稚的，意念的初生都无理由，无原因，但随着人的意念介入周围人的意念之境，启蒙者的意念能够起着塑造蒙昧者意念情景之作用。"[2]童蒙还是赤条条的样子就被挤进这个世界，

① ［德］K. 考夫卡：《心灵的成长：儿童心理学导论》，第 45 页。
② 温海明：《周易明意：周易哲学新探》，第 131 页。

显然他们提前毫无准备，更不知道"出生"会来得这么突然而令人惊异。对他们来说，周围所有的人、事、物都是全新的、奇怪的，甚至恐怖的，因而会陷入一种不知所措的迷惑状态，与人类不自觉闯进陌生星球而产生的困顿感与畏惧感无异。正因这种蒙态，童蒙才可能生发出新的意念境遇，逐渐经由蒙昧而与周围世界打通交流、互动作用，在此过程中接受教化熏陶。如果没有蒙态，人就始终处于一种非现实的自在状态，而不可能与他人、万物之间发生感应与联系，更不可能体会到将天地大道注入人间世界而带来的成就感、价值感和幸福感。

四、"亨"：儿童追求自我完成的生命冲动

童蒙天生就有涌泉般坚韧不屈、自强不息之精神力量与生长潜能，《蒙》卦卦辞中的一个"亨"①字，道出了这种极其深刻的

---

① 亨，即盛祭品之器形，《金文字典》无"亨"字，"亨"古同"享"，篆文中"亨""享"同字。《尔雅·释诂》曰"享，献也"，邢昺《疏》曰："致物于尊者曰献。"享本意是供奉尊者于物。《周礼·大行人》曰："庙中将币三享"，郑玄注曰："三享，三献也。"（见【汉】郑玄、【唐】贾公彦：《重刊宋本周礼注疏附校勘记·大行人》（影印本），第562页上、下）享即献也。享还被解为"孝也"，郭璞注曰："享祀孝道。"（见【晋】郭璞、【宋】邢昺：《尔雅注疏·释诂》，第80页）享即祭祀先祖以表孝敬之心。《诗经·小雅·信南山》曰："享于祖考。"（见【汉】郑玄、【唐】孔颖达：《重刊宋本毛诗注疏附校勘记·小雅·信南山》（影印本），第461页下）《尚书·商书·盘庚上》亦曰："兹予大享于先王。"（见【汉】孔安国、【唐】孔颖达：《重刊宋本尚书注疏附校勘记·商书·盘庚上》（影印本），第129页上）享，即以牛、羊、豕等牺牲祭祀祖先以表虔敬之心，有祭祀、款待、享用之意，神灵接受了人之供奉，则有吉利。高亨认为，言筮遇《蒙》卦，可举行享祭。（参阅高亨：《周易大传今注·蒙》，第421页）据相关出土文献，《周易》今本的"亨"，上博简有的作"卿"，有的作"亯"。马王堆有的作"亨"，有的作"芳"。阜阳简本都作"亨"，而看不到上博本的"卿""亯"和马王堆本的"亨""芳"。日本西山尚志认为，上博本《周易》的"卿"应该读为"飨（接受之意）"。正因为"飨（接受之意）"和"亯（享）"在意义上表里一致，两个字（转下页）

生命含义。孔颖达《疏》曰："物皆蒙昧，唯愿亨通。"①亨，即"亨通顺利"，②是万物处蒙的一种自在、普遍、谐和的生命特质。儿童作为人类的幼稚阶段，这种亨达欲求显得更有力度、更加深邃。《广雅·释诂》曰："亨，通也"，③指通达、畅达、顺利、德行圆满，取得成功。在易学的解释系统中，亨或为"阳"，④或为"美"，⑤或"就是通，就是明"，⑥象征着生机、通达、希望、光明、美好。《文言·乾》曰"亨者，嘉之会也"⑦，朱熹《周易本义》将"亨"誉为"众美之会"⑧，表示一切美好之总和，能趋近或体达事物最完美之境界。《易经证释》将"亨"描述为："又如草木生于土，油然望夫日光；虫豸行于山，殷焉望夫温和。其生之末达，则所求也必切；其动之无伪，则所处也必通。故蒙之为蒙，而不为害。以其自安于蒙也，自安则亨，自知则明。"⑨童蒙汲汲于长成与草木渴求阳光、虫豸喜好阴暗一样迫切，蠕蠕内动欲求发，近阳待教以求智，

（接上页）的意思往往混用，所以到了阜阳简本和今本，"卿""亯"都同样成为"亨"字。从上古音的关系上看（以郭锡良《汉字古音手册》为例），"亨""享""乡""飨"都属于晓母阳部；"卿"属于溪母阳部，声母都属于喉音，韵母也一样，可以假借。故而把上博本的"亯"解释为"亨"或"祭"的意思，把上博本的"卿"解释为"鬼神接受供品"亦即"实现愿望"的意思。参阅［日］西山尚志：《古书新辨：先秦出土文献与传世文献相对照研究》，上海：上海古籍出版社，2015 年，第 78－90 页。

① 【魏】王弼、【唐】孔颖达：《周易正义·蒙》，《十三经注疏》标点本，第 44 页。

② 刘大钧：《周易概论·周易六十四卦原文全译·蒙》（增补修订本），成都：巴蜀书社，2016 年，第 296 页。

③ 【清】王念孙：《广雅疏证·释诂》，第 55 页。

④ 【汉】郑康成、【宋】王应麟：《周易郑康成注·蒙》，见《文渊阁四库全书·经部一·易类》，第 7－131 页上。

⑤ 高亨：《周易大传今注·坤》，第 60 页。

⑥ 金景芳、吕绍纲：《周易全解·蒙》（修订本），第 83 页。

⑦ 【明】来知德：《周易集注·乾》，第 8 页。

⑧ 【宋】朱熹：《周易本义·上经·乾》，第 35 页。

⑨ 列圣齐注：《易经证释·蒙》第二部，第 5－43、44 页。

淳朴自然,真实无欺! 正是儿童这种自然亨达欲求才成就了每个
人独具特色的精彩人生。儿童身上凝聚着人性中所有的美好基
因,他们生来就具备向往至善、追求光明、圆满完成的生命冲动,
拥有自我平衡、自我更新、自我突破、自我创造、自我实现的生长
能力,能够按照自然的生命节律游戏和生活,要求不被外界所支
配和干扰,快乐地享受童年生活,这种亨达特性为儿童的成长提
供了不竭的动力支持。孔颖达疏曰:"亨通能使万物性和谐。"①儿
童因为有亨通之性,才产生了与其自身相匹配且极具发展潜力
的幼稚蒙态,从而推动人之为人的"亨美之行",②彰显出人性中
善良的光辉面向。明人张献翼解曰:"稚而未达曰蒙,故蒙有亨
之理。"③可见,幼稚并不是一种消极状态,也不会对人类的生存
与发展造成任何阻碍,在儿童最初蒙蔽的几年中,反而呈现出了
人之生命的高峰境界,是人类走向亨达光明的生命本源。

　　《蒙》卦艮上坎下,艮为阳,坎为阴,阳气在上,阴气在下,"艮
阳在上,阳明下照,故有亨象"④,从其卦德、卦义上分析,蒙有亨
通之象。一方面,从《蒙》卦的阴阳顺逆关系上看,九二主爻内刚
居中,群阴来求,教化易施,故而童蒙能亨。卦辞曰"匪我求童
蒙,童蒙求我",九二阳居阴位得中道,以卑为尊;六五阴居阳位
显虔诚,以尊为卑。魏了翁说:"阴爻亦先求阳,夫阴昧而阳明,
阴困童蒙,阳能发之。"⑤童蒙为阴为暗,师者为阳为明,阴求明,

①　【魏】王弼、【晋】韩康伯、【唐】孔颖达:《重刊宋本周易注疏附校勘记·乾》(影印本),
　　第8页上。
②　参阅朱启经:《周易爻变解·蒙》,第30页。
③　【明】张献翼:《读易纪闻·蒙》,见《文渊阁四库全书·经部二六·易类》,第32 -
　　442页上。
④　列圣齐注:《易经证释·蒙》第二部,第5 - 46页。
⑤　【宋】魏了翁:《周易要义·蒙》,见《文渊阁四库全书·经部一二·易类》,第18 -
　　301页。

蒙求师，天地阴阳运行之道也。朱震解曰："童蒙求我，然后二以志应五。"①六五主动来求九二，而后九二才能顺势施教。阴蒙欲求明，必先下求于阳，师者以阳开其阴，符合教化之道，故六五有"童蒙"之吉。"盖阴道逆行，河图定序，阳顺阴逆，乃得循环，以尽其度，而生化不息"，②《蒙》卦之阴爻逆施，阳爻顺应，看似违背阴阳逆顺之序，实则是阴阳交通、万物化生之理，故蒙者可"求阳以通其蔽"，③师者能施教以成其功，亨通无疑。

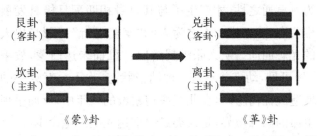

《蒙》卦　　　　　　　　《革》卦

　　另一方面，《蒙》卦之错卦为《革》卦（䷰），上兑下离，《周易·离》卦辞曰："利贞，亨"，《彖》辞：："离，丽也，日月离乎天，百谷草木丽乎土，重明以丽乎正。"刘大钧从《彖》辞的季节色彩上提出卦气"以离主夏"④，夏季阳气饱满，万物欣欣向荣，长势茂盛，故"利贞而后亨"⑤。高亨解曰："附丽于利人之正道，则亨通也。"⑥《离》卦意在以善道教人为正，亦有亨通之象。《九家易》曰："离，丽也，明察于心，赋性直而居正南。附于理法则为文明，

① 【宋】朱震：《汉上周易·蒙》，种方点校，见《周易十书》，北京：中华书局，2020年，第27页。
② 列圣齐注：《易经证释·蒙》第二部，第5-40、41页。
③ 【清】王夫之：《周易内传·蒙》，第59页。
④ 刘大钧：《周易概论·"卦气"溯源》（增补修订本），第231页。
⑤ 【明】来知德：《周易集注·离》，第142页。
⑥ 高亨：《周易大传今注·离》，第60页。

否则为非也。"①儿童幼稚无邪，若能及时接受良好教化则文明向善，否则便野蛮放纵、率性无修。儿童生来自有"亨道"②与"开发之理"③，他们与生俱来的天赋潜力非凡，但只有经过后天的人为诱导与适时推动方可充分彰显其生命的价值与意义。

儿童生命中追求完成自己、希望实现自己的"亨"可以与 S. 弗洛伊德精神分析理论中的"快乐原则"（Pleasure Principle）④相沟通。儿童最初的行为表现与心理事件的发生是受"快乐原则"所支配的，这种内驱力源于儿童先天不可遏制的本能欲求与精神冲动，促使他们不断追求率真浪漫、自由纯粹、明净美好的精神世界，而这种生命力又是成人所缺如的。由此看来，儿童反倒显示出相对于成人的优越感。"儿童好游戏是天然的倾向"⑤，他们能够在游戏中消解自我与世界、现实与梦想、当下与未来、主体与客体、真实与想象之间的界限，毫无保留地注入自己全部的情感与精力，真诚地善待游戏中的每一个事物，布娃娃，贴贴纸，毛线团，头发丝儿，哪怕是被揉搓得稀烂的小卡片，他们也当宝贝一样紧紧攥在手中。K. 考夫卡说："儿童纵使竟日不在作真正的游戏，然而他的世界则总有几分游戏的意味。"⑥儿童时时刻刻都在想方设法以自己感到愉悦的方式探究和发现外部世界，即便遇到再大的

---

① 转引自【宋】邵雍：《梅花易数·卦应》，第 144 页。

② 【宋】朱熹：《周易本义·蒙》，《朱子全书》（第一册），上海：上海古籍出版社、合肥：安徽教育出版社，2002 年，第 35 页。

③ 【宋】程颐：《易程传·蒙》，台北：文津出版社，1988 年，第 44 页。

④ ［奥］S. 弗洛伊德：《自我与本我》（The Ego and the Id），见车文博主编：《S. 弗洛伊德文集》6，北京：九州出版社，2014 年，第 5 页。

⑤ 北京市教育科学研究所编：《陈鹤琴教育文集》（上卷），北京：北京出版社，1983 年，第 180 页。

⑥ ［德］K. 考夫卡：《心灵的成长：儿童心理学导论》，第 367 页。

困难，他们坚强的小身体从来都不偷懒，有趣的灵魂从来都不会穷乏。故来知德解曰："蒙亨者，言蒙者亨也，不终于蒙也"①，童蒙天性中的亨达欲求因蒙昧而发起，却又可以超越蒙昧、战胜蒙昧。②

儿童内在的"亨"美特质与精神潜能，成人必须要给予理解，而且要"将儿童看作探索伙伴来尊重"。③ 儿童对自己所观察到的事物拥有一套独特的话语解释系统，而这个系统又是成人难以进入的，甚至是不能接受和认同的。在成人看来再可笑的动作，置于儿童身上却总显得清新别致、天真有趣、富有创意。果麦在《孩子们的诗》中，收录了3岁小朋友于梦凡的一首《太阳和眼睛》：太阳晒我眼睛/把我眼睛晒黑；7岁小朋友姜二嫚的一首《灯》：灯把黑夜/烫了一个洞。④ 在儿童的世界里，太阳能把人晒黑就能把眼睛晒黑；火能把纸烫个洞，灯就能把黑夜烫个洞。这些看似很荒谬的表达正是儿童真实精神世界的反映。G. B. 马修斯在《与儿童的对话》中对8岁孩子"牛吃

① 【明】来知德：《周易集注·蒙》，第33页。
② 《蒙》之卦辞曰："蒙，亨。匪我求童蒙，童蒙求我。初筮告。再三渎。渎则不告。利贞。"此处"亨"在前，"利贞"在后，是先言天道而后论人事。《易经证释》曰："而亨在前，利贞在后。不连举者，以亨属天道，利贞属人事也。大抵元亨非人力所致，必天所予。利贞则人道之本，己修所及。故人事必先利贞，而天道则首元亨也。"以天道论之，蒙自有亨通之理；以人道论之，蒙必须经过修炼才能亨通无阻。童蒙一旦从天道自然境界转向人道世俗领域，就不得不进行自我改造与自我完善。"蒙之为用，重在己之修德。时当艰厄，道当蒙昧。处势之阻，行地之困，上无可进，前无可为。故以积德为宜，励行为本。利贞者，德行之基也。"儿童先天具备的亨达特性，并非被动消极地发挥作用，而需激发人之为人内在的自觉性、主动性和积极性，才能真正地实现通达光明的生命意义。引文见列圣齐注：《易经证释·蒙》第二部，第5-44、45页。
③ ［美］G. B. 马修斯：《与儿童对话》(Dialogues with Children)，陈鸿铭译，北京：生活·读书·新知三联书店，2015年，第32-36页。
④ 果麦编：《孩子们的诗》，杭州：浙江文艺出版社，2017年，第9、88页。

草→牛产生牛奶→牛奶是草作的"的有趣推论进行辩护，他说："幼童拥有真正具有想象力与创造性的思考能力。如果一个人较喜欢驳斥不合常理的'古怪'问题与令人不快的结论，那么，他一定会错失很多儿童在言谈中展示给我们的趣味。"①儿童的内心有一个自足、自得、自由、自洽的乐园，就像巴里文学作品中彼得·潘（Peter Pan）的"永无岛"一样，没有任何清规戒律给他们制造麻烦，天真烂漫，恬适美好，充满了新奇和乐趣，甚至"我们可以从孩子提出的各类问题中，意外地发现人类在哲学方面所具有的内在禀赋"②，拓展整个人类的哲学视野。所以，M.蒙台梭利说："儿童具有一种未知的力量，这种力量可以引导我们进入美好的未来"③，成人有责任去保护儿童亨达的生命特质，引导他们去思考、想象、探索和创造，促使他们内在的"能源站"像细胞裂变般一个接一个、一次又一次被刺激、被点爆，这种神奇的生命力量将为儿童的心智开发与体格成长注入源源不断的活力。

五、"时中"：恰到好处的教育境界

为了顺利激活和实现儿童内在的亨通特性，施教者还需予以正确的疏导与指引。《周易》实际是在天道与人道之间走出了一条中间路线，其推崇天道的同时，并没有否定人的能动性，④故《象》辞刻意交代教育的最好状态是保持"时中"之教。

---

① ［美］G.B.马修斯：《与儿童对话》，第32-36页。

② ［德］K.雅斯贝尔斯：《智慧之路》，第2页。

③ ［意］M.蒙台梭利：《有吸收力的心灵》（*The Absorbent Mind*），高潮、薛杰译，北京：中国发展出版社，2003年，第1页。

④ 刘震：《〈周易〉导读：纳甲筮法·〈周易〉与占筮》，上海：上海科学技术文献出版社，2016年，第9页。

《易传·象·蒙》曰："以亨行时中也。"[①]时、中皆为易道学术系统里十分重要的概念，[②]"时中"之教即适时而动，中正不偏，自

---

① 《周易》重"时"，万事万物只有守时得时，才可能往好的方向发展。《易传·杂卦》曰："大畜，时也。"（见【明】来知德：《周易集注·杂卦传》，第 373 页）人只有抓住时机才能有所收获。"与时偕行"是生命发展的最佳状态，《易传·象·无妄》曰："天下雷行，物与无妄，先王以茂对时育万物。"自然万物的生长，都是按照四时规律而进行的。（见金景芳、吕绍纲：《周易全解·无妄》（修订本），第 254 页）《春秋繁露·天地之行》曰："四时不同气，气各有所宜，宜之所在，其物代美。"（转引自钟肇鹏主编：《春秋繁露校释·天地之行》（校补本），石家庄：河北人民出版社，2005 年，第 1059 页）阴阳交互，四时变化，万物盛衰有节，天地在各季节所呈现的事物就是对人最好的馈赠。童蒙乃生命之始，教育亦当按照生命的发展规律而进行。《易传·系辞下》曰："变通者，趣时者也。""趣"通"趋"，趋向、奔向之意，即万物均以各自不同的节奏、方法、形式成为当下的自己。高亨曰："时，《易传》所谓时当当时之具体形式、环境与条件。"（见高亨：《周易大传今注·系辞下》，第 417 页）"时"即指事物当下的发生状况。朱震："刚柔相变，通其变以尽利者趣时也，'趣时者'时中也。"（转引自【清】李光地：《康熙御纂周易折中·系辞下》下，刘大钧整理，成都：巴蜀书社，2013 年，第 529 页）趣时之目的是得"中"，适时而变，随时而动，呈现出事物发展变化过程中每个节点上最自洽、最本然的状态。朱伯崑："同居中位，不一定都是吉，适时的则吉，失时的则凶。"爻居中位还必须掌握好时机，中而得时方可有吉。例如《蒙》卦九二爻有刚中之吉是针对"初筮"而言的，若反复占筮而不重视最佳时机，就是亵渎神灵，结果为"渎则不告"。（参阅朱伯崑：《易学哲学史》，北京：华夏出版社，1994 年，第 59 页）李民认为，但在《周易》经文里，只有《归妹》九四爻辞有一"时"字，别处全无。"时"的观念深藏在卦、爻、象、辞的内部，并无显现，必须对全经深入钻研，才能领悟。经孔子探索、揭示、推演发挥，《周易》"时"的观念开始显现无遗，《传》文的"时"字也增至 57 个，再经孔子之手与"中"融合，便构成了"时中"之新概念。"时中"是孔子注解《周易》之新创，"中"与"时"相得益彰，互生互成，贯通于《周易》的整个经文、传解当中。参阅李民：《中庸精义》，长春：吉林大学出版社，2007 年，第 37 页。

② 中，本意是"军队中央竖立的军旗"（见［日］落合淳思：《甲骨文小字典》，刘幸、张浩译，北京：北京联合出版公司，2018 年，第 146 页）指中间、中位、中间、适合。战国至秦汉时期，"中"一般蕴含着中正、中道、中和、中庸之意，强调无所偏废、有度有节。子程子曰："中者，天下之正道"，（转引自【宋】朱熹：《四书章句集注·中庸》，北京：中华书局，2017 年，第 19 页）中即天地之正道、善道。李民《中庸精义》中说："中字内涵是多层次的，是由普通概念、伦理概念、政治概念乃至哲学概念等熔铸而成，是一个涵盖天人之际的内容极其广阔的范畴。"（见李民：《中庸精义》，第 1 页）"中"从最基本的含义"中位"到"中庸"之道，贯穿政治、伦理、（转下页）

然谐和，能够与儿童的天性需求与发展节奏保持同频共振，是一种最理想的教育境界。《易经证释》解曰："时顺则顺，时逆则逆，时行则行，时止则止。初无所滞，而复不失中道，乃曰时中。"时中即把握时机，守住中道，顺逆有序，行止得宜，一切都刚刚好，毫无偏颇，使事物呈现出最恰当、最完美的状态，可谓天下之"至道""至德"。①《中庸》曰"君子而时中"，朱熹注曰："君子知其在我故能戒谨不睹、恐惧不闻，而无时不中。"②时刻能够切己体察、谨言慎行、中正不偏是君子的一种高尚美德，孟子还把"时雨化之"③视为君子之教。来知德将"时中"解为"当其可"，时中之教要求因时制宜、因事制宜、因人制宜，做到灵

（接上页）哲学各个领域，体现其极大涵摄力与生命力。"中"并非指两段距离中点的固定、僵化称谓，而是灵活、变动、活泼的天地大道。《尚书·大禹谟》曰："允执厥中。"（见【汉】孔安国、【唐】孔颖达：《重刊宋本尚书注疏附校勘记·虞书·大禹谟》（影印本），第55页下）人能守住中道，不偏不倚，方为正道。《中庸》曰："中也者，天下之大本也。"朱熹注曰："无少偏倚，而其守不失，则极其中而天地位矣。"（见【宋】朱熹：《四书章句集注·中庸》，第20页）"中"乃天地之本位，是万物各得其性之根本所在。董仲舒："中者，天地之所终始也。"（见赖炎元：《春秋繁露今注今译·循天之道》，台北：台湾商务印书馆，1984年，第423页）天地终始为"中"，实则天地最根本、最原始、最自然之本真所在。《中庸》还以"诚"将"中"引入终极本体论，"诚者，天之道也；诚之者人之道也。诚者不勉而中，不思而得，从容中道，圣人也。"朱熹注曰："诚者，真实无妄之谓。"（见【宋】朱熹：《四书章句集注·中庸》，第32页）唯人积极主动、情真意切地调动灵魂深处之诚心，方可体达与落实"中"之境界。《易传·象·师》解释九二爻辞曰："'在师中吉'，承天宠也。"高亨曰："言其受天之宠爱而佑之也。"坚守中道便可体达天意，自然会带来好结果。（引文见高亨：《周易大传今注·师》，第93-94页）《蒙》卦《彖》辞强调"以亨行时中"，要求施教者掌握恰当的分寸与时机，以帮助儿童实现潜藏在其本能中的亨通之性。

① 列圣齐注：《易经证释·蒙》第二部，第5-49页。
② 【宋】朱熹：《四书章句集注·中庸》，第21页。
③ 【汉】赵岐、【宋】孙奭：《重刊宋本孟子注疏附校勘记·尽心章句上》（影印本），第242页下。

活变通。①《礼记·学记》曰"当其可之谓时"②，即在合适之时间
予以儿童合适之教育，所谓"行动及时而中正"③，保持与儿童的
生长节奏与发展需求共生共存、互济互融。逯中立曰："蒙者，纯
一不杂，其心自正，故曰'时中'，特不能自神自明耳，迎其机而通
之则豁然矣。"④儿童心无杂念，诚敬专一，教育要趁其"纯一未
发"而"养其正"⑤，顺势而为，随性疏导，使他们心中欣然受教、
欢愉敞亮。时中之教即适时为儿童提供最有利于他们本性发显
与身心生长的教育引导。王弼注曰："以亨行之，得'时中'
也。"⑥"亨"与"时中"之间可相互通达、相互作用，如果施教者能
提供时中之教，那么儿童自然能够亨达光明。

落实到教育实践当中，时中之教需要教师结合具体情景而
灵活决策、适时施教。一方面，关注个体差异，选择合适的施教

---

① 【明】来知德：《周易集注·蒙》，第33页。万物皆需"当其可"，春天细雨沐浴之滋
养，冬天麦盖三层被之丰足，与天同道，自然能葱蔚洇润。《春秋繁露·天地之
行》曰："四时不同气，气各有所宜，宜之所在，其物代美。"（转引自钟肇鹏主编：
《春秋繁露校释·天地之行》（校补本），第1059页）天地四时更替，阴阳之气变
化，不同时间节点以不同事物体达天意，人循天时而食，便可颐养天年。《吕氏春
秋·尽数》亦曰："食能以时，身必无灾。"许维遹解曰："时，节也。不过差，故身无
灾疾也。"饮食符合时宜，身体就不会有疾病、灾难。（参见许维遹：《吕氏春秋集
释·季春纪·尽数》，梁连华整理，北京：中华书局，2017年，第68页）《淮南子·
本经训》曰："春生夏长，秋收冬藏，取予有节，出入有时。"秋收冬藏，有节有度，有
轮有序，在合适之时，成就恰当之物，乃天理之所在。引文见刘文典：《淮南鸿烈
集解·本经训》，第311页。
② 【汉】郑玄、【唐】孔颖达：《重刊宋本礼记注疏附校勘记·学记》（影印本），第652
页下。
③ 周振甫：《周易译注·蒙》，第25页。
④ 【明】逯中立：《周易劄记·蒙》，见《文渊阁四库全书·经部二八·易类》，第34-
16页上。
⑤ 【宋】程颐：《易程传·蒙》，第46页。
⑥ 【魏】王弼、【唐】孔颖达：《周易正义·卷第一·蒙》，《十三经注疏》标点本，第
45页。

时机与方法。《蒙》卦卦辞曰:"初筮告,再三渎,渎则不告,利贞。"初六承阳比阳,六五与九二正应,二者皆有求学之诚,师者当告之。而六三乘阳不敬,六四困不亲师,二者皆心智渎乱,师者不当告之。同时,教师还要针各童蒙的不同处境选择合适的教育方法。如初六性质未开,故"发蒙,利用刑人";六三"见金夫,不有躬",心志不正,则需"击蒙"。另一方面,时中之教的理想状态是师生之间达成教学相长与精神共鸣。《彖·蒙》曰:"匪我求童蒙,童蒙求我,志应也。"九二与六五皆居中位,爻性、爻气、爻德各得其宜,一阴一阳,一尊一卑,一应一和,志合而遇,童蒙济济于学,教师欣然而教,可谓适时而得中。王夫之解曰:"及欲觉未觉、愤悱之时,求亨通而不自锢也。"①当儿童求知欲极其强烈时,施教者只需顺势疏导便可决其疑惑、开其心智。孔子曰"不愤不启,不悱不发",朱熹注曰:"愤者,心求通而未得之意;悱者,口欲言而未能之貌;启,谓开其意;发,谓达其辞。"②心济济而不通,口蠢蠢而未言,苦其滞塞而不能发,此时师者启发一二,童蒙则如泉水喷涌般豁然开朗、心花怒放。教化的艺术好比烹饪美味菜肴,火功未佳,时辰不至,即便食材上好,其味亦不能大美;启发儿童,若不待其嗷嗷待哺,施教者即便掏心掏肺地苦教,也不能成其大功。

时中之教最根本的还是要抓住"中"③,处理好阴与阳、刚与

---

① 【清】王夫之:《周易内传·蒙》,第59页。
② 【宋】朱熹:《四书章句集注·论语·述而》,第92页。
③ "时"和"位"是《周易》之道的两大核心元素,卦辞和爻辞在"时""中"关系上各有侧重。《周易略例·明卦适变通爻》曰"夫卦者,时也;爻者,适时之变者也",邢璹注曰:"卦者,统一时之大义;爻者,适时中之通变。"(见【魏】王弼:《周易略例·明卦适变通爻》,见《周易注:附周易略例》,第407、408页)卦义重时,爻义重位,卦、爻之间的相互变化关系反映出事物的复杂存在状态。《周易》六十四卦中,以时间为维度,每一卦都是事物发生发展过程中的一个环节。 (转下页)

柔、严与宽之间的张力。《中庸》曰："中也者，天下之大本也。"①中乃天地之根本，其比时更为内在、关键。教师能以中道施教，自然不违其时；能因时施教，自然也离不开中，坚守中庸之道才是施教的根本原则。② 程颐曰："中谓处得其中，得中则时

（接上页）《周易》所阐释的宇宙规律为太极-两仪-四象-八卦-万物，"时"仍然是贯穿其中的核心脉络和精髓。而"爻"不仅涉及"时"，更关注"位"的问题，且"爻""时"二者相互作用、相互影响。例如，《蒙》卦与《屯》卦互为综卦，《屯》卦九五却因失时而膏泽不明，九五爻辞曰："屯其膏，小贞吉，大贞凶"，来知德解曰："九五以阳刚中正居尊，亦有德有位者，但当屯之时，陷于险中，为阴所掩"，九五一阳陷于两阴，阻塞不通，虽为君为主爻，但时机不成熟，不能发动，故曰"大贞凶"。《屯》卦与《蒙》卦因"时"不同，前者生机待发，后者物之初萌，二者命运也截然不同。引文见【明】来知德：《周易集注·屯》，第 32 页。

① 【宋】朱熹：《四书章句集注·中庸》，第 20 页。

② 离开"中"，人便会陷入危险境地，多为不吉；若有"中"道，即便面临危险，也不至于凶。"中"与"正"皆为《周易》所贵，相比而言，"中"重于"正"。"一般情况下，虽不当位，但居二五之位，亦吉。"凡居上下卦中位之爻，即使不当位亦有吉象。（参阅朱伯崑：《易学哲学史》，第 58 页）纵览《周易》全经，九二爻以阳居阴位而不正者，得中之爻，位虽不正，亦多为吉象。《周易》以"中"为贵尊，"中"比"正"的境界更高、地位更重要。朱熹曰："中重于正，正未必中。盖事之斟酌得宜合理处便是中，则未有不正者。若事虽正，而处之不合时宜，于理无所当，则虽正而不合乎中。此中未有不正，而正未必中也。""中"是恰如其分，合乎时宜，凡事能把握好时机、分寸，自然能以德正己，故"中"比"正"显得更为内在、关键。（引文见【宋】黎靖德编：《朱子语类·易三》，北京：中华书局，1994 年，第 1669－1670 页）"中"还包含有"正"之含义，子程子曰："中者，天下之正道。"（转引自【宋】朱熹：《四书章句集注·中庸》，第 19 页）"中"本身就能彰显正道。高亨将"中"解为"正"（参阅高亨：《周易大传今注·蒙》，第 77 页），显然没有对二者进行区分。来知德认为"中"可"兼正"（参阅【明】来知德：《周易集注·节》，第 278 页），"中"包含"正"，"正"在"中"内，故"得中则得正矣"（见【宋】程颐：《易程传·蒙》卷一，第 44 页），"中"可得"正"，但"正"不一定得"中"。谷继明提出，"中正"分为三种情况，一是阴阳之正：阴爻居阴位、阳爻居阳位；二是位之正：居中不偏，是为正；三是事理之正。（参阅谷继明：《周易正义读·注疏考释》，上海：上海人民出版社，2017 年，第 85－86 页）《蒙》卦九二阳居阴位，虽无阴阳爻位之正，但居下卦坎之中位，上应六五，有刚中之德，而得教化之正，可见守中之重要性。

也。"①有中庸之德的人才能真正把控好教育的分寸与时机。《蒙》卦九二爻有刚中之德,②则可"资中道以止愚妄",善治群阴而成就教化之功。"二以刚中之德在下,为君所信向,当以道自守,待君至诚求己而后应之,则能用其道",③九二身居下位,不矜不伐,宽厚贤达,心存大道而不张扬,涵养大德而不争位,有"谦谦君子"④之象,故能吸引六五童蒙的尊重与信任。时中之教最关键的,是要用教师的人格、美德与智慧去感化、疏导儿童的心灵世界,故来知德曰:"言我先知先觉,先以亨通矣,而后以我之亨行时中之教,此蒙者所以亨也。"⑤施教者欲养蒙为正,必先以中庸之道严格要求自己和规范自己,以德性吸引童蒙,以正道化育童心,做到以道服人、以德正名! 施教者要有极高的德性境界与教学艺术方可有能力承担养蒙之重任。"盖中无定体,随时而在",⑥时中之教没有一套规范化、普遍化、固定化的教育模式,全靠施教者在实践中日渐体悟、琢磨和修炼,无疑是一门极具创造性的高超教育艺术!

---

① 【宋】程颐:《易程传·蒙》,第 45 页。
② 【清】王夫之:《周易内传·蒙》,第 59 页。
③ 【宋】程颢、程颐:《二程集·周易程氏传·蒙》,第 719 页。
④ 《易传·象·谦》曰:"谦谦君子,卑以自牧也。"见【明】来知德:《周易集注·谦》,胡真校点,上海:上海古籍出版社,2013 年,第 81、82 页。
⑤ 【明】来知德:《周易集注·蒙》,第 33 页。
⑥ 【宋】朱熹:《四书章句集注·中庸》,第 21 页。

第三章

"匪我求童蒙,童蒙求我"

《蒙》卦卦辞仅 23 个字,"蒙,亨,匪我求童蒙,童蒙求我。初筮告,再三渎,渎则不告,利贞",简明凝练,蕴意深刻,经过《彖传》《象传》编纂者的精湛诠释,揭示出教育的目的、理念、原则、方法、策略等,几乎涵摄了儿童教育中所有的重要问题。《易传·系辞下》曰:"知者观其彖辞,则思过半矣。"宋代胡瑗解曰:"大易之道,一卦之理,以至万事之端,皆在于卦下所属之彖辞。"①《彖》辞中包含着每一卦的核心旨意,如果能把《彖》辞读懂、读精、读透,基本上也能够领会各卦最重要的义理与精神。《蒙》卦能以山水之卦象而生动、微妙地呈现儿童的天性特质与精神世界,也能以简约而朴实之文辞传达深微、高妙的教育智慧。对《蒙》卦的卦辞、彖辞、象辞进行经学诠释与哲学阐发,对当今儿童教育的理念更新与本土化建设具有重要的启示意义。

---

① 【宋】胡瑗:《周易口义·系辞下》,见《文渊阁四库全书·经部二·易类》,台北:台湾商务印书馆,2018 年,第 8 – 540 页上。

一、"童蒙求我"：激发儿童内在求知欲望

《蒙》卦卦辞曰"匪我求童蒙，童蒙求我"①，高亨解曰"'匪'借为'非'"②，大意为不是师者对童蒙强行施教，而是童蒙主动来向教师学习。

首先，从卦象上分析，有童蒙求师之象。《孟氏逸象》中艮为"童"、为"童蒙"，③《蒙》卦外艮卦之六五爻有童蒙之象，指幼稚愚昧之人。④"我"指下坎卦之九二，刚阳之爻，与六五童蒙相应，指发蒙者或施教者。虞翻曰："童蒙谓五，艮为童蒙。我谓二也。震为动起，嫌求之五，故曰'匪我求童蒙'。"⑤《蒙》卦互卦为《复》卦，

---

① 《经典释文》曰"童蒙求我"，陆德明曰："一本作'来求我'。"（见【唐】陆德明：《经典释文·周易音义·蒙》，上海：古籍出版社，2013 年，第 78 页）王引之《经义述闻》引惠栋《周易古义》引《吕氏春秋·劝学篇》注《易》曰："匪我求童蒙，童蒙来求我，"焦循在《易章句》中亦曰："古有'来'字，谓二已来之五。"来，趋向、来到之意，即六五向九二来求教。（引文见【清】焦循：《易章句·上经·蒙》，见《易学三书》（上），台北：广文书局有限公司，1971 年，第 10 页）说明古本《周易》中确实存在"求"之文。且在魏晋王弼《周易注》、汉代蔡邕《处士圈叔则碑》、唐代释慧苑《华严经音义》卷下引《易》中皆作"童蒙来求我"，说明汉魏时期经文中有"来"字。（参阅【清】王引之：《经义述闻·第一·周易上》，虞思徵、马涛、徐炜君校点，上海：上海古籍出版社，2018 年，第 15 页）清代阮元校勘亦曰："石经、岳本、闽、监、毛本同，《考文》引古本蒙下有'来'字。"（见【魏】王弼、【晋】韩康伯、【唐】孔颖达：《重刊宋本周易注疏附校勘记·蒙》（影印本），第 31 页上）侯乃峰认为，加上一"来"字，"疑古人是为了与上句'匪我求童蒙'字数一致，显得句式整齐"，从写作体式上看，有"来"字前后句显得更加对称；而从卦辞大义上看，有无"来"字并无太大影响。参阅侯乃峰：《〈周易〉文字汇校集释·上经·蒙》，见丁原植主编：《出土思想文物与文献研究丛书（三十六）》，台北：台湾古籍出版有限公司，2009 年，第 31 页。

② 高亨：《周易大传今注·蒙》，济南：齐鲁书社，1998 年，第 76 页。

③ 参见王亭之：《周易象数例解》，香港：香港商务印书馆，2013 年，第 23 页。

④ 高亨：《周易大传今注·蒙卦》，第 76 页。

⑤ 转引自【清】李道平：《周易集解纂疏·蒙》，北京：中华书局，1994 年，第 105 页。

上坤下震，震为动，九二有求六五之嫌，故卦辞特意强调非九二求于六五，而是六五求于九二。六五下应九二，有童蒙求我之象；弟子求于师，而非师求于弟子，说明儿童应当成为学习的主体，他们成长的方式是主动的、自觉的、积极的，而非被动的、强迫的、灌输的。《礼记·曲礼上》曰"礼闻来学，不闻往教"，郑玄注曰："尊道也。"①尊师意味着重道，儿童主动求于教师，并非受师徒之间尊卑礼法的制约，而是儿童生来就对光明大道有强烈的渴求与向往。六五之所以愿意求九二，因九二处下卦坎之中位，刚中温善，道高德重，深深赢得六五的爱戴和仰慕。②"古之人所以必待人君致敬尽礼而后往者，非欲自为尊大，盖其尊德乐道，不如是不足与有为也"，③九二不往求，不是依仗着师者的尊贵身份而故作清高，而是在涵养德性、静守师道，先观察儿童的需求，培养儿童的兴趣，顺应儿童的性情，等待他们心志诚敬、欲求不能时，教师再顺势而教、循循善诱。老子曰："圣人处无为之事，行不言之教。"④师者要像圣人一样懂得"无为"的智慧，不妄其教，⑤方为真教。来知德将"匪我求童蒙，童蒙求我"视为"教人之正道"，⑥教育最重要的是激

---

① 【汉】郑玄、【唐】孔颖达：《重刊宋本礼记注疏附校勘记·曲礼上》（影印本），第 14 页下。

② 按照汉代乾升坤降的象数理论，六五应当下降到二爻的位置，与之相应的九二则上升到五爻的位置。（参阅刘震：《从〈蒙〉卦看〈周易〉的教育思想》，《周易研究》2016 年第 6 期，第 73 – 80 页）蒙卦却恰恰相反，九二变居下位，六五变居上位，彼此颠倒，以成就蒙亨之道。故九二能胜任九五之尊贵，又能承受九二之卑位，此乃君子之贤德也。

③ 【宋】程颢、程颐：《二程集·周易程氏传·蒙》，北京：中华书局，1981 年，第 719 页。

④ 朱谦之：《老子校释·二章》，北京：中华书局，1984 年，第 10 页。

⑤ 老子曰："道常无为而无不为。"陈鼓应注曰："'无为'是顺其自然，不妄为。"《说文·女部》曰："妄，乱也。"教化不可随意、胡乱施加，师者当顺应自然大道而施教。引文见陈鼓应：《老子注译及评介·三十七章》，北京：中华书局，1984 年，第 209 页。

⑥ 【明】来知德：《周易集注·蒙》，第 33 页。

发人之为人的天赋潜能与精神自觉，唤醒儿童自我生长的生命意识与灵魂追求，培养他们对自己的掌控能力、调节能力与适应能力，从而不被外界世俗所钳制和束缚。

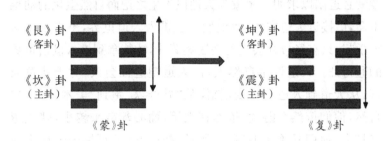

其次，从阴阳属性上看，合以阴求阳之道。《蒙》卦之互卦为上坤下震，震为长男，坎为少男，震、坎皆年长于艮卦六五之童蒙，少者求长者，符合情理。六五为阴爻，九二为阳爻，柔近刚，阴辅阳，暗从明，弱求强，天道之理也。[1] 孔颖达《疏》曰，"物既暗弱而意愿亨通，即明者不求于闇，即匪我师德之高明往求童蒙之暗，但暗者求明，明者不谙于闇"[2]，明不求暗，贤不求愚，六五童蒙主动靠近九二之师，是受以阴近阳、以暗求明的天道原理所驱的必然结果。近阳、亲师似乎是童蒙与生俱来的天性本能，为了去暗从明，他们一出生就忙个不停，学习吃饭，饭粒儿糊满脸蛋也毫不在乎；蹒跚学步，绊石头，踩泥坑，跌跟头，依然乐此不

---

① 朱启经从蒙卦整个卦象义理来分析，认为九二作为蒙卦之主爻，下卦坎看作泉水，艮上坎下，山下出泉之象，泉水被被山阻挡，无法主动向高山流去"应"群蒙的代表六五，只能是以六五为代表的群蒙"包应"卦主九二。(参阅朱启经：《周易爻变解·蒙》，上海：上海科学技术文献出版社，2016 年，第 29 页)此解释难以凸显九二之爻德。六五之所以能应九二，因九二处坎险而能亨达的刚中之德。况且从易经爻气走向上也略有不妥。

② 【魏】王弼、【唐】孔颖达：《周易正义·蒙》，《十三经注疏》标点本，北京：北京大学出版社，2000 年，第 44 页。

疲，这种自发的学习行为都是受内在渴求生长的天性所驱动的，而这也恰恰促使着他们的社会化。《易经证释》解曰"蒙者天道明者，人道不先自明"，①据天道而论，童蒙不为蒙；据人道而论，童蒙必近阳以求明。童蒙为天地以生生之德而自然生化的幼稚生命，最接近大道本体，而他们一旦进入人道世界，事事都得从零学起，只有经过社会洗礼而脱离蒙昧，才能拿到进入世俗世界的通行证。天道诞生自然人，而人道塑造社会人，对于儿童而言，从天道到人道的转变，就像从"娃娃家"跑到"美术区"一样自然，他们依然在游戏，依然在大笑，而心却越来越小，脾气越来越大，他们开始比书包、抢玩具、找朋友、乱打架……在不断学习的过程中，他们懂得了不少社会法则与做人规矩，却逐渐损耗了最初澄明、质朴的生命特质。童蒙求于师，非求做人之道，而是求成人之法，因为每一个童蒙都是哲学高手，成人能做的就是帮助他们学会顺利处理各种麻烦和障碍，还要小心翼翼地呵护儿童身上的美好天性不被破坏。

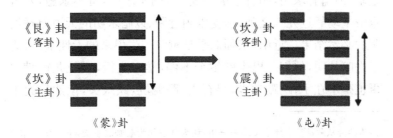

最后，《蒙》卦阴多阳少，刚阳居上位，阴爻只能下行。《蒙》卦、《屯》卦互为综卦，二者阴阳之气的运作方向相反，一上一下，

---

① 列圣齐注：《易经证释·蒙》第二部，台北：正一善书出版社，2005 年，第 5 - 42 页。

一来一往,一顺一逆,互相推动,万物才得以萌发生长。周太谷曰:"屯,二气交于下也;蒙,二气凝于上也。"①《蒙》卦阴阳之气止于上,只能向下发展才有亨通的希望。童蒙遵循万物顺逆之理,就必须主动从上位往下应以寻求进步的希望,自降其位,诚敬其心,谦逊求于九二主爻,才能走出蒙蔽而通往光明。《易经证释》曰:

> 以蒙之道,有顺逆;则其行也,有主宾。蒙之为童蒙,此正也。而我应童蒙之求,以为之师,则变也。正变之间,主宾之异也,行变以为主,循正以为宾,此逆道也。逆而有成,故不违道,乃履夫亨。我不往求,童来求我,此固正道,亦由变之正也。人处乱世,遁逸为正,即变之正也。故行乎变,而道不失乎正。此我不求童蒙,而童反来求我也。②

据天道之常,以阳为尊为贵,以阴为辅为卑,阴爻本该处位不动,等待阳爻来助,而《蒙》卦要求阴爻主动出击,以逆为顺,以枉为正,最终实现教化目的。蒙求于师,则蒙为主,师为宾;师应于蒙,又变师为主,以蒙为宾。先以蒙为主,而后成师之功。六五求九二是顺应卦气运作之理,九二应六五之志,故曰"逆而有成,故不违道"。童蒙求于我,实则是我求于童蒙的前提与铺垫。"行变"是儿童教育中极其巧妙的教育智慧,即不违背儿童天性需求,又能顺势而教。"匪我求童蒙,童蒙求我",实则是一种"反

---

① 【清】周太谷:《周氏遗书·序卦》(卷一),转引自【清】刘大绅等著,方宝川编:《太谷学派遗书·太谷学派〈易学〉发微》(影印本)第三辑,南京:江苏古籍出版社,2001年,第6页。

② 列圣齐注:《易经证释·蒙》第二部,第5-46页。

经为权"①的处世智慧。九二刚阳之师，六五阴柔之蒙，本当以阳动阴，以刚起柔，而今却待阴求阳，起阴动阳，意在强调教师一开始要放低姿态，把主动权交给儿童，先激发他们的内在求知欲，而后顺其性情、因势利导，则可事半功倍。若九二主动施教于六五，《蒙》卦之气继续向上运作，刚极不通，不仅蒙昧不得发，还会破坏阴阳和谐之气，导致教育失败。

儿童内在天性中的自觉意识与生长动能一旦被激发，便会成为教育最有力的能量源与催化剂。《周易折中》引林希元曰：

> 童蒙不我求，则无好问愿学之心，安能得其来而使之信？我求而诚或未至，则无专心致志之勤，安能警其惰而使之听？待其我求而发之，则相信之深，一投而即入矣。待其

① 经权常变，是公羊家的重要范畴与核心观念。"经"与"权"相对，"常"与"变"相反，"经""常"指获得大范围认可的伦理规矩，是较为长久、稳定而已被普遍化的法则定律；"权""变"则为灵活处置，适合融通，短暂性地因事制宜、因时制宜、因人制宜、因地制宜。桓公十一年，《春秋公羊传》曰："权者反于经，然后有善者也。"何休《解诂》曰："'权'者，称重。"（见【汉】何休、【唐】徐彦：《春秋公羊传注疏·鲁桓公十一年》，刁小龙整理，上海：上海古籍出版社，2013 年，第 175 页）"权"超越"经"之限制、束缚，是掂量轻重急缓、比较利害得失后的抉择，"权"与"经"志相孚契，二者殊途同归。《易传·系辞下》曰："巽以行权。"韩康伯注曰："权，反经而合道。"（见【魏】王弼、【晋】韩康伯、【唐】孔颖达：《重刊宋本周易注疏附校勘记·系辞下》（影印本），台北：艺文印书馆，2013 年，第 173 页下）"合道"是万物成就自性、追求本真的终极归宿。"权"虽暂时反"经"，但终究并不违背"经"最根本的道与理。《春秋繁露·玉英》曰："夫权虽反经，亦必在可以然之域。""权"必须在"经"所允许的范围内进行。（引文见【汉】董仲舒：《春秋繁露·玉英》，上海：上海古籍出版社，1989 年，第 21 页）"匪我求童蒙，童蒙求我"强调六五主动来求九二，而后九二应六五之志，看似师生角色颠倒、违背施教之经常，实则却调动了儿童的积极性而助益教化之功，比教师直接施教的效果要好很多。这无疑是一种儿童教育智慧。

诚至而发之，则求道之切，一启而即通矣。此蒙者所以得亨也。"①

童蒙主动求学的心理变化过程跃然纸上，他们若无求学之心思，便不会听其师、信其道；教师如果强制施教，不但降低他们的学习兴趣，还会使其产生惰性心理与抵触情绪。日本心理学家河合隼雄说："如果勉强幼儿去做，可以达到相当的水平。但是，这在后来甚至会成为孩子成长的障碍。"②儿童天生就有吸收知识的天赋与探究事物的能力，强行施教只会打压孩子们的积极性与自觉性。G. 贝特森说："任何外部的知识等都必须部分地产生于人们的自我知识（Self-knowledge）。"③教师适当放手给儿童，让他们自己发起学习，自己感受自己，自己塑造自己，教育才会更加高效、深刻、成功。《论语·述而》曰"不愤不启，不悱不发"，刘宝楠解曰："当心愤愤、口悱悱时，已是用力尽思，而未得其意，乃后启发为说之，使人知思之宜深，不敢不专心致志也。"④当儿童百思不得解，欲言又难发时，教师抓住时机巧妙点播，儿童则会如洪水决堤般通畅彻悟、顿开茅塞。"道而弗牵，强而弗抑，开而弗达"⑤，施教必须把控好时机与分寸。正如王夫之言："自然来学，不待而教，所以得亨。"⑥儿童内

---

① 【清】李光地：《周易折中·蒙》，刘大钧整理，成都：巴蜀书社，2008 年，第 34 页。

② ［日］河合隼雄：《孩子的宇宙》，王俊译，上海：东方出版中心，2010 年，第 222 页。

③ ［英］G. 贝特森：《心灵与自然：应然的合一》（*Mind and Nature：A Necessary Unity*），钱旭鸯译，北京：北京师范大学出版社，2019 年，第 155 页。

④ 【清】刘宝楠：《论语正义·述而》（上），北京：中华书局，1990 年，第 260 页。

⑤ 【清】孙希旦：《礼记集解·学记》（中），北京：中华书局，1989 年，第 966 页。

⑥ 【清】王夫之：《周易内传·蒙》，李一忻点校，北京：九州出版社，第 59 页。

在的好奇欲望一旦被激活，①率真热诚，投入专注，主观想要，无须强迫，学习的劲头挡也挡不住。② 而在当今的教育实践中，根本等不及儿童"愤""悱"之时，汹涌的知识洪流便已扑面而上，高难度、超负荷、快节奏的学习大网早已死死罩在儿童身上，他们不得不高效吸收、快捷产出，哪里还有自主学习的时间与机会。

在教育实践中，教师与儿童之间的角色关系常常被颠倒，教师总比儿童表现得更迫切、更主动，恨不得一次性就将知识塞进孩子们的大脑里，急功近利，揠苗助长，完全忽略了儿童自身学习的积极性与能动性，致使儿童叛逆厌学，教师抱怨倦教，不得不令人反思。正如王阳明所言："彼视学舍如囹狱而不肯入，视师长如寇仇而不欲见，窥避掩覆以遂其嬉游，设诈饰诡以肆其顽

---

① Lam Chi-Ming said："children have an innate disposition to do philosophy；rather than take the perplexities emerging from their daily experience for granted, they have a natural tendency to wonder why things are the way they are. Ranging from a hair growing on their skin to a star twinkling in the sky, children wonder at everything about themselves and the world."在儿童看来，生活中任何事物都非理所当然的存在，从一根头发到天上闪烁的星星，他们一定要问"为什么"以弄清真相，儿童好奇的自然天性，使他们有种内在的"哲学倾向"（Philosophical Disposition）。参阅 Lam Chi-Ming, and Springer Link. *Childhood，Philosophy and Open Society Implications for Education in Confucian Heritage Cultures*. Education in the Asia-Pacific Region：Issues, Concerns and Prospects. 22. 2013, P69.

② 相比《蒙》卦其他阴爻，六五还保留着童蒙身上最真诚的求知本能与亨通特质。一方面，六五以阴近阳、以弱从强、亲贤近德，这是童蒙以阴性自居又渴望通达的自然表现。上九权势高贵，乘六五又与其亲比，六五上承上九而尊其为师，下应九二而顺服其德，故上下之阳皆可发六五之蒙，其上下亨通而得吉。而六三"见金夫，不有躬"，对阳刚之师不中不正、三心二意；六四"独远实"，更是不近阳、不亲贤，故困于蒙昧。六三、六四皆不能正确对待自己的阴蒙身份，又不重视资取贤德之师以去其蔽，故渎乱不明。另一方面，六五求师无分贵贱，说明世俗之见还未入于其心。六五童蒙处上艮卦之中，位尊而受蒙；九二处下卦坎之中，位卑而有道，六五下求九二是以道求师、以德近人，而不像六三那样被外界事物所迷惑、牵制。

鄙,偷薄庸劣,日趋下流。"①教师与儿童之间水火不容、彼此抵触、相见生恨,难以和谐共处,儿童逐渐变得庸俗邪鄙、消极堕落,可谓教育之悲剧。究其原因,关键是没有激发儿童内在的求学愿望,没有把"要我学"的被动受教过程转变为"我要学"的主动求知活动。"如果一个儿童没有一定的学习动机,那么学习将会成为一种毫无乐趣的沉重负担。"②求学是一种乐趣,还是一种负担,要看儿童是否具有学习的主观动机,只有学习是源于儿童自发的心理需求与精神冲动,他们方可产生愉悦感、满足感、成就感并且不被其所累。"匪我求童蒙,童蒙求我",正是在呼吁儿童才是教育活动的真正发起者,待他们汲汲要学,如久旱逢甘雨般迫切、急不可耐、热情洋溢之时,可谓教化之良机。"我"与"童蒙",看似角色颠倒,逆道而行,实则呈现了施教者与儿童之间最合理、最融洽的角色关系。

二、"志应":教学相长与精神共鸣

"童蒙"与"我",一阴一阳,一暗一明,一柔一刚,一求一教,一来一往,二者相处的根本动力源于阴阳交合、刚柔相济之道。《易传·系辞上》曰"一阴一阳之谓道",③阴、阳变化是万物生长的根本原因。"万物负阴而抱阳,冲气以为和",④万物依托于阴、寄居于阳,阴阳二气的互相交融、损益有度,成就了生生不息之道。教育活动同样要遵循阴、阳运行的法则,《蒙》卦九二阳刚,六五阴柔,阳强阴弱,阳施阴求,阴阳互济互损,而得教化之

---

① 【明】王阳明著,邓艾民注:《传习录注疏》卷中《训蒙大意示教刘伯颂等》,上海:上海古籍出版社,2015年,第174页。
② 朱智贤:《儿童心理学》,北京:人民教育出版社,1963年,第20页。
③ 高亨:《周易大传今注·系辞上》,第387页。
④ 陈鼓应:《老子注译及评介·四十二章》,第232页。

正。马振彪曰："二、五相应，以九二之阳刚，化六五之阴柔，是谓养正。"①六五不顾尊位而下求九二，处于卑位的九二也以刚中之德纳受六五，阴、阳之爻各有得失，相互成就，以阳开阴的教化活动方可顺利进行，故虞翻曰："'圣'谓二，二志应五，变得正而亡其蒙，故'圣功也'。"②九二阳居阴位，成全六五求'我'之志；六五阴居阳位，顺服九二刚中之德，可谓相得益彰。"二五失位，利变之正，故'利贞'"，③九二、六五虽皆不当位，但各自爻变后均能得其正，④九二以阴位戒其刚，施宽厚之教；六五以阳位戒其阴柔，主动来求教，二者皆恰如其分，各得中道，故六五蒙昧能去，九二师道得存，教化无所不利。

九二与六五的"志应"状态源于天地阴阳交合之大美，自然而然，真诚无欺，可谓人间教化之极乐境界。《易传·象·蒙》曰："匪我求童蒙，童蒙求我，志应也。"荀爽曰："二与五志相应也。"李道平疏曰："二与五应，坎心为'志'，志相通，故'应'也。"⑤从卦象、卦体上分析，九二、六五分别处于上、下卦之中

① 马振彪：《周易学说·蒙》，张善文整理，广州：花城出版社，2001年，第65页。

② 转引自【清】李道平：《周易集解纂疏·蒙》，第107页。

③ 【清】张惠言：《周易虞氏义·蒙》，见《儒藏精华编第10册》，北京：北京大学出版社，2010年，第31页上。

④ 温海明提出，《蒙》卦是由《观》卦变来，《观》卦的九五与六二交换了位置变《蒙》卦，《蒙》卦主爻的九二从《观》卦的五位（上卦中位）卦变后来到二位（下卦中位），始终在中道运行且心志相应，《观》卦下坤变坎，有水流土中而通蒙之象。（参阅温海明：《周易明意：周易哲学新探》，北京：北京大学出版社，2019年，第130页）按此说，《观》卦之九五、六二变为《蒙》卦之九二、六五从来没有离开中位，处境虽异，但意念相通、心志互契，故而得吉。《观》之内卦坤变至《蒙》之下卦坎，《孟氏逸象》中坤"为闭""为敝""为死""为晦"，坎"为川""为河""为破""为渎"（参阅王亭之：《周易象数例解》，第21-23页）坤变坎，好比壅塞已久之封闭道口终于等来川河汹涌之冲破，有奔流畅行、去暗从明之象，与《蒙》卦之亨达特性相呼应。

⑤ 参见【清】李道平：《周易集解纂疏·蒙》，第107页。

位，彼此正应，可谓最理想的师生关系。高亨解曰："应犹合也。"①"志应"是一种志趣相投、性情互通的谐和状态。②《易经证释》曰："阳与阴交，而贵在合，阳与阳应，而贵在孚。不合不孚，虽交不和，虽应不称，不利且害。"③教师与童蒙之间阴阳相济、明暗相接的内在本质是两个生命主体能够达到精神共鸣、意气相投的交互关系，而不是流于教与学、师与生、授与受的外在形式，意在追求一种"以往易来，以明待暗，两志相得，有如桴鼓"的完美交融、心心相印、息息相通的亲善意境。童蒙求于教师，教师顺势诱导，颇似槌鼓敲而应之，你呼我唤，你来我应，两相喜悦，"无曲折逢迎之嫌，无委蛇追逐之累"④，师生关系已上升到心领神会的美妙精神境界。

《象》辞以"志应"强调顺应儿童内在心性需求的重要性，施教者与童蒙之间的关系不能只停留在"传道、授业、解惑"⑤的层面，还要走进儿童心底，与其产生深入灵魂的精神共鸣。李塨曰："二之于五，非强应之，志应也。"⑥"童蒙"与"我"之间的彼此默契，无须谁迁就谁、谁委屈谁、谁迎合谁，教师乐教，童蒙好学，你情我愿，其乐融融。犹如榫卯契成，浑然一体，无缝对接，形成

---

① 高亨：《周易大传今注·蒙》，第 77 页。
② 周振甫将"志应"解释为"两方的志趣相合"，志向与兴趣是"志应"的两个重要方面，师者与童蒙同心合意，兴趣相投，方可彼此吸引、相互欣赏、相互学习，教化自然而然就发生了。引文见周振甫：《周易译注·蒙》，北京：中华书局，1991 年，第 25 页。
③ 列圣齐注：《易经证释·蒙》第二部，第 5 – 42 页。
④ 列圣齐注：《易经证释·蒙》第二部，第 5 – 50 页。
⑤【唐】韩愈著，马其昶校点，马茂元整理：《韩昌黎文集校注·师说》，上海：上海古籍出版社，2014 年，第 47 页。
⑥【清】李塨：《周易传注·蒙》，见《文渊阁四库全书·经部四一·易类》，第 47 – 25 页上。

一种心有灵犀、纯粹赤诚的交互关系，从而产生一种极其强大、奇妙的精神共振力。来知德曰："童蒙求我则彼之心志应乎我，而相孚契矣。此其所以可教也。"①当儿童与教师心志相呼应时，他们更愿意投入学习活动中去，教、学本身也会成为一种享受，教师乐于其中，儿童专注投入，互相成就，互相促进，教化活动变得生动、活泼而富有感染力。施教者与童蒙之间的"志应"关系不掺杂任何功利元素，正如孟子曰"心有戚戚焉，然心戚戚矣"，赵岐注："戚戚然，心有动也。"②师生同气相求，戚戚相亲，宛若男女交往之心动，彼此吸引，纯洁美好，让人荡气回肠、陶醉其中。"心志相孚为莫逆，老幼相交曰忘年"③，师生之间要有挚友相交的浓浓情意，又要有"相视而笑，莫逆于心"的唯美默契。成玄英疏曰："得意忘言，故相视而笑；智冥于境，故莫逆于心。"④"心志相孚"已经远远超越了外在的伦理关系规定，而抵达师生彼此灵魂的最深处。

六五与九二两爻之间并非单向的"应"，而是双向的、交互的、动态的"应"。儿童求于师者，不可抛弃其自身的本性、特质、个性和想法；师者应于儿童，也不能完全依顺、放纵他们，而当以为人师者的品德与智慧对儿童进行诱导和教化。儿童被师道光辉所吸引，教师被儿童的天性欲求所陶醉，二者水乳交融，亲密无间，使得教育成为一种"双边复合活动"⑤。李道平疏曰："戒

---

① 【明】来知德：《周易集注·蒙》，第33页。
② 【汉】赵岐、【宋】孙奭：《重刊宋本孟子注疏附校勘记·梁惠王章句上》（影印本），第22页下。
③ 【明】程登吉原编、【清】邹圣脉增补，《幼学故事琼林·朋友宾主》，谷玉校点，上海：上海古籍出版社，2018年，第91页。
④ 【晋】郭象、【唐】成玄英：《庄子注疏·内篇·大宗师》，北京：中华书局，2011年，第146页。
⑤ 刘炎：《学前教育原理》，沈阳：辽宁师范大学出版社，2002年，第289页。

五不可过柔,二不可过刚也"①,九二、六五都能适切处理保持自性与应和外物之间的张力,教师刚而不猛,有"包蒙"之德;童蒙柔而不弱,有"求我"之愿,二者相互感应又不丢失本分,彼此交融又毫无抵触,可谓最圆融的师生关系。"教者虽不先求于学者,但是他必有乐教的精神和志愿,感发学者,学者方能向他求教,志应于他。没有感,何有应,'志应'必是相互的",②"童蒙求我"不是儿童一厢情愿、一己之功,施教者须予以回应、反馈、理解、支持、鼓励,遵从儿童的天性而实施教化,师生之间相互信任、彼此推动,才能构建出和谐的师生关系。朱启经曰:"作为教师的我(九二卦主)与诚心诚意来接受教育的童蒙(初六和六五)的心志相应相和。"③教师要有教师的宽厚仁德,儿童要有儿童的谦逊真诚,初六上承九二之刚阳,六五正应九二之中德,二者皆心意纯正,都能与九二形成相互应和、相互促进的良好关系,从而顺利实现发蒙之功。而程颐认为"非是二求于五,盖五之志应于二也"④,其只关注教师对儿童的作用,却忽视儿童对教师的影响,这种以教师为本位的观点,不一定符合《蒙》卦卦辞之本义。

　　"志应"是师生关系的理想状态,也是教学相长的至善境界。儿童教育一定不是教条式、灌输式、机械式的"造人"活动,而是要与孩子们对话、交流,浸透他们的心灵进行精神疏导与生命引领。《礼记·学记》曰:"善歌者使人继其声,善教者使人继其志",郑玄注曰:"言为之善者则后人乐放效"⑤,善声之人能以乐

---

① 【清】李道平:《周易集解纂疏·蒙》,第 106 页。
② 金景芳,吕绍纲:《周易全解·蒙》(修订本),上海:上海古籍出版社,2017 年,第 84 页。
③ 朱启经:《周易爻变解·蒙》,第 30 页。
④ 【宋】程颢、程颐:《二程集·周易程氏传·蒙》,第 719 页。
⑤ 【汉】郑玄,【唐】孔颖达:《重刊宋本礼记注疏附校勘记·学记》(影印本),第 653 页下。

感染人心，善教之人亦能以心牵动人魂。《幼学琼林·师生篇》曰："弟子称师之善教，曰如坐春风之中；学业感师之造成，曰仰沾时雨之化。"①对于儿童而言，教师之善教，如徐徐春风拂面而来，温暖轻盈，柔和舒心；又如及时之雨露降于植被，清澈湿润，滋养化育。师生之间志趣相合、彼此依存、同心共善，各自以对方的存在而感到喜悦，才能在教与学的过程中体会到直击灵魂又圣洁微妙的精神体验。日本高杉自子指出，教师要与幼儿进行智慧比拼，首先是要理解幼儿，真诚地面对幼儿，运用多种方法寻求师幼之间心灵的对接点。② 这个"对接点"无规律可循，只能靠教师自身体悟得来，"彼且为婴儿，亦与之为婴儿"，③施教者必须努力找出自己内心深处那颗"童蒙"种子，尽可能还原其至今犹存的几希赤诚与善美，抛开物欲，倾心修炼，方可读懂孩子的童年乐趣与真实心声。在心理学上，儿童的大脑会迫使其向"较安全的"人学习，也就是向最像他们的或与他们有某种亲密关系的人学习，④施教者与童蒙相互欣赏、接纳和信任而产生心灵的碰撞、交锋与共鸣，两颗心如久别重逢的知己，彼此吐露心声，你教我长大，我教你善良，教育自然易化易成。陶行知说："教育者不是造神，不是造石像，不是造爱人。他们所要创造的是真善美的活人。"⑤童心深处的真、善、美是教育的根，任何时候都要抓紧不放。"乃若其情，

① 【明】程登吉原编、【清】邹圣脉增补：《幼学故事琼林·师生》，第 88 页。

② ［日］高杉自子：《幼儿教育的原点》，王小英译，上海：华东师范大学出版社，2014 年，第 33 页。

③ 【晋】郭象、【唐】成玄英：《庄子注疏·内篇·人世间》，第 90－91 页。

④ 参阅［美］D. 德斯迪诺：《信任的假象：隐藏在人性中的背叛真相》（*The Truth about Trust*），赵晓瑞译，北京：机械工业出版社，2014 年，第 68 页。

⑤ 陶行知：《陶行知文集·创造宣言》，南京：江苏教育出版社，2001 年，第 891 页。

则可以为善矣"①,儿童天性中的真性情是人之为人得以生存的动力源泉与精神支柱,也是成人走进儿童世界的唯一通道,教育的使命是以儿童身上的善良因子去带动成人、拯救社会。

在教育实践中,师生之间很难形成九二与六五那样的"志应"关系,但这种理想恰恰成为儿童教育的精神推动力。生活压力、社会地位、个人名誉等外在因素给儿童教师带来巨大挑战,他们能够真正包容、倾听、接纳孩子的心理空间并不多,加之其德性修养亦不足以使其抛开先见去洞察儿童的言语行为与心灵世界的内在真实。M.蒙台梭利说:"成人采取的态度在不知不觉中扼杀了儿童的个性,而成人却坚信这都是出于对儿童的热情、爱和牺牲。"②儿童柔弱幼稚的天性,很容易造成教师的过度自信与庸俗傲慢,教师把儿童作为可掌控、可塑造、可训诫的对象,而不是拥有独立性、自主性、创造性的生命主体。儿童在如此纷繁复杂的社会中更难保持一颗纯净待发的赤子之心,他们眯着眼享受童年乐趣,又瞪大眼张望成年理想。马振彪曰:"大人者不失其赤子之心,赤子之心本正,养而不失,可成大人。大人者,圣人也,其功由赤子时基之。"③"赤子心"是九二与六五的感应点,④儿童有赤子之心,施教者有未泯童心。"志应"不仅强

①【汉】赵岐、【宋】孙奭:《重刊宋本孟子注疏附校勘记·告子章句上》(影印本),第195页上。

②［意］M.蒙台梭利:《童年的秘密》(*Secret of Childhood*),霍力岩、李敏谊译.北京:中国人民大学出版社,2008年,第19页。

③ 马振彪:《周易学说·蒙》,第65页。

④《孟子·离娄下》曰:"大人者,不失其赤子之心者也",赵岐注曰:"赤子,婴孩也,少小之子,专一未变化,人能不失其赤子时,心则为贞正大人也。"(【汉】赵岐、【宋】孙奭:《重刊宋本孟子注疏附校勘记·离娄章句下》(影印本),第144页上)大人之心能最大限度地保留、还原、回归"赤子"状态,故成其大人之德。《蒙》卦九二有大人之圣德,六五怀童蒙之初心,二者能够互通互达、互生互长。

调要扩充儿童天性，也启发施教者要坚守本心，二者同归赤子心。童蒙汲汲于学，教师欣然而教，情深意浓，浸心入魂，活泼生动，互相滋养，毫无违和感与不适感，好比天地四时更替，往来有序，彼此推动，可谓教学相长之最高境界。

三、"至诚一意"：施教的精神基础

《蒙》卦卦辞曰："初筮告，再三渎①，渎则不告，利贞。"②孔颖

---

① 渎，马王堆汉墓帛书《周易》作"攒"，帛本《缪和》作"讀"，阜阳汉墓竹简作"價"，东汉熹平石经《周易》残缺，今本十三经注疏《周易正义》作"渎"。《说文·黑部》曰："黩，握持垢也。从黑、卖声，《易》曰：'再三黩。'"段玉裁注曰："《蒙》卦辞，古字多假借通用。"故"黩"当作假借字。《周易集解·蒙》引崔憬曰："渎，古黩字也。"今"渎"同古"黩"。（引文见【唐】李鼎祚：《周易集解·蒙》，陈德述整理，成都：巴蜀书社，1991年，第36页）马宗霍在《说文解字引义考》中分析，就卦义而言，作"黩"为正字，黩又通作嬻、渎、嬻、黩皆从卖声，古盖假借通用。（参阅侯乃峰：《〈周易〉文字汇校集释·上经·蒙》，见丁原植主编《出土思想文物与文献研究丛书（三十六）》，第29－31页）刘大钧把帛本"攒"字亦当作今文。（参阅刘大钧：《今、帛、竹书〈周易〉综考》，上海：上海古籍出版社，2004年，第8页）可见，"渎"字写法各异，多是音同意通，皆因古者通假用字之习。

② 马王堆帛书《蒙》卦辞曰："初筮吉，再参（三）牍（渎），牍（渎）即不吉（告）。"（见于豪亮：《〈周易〉释文校注》，上海：上海古籍出版社，2013年，第30页）告，帛本《缪和》与帛本、阜本、石经均作"吉"，竹书残缺，今本作"告"。侯乃峰从文意上分析，认为每次卜筮皆有结果，说"不告"则于义似不可通，"告"很可能是"吉"之形误。（参阅侯乃峰：《〈周易〉文字汇校集释·上经·蒙》，见丁原植主编《出土思想文物与文献研究丛书（三十六）》，第31页）于豪亮认为，告字与吉字形近易讹，帛书和汉石经以此致误。刘大钧从求筮者的心态上推论，如果"初筮吉"的话，是绝无必要"再""三"而筮，以至于"渎"了。古"吉""告"二字以形近易于抄写互误。（见刘大钧：《今、帛、竹书〈周易〉综考》，第8页）廖名春解释"不吉"是因《周易》反对"改筮"，改筮会导致筮法的怀疑，故曰"不吉"。王亚龙考证诸学者的研究，认为作"吉"为是。（参阅王亚龙：《马王堆汉墓帛书易传集释》，复旦大学博士学位论文，2020年，第417－419页）据马王堆帛书《缪和》有关《蒙》卦的记载曰："反复问之而读，读弗敬，故曰不吉。弗知而好学，身之赖也，故曰利贞。"（廖名春：《马王堆帛书周易经传释文》，见杨世文、李勇先、吴雨时编：《易学集成》，成都：四川大学出版社，1998年，第3048页下）学习时一遍遍求问，说明不把知识或（转下页）

达疏曰："初者，始发之辞；筮者，决疑之物。"①大意是开始占筮则告之，若再三占筮而亵渎神灵，则不必再告，这是贞正有利的做法。告，陆德明《经典释文》曰"示也，语也"，②即示意、表达、告知、表现、教导之意。《易经证释》曰："告者，示也，示其道也。"占卜之事，神灵示人以吉凶，谓之天道；童蒙来求学，师者导之以言语，谓之人道。天人合一，大道相通，故占筮与求学有内在一致性。渎，指亵渎、烦渎、轻慢之意。昭公十三年，《左传》曰"渎货无厌"，杜预注曰："渎，数也"③，本义为多次、反复、频繁，即"渎漫而反复问之的过程"④。《礼记·曲礼上》曰："卜筮不过三，卜筮不相袭。"郑玄注曰："求吉不过三"，"卜不吉则又筮，筮不吉则又卜是渎"⑤。古人向神灵请示吉凶，必当心诚意敬，不可在卜、筮之间反复交替进行，否则就是对神灵的轻慢不恭。⑥

（接上页）师者当回事，心不在焉，不诚不敬，其蒙昧自然不得开化，故不吉。若一个人知识浅薄，但勤学好问，尊师重道，只要肯下功夫，迟早都会化蒙为智，故有利贞之吉。于占筮而言，当曰"吉"。初次占筮有吉祥之兆，重复占筮乃不敬神灵，故不吉。于施教而言，"告"或"吉"皆通，施教者告与不告仍要考虑吉与不吉的问题，吉则告，不吉则不告。

① 【魏】王弼、【唐】孔颖达：《周易正义·蒙》，第 44 页。
② 【唐】陆德明：《经典释文·周易音义·蒙》，上海：上海古籍出版社，2013 年，第 78 页。
③ 【晋】杜预、【唐】孔颖达：《重刊宋本左传注疏附校勘记·鲁昭公十三年》（影印本），第 810 页上。
④ 刘震：《〈周易〉导读——帛书〈易传〉》，上海：上海科学技术文献出版社，2016 年，第 72 页。
⑤ 【汉】郑玄、【唐】孔颖达：《重刊宋本礼记注疏附校勘记·曲礼上》（影印本），第 59 页下、60 页上。
⑥ 古人卜用龟甲，筮用蓍草。卜筮以通天达意，解惑决疑。何休《春秋公羊传》解诂曰："龟曰卜，蓍曰筮。"（见【汉】何休、【唐】徐彦：《春秋公羊传注疏·鲁庄公四年》，第 220 页）火灼龟甲以裂痕之象取其兆曰卜，用蓍草之数占卜吉凶曰筮。《说文·竹部》曰："筮，易卦用蓍也。"《周易》用蓍草占卜以明卦之吉凶。在具体占卜的过程中，卜、筮的使用有严格的规定。《周礼·筮人》云："凡国之大事，先筮而后卜。"郑玄云："当用卜者先筮之，即事有渐也；于筮之凶，则止（转下页）

程颐曰："再三，烦数也，来筮之意，烦数不能诚一，则渎慢矣。"①求神者频繁占筮，意味着迟疑神灵之志、怠慢神灵之道。明代万全曰："人谋鬼谋，再三则渎。"②无论天人之意，还是神鬼之灵，都要诚心专一，否则就会遭遇不幸。③ 例如，《左传·僖公四年》曰："初，晋献公欲以骊姬为夫人，卜之，不吉；筮之，吉，公

（接上页）不卜。"（见【汉】郑玄、【唐】贾公彦：《重刊宋本周礼注疏附校勘记·筮人》(影印本)，第 376 页下)古之要事先筮后卜，筮之为凶，说明有不祥之兆，不可再用龟甲卜之，否则就是亵渎神灵。《左传·僖公四年》曰："筮短龟长，不如从长。"杜预注曰："物生而后有象，象而后有滋，滋而后有数。龟象筮数，故象长数短。"孔颖达疏曰："龟以本象金、木、水、火、土之兆以示人，故为长；筮以末数七、八、九、六之策以示人，故为短。"（见【晋】杜预、【唐】孔颖达：《重刊宋本左传注疏附校勘记·鲁僖公四年》(影印本)，第 203 页下)万物发生而后有象，象由一生二，由二生三，不断繁衍以生数，龟甲灼裂取象万物发生之端，有生生之象而后有筮数，故从天地万物发生源流来看，卜比蓍更原始、更根本、更关键，当卜、筮结果不一致时，从卜而不从筮。卜、筮本身就是古人学习的重要途径。王弼注曰："'筮'，筮者决疑之物也。"（见【魏】王弼撰，楼宇烈校释：《周易注校释·蒙》，北京：中华书局，2012 年，第 242 页)由于古人认知局限，遇人力不及之事而迷茫、困难、疑惑时，筮是求得知识、解决问题最有效、最便捷的方法。《仪礼·特牲馈食礼》曰"筮人取筮于西塾"，郑玄注："筮人，官名也。筮，问也。"（见【汉】郑玄、【唐】贾公彦：《重刊宋本仪礼注疏附校勘记·特牲馈食礼》(影印本)，第 520 页上)古代有专门以占卜为业之人，相当于今天的教师，以帮助人们推测事之吉凶。今人看来，占卜之事充满神秘性，甚至不符合科学规律，但在特定历史背景和文化境遇当中，占卜以明事之吉凶祸福亦有为人答疑解惑之功用，相当于那个时代的前沿"科学"，天机不可泄漏，亦不可亵渎。

① 【宋】程颐：《易程传·蒙》，第 45 页。
② 【明】万全（密斋）：《万氏家传广嗣纪要·择配篇》，武汉：湖北科学技术出版社，1986 年，第 11 页。
③ 《诗经·小雅·小旻》曰："我龟既厌，不我告犹。"郑玄笺："卜筮数而渎龟，龟灵厌之，不复告其所图之吉凶。言虽得兆，占繇不中。"（见【汉】郑玄、【唐】孔颖达：《重刊宋本毛诗注疏附校勘记卷第十二之三·小雅·小旻》(影印本)，第 412 页下)卜筮诚敬专一，神龟告之吉凶；反复渎，则神灵心生厌烦，即便有龟甲之裂纹，也得不到占卜之文辞，吉凶难定，故毫无意义可言。《周易折中》引俞琰曰："渎，与《少仪》'毋渎神'之'渎'同。"（转引自【清】李光地：《周易折中·蒙》，第 34 页)人怎样敬奉神灵，就该怎样对待圣贤大道，求神、求道之事皆不可随意亵渎。

曰:从筮。"孔颖达疏曰:"卜不吉,则又筮,筮不吉,则又卜,是渎龟筮也。"[1]晋献公欲立骊姬为夫人,卜之不吉又更以筮,最终从筮不从卜,亵渎神灵以合己意,背道从私,失诚无信,结果给自己招来祸患。同理,童蒙来求教,教师告之以决其疑,童蒙当虔诚恭敬、铭记教诲,若再三请教同一问题,就是亵渎大道、轻辱施教者。[2] 故刘大绅曰:"若再三来谋,是不我信也,不我信,则不为之谋矣,矣谋不能用也。"[3]童蒙反复请问,说明其对教师不信任,对大道心不尊崇,师者若不厌其烦地屡屡教诲,不仅起不到教化作用,甚至还会使教师产生挫败感与失落感,选择"不告"反而"有利于启蒙者和发蒙者都保持贞正的心意状态"[4]。

《蒙》卦以筮比作求学之事,强调童蒙求学当有诚敬之心,二三其意,心不在焉,师者强教无益,故不必告之。《易经》本来是卜筮之辞,心中有疑问,你去占个卦。你真心去问,一定有一个答复,所以说"诚则灵",占卜一定要诚。[5] 神、人之道相通,人虔诚求神而得保佑,童蒙真诚求师以得善教。《易经证释》曰:"神

---

① 【晋】杜预、【唐】孔颖达:《重刊宋本左传注疏附校勘记·鲁僖公四年》(影印本),第203页下。

② 反过来,师者反复施教也可能对儿童产生渎乱。孔颖达疏曰:"师若迟疑不定,或再或三,是亵渎,渎则不告。童蒙来问,本为决疑,师若以广深二义再三之言告之,则童蒙闻之,转亦渎乱,故不如不告也。"童蒙年幼,心智尚未成熟,极易被教师之一言一行所主导。对蒙者而言,师者代表知识、真理、大道,若教师踌躇不决,犹豫不定,不仅失去威信与尊严,而且迷惑儿童心志,使其不知所从,还不如不教。"若以弃此初本之意,而犹豫迟疑,歧头别说,则童蒙之人,闻之亵渎而烦乱也。"教师施教之前,必须明白知识之要害、大道之精髓,解疑答惑,一语破的,若反复解释、怀疑,童蒙必思绪混乱、心生厌恶,教化难行。参见【魏】王弼、【唐】孔颖达:《周易正义·蒙》,北大整理本《十三经注疏》,第44、45页。

③ 【清】刘大绅等著,方宝川编:《太谷学派遗书·贞观学易·蒙》影印本(第三辑),第313页。

④ 温海明:《周易明意:周易哲学新探》,第129页。

⑤ 牟宗三:《周易哲学演讲录》,上海:华东师范大学出版社,2004年,第8页。

者，人之师也，神以人蒙而示其道，必依于诚。人以神告而得夫道，必本于信诚者不二。信者不疑，至再至三，人且疑矣，凭依以失。神人奚通，其不告者，非神不灵，人自乱其智也。故不告者，乃神道之至，亦人道之当也。"①神道灵验与否，取决于人心是否诚敬，人心不诚，意志迷乱，就不配得到神灵的指示与保佑。故整个《蒙》卦，"据童蒙而论，所争在诚与不诚"②，童蒙来求学，师者告与不告，要看童蒙是否足够虔敬，不诚则无教。《中庸》曰："诚者，物之终始，不诚无物。"朱熹注曰："盖人之心能无不实，乃为有以自诚。"③诚即一，是万物本然、真实、未分化的状态，君子诚而得天道，童蒙诚而得人道。④儿童若心诚意正，则会表现出一种不被外力强迫而只受本能欲求与内心愿望所驱动的纯粹状态，充分彰显出人之为人的求知本能与好奇冲动，基于这种强有力的自然天性，即便是"初筮"，他们也当是心怦怦然而欲达其意，口悱悱然而欲成其语，何须再三问之？若童蒙频频来求教，说明其把求学问道之事当成家常便饭，诚意不足，用心不深，兴

---

① 列圣齐注：《易经证释·蒙》第二部，第 5–46、47 页。

② 【清】胡煦：《周易函书约注·蒙》，见《文渊阁四库全书·经部四二·易类》，第 48–456 页上。

③ 【宋】朱熹：《四书章句集注·中庸》，北京：中华书局，2011 年，第 35 页。

④ "诚"乃儒家哲学之重要范畴，《礼记·大学》中以"毋自欺""自谦"诠释"诚"。"毋自欺"，即真实无妄，始终保持与大道本体同一；"自谦"，即虔诚不虚，安分守己，顺应自然，不作伪，不自欺。（引文见【汉】郑玄、【唐】孔颖达《重刊宋本礼记注疏附校勘记·大学》（影印本），第 983 页上、下）朱熹注曰："诚者，真实无妄之谓，天理之本然也。"（见【宋】朱熹：《四书章句集注·中庸》，第 32 页）"诚"乃物之本来状态，是天赋予物之固有特质与品性。"诚"，不仅是人道之精神体验与心性追求，更是天道之终极大本。余治平说："诚是忠的内在延伸，忠往纵深方向进发，一直走到底，就发现了诚，发现了仁。""忠""诚""仁"分别代表不同层次的精神境界，此乃人向善发展之脉络。"仁"是终极本体，以"忠"求"诚"，以"诚"而至"仁"。参阅余治平：《忠恕而仁：儒家将心比心的态度、观念与实践》，上海：上海人民出版社，2012 年，第 215 页。

趣不够，教师强行告之，只会适得其反。

从《蒙》卦的卦象、爻象和卦体结构上分析，"初筮"所指代的童蒙有两种不同解释。一说指初六。[①] 初六处下卦坎的第一爻，上承主爻九二，其爻位虽卑，但有诚敬求师之心。程颐曰："初筮谓诚一而来求决其蒙，则当以刚中之道，告而开发之。"[②]初六处下位而受蒙，身无所依，主动亲阳比阳，九二有刚中之德，能够有教无类，启发初六之蒙，以帮助其自立自强而走出蒙昧。朱启经解曰："九二卦主受'初次占筮'的初六所'承'而'据'初六，这就是'初筮告'之象。"[③]初六童蒙能正确对待自身之阴柔特性，态度诚恳，尊师重道，虽无六五之尊，但表现出了谦卑好学之心，面对这种出身卑微而欲求进步的儿童，施教者当义不容辞地予以教导。一说指六五。崔觐曰："初筮，谓六五求决于九二。二则告之。"[④]六五主动下求，诚敬无疑，九二自然会不吝赐教。来知德认为，因九二有"刚中之德"，六五又与其"志应"，二者"相孚相契"，所以告之。[⑤] 结合上句卦辞"匪我求童蒙，童蒙求我"之义，九二与六五在爻位上有相互正应的优势，阴阳交合有度，师生关系融洽，教化当顺利发生。九二施教的原则是"至诚一意以求己则告之"[⑥]，初六谦卑尊师，六五志应于师，二者皆不乏求学问道的诚意，故皆当告之。

"初筮"也可指童蒙初次来求教，教师当据"刚中之德"而告

---

① 金景芳、吕绍纲：《周易全解·蒙》(修订本)，第 84 页。
② 【宋】程颢、程颐：《二程集·周易程氏传·蒙》，第 720 页。
③ 朱启经：《周易爻变解·蒙》，第 30 页。
④ 转引自【清】李道平：《周易集解纂疏·蒙》，第 107 页。
⑤ 参阅【明】来知德：《周易集注·蒙》，第 33 页。
⑥ 【宋】程颢、程颐：《二程集·周易程氏传·蒙》，第 719 页。

之，以尽师道。《尔雅·释诂》曰："初，始也。"①童蒙一开始来求教，九二作为群蒙之师，仁德宽厚，乐善好施，自然愿意发其蒙蔽。高亨解曰："言童蒙以某事初来筮，则为之筮而告以吉凶。"②儿童第一次主动来请教问题，施教者一般都会耐心地解答他们的疑惑。《易传·象·蒙》曰："初筮告，以刚中也。"③来知德解为"刚中之德"④，程颐解为"刚中之道"⑤，九二之爻位、爻德刚而得中，坚守中庸之道，品德高尚，虚怀若谷，能够以德化人。李道平曰："刚则诲人不倦，中则立教不偏。"⑥九二以刚阳发童蒙之阴，以中道守教化之正，具备"刚健正中之德"，⑦其对不同的童蒙不会产生个人偏见，童蒙初次来求，只要意诚心正，九二皆愿谆谆教诲之。"初筮告"是对为人师者基本的德性规定与职业要求。

———————

① 【晋】郭璞、【宋】邢昺：《尔雅注疏·释诂》，上海：上海古籍出版社，2010年，第12页。
② 高亨：《周易大传今注·蒙》，第76页。
③ 清代焦循在《易通释》中曰："'初'字最易与初九、初六之'初'相溷。""初筮告"之"初"与初爻之"初"当有所区别。《易传·象·既济》曰："初吉，柔得中也。"来知德解曰："初指六二，二居内卦，方济之初而能柔顺得中，则思患深而豫防密，所以吉也。"六二能以柔处中，当位而得初之吉，故"初"并不一定指初六或初九。焦循曰："此初对再三言之，与初九初六对二、三、四、五、上言之不同也。"因此，《蒙》卦之"初筮告"当与"再三渎"联系起来理解更妥。（分别参阅【清】焦循：《易通释·初筮　原筮》，见《易学三书》（下），第529页；【明】来知德：《周易集注·既济》，第287页）梁启超对焦循关于易学的研究的评价是：重视各卦各爻相互变化蕃衍出来的义理，而忽视了本卦本爻各自的义理。这点从焦循对《蒙》卦"初"字的解释也可看出。今人解读"初筮告"还不能忽视初六爻本身之意义。参阅梁启超：《中国近三百年学术史》，北京：中国书籍出版社，2020年，第189页。
④ 【明】来知德：《周易集注·蒙》，第33页。
⑤ 【宋】程颐：《易程传·蒙》，台北：文津出版社，1987年，第45页。
⑥ 【清】李道平：《周易集解纂疏·蒙》，第107页。
⑦ 高亨：《周易大传今注·蒙卦》，第77页。

　　九二作为童蒙之师，刚、中之德缺一不可。九二处坎险之中，被群阴所包，但其坚韧不拔，有刚阳之志，爻气积极向上，铿锵有力，一阳发动而群阴皆从。九二又能恪守中道，纳受众蒙，坎险终能被突破而大显光明。

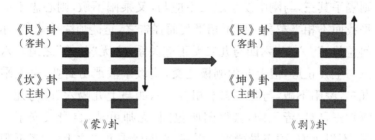

　　九二爻变为《剥》卦，上艮下坤，坤为水为母，艮为小子为童，有母包子之象。《易传·象·坤》曰："坤厚载物，德合无疆，含弘光大，品物咸亨。"[1]坤体阴柔以养育万物生命，九二刚中以教化群蒙为正。九二阳居阴位，德高位卑，宛如母亲睿智、宽容、温和、善良之坤德，春风化雨，开发童蒙智慧，涵养童蒙德性；上九刚而不中，阳气过强，阴不能受，童蒙自然心生畏惧，敬而远之，故王夫之感叹说："君子诲人不倦，而师道必严；'刚中'载物，所以善诱。"[2]师者施教严而有方、阴阳得宜、刚柔并济，才能不背教化之理、不失人伦之情。教师以刚中之德化育儿童，一定不是无限度地纵容和迁就。刚而不中则无度，中而不刚则无力，在教育实践中，教师须因材施教，把握好教育的力度和强度。

　　对待没有诚心学习的童蒙，施教者当以"不告"为"告"。

---

① 金景芳、吕绍纲：《周易全解·坤》（修订本），第50页。
② 【清】王夫之：《周易内传·蒙》，第59页。

《蒙》卦卦辞曰："再三渎，渎则不告。"来知德解曰："再指四，阳一阴二，而再则四矣。三指三。"①"再三"分别指六三、六四两阴爻。《彖》辞解为"渎蒙也"，《经典释文》曰："渎，乱也"，②六三、六四有渎乱之象。从爻位关系上看，因其"盖三则应乎其上，四则隔乎其三，与刚中发蒙之二不应与，又乘阳不敬，则心志不应乎我而不相孚契矣。既不相孚契而强告之，是徒烦渎乎蒙矣，亦何益哉?"③六三、六四与九二无正应关系，亦无"初筮"之道。六三与上九正应，但上九为刚极之爻，施教手段严厉野蛮；又上乘九二，凌阳不敬，与九二志不相合。六四与上九隔六五，与九二隔六三，应比皆无阳，被群阴所包围，无师可从，自身又安于一隅，不思进取，蒙态最严重。六三、六四皆乘九二之上，二者近阳而不忠，亲师而不敬，荀爽曰："皆乘阳不敬，故曰'渎'"，④即有不敬师、不重道之嫌。面对六三、六四这样毫无学习动机与求知欲望的童蒙，教师若强行施教，则会读乱儿童心智，使其丧失自主学习能力和内在求知欲望。从卦象上看，《蒙》卦有山下遇水险之象，隐喻童蒙智慧未开，若不及时近阳亲师，则极易陷入昏

---

① 【明】来知德：《周易集注·蒙》，第33页。《易传·系辞上》曰："天一，地二，天三，地四，天五，地六，天七，地八，天九，地十。"天之数为奇，地之数为偶，阳奇阴偶。朱熹《易学启蒙》曰："太极之判，始生一奇一偶，而为一画者二，是谓两仪，其数则阳一而阴二。"(见【宋】朱熹、【宋】蔡元定：《易学启蒙·原卦画第二》(影印本)，东京：日本国立公文书馆，第14页)太极生阴阳两仪，阳作一横为奇，阴作二横为偶。王俊龙、瞿永玲认为，阴阳爻符是数符，而且是一个非0数符。在数学上，阴阳爻符的含义，若是从连续性方面看，阳爻(—)，一横画；阴爻(--)，两横画。以横画多寡计数：阳为一，阴为二。故阴之再为四，"再三渎"之"再"即六四爻。参阅王俊龙、瞿永玲：《现行易卦二进制解释与传统易学思想的矛盾及其消解》，《东疆学刊》2002年第3期，第72-78页。
② 【唐】陆德明：《经典释文·周易音义·蒙》，第78页。
③ 【明】来知德：《周易集注·蒙》，第33页。
④ 转引自【清】李道平：《周易集解纂疏·蒙》，第107页。

渎之难。高亨曰:"因求筮者轻侮筮人,而又愚昧也",[1]相比初六和六五,六三、六四蒙昧尤甚,又不尊师近道,可谓蒙之又蒙,即便教师有"不忍人蒙昧之心"[2],也不能通过直接告诫、训导的方式向他们施教。故李道平曰:"渎不能尊阳,蒙气不除。"[3]如果六三、六四自身不能顿悟或觉醒,靠教师耳提面命的教导很难根除他们身上的蒙昧习气,故教师当以不告为宜。朱熹认为,九二有刚中之德,因其"告而有节",[4]该告则告,该止则止,六五、初六诚心来求学,当告;而六三、六四不诚不敬,无求学之志,不当告。陆德明《经典释文》曰"节,止也",[5]来知德解曰:"节者,有限而止也。"[6]儿童教育一定要有底线、有节度、有边际,做到"当位以节,中正以通"[7]。《荀子·劝学》曰:"不问而告谓之傲,问一而告二谓之嘡。"童蒙不问,教师主动施教为"傲";童蒙问一,教师滔滔不绝而告二为"嘡"。王先谦注曰:"傲,喧噪也","'嘡'即'讚'字也,谓以言强赞助之[8]",教师施教不时或过度均会使童蒙心生厌烦,甚至产生抵触情绪,从而造成消极的教育影响。

教师针对童蒙的不同处境与特点选择告与不告,最终的结果为"利贞"[9]。"初筮告"与"渎则不告"是教育的不同方法,只要

---

① 高亨:《周易大传今注·蒙》,第 77 页。

② 【清】王夫之:《周易内传·蒙》,第 59 页。

③ 【清】李道平:《周易集解纂疏·蒙》,第 107 页。

④ 【宋】朱熹:《周易本义·上经·蒙》,廖名春点校,北京:中华书局,2009 年,第 53 页。

⑤ 【唐】陆德明:《经典释文·周易音义·节》,第 118 页。

⑥ 【明】来知德:《周易集注·节》,第 274 页。

⑦ 【明】来知德:《周易集注·节》,第 275 页。

⑧ 【清】王先谦:《荀子集解·劝学》,北京:中华书局,2012 年,第 13 页。

⑨ 据甲骨文及出土文献分析,"利"作"吉利","贞"作"占卜","利贞"有"吉占"之意。李镜池认为,在《周易》中,"利"字不能独立出现,"贞"也没有单独使用的,二者均要连结他词而成义。"利贞"联合起来方有意义,"利""贞"分了家就要 (转下页)

施予的对象、时间、情境合适，能够引导童蒙走上正道，就是好方法。教师"不告"并非意味着要放弃六三、六四这样的童蒙。朱启经认为，六三阴居阳位，"不中不正"是有意的渎，而六四阴居阴位"正而不中"，是无意的渎。对后一种情况可进行耐心地启蒙教育，使其树立正确观念，成为有涵养的人。① 在现实教育情境中，不同儿童身上存在的问题和困难各异，教师必须对症下药，"长善而救其失"②，根据每个儿童的不同情况，采取恰当的教育手段，最大限度地开发他们的天赋与特长。九二阳居阴位，爻变后为《剥》卦，下卦为坤，亦有宽厚施教之象。朱启经曰："九二爻变，求其'当位'，其下卦为坤为柔和，其爻与初六、六三'比和'，且通过'六三'的'比和'又去'比和'六四，这样就消除了'受乘'以及脱离了坎险，所以有'利贞'之象。"③六三、六四虽昏蒙至极，但九二爻变后能以坤体包容其蒙昧，师生之间不志应的矛盾也可得到缓和。九二爻性刚阳，尽管被六三、六四上乘不敬，

（接上页）飘摇。（李镜池：《周易筮辞考》，见顾颉刚等编：《古史辨》第三册，海口：海南出版社，2003年，第126页）高亨曰："贞，占问，'利贞'言筮遇此卦，乃有利之占问。"占筮遇《蒙》卦有吉利之兆。（引文参见高亨：《周易大传今注·蒙》，第77页）朱伯崑提出，春秋时期人们对《周易》理解有一种倾向，即《周易》虽可以推测未来的变化，但人事之吉凶，说到底，取决于人的行为，特别是人的道德品质，这种观点被称为"吉凶由人说"。《左传·鲁襄公九年》曰："元，体之长也；亨，嘉之会也，利者，义之和也，贞者，事之干也。"以仁、礼、义、干事之"四德"来解释"元亨利贞"，人事之吉凶与人的道德品质是紧密联系在一起的，德性不好，所占虽吉也不能改变人的处境。（参阅朱伯崑：《易学哲学史》，北京：华夏出版社，1994年，第29页）因而，"利贞"与否并不完全取决于卜筮结果，还要关注人的主观能动性。于《蒙》卦卦辞而言，教师有德，发蒙有道，自然能够引领每个童蒙走上正道，此可谓"利贞"之内在旨义。

① 朱启经：《周易爻变解·蒙》，第30页。
② 【汉】郑玄，【唐】孔颖达：《重刊宋本礼记注疏附校勘记·学记》（影印本），第653页下。
③ 朱启经：《周易爻变解·蒙》，第30页。

但九二厚德载物，以"不告"的教育智慧循循善诱之，终究会有开蒙启智的希望与可能。[①] 九二待"童蒙求我"而不往教，"告"初六与六五，"不告"六三与六四，儿童的天性与处境迥异，教无定法，因人而施，非普通人所能胜任之。

从"童蒙求我，匪我求童蒙"的"志应"境界，到"初筮告"的刚中之教，再到"渎则不告"的变通智慧，施教者要有极高的道德境界与教学智慧才能从容应对，故《彖》辞曰："蒙以养正，圣功也。"教育童蒙走上正道，是一项艰巨而圣大的功业。据万物发生演变的过程而论，"物稚不可不养"[②]，故《需》卦序《蒙》卦之后，强调养育、教化童蒙的重要性。《易传·彖·需》曰"需者，须也"，来知德解曰："理势之所在，正欲其有所待也，故有需之意。"[③]蒙稚而养是生命发展之必然趋势，任何人都离不开后天的教养。"人当屯蒙之世，知识幼稚，饥馑逼迫，不足则争，国家必乱，治世之人，知不可不养也"[④]，儿童时期若不经过教养就无法以道德理性控制自己的本能欲求，不仅自己身不能修、家不能齐，还会造成社会的动荡不安，故而"蒙以养正"在任何时候都是一个国家的头等大事与首要任务。

从《蒙》卦之卦体结构上分析，"养蒙"之象源于《蒙》卦与《颐》卦的卦体相似性。

---

① 程颐解曰："发蒙之道，利以贞正；又二虽刚中，然居阴，故宜有戒。"（见【宋】程颢、程颐：《二程集·周易程氏传·蒙》，第719页）此说法从反面论证九二之处境，亦十分必要。九二为童蒙之师，德高望重，谦虚谨慎，但阳居阴位，必有其卑微、软弱、单薄的一面，人之为人，皆有七情六欲，不免被外界事物所诱惑，教师要有忧患意识，防微杜渐，始终坚定信念，涵养师德。

② 【明】来知德：《周易集注·序卦传》，第366页。

③ 【明】来知德：《周易集注·需》，第38页。

④ 参阅顾伯叙：《〈序卦〉研究》，见刘大钧等著：《象数精解》，成都：巴蜀书社，2004年，第22页。

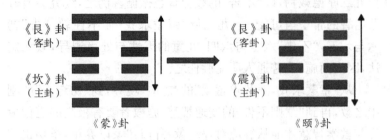

《艮》卦
（客卦）

《坎》卦
（主卦）

《蒙》卦

《艮》卦
（客卦）

《震》卦
（主卦）

《颐》卦

虞翻曰"体颐故'养'"，李道平疏曰："二至上体颐象。"①从九二至上九的卦体部分与《颐》卦的结构几乎完全吻合。《易传·序卦》曰："颐者，养也"②，可推知，《蒙》卦之中包含着养蒙之象。《易传·彖·颐》曰"颐，贞吉，养正刚吉也"，来知德解曰："极言养道而赞之。"③阳刚之师养育童蒙以正，功德无量，有贞吉之征兆。《彖》辞称"蒙以养正"为"圣功"，渗透着深刻的儿童教育理念与思想。一方面，教育儿童非易事，施教者要坚守圣人之道，严以律己，以身作则，才有引导童蒙走上正道的资格与能力，凸显儿童教育的特殊地位与重要意义；另一方面，"蒙"与"圣"并称是对儿童内在生命价值的颂扬与尊重，彰显一种诗意浪漫、圣洁自然的儿童哲学精神。

四、"果行育德"：童蒙教育的双向要求

《蒙》卦《象》传对卦辞的解释简洁概括，其文曰："山下出泉，蒙，君子以果行育德。"山泉纯洁明净，奔流而下，隐喻童蒙内在

---

① 【清】李道平：《周易集解纂疏·蒙》，第107页。
② 【明】来知德：《周易集注·序卦传》，第368页。
③ 【明】来知德：《周易集注·颐》，第130页。

清澈透亮之本源特性与勇往直前之精神品质。① 高亨以卦象解卦名，认为山下出泉，其源被山蒙盖，是以卦名曰《蒙》。② 泉水被山所压覆、遮蔽而产生昏暗不明的蒙象。王弼曰："山下出泉，未知所适，蒙之象也。"③泉水找不到方向，不能奔流直下，蠢蠢

---

① 泉水从岩石裂缝中叮咚流出，与山水草木交融一体，构成一幅深邃静谧、婉转优美的自然画卷，极易与人的内在思绪与心境相勾连。在中国古代经典作品中，泉水多被用以隐喻美好纯洁的事物。《国风·邶风·泉水》曰："毖彼泉水，亦流于淇。"郑玄笺曰："泉水流而入淇，犹妇人出嫁于异国。"（见〔汉〕郑玄、〔唐〕孔颖达：《重刊宋本毛诗注疏附校勘记·国风·邶风·泉水》（影印本），第 101 页上、下）此处以清泉流入淇水比喻远嫁他国之女子。《礼记·月令》仲冬之月曰："水泉必香。"孔颖达疏曰："所用水泉必须香美。"（见〔汉〕郑玄、〔唐〕孔颖达：《重刊宋本礼记注疏附校勘记·月令》（影印本），第 345 页下）酿酒所用之泉水必须清冽、纯净、甘美。余治平解释说："好水才能出好酒，水不好则酒一定不好。"（见余治平：《周公〈酒诰〉训：酒与周初政法德教祭祀的经学诠释》，上海：上海古籍出版社，2018 年，第 60 页）唐朝王维《山居秋暝》诗云"明月松间照，清泉石上流"，唐代王勃《圣泉宴》诗云"披襟乘石磴，列籍俯春泉"，南宋杨万里《小池》诗云"泉眼无声惜细流，树阴照水爱晴柔"，皆以淙淙泉水来描绘光明美好之自然意境。泉水还被誉为"真水"，渗透在中国的茶文化中，宋代赵佶在《大观茶论》中曰："水以清轻甘洁为美。轻甘乃水之自然，独为难得。"清轻甘洁之水是没有经过任何污染的纯粹天然之水，实为稀罕珍贵。沏茶之水最好的选择是"山泉之清洁者"。（参阅〔宋〕赵佶：《大观茶论·水》，见〔宋〕蔡襄等著：《茶录·外十种》，唐晓云整理校点，上海：上海书店出版社，2015 年，第 43 页）明代张源《茶录》曰："山顶泉清而轻，山下泉清而重，石中泉清而甘，砂中泉清而冽，土中泉清而厚，流动者良于安静，负阴者胜于向阳，山削者泉寡，山秀者有神，真源无味，真水无香。"（见〔清〕陆廷灿：《续茶经》，清文渊阁《四库全书》本）泉水蕴藏着天地之精华，集聚着山水之灵气，视之无色，嗅之无香，流向不同地方其水质各异，澄净清冽的泉顶之水乃真水之源，纯明透亮，最能与茶之神韵相契。泡茶择水以"山泉为上"。（见〔清〕汪灏等编：《佩文斋广群芳谱·茶谱》，清康熙刻本）山泉水可谓水中之极，是泡茶的最佳选择。"山下出泉为蒙，稚也。物稚则天全，水稚则味全。"（见〔清〕刘源长：《茶史》，清雍正墨韵堂刻本）《周易》把"山下出泉"设为蒙之卦象，意在以初流泉水之清冽、甘甜特性隐喻童蒙自然淳朴、纯净圣洁的美好天性。
② 高亨：《周易大传今注·坤》，第 60 页。
③〔魏〕王弼撰，楼宇烈校释：《周易注校释·蒙》，第 240 页。

欲动,跃跃欲试,这种"生而不畅,行而有阻,昧然末明,蠢焉末达"①的待发状态,急需君子发扬"果行育德"的精神决其昧惑、破其窘境,释放出儿童奔流向前的生长能量,涵养儿童纯善自然的人性美德。

"山下出泉"揭示了儿童原初的本真状态与精神境界,体察泉水之善性与美德,能够延伸出做人的深刻大道,从而帮助儿童顺利绕过险阻而通往正确的生长方向。《礼斗·威仪》曰:"蒙水出于山。"宋均注曰:"蒙,小水也。出可溉灌,生无不植也。"②蒙水虽不及滔滔江水灌注大地之气势,却能日夜潺流以甘露静润万物生命,终能成其大用。李道平曰:"小水可以灌注,犹童蒙可以作圣,是其义也。"③童蒙宛如小水泉流,含蓄而坚强勇敢,幼稚而潜力无限,只要施教者能适时养其体魄、存其善性,他们就能化蒙为圣。老子曰:"上善若水,水善利万物而不争,处众人之所恶,故几于道。"水柔顺至极,随物成形,利物无争,体现出至善至美之自然道体。陈鼓应注曰:"上善之人,如水之性。"④蒙、水、善浑然一体,泉水涓涓细流,自强不息,善气迎人,终能突破蒙境而亨达光明。儿童如山下泉水般初露源头,蕴藏着成人成圣的所有善性因子,孟子将其称为"善端",这个"善端"与生俱来,谁也不缺,谁也不多。"人性之善也,犹水之就下也"⑤,儿童的善性扩充好比泉水涌动奔流,施教者须顺性而为、因势疏导。"山下出泉"从本体论上对童蒙做了最精当的自性规定与生命诠

① 列圣齐注:《易经证释·蒙》第二部,第 5 – 55 页。
② 【宋】李昉:《太平御览·地部》,上海:上海古籍出版社,2008 年,第 655 页。
③ 【清】李道平:《周易集解纂疏·蒙》,第 108 页。
④ 陈鼓应:《老子注译及评介·八章》,第 89 页。
⑤ 【汉】赵岐、【宋】孙奭:《重刊宋本孟子注疏附校勘记·告子章句上》(影印本),第 193 页下。

释,启迪儿童教育当保持初心。

"君子以果行育德"一句是针对"山下出泉"之蒙象而言的,泉水处于山盖水险之困境而不知所从,君子观此卦象,反思自身德性有无泉水般澄明无邪、修养功夫有无泉水般坚韧果敢,从而发挥施教者的积极作用,引导童蒙疏通险阻、明确方向、走上正道。从《蒙》卦的卦体、爻位、爻象上分析,能称得上君子的唯有刚中之德的九二。刘大绅曰:

> 山下之泉,不能止而不行,势必有所向,虽山路崎岖,而阻千难,终不能止之、果行也。山下之泉,所趋无空,之于沟壑,则沟壑也;之于渎涧,则渎涧也;之于江河,则江河也;之于大海,则大海也。因其所之,而用遂大吴,君子观此,则行之宜育固不重乎。[①]

泉水向下流动的势头不可阻挡,呼应童蒙生长发展不可遏制的内在力量。泉出山下,遇险而止,行不知所从,心未有所明。水依附于大地而畅行荡漾,流于沟壑成沟壑,动于渎涧成渎涧,汇于江河成江河,合于大海成大海。水没有自己的形状、样态与基质,流于何物便成何物之形,盛于何物便有何物之状。童蒙的发展同样有无数种可能,有善有恶,有明有暗,有尊有卑,有大有小,九二必须以君子之德纳受群阴、诲人不倦。程颐曰:"君子观其出而未能通行,则以果决其所行;观其始出而未有所向,则以养育其明德也。"[②]君子不忍心眼睁睁看着儿童遭受昏暗蒙蔽的堵塞和折磨,毫

---

① 【清】刘大绅等著,方宝川编:《太谷学派遗书·贞观学易·蒙》(影印本)第三辑,第316、317页。
② 【宋】程颢、程颐:《二程集·周易程氏传·蒙》,第720页。

不犹豫以"果行"救其险，以"育德"养其智。"果行"与"育德"无疑是为人师者最基本的德性规定与功夫要求。君子果行以及时对儿童开蒙化智，育德以日渐涵养儿童德性，从而成就养蒙之圣功。

"果行"在卦象上代表一种积极进取、果敢向前的精神品格，揭示出儿童天性中的生长特性。《孟氏逸象》中艮"为果""为硕果"①，《说卦传》曰："艮为果蓏"②，《蒙》卦之外卦艮有"果"象。《蒙》卦互卦为《复》卦，下互卦为震，《虞氏逸象》中震"为行人"③，故曰"果行"。据前句"山下出泉"之文，"果行"隐喻泉水潺潺不息、欢愉奔腾之意象。《论语·雍也》曰："由也果。"包咸注曰："果谓果敢决断。"④果为动词，有决断、坚定、毅然、勇敢之意。《国语·晋语》曰"其身果而辞顺"，韦昭注曰："果谓敢行其志。"⑤泉水本性中有果敢前行、坚持不懈的生命特质。泉水始出，不管面对多么艰难的挑战与磨炼，它都会始终坚守其绵延流淌的本性特质，冲破无数山石险阻，一刻都不会停歇凝固，遇山石险峻，就绕而远行；遇坑凹低洼，就蓄而待盈；遇贫土瘠壤，就浸而润下，任凭前路崎岖，皆不能隔断其流。王夫之曰："泉方出山，而放乎四海，无所止息，'果'矣。"⑥"果行"是泉水汩汩涌出、盈科后进、锲而不舍的生命表现，这种表现像极了儿童与生俱来的求真天性与生长意志。

对施教者而言，"果行"是一种以自身德性带动童蒙成长的

① 王亭之：《周易象数例解》，第23页。
② 金景芳、吕绍纲：《周易全解·说卦传》（修订本），第702页。
③ 王亭之：《周易象数例解》，第22页。
④ 转引自【清】刘宝楠：《论语正义·雍也第六》（上），第221页。
⑤ 【战国】左丘明著，【三国】韦昭注：《国语·晋语六·韩献子不从栾中行召》，上海：上海古籍出版社，2015年，第286—287页。
⑥ 【清】王夫之：《周易内传·蒙》，第60页。

教化功夫。金景芳、吕绍纲解曰："一阳亨于坎中，为阴所蒙，亦如泉水，为山所蒙，不能一泻千里，故取蒙象。果行从阳之善动而出，象阳之能亨。"[1]九二处坎卦之中而被众阴所包围，因其有刚阳之气与中庸之德，只要一阳发动，便能带动群阴走出蒙昧而通往光明。"君子用果敢的行为来培养人的德性"[2]，实质是施教者顺应儿童山泉般的果行特质，发挥刚阳之师的育人精神，以刚治柔，以阳起阴，从而达到教化目的。高亨曰："《象传》以泉水比人之美德。泉水以其流果决不回，终能冲破山之压盖而流出，成为渊河，正如人有美德，以其行果决不回，终能冲破外界之压盖而贯彻，成其事业。"[3]山下泉水始流象征人之生命的开端，泉水的果行特质正是人之为人不可或缺的精神品质和德性追求。施教者当启迪童蒙把这种善性特质发挥在做人的仁义之道上，[4]做到"见善必迁，闻义必徙，不畏难而苟安也"[5]，像泉水淌动不休而善养万物一样，始终将"善"作为生命的终极方向。

---

① 金景芳、吕绍纲：《周易全解·蒙》(修订本)，第 85 页。

② 周振甫：《周易译注·蒙》，第 25 页。

③ 高亨：《周易大传今注·蒙》，第 78 页。

④ 在儒家看来，仁是人之为人最高的善。孔子把"仁"视为至高无上的、本体化、绝对化的道，《论语·里仁》曰："好仁者，无以尚之。"刘宝楠《正义》引李充曰："所好惟仁，无物以尚之也。"(见【清】刘宝楠：《论语正义·里仁第四》(上)，第 144、145 页)人间没有比仁更高尚的东西了，能够真正达到仁的人，于己于物皆通透不惑、圆融自得，可谓生命的终极追求与本体境界，故孟子将"仁"看做人之"安宅"。(见【汉】赵岐、【宋】孙奭：《重刊宋本孟子注疏附校勘记·离娄章句上》(影印本)，第 132 页上)但是，仁是一种很难企及的德性境界与精神追求，能够实现"仁"的人极其罕见，故《礼记·表记》中，孔子曰："无欲而好仁者，无畏而恶不仁者，天下一人而已矣！"(见【汉】郑玄、【唐】孔颖达：《重刊宋本礼记注疏附校勘记·表记》(影印本)，第 909 页下)尽管如此，儒家仍大力倡导人当在一举一动、一言一行中去践行仁、体达仁，其目的是构筑一种成仁的内在本体信念，使人能够始终不脱离本真而向善，从而实现普天之下的仁道理想。

⑤ 【明】来知德：《周易集注·蒙》，第 34 页。

　　"育德"，即涵泳、化育人之大德，相比于泉水的"果行"精神，"育德"显得更加内在、隐晦、深远。虞翻将"育"解为"养也"①，施教者要有"坤育天下"②的胸怀，像母亲般养育儿童。育，《尔雅·释诂》曰"长也"，郭璞注曰"育养亦为长"。③ 育是为了继续生长而维持善性，《说文·月部》曰"养子使作善也。""育德"就是不断促进和发扬童蒙天性中的"果行"精神，使其在现世中能够发扬光大而积善成德。从卦象、卦义上分析，"育德"指山下泉水内在的自然属性。朱熹曰："泉，水之始出者，必行而有渐也。"④泉水流出以浸润万物，必然需要一个漫长的流动、吸收和生长的过程。"雨露之所渐，粒食之所养"⑤，泉水徐徐而不骤，漫漫而深透，津润谷物草木，善养生生万物，使大地葱蔚洇润、绿意盎然，而泉水自身功成不居，润物无声，静守天地之盛德。⑥ 童蒙如果能同泉水一般始终坚守本分，从善若流，方可日渐散发出生命内在所蕴藏的善性光芒。《蒙》卦的卦体、卦德上也蕴藏育德之象，外卦艮为山为止，又《孟是逸象》中，艮"为时""为待""为慎""为厚""为道"，⑦艮山似乎潜藏着一种时中、谨慎、淳厚、稳重、守道的美德。来知德曰："育德者，体艮之静止以养育其德，不欲速，宽以居之，优游以俟其成也。"⑧山体层峦叠翠，恬静宽厚，安如

① 转引自【清】李道平：《周易集解纂疏·蒙》，第108页。
② 【宋】范晔、【唐】李贤注：《后汉书·张王种陈列传·陈球传》，北京：中华书局，1965年，第1833页。
③ 【晋】郭璞、【宋】邢昺：《尔雅注疏·释诂》，第74页。
④ 【宋】朱熹：《周易本义·上经·蒙》，第54页。
⑤ 【清】孙诒让：《墨子闲诂·尚贤下》，孙启治点校，北京：中华书局，2017年，第72页。
⑥ 《易传·系辞上》曰"日新之谓盛德，生生之谓易"，韩康伯注曰："生生不绝之辞。"山水之蒙以甘甜滋养万物生命是易道生生之德的重要体现。引文见【魏】王弼、【晋】韩康伯、【唐】孔颖达：《重刊宋本周易注疏附校勘记·系辞上》（影印本），第149页上。
⑦ 王亭之：《周易象数例解》，第23页。
⑧ 【明】来知德：《周易集注·蒙》，第34页。

磐石，颇似白发苍苍之智者，泰然自若，睿智从容，德厚流光，见
其容貌能滋养人心，听其言语能启迪灵魂，顺其大道能成就善
德。故孔子曰"智者乐水，仁者乐山"，钱穆解曰："山安固厚重，
万物生焉，仁者似之，故乐山，性与之合，故乐。"[①]仁者与山体能
够相互感通，二者本性相似、道体合一。君子之德修炼到一定程
度便会显露出"委委佗佗，如山如河"[②]的雍容、稳重之貌。《蒙》
卦的艮山之德，不仅说明童蒙天性中有温良向善的基因，也是对
施教者以仁爱自居、以厚德化蒙的一种教育要求。

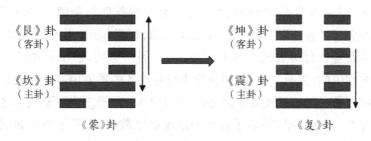

《蒙》卦 《复》卦

"果行""育德"是童蒙取象泉水的生命特质，也是君子自我
修炼、实施教化的德性根据。一方面，施教者当遵从童蒙"果行"
"育德"的精神而合理施教。《复》卦为《蒙》卦之互卦，坤上震下，
震为动，坤为母、为顺，[③]动而有顺，行而有养，有顺应儿童天性
而施教化之象。又震以果行，坤以育德，二者相辅相成，并行不
悖，教育童蒙时，该果行时就当不吝赐教，该育德时就该虚心涵
泳。王弼注曰："'果行'者，初筮之意也。'育德'者，养正之功

---

① 钱穆：《论语新解·雍也篇第六》，北京：生活·读书·新知三联书店，2002 年，第
143、144 页。

② 【汉】郑玄、【唐】孔颖达：《重刊宋本毛诗注疏附校勘记·国风·鄘风·君子偕老》
（影印本），第 111 页上。

③ 金景芳、吕绍纲：《周易全解·说卦传》（修订本），第 701、702 页。

也。"孔颖达疏曰："君子当发，此蒙道，以果决其行，告示蒙者，则初筮之意。'育德'谓隐默怀藏，不自彰显，以育养其德。果行育德者，自相违错，若童蒙来问，则果行也，寻常处众则育德，是不相须也。"[1]当儿童诚心来求教，教师当果敢决其疑，对他们进行谆谆教导。《蒙》卦初六、六五有求学之诚，九二对他们的施教态度是果行而告之。而对于六三、六四这样没有学习动机的儿童，九二选择以不告为教，逐渐化育其德。"果则蒙抉而无不达"，儿童发扬果行之志则有战胜蒙昧的动力与勇气；"育则蒙开而无不充"，[2]涵养育德，儿童则拥有人之为人的善良与美德。"果行"外而著，"育德"内而隐，二者相互推动、相互作用、不可分离，均是儿童教育所表现出的不同面向。[3] 另一方面，君子要把童蒙本性中的"果行""育德"精神作为自身修炼的重要内容。金景芳曰："君子的行动要象水之必行，果决不疑，君子之修德要象水之有本，根底深厚。"[4]君子言行如泉流般果敢不疑，君子德性如渊泉般静深守本[5]。只有回归童蒙那种奔腾而有力、清澈而深邃

① 【魏】王弼、【唐】孔颖达：《周易正义·蒙》，《十三经注疏》标点本，第46页。

② 列圣齐注：《易经证释·蒙》第二部，第5－55、56页。

③ 《蒙》卦中"果行""育德"的精神在具体教育实践中也是一体不二、相互交融的，以彰显儒家"知行合一"的工夫论精神。孔子曰："君子欲讷于言，而敏于行。"（见【清】刘宝楠：《论语正义·卷五·里仁第四》（上），第159页）君子当谨言慎行，涵养德性。施教者教化童蒙，以"果行"诱导童蒙之困惑，以"育德"陶冶童蒙之性情，言传身教，以己为范，在举手投足中彰显内在美德与师道精神。

④ 金景芳、吕绍纲：《周易全解·蒙》（修订本），第85页。

⑤ 《中庸》曰"溥博渊泉，而时出之"，朱熹注曰："渊泉，静深而有本也。"泉水缓动淌漾必从源而出，静守源头方可活水不断、叮咚欢悦，依于道而绵延流动，丝毫不畏惧暴风骤雨与蜿蜒崎岖，像极了粉黛未饰、清纯柔情的窈窕淑女守着甜蜜爱恋而肆意歪弄身姿的活泼样态与美好意境。山下泉水由内而外渗透着一股深厚有力的精神与力量，呼应儿童纯洁、坚韧、潜力无穷的生命特质。引文见【宋】朱熹：《四书章句集注·中庸》，第39页。

的生命态势，君子才能体会到人之为人的善良本性与自由精神，故高亨曰："君子观此卦象及卦名，从而果其行而育其德。"[①]《蒙》卦不光是为幼稚童蒙而设，更是为每个成人而设，童蒙类似"山下出泉"的坚韧不屈的生命品格与上善若水的精神境界，在任何时候都值得我们倾慕和学习。

---

① 高亨：《周易大传今注·蒙》，第78页。

第四章

师德刚中，群蒙皆从

　　《蒙》卦的卦辞呈现出儿童教育的核心理念与实施要求，但要进一步探讨教育实践中的具体问题还要研究每一爻的变化处境与内在旨意。卦、爻的关注重点与诠释倾向不同。《周易略例》曰："夫卦者，时也；爻者，适时之变者也。"邢璹注曰："卦者，统一时之大义；爻者，适时中之通变。"①卦义强调事物发生流变的时间状态，而爻义关注事物内部的动态变化，前者为不易之道，后者为变易之理，"变易、不易皆大义所在，二者当并行不相悖"②，卦、爻为易道的不同表现形式，要彻底领会某一卦义，还必须卦、爻结合，相互参照，缺一不可。《蒙》卦六爻将童蒙与施教者置于不同位次，四阴爻代表童蒙，两阳爻代表发蒙者，阴、阳爻之间又相互关联、相互作用，勾勒出了一幅生动活泼、丰富多彩的教育图景。九二与上九是《蒙》卦仅有的两阳爻，其各自的爻辞、爻象、爻德、爻位都蕴藏着极其深刻的师道智慧，对当今儿童教育教师的培养与发展有重要启示。

---

① 【魏】王弼、【唐】邢璹注：《周易集解略例·明卦适变通爻》，北京：中华书局，1991年，第10、11页。

② 【清】皮锡瑞：《经学通论·易》（上册），北京：朝华出版社，2019年，第7页。

周易第四卦：山水蒙

艮上
　初六：发蒙，利用刑人，用说桎梏，以往吝
　九二：包蒙吉，纳妇吉，子克家
　六三：勿用取女，见金夫，不有躬，无攸利
坎下
　六四：困蒙，吝
　六五：童蒙吉
　上九：击蒙，不利为寇，利御寇

一、九二：“含弘之量，敷教在宽”

《蒙》卦九二爻辞曰："九二，包蒙吉，纳妇吉，子克家。"①

"包蒙吉"②指主爻九二包纳群阴之象。九二为《蒙》卦之主

---

① "包蒙"，马王堆帛书《易经》作"枹蒙"。（参阅（廖名春：《马王堆帛书周易经传释文》，见杨世文、李勇先、吴雨时编：《易学集成》，成都：四川大学出版社，1998年，第3015页）清人阮元的《周易注疏校勘记》中，"包蒙吉"岳本、闽、监、毛本同。石经"包"作"苞"。《释文》出"苞蒙"，按此据宋本《释文》，若通志堂本则亦改为"包"矣。古经典"包容"字多从"艸"。（参见【魏】王弼、【晋】韩康伯、【唐】孔颖达：《重刊宋本周易注疏附校勘记·蒙》（影印本），台北：艺文印书馆，2013年，第31页上）阜阳汉简《周易》中作"老妇吉"，帛书作"入妇吉"，今本作"纳妇吉"，入、纳古字通用，"入妇""纳妇"皆有娶妻之意。韩自强认为，阜易作"老妇吉"，与今本、帛书纳（入）妇之义迥别。这是因为今本和帛书取象于九二往应六五爻，故曰"纳妇""入妇"；阜易取象于九二应六五、六五爻为上互之首，上互是《坤》卦，《说卦》曰"坤、地也，故称乎母"，"母"亦称老妇，筮遇九二爻，故曰"老妇吉"。（参阅韩自强：《阜阳汉简〈周易〉研究：附〈儒家者言〉〈春秋事语〉》，上海：上海古籍出版社，2004年，第103、104页）侯乃峰认为，"阜本作'老'当是笔误"，但"老"纳字形非相近，不当为笔误，故韩氏从爻位、卦象上分析更合理。参阅侯乃峰：《〈周易〉文字汇校集释·上经·蒙》，见丁原植主编：《出土思想文物与文献研究丛书（三十六）》，台北：台湾古籍出版有限公司，2009年，第34页。

② "包蒙"亦作"苞蒙"，陆德明《经典释文》引郑玄曰："苞作彪，彪，文也。"（见【唐】陆德明：《经典释文·周易音义·蒙》，上海：古籍出版社，2013年，第78页）《释名·释言语》曰："文者，会集众彩，以成锦绣。合集众字，以成辞义，如文绣然也。"（见【汉】刘熙：《释名·释言语》，北京：中华书局，2016年，第47页）文乃重彩汇集、言辞相聚以成其义，表种类庞杂、众多之意。《易传·系辞下》曰："物相杂，故曰文。"朱震解曰："八物相错而成文"，"文当其位则吉，不当其位则凶"。《蒙》卦各阴爻致蒙多端，吉凶各异，九二能够统统接纳，并因材施教，故"彪蒙""苞蒙"皆有发蒙、开蒙、启蒙之意。引文见【宋】朱震：《汉上易传·蒙》，见《周易十书》，北京：中华书局，2020年，第329页。

爻，处下卦坎之中位，阳爻居阴位，刚阳而得中，下乘初六，上应六五，承六三、六四，被群蒙所包围，楼宇烈称其为"众阴之主"。① 金景芳、吕绍纲、来知德皆将"包"解为"裹也"，②即环绕、包围、容纳之意。据《周易》卦爻辞中言"包"的基本规律来看，多指由外包内，③故"包蒙吉"当指九二包初六之象。来知德解曰："包蒙者，包容其初之象也，曰包则有含弘之量，敷教在宽矣。"④初六居内坎卦之下位，上承九二，虔诚来求教，九二以刚中之德接纳和开发初六之蒙。程颐曰："包，含容也。"⑤九二有

① 【魏】王弼撰，楼宇烈校释：《周易注校释·蒙》，北京：中华书局，2012 年，第 243 页。

② 分别参见金景芳、吕绍纲：《周易全解·蒙》（修订本），上海：上海古籍出版社，2017 年，第 86 页；【明】来知德：《周易集注·蒙》，第 34 页。

③ 《说文》曰："包，象人裹妊，巳在中，象子未成形也。"包，孕妇腹中怀子之象。来知德曰："凡《易》中言包者，皆外包乎内也。《泰》曰'包荒'，《否》曰'包承''包羞'，《姤》曰'包鱼'，皆外包乎内。"（见【明】来知德：《周易集注·蒙》，第 34 页）《泰》卦九二爻辞曰"包荒，用冯河，不遐遗，朋亡。得尚于中行。"来知德解曰："包荒者，包乎初也，初为草茅荒秽之象也。"（见【明】来知德：《周易集注·泰》，第 64 页）《否》卦六二爻辞曰"包承，小人吉，大人否，亨"，来知德解曰："包承者，包乎初也。二乃初之承，曰包承者，犹言将承包之也。"《否》卦六三爻辞曰"包羞"，来知德解曰："包者，包乎二也。三见二包乎其初，三即包乎二，殊不知二隔乎阳，故包同类，若三则亲比乎阳矣，从阳可也，乃不从阳，非正道矣，可羞者也，故曰包羞。"（见【明】来知德：《周易集注·否》，第 69 页）六二之所以能包，因与九四相隔六三，故能包初六。但六三亲比且上承九四，却效仿六二包初六去包六二，显然是不自量力、不守正道。《姤》卦九二爻辞曰"包有鱼，无咎，不利宾"，来知德解曰："言二包裹缠绵乎初，犹包鱼也。"（见【明】来知德：《周易集注·姤》，第 206 页）可见，《蒙》卦、《泰》卦、《否》卦、《姤》卦中的"包"，皆是由外向内言包，由内向外不言包。对阴阳关系而言，即可阳包阴，亦可阴包阴，故"包蒙吉"指九二由外至内包初六之象，金景芳、吕绍纲曰："凡包或阳包阴或阴包阳皆外包内。阴与阴，阳与阳则不言包。"（见金景芳、吕绍纲：《周易全解·蒙》（修订本），第 86 页）。但《周易》中实有阴包阴之象，如《否》卦"包承""包羞"。故言"包"实则是由卦之爻位、爻性、爻气、爻德等综合因素所决定的。

④ 【明】来知德：《周易集注·蒙》，第 34 页。

⑤ 【宋】程颐：《易程传·蒙》，台北：文津出版社，1987 年，第 48 页。

宽容大度、仁爱包容之美德，对于初六这样地位卑微、幼稚诚敬的童蒙，自然会出于"不忍人之心"①而热心地引导和教化。

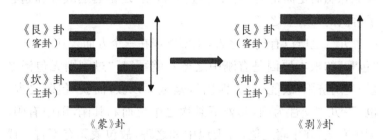

九二爻变为《剥》卦，下卦为坤，《孟氏逸象》中坤"为母""为包"，②有包蒙、育蒙之象，体现出坤母般的胸怀与气度。虞翻曰："坤为'包'，应五据初，初与三四同体，包养四阴，故'包蒙吉'。"③就《蒙》卦卦体结构而论，九二正应六五，容包初六，对于承阳不敬的六三、六四，九二依然以刚中之大德宽容接纳，而没有像上九那样严厉凶猛。九二爻辞书"包蒙"，而非"蒙包"，意在强调九二能够包容任何处境中的童蒙，而不是陷入群阴的团团包围，凸显九二宽厚仁爱、温和善良、豁达开阔的高尚师德。朱启经说："明明是'蒙包'，却以'包蒙'的心态对待，这是吉祥的心态。"④从爻位关系上看，九二一阳处群阴之中，四周阴气重重，被群蒙所圈围，九二处于被动状态，爻辞当言"蒙包"，而编纂者

①　【汉】赵岐、【宋】孙奭：《重刊宋本孟子注疏附校勘记·公孙丑章句上》（影印本），第 65 页下。

②　王亭之：《周易象数例解》，香港：香港商务印书馆，2013 年，第 21 页。

③　【清】李道平：《周易集解纂疏·蒙》，北京：中华书局，1994 年，第 110 页。

④　朱启经：《周易爻变解·蒙》，上海：上海科学技术文献出版社，2016 年，第 32 页。

刻意改为"包蒙"，说明九二并没有消极地沉溺于群阴之中，更没有对众蒙嗤之以鼻，反而像母亲一样理解和接纳各个童蒙的不同处境，并积极地因材施教，以恰当的教育方式帮助他们一个个解除昧惑而走向正道，九二的这种"包蒙"之德远远战胜和超越了群阴的"蒙包"之境。

九二之所以有包蒙之吉，主要体现在三个方面。其一，九二"包蒙"的根本原因是有刚中之德。虞翻曰："过刚则无包涵之量，变阴济阳，故能'包养四阴'，是宽柔以教，而获'包蒙之吉'也。"[①]九二爻性为阳，其处下卦坎之中位而和其刚，阳中有阴，刚中有柔，守中庸之道，合天地中和之理，故包蒙无有不吉。钱澄之曰，九二"非刚则力不足以包，非中则量不能包"。[②] 刚、中之道相辅相成，缺一不可。上九不言"包蒙吉"，原因就是其刚极不中，施教过度，不合中道，故不吉利。其二，对众蒙有教无类。王弼注曰："以刚居中，童蒙所归，包而不距，远近咸至，故曰'包蒙'。"[③]九二有刚中之德，对于远近蒙者皆不拒绝，宽柔施教，故群阴纷纷愿意亲近和顺服之，这种包纳众蒙的高尚德性是其成功施教的前提。程颐曰："其道广，其施博，如是则吉也。"[④]九二德高道深，性情仁厚，"泛爱众，而亲仁"[⑤]，含容万物，怜悯群阴，是出于人心内在之仁性而施教，故得吉利。《论语·卫灵公》

① 【清】李道平：《周易集解纂疏·蒙》，第 110 页。
② 转引自马振彪著《周易学说·蒙》，张善文整理，广州：花城出版社，2002 年，第 63 页。
③ 【魏】王弼、【晋】韩康伯、【唐】孔颖达：《南宋初刻本周易注疏·蒙》，郭彧汇校，上海：上海古籍出版社，2014 年，第 97 页。
④ 【宋】程颢、程颐：《二程集·周易程氏传·蒙》，北京：中华书局，1981 年，第 721 页。
⑤ 【清】刘宝楠：《论语正义·学而》（上），北京：中华书局，1990 年，第 18 页。

曰"有教无类"，何晏《集解》引马融曰："言人所在见教，无有种类。"①人之善恶很大程度上取决于教化之功，人人都该享有受教育的权利。尤其对于幼稚的童蒙而言，教师只要广博施教、循循善诱，最终都能养蒙为正，彰显出儒家教育思想中的人道主义精神。其三，能根据童蒙的不同处境而因材施教。王夫之解曰：

> "包"亦养之之意。教道之善，取蒙者之刚柔明暗，悉体而藏之于心，调其过，辅其不及，以善养之。师道立，善人多，是以吉也。②

"包蒙"即养蒙，儿童生来天赋各异，施教者当先了解他们每个人的个性特点与兴趣需求，有针对性地改其过错、决其疑惑，取长补短，迁恶向善，使得每位儿童都能接受到最适宜的教育，尽可能发挥他们身上的成长优势与自我价值，从而帮助其形成健康的人格倾向与高尚的人生追求。这种以人为本的教育，最终结果必定能存善纳吉。九二所面对的正是一群幼稚蒙昧且处境不同、天性各异的儿童，初六蒙而有诚，六五谦逊好学，六三心志不定，六四困于昏暗，九二被这些良莠不齐的孩子们所环绕，不得不以宽仁的胸怀与高深的智慧去接纳、尊重、鼓励和引导他们，"长善而救其失"③，让每位儿童都能真正地成为自己，各顺其性，各得其正。朱熹曰："然所治既广，物性不齐，不可一概取

---

① 【魏】何晏、【宋】邢昺：《重刊宋本论语注疏·卫灵公》（影印本），第 141 页下。
② 【清】王夫之：《周易内传·蒙》，李一忻点校，北京：九州出版社，第 61 页。
③ 【汉】郑玄、【唐】孔颖达：《重刊宋本礼记注疏附校勘记·学记》（影印本），第 653 页下。

必。"①万物生来本性各异，童蒙更是如此，教育绝不可"一刀切"，顺应每个儿童的天性而因势利导，方可合于天地生生之道，故而无所不利。

九二"包蒙"是一种大德、大道、大吉，并非仅限于初六、六三、六四、六五这样的童蒙，而当是化育天下之蒙，此蒙为广义之蒙，即可指童蒙，亦可指成人。《周易·乾》九二爻辞曰："见龙在田，利见大人。"金景芳、吕绍纲解曰："九二刚健得中，有大人之象。《易》中大人皆指德位兼具的人。九二非君位而有君德。"②九二的刚中爻位决定其能够心存大人之德，广施圣人之教，包容天下群蒙。从《蒙》卦九二与六五的正应关系上分析，九二以贤良之德辅佐六五之君，而且两爻"中德又同"，说明君臣之间志同道合，九二进谏能够得到时君的采纳和执行，因而可以"发天下之蒙，成治蒙之功"。③

"纳妇吉"，即迎娶新妇而获得吉利。《国语·晋语》曰"纳其室以分妇人"，韦昭注曰"纳，取也"④，指娶妻、逆女、迎娶之意。⑤《广

---

① 【宋】朱熹：《周易本义·蒙》，廖名春点校，北京：中华书局，2009年，第54页。
② 金景芳、吕绍纲：《周易全解·乾卦》（修订本），第8页。
③ 【宋】程颢、程颐：《二程集·周易程氏传·蒙》，第721页。
④ 【战国】左丘明、【三国】韦昭：《国语·晋语六·范文子论胜楚必有内忧》，上海：上海古籍出版社，2015年，第282页。
⑤ 《春秋》经曰"冬，公如齐纳币"，何休《解诂》曰："纳币，即纳征。"（见【汉】何休、【唐】徐彦：《春秋公羊传注疏·鲁庄公二十二年》，刁小龙整理，上海：上海古籍出版社，2013年，第300页）纳币是古代婚礼的环节之一。《礼记·昏义》曰："是以昏礼纳采、问名、纳吉、纳征、请期，皆主人筵几于庙，而拜迎于门外，入揖让而升，听命于庙，所以敬慎重正昏礼也。"男方经纳采、问名、纳吉之后去女方家下聘礼称为"纳币"或"纳征"，郑玄注曰："纳征者，纳聘财也。征，成也，先纳聘财而后昏成。"纳币之后可成婚。引文见【汉】郑玄、【唐】孔颖达：《重刊宋本礼记注疏附校勘记·昏义》，第999-1000页下。

雅·释诂三》曰"纳，入也"，王念孙曰"'纳'古通作'内'"①，指从外面进入，有接纳、纳受之意。"入""纳"二字古同属泥母缉部，故"入"可假为"纳"，②"纳妇"亦作"入妇"。《尔雅·释亲》曰"妇，子之妻为妇"③，"纳妇"是为子娶妻。④ 六五位尊居上为父，九二位卑居下为子，纳妇指六五为九二娶媳妇。《蒙》卦互卦为《复》卦，上坤下震，坤为顺为母，震为动为长男，九二为《复》卦之主爻，其爻气自下而上，一阳之动，群阴皆从，"坤道成女"⑤，坤女顺乾夫之动，故有"纳妇"之象。⑥

---

① 【清】王念孙：《广雅疏证·释诂》，张靖伟等点校，上海：上海古籍出版社，2016 年，第 547 页。

② 参阅于豪亮：《〈周易〉释文校注》，上海：上海古籍出版社，2013 年，第 56 页。

③ 【晋】郭璞、【宋】邢昺：《尔雅注疏·释亲》，上海：上海古籍出版社，2010 年，第 215 页。

④ 高亨：《周易大传今注·蒙》，济南：齐鲁书社，1998 年，第 77 页。

⑤ 【明】来知德：《周易集注·系辞上》，第 297 页。

⑥ "纳妇"之象，多数学者认为是针对九二与六五的正应关系而言。如朱启经曰："九二是下互卦震动之主，动而'应'六五之阴，则有阴阳'得中而应'的'纳娶'之象；下互卦震动而上互卦坤顺，这就是'纳妇吉'之象。"（见朱启经：《周易爻变解·蒙》，第 32 页）六五爻性为阴，爻气为顺；九二爻性为阳，爻气为动，二者又正应，上顺下动，阴阳和谐，故有"吉"。六五以尊位从九二之中德，最终"亨"发其蒙，亦有吉象。又六五爻变为巽，《孟氏逸象》中巽为"妇"、为"妻"、为"入"。（参见王亭之：《周易象数例解》，第 22 页）李道平曰："二以震刚接视柔，故'纳妇吉'也。"（见【清】李道平：《周易集解纂疏·蒙》，第 110 页）九二与六五阴阳相合，刚柔相接，自然是"纳妇吉"的标配。但是，从蒙卦卦体、卦德上看，"纳妇"仅仅针对六五，未免过于狭隘。九二有刚中之德"包"群阴，六三、六四、六五与初六不同，均上"乘"九二，九二能"纳"谦卑求学之六五，亦能"纳"渎蒙之六三、六四，这是师者刚中之德的应有之义，否则结果就不是"吉"了。故来知德曰："然所谓吉者，非止于包容其初之象也，凡三、四、五之为蒙者，二皆能以刚中之德化之如新纳之妇，有谐和之吉。"（见【明】来知德：《周易集注·蒙》，第 35 页）由此可知，"吉"实际上体现于《蒙》卦四阴爻身上，并非仅指某一阴爻，无论遇到何种情况，九二都能以刚中之德巧妙化解，故曰吉。

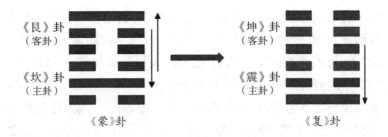

《艮》卦（客卦）　　《坎》卦（主卦）　　《蒙》卦　　→　　《坤》卦（客卦）　　《震》卦（主卦）　　《复》卦

　　九二"包蒙""纳妇"均得吉,说明其以刚中之德既能包童蒙而成师道,又能纳新妇而正夫道,二者事异而道同。九二为贤明之才,能以夫德顺化妻子,妇嫁从夫,①男唱女随,鸾凤和

———————

① 《释名·释长幼》曰:"女,如也,妇人外成,如人也。"毕沅引《说文·女部》曰:"如,从随也。"(见【清】王先谦:《释名疏证补·释长幼》,上海:上海古籍出版社,1984年,第145页)女之意从如,即随从、顺服、跟随,指女子出嫁随从丈夫。《说文·女部》曰:"妇者,服也。从女,持帚洒扫也。"以"服"训释"妇",妇女手持扫帚操持家务、服侍丈夫之意。女、妇指代对象不同,《公羊传·隐公二年》曰:"女在其国称女,在涂称妇,入国称夫人。"女子未出嫁在自己国家时称女,出嫁途中称妇,入他国之后称夫人。徐彦疏曰:"在涂称妇者,服从夫辞。"(见【汉】何休、【唐】徐彦:《春秋公羊传注疏·鲁隐公二年》,第54页)"妇"古音同"服",音近义通,取从夫、顺夫之意。《公羊折诸》曰:"女子已嫁曰妇"(见【清】张尚瑗:《三传折诸·公羊折诸·隐公》,清文渊阁《四库全书》本)女子出嫁谓之妇。女嫁为人妇,从夫、事夫乃礼之规定,也是对妇女的身份定位与德性要求。《礼记·郊特牲》曰:"妇人从人者也。幼从父兄,嫁从夫,夫死从子。"(见【汉】郑玄、【唐】孔颖达:《重刊宋本礼记注疏附校勘记·郊特牲》(影印本),第506页上)女子主阴,比从阳者而生,未嫁从父兄,已嫁从夫,夫死从子,以守妇人之道。当然,妇从礼,夫亦当有道。《白虎通·三纲六纪》曰:"夫者,扶也,以道扶接。妇者,服也,以礼屈服。"(见【清】陈立:《白虎通疏证·三纲六纪》卷八(上),吴则虞点校,北京:中华书局,1994年,第376页)夫以道立身而纳受新妇,男尊女卑,男主女辅,妇自然以礼事夫。夫能否自正其身,直接影响到妇的品德与修养。《周易·家人》卦辞曰:"家人,利女贞。"来知德解曰:"盖女贞乃家人之本,治家者之先务,正虽在女,而所以正之者则在丈夫。"(见【明】来知德:《周易集注·家人》,第174页)女子善治家,但根源还在其丈夫,夫正则妇顺,妇顺则家和。妇从夫并不是不顾是非善恶而全盘被动听从,而当择善而从之。夫身为夫,当教化妻子向善成德、守礼为正,《大（转下页）

鸣，有夫妇之吉。来知德认为，九二爻辞前后两个"吉"字含义不同，前者指"占者之吉"，后者指"夫妇和谐之吉"①，易以德治，只要九二能始终保持刚中之德，无论是占卜之事，还是男女婚配之事，均会吉祥顺利。王弼注曰："妇者，配己而成德者也。体阳而能包蒙，以刚而能居中，以此纳配，物莫不应，故纳

（接上页）戴礼记·本命》曰："女子者，言如男子之教而长其义理者也，故谓之妇人。妇人，伏于人也，是故无专制之义，有三从之道。"（见【清】王聘珍：《大戴礼记解诂·本命》，见《续修四库全书》编纂委员会，复旦大学图书馆古籍部编：《续修四库全书·经部·礼类》，上海：上海古籍出版社，2003年，第504页下）夫要想使妇心甘情愿顺服自己，就必须坚守做人之道、为夫之德，好比天道以阴辅阳，因阳有生生之道、成物之理，故无论何时、何地，阴皆愿从之，且从未放弃、抱怨、背逆过阳。《礼记·昏义》曰："妇人先嫁，三月教以妇德、妇言、妇容、妇功。"孔颖达疏曰："未嫁之前，先教四德。"（见【汉】郑玄、【唐】孔颖达：《重刊宋本礼记注疏附校勘记·昏义》（影印本），第1002页上）女子未嫁之前，要先学习贞顺之德、妇人辞令、装扮容貌等，以备其日后能行妇事。故倘若妇有过错，古人先责其父夫之过。鲁僖公十九年，《春秋》经曰："己酉，朱邾人执鄫"，何休《解诂》曰："日者，鲁不能防正其女，以至于此，明当痛其女祸而自责之。"（见【汉】何休、【唐】徐彦：《春秋公羊传注疏·鲁僖公十九年》，第446页）鲁女季姬本许嫁于朱邾国，但因鲁僖公教女不慎，季姬不能控制自己对爱情的欲求，不顾原来的婚约而使鄫子前来向鲁僖公请求迎娶自己，《春秋》书日以贬责鲁僖公不能教女坚守妇德。桓公十一年，《春秋》经曰："柔会宋公、陈侯、蔡叔盟于折。"何休《解诂》曰："蔡侯称叔者，不能防正其姑姊妹，使淫于陈佗，故贬在字例。"（见【汉】何休、【唐】徐彦：《春秋公羊传注疏·鲁桓公十二年》，第178页）《春秋》褫夺蔡侯爵位而称其字，因蔡女屡次与陈佗行淫，故贬责之。鲁庄公二十四年，《春秋》经曰"大水"，《汉书·五行志上》曰："刘向以为哀姜初入，公使大夫宗妇见，用币，又淫于二叔，公弗能禁。"（见【汉】班固：《汉书·五行志上》，北京：中华书局，2012年，第1220页）夫人哀姜不守妇道，与鲁庄公弟公子庆父、公子牙有私情，《春秋》贬责鲁庄公不能教化夫人守妇德，君不君，夫不夫，从而导致哀姜妇不妇，故天发"大水"以警示其过。夫、妇之间虽有尊卑、主从、内外之伦理秩序，但双方绝不可以礼法规定为借口而脱离为人之正道，夫正则妇顺从，夫不正则妇有邪。从夫妇关系上看，夫处于尊贵、主导地位，妇处于卑贱、从属地位，故夫所承担的责任更多，儒家对其提出的道德要求也更高。

① 【明】来知德：《周易集注·蒙》，第35页。

妇吉也。"①师生与夫妇的伦理关系本质上都是阴阳之气的和谐运作，九二以对待童蒙的中庸智慧与宽广气度去处理夫妇关系，则夫有德，妇顺随，夫夫，妇妇，各正其名，宜室宜家，美满谐和，同样也能顺利成功。

"子克家"一句顺应"纳妇吉"，指子能胜任家业。子，指九二；克，《春秋·隐公元年》曰"郑伯克段于鄢"，何休《解诂》曰"'克'，诂为杀，亦为能"②，可训为胜任、能够、克服、战胜之意。《春秋·宣公八年》曰"日中而克葬"，杜预《左传》注曰"克，成也"③，还表示成功、达到、顺利。家，要从卦体、卦象、爻位上分析，《蒙》卦下互卦为震，《易林》逸象中震为"子"、为"小子"④，《蒙》卦上卦为艮，《孟氏逸象》中艮为"门庭"、为"宫室"、为"居"⑤，有子居家之象。又《蒙》卦中爻上卦为坤，坤为"我"、为"身"、为"安"，⑥坤在艮内，意指我居于门庭，身安于宫室，亦有"家"之象。朱启经解曰："克：震木克坤土、震子克坤家。"⑦根据八卦与五行的对应关系，震为木，坤为土，木克土，有"子克家"之象。从爻位、爻德上看，九二位卑而有刚中之德，六五阴柔而处九五之尊；就伦理关系而言，九二为臣为子，六五为父为君，"子克家"指儿子能够继承父志而治理家业。《周易折中》引王申子曰："五，尊也，父也。二，卑也，子也。处卑而任尊者之事，'子克

---

① 【魏】王弼、【唐】孔颖达：《周易正义·蒙》，《十三经注疏》标点本，北京：北京大学出版社，2000 年，第 47 页。
② 【汉】何休、【唐】徐彦：《春秋公羊传注疏·隐公元年》(上)，第二四页。
③ 【晋】杜预、【唐】孔颖达：《重刊宋本左传注疏附校堪记·鲁宣公八年》(影印本)，第 379 页上。
④ 王亭之：《周易象数例解》，第 24 页。
⑤ 王亭之：《周易象数例解》，第 23 页。
⑥ 王亭之：《周易象数例解》，第 21 页。
⑦ 朱启经：《周易爻变解·蒙》，第 31 页。

家'之象也。"①九二位卑为子，六五位尊为父，九二与六五正应，说明父子关系和谐，九二"居下位能胜任上事"②，能根据父亲之教而胜任家业。

　　九二从"纳妇"到"克家"，是从夫妇关系推演至父子关系，从男女尊卑之礼延伸至父子孝亲之恩，展现出个体践行礼乐与修养德性的基本过程。《易传·序卦》曰："有天地然后有万物，有万物然后有男女，有男女然后有夫妇。"③男女夫妇为人伦之始，"纳妇吉"而后夫妇和，夫妇和而后家业兴。《礼记·内则》曰："礼始于谨夫妇。"④夫妇关系是儒家人伦规定与礼乐法度的起点和源头。"君子之道，造端乎夫妇"⑤，处理男女两性关系也是君子治身、修德的第一关与首要任务，夫妇和谐是一切社会伦理关系的基础。《易传·象·家人》曰："父父子子，兄兄弟弟，夫夫妇妇，而家道正。家道正而天下正矣！"⑥夫妇为五伦之始，家室兴旺发达，天下才能和平安定。夫妇正而后父子、兄弟、朋友依次扩充，由己及人，由小我到大我，从小家到大家，逐渐形成亲疏有别、尊卑有序、仁爱和谐的社会关系结构。《礼记·昏义》曰："男女有别，而后夫妇有义；夫妇有义，而后父子有亲；父子有亲，而后君臣有正。"⑦男女、夫妇、父子、君臣之礼一脉相承。九二从"包蒙""纳妇"到"克家"，正是不同伦理关系的层层表现，"二

---

① 【清】李光地：《周易折中·蒙》，刘大钧整理，成都：巴蜀书社，2008 年，第 35 页。

② 金景芳、吕绍纲：《周易全解·蒙》（修订本），第 86 页。

③ 金景芳、吕绍纲：《周易全解·序卦传》（修订本），第 705 页。

④ 【清】孙希旦：《礼记集解·内则》（中），沈啸寰、王星贤点校，北京：中华书局，1989 年，第 759 页。

⑤ 【宋】朱熹：《四书章句集注·中庸》，北京：中华书局，2011 年，第 24 页。

⑥ 【明】来知德：《周易集注·家人》，第 174 页。

⑦ 【汉】郑玄、【唐】孔颖达：《重刊宋本礼记注疏附校勘记·昏义》（影印本），第 1000 页下。

能包纳，则克济其君之事，犹子能治其家也"①，君臣、父子其道同一，"臣之事君，如子之事父"②，九二在家守夫道而做个好丈夫，从子道而做个好儿子，自然也能成为贤臣而辅佐君王，可谓家之梁柱、国之肱骨。来知德解曰："承考之子，有克家之贤，其吉其贤皆自然而然，不待勉强谆谆训诲于其间，如此而谓之吉也。"③九二自身道德高尚，任何时候都能发自内心地向善而为，无论是为人夫、为人子，还是为人师、为人臣，他都能顺利胜任。《孝经·开宗明义章》曰："夫孝，德之本也，教之所由生也。"孝是一个人德性的发源地与教化的起点，九二与六五正应，正是尽孝子之道、成教化之功，他身上的一切美好德性都从这里流出而发扬光大。九二爻辞止于"子克家"，似乎也在表明孝为育人之基，人伦教化当发端于此。④

《象》辞以为九二"子克家"的原因是"刚柔接也"，⑤毛奇龄

---

① 【宋】程颢、程颐：《二程集·周易程氏传·蒙》，第721页。
② 杨万里：《诚斋易传·蒙》，北京：中华书局，1985年，第24页。
③ 【明】来知德：《周易集注·蒙》，第35页。
④ 王夫之从人伦关系的发展脉络给出了另一种解释，"教子者先夫妇，妇慈而无溺爱，则子且才"，九二"纳妇吉"，夫妇之间琴瑟调和、齐眉举案，妇慈教子为善，夫贤养子成德，下一代受到良好之家庭教育而德才兼备，故能顺利传承家业。一方面，从《蒙》卦之卦体结构与爻位关系来看，六五位尊而谦卑求教于九二，九二能开发六五之蒙，亦当善教其子，子有德而善治其家。另一方面，从卦义、爻义上看，九二从"纳妇"至"克家"，先有夫妇之正，而后有父子之亲，说明教育的最初源头在家庭、在父母，后世子孙若能潜移默化沐浴优良家风，"家教修而世泽长"，自然后辈兴旺、福祉永续。这样看来，《蒙》卦当是中国最早提出家庭教育主张的经典。引文见【清】王夫之：《周易内传·蒙》，第61页。
⑤ 金景芳、吕绍纲曰："小象或言刚柔接，或言刚柔际，接与际不同。际言时，接言位。"（见金景芳、吕绍纲：《周易全解·蒙》（修订本），第86页）《坎》卦六四爻，《易传·象》曰："樽酒簋贰，刚柔际也。"金景芳、吕绍纲解曰："际谓相通，乃自然而然之通，非勉强穿凿也。"（见金景芳、吕绍纲：《周易全解·坎》（修订本），第287页）《解》卦初六爻，《易传·象》曰："刚柔之际，义无咎也。"金景芳、吕绍纲解（转下页）

训"接"为"合"，①阴阳相和、刚柔相济之意。日本高岛嘉右卫门解曰："刚指九二，柔指六五，九二与六五，阴阳相应，以刚中之子，继柔中之父，能治家道。"②父子刚柔得宜，家业自然得治。从爻位关系上看，九二一阳处群阴之中，独与六五正应，并且《蒙》卦互卦为《复》卦，坤上震下，九二居震体，六五处坤体，二者共体同心、志趣相应，阳动而阴顺，阳施而阴化，刚柔相荡，中和有道，可谓"刚柔接"的完美表现。而金景芳、吕绍纲认为，"刚柔接"不专指六五，"言刚柔接，意在强调九二刚中，能够调剂上下尊卑关系，是善治家之人"③，除了六五之外，九二还能妥善处理与上下群阴之间的复杂关系，进退有度，交互有方，各阴、阳之间的关系和谐、融洽。王弼注曰："处于卦内，以刚接柔，亲而得中，能干其任，施之于子，克家之义。"④九二居内卦坎之中，上下俱阴，却能同时与两阴相亲而不失中道，其在任何时候都能坚守本分，把控为师、为夫、为子的道德底线与行为原则，刚柔相得，游刃有余，不失节操，故始终有吉象。在实际生活中，一阳被群阴所包，一男以众女为伴的情况屡见不鲜，但很多人都把握不住做事的分寸与底线，或近于女色，或消极烦躁，或邪念丛生，或失去自我，很难像九二那样做到圆滑而不失度，灵活而不越法。

（接上页）曰："在患难已解，天下无事的时候，处理问题时刚柔得宜，其义无咎。"（见金景芳、吕绍纲：《周易全解·解》（修订本），第 367 页）《坎》卦、《解》卦中，"际"字皆强调刚柔相交合的时间节点，而"接"则更多要考虑阴阳爻之间的爻位结构与空间关系。

① 【清】毛奇龄：《易韵》，见《文渊阁四库全书·经部二三六·小学类》，台北：台湾商务印书馆，2018 年，第 242-307 页下。

② ［日］高岛嘉右卫门著，【清】王治本译：《增补高岛易断·周易上经·蒙》，北京：华龄出版社，2017 年，第 45 页。

③ 金景芳、吕绍纲：《周易全解·蒙卦》（修订本），第 86 页。

④ 【魏】王弼、【唐】孔颖达：《周易正义·蒙》，《十三经注疏》标点本，第 47 页。

九二与群阴之间的关系本质上是阴阳交合的问题，天地阴阳以中和为美，九二养蒙、纳妻、为子恰恰不离中和之道，其循天意而行人事，故事事有吉。《春秋繁露·基义》曰："君臣、父子、夫妇之义，皆与诸阴阳之道。君为阳，臣为阴，父为阳，子为阴，夫为阳，妻为阴。"①夫妇、父子、君臣之间的关系都是阴阳交合的不同表现方式。《中庸》曰："致中和，天地位焉，万物育焉。"②中和是天地生养万物之大本，"以中和理天下者，其德盛大"③，中和之道是处理天下所有事物的第一法则与最高原理。九二与众阴之间的关系无不遵从中和之理。来知德曰："此爻刚中，统治群阴，极善之爻，故于初曰包，于三四五曰纳，于五曰克家。"④《蒙》卦各阴爻的情况不同，九二与其交合的方式也有所差别。初六居下位，九二由外至内而包之；六三、六四、六五皆上乘九二，其无法选择由外而包的策略，便改为由外向内而纳之；其中，六五与九二正应，二者有父子之象，九二便又顺承父志而克家。九二通过"包""纳""克"的不同策略来灵活应对各阴爻的处境，六五以阴居尊，九二"不往求"而卑其位；六三、六四乘阳不敬，九二"不告"而成其教。总原则是使得阴阳、刚柔、尊卑关系达到中和状态，从而形成有伦有序的社会关系。

九二代表最理想的施教者，《蒙》卦赋予其深刻、复杂、多元的人文规定与伦理诉求，实则是以九二为楷模，为每一个人树立了道德典范。"包蒙"，教人修身养德，广施教化；"纳妇"，教人关注伦理，重视礼法；"克家"，教人事亲重孝，以德治家。每一项都是做人的基本

---

① 【汉】董仲舒：《春秋繁露·基义》，上海：上海古籍出版社，1989年，第73页。

② 【宋】朱熹：《四书章句集注·中庸》，第20页。

③ 转引自【清】董天工：《春秋繁露笺注·循天之道》，黄江军整理，上海：华东师范大学出版社，2017年，第215页。

④ 【明】来知德：《周易集注·蒙》，第34页。

德性要求，九二能做到"有其德而当其事"①，师师、臣臣、夫夫、子子、父父，无论处于何种身份与处境，皆能正其名、守其德，一切行为皆因德而起、由德而生，这正是儒家君子的人格理想。《易传·象·坤》曰："君子以厚德载物。"②德性是一个人的立身之本与成人之基，君子要以德应化万事万物，认真做好每一件事，善待每一个人。《礼记·大学》曰："身修而后家齐，家齐而后国治，国治而后天下平。"③九二有刚中之德而后为人师，为人师而后能教妇，能教妇而后成家室，成家室而后治家业，家业盛而后治国、平天下，与《大学》中的教育主张一致。可见，《蒙》卦早已蕴藏着中国古代最先进的教育思想。

二、上九：攻治太深，反为之害

《蒙》卦上九爻辞曰："上九，击蒙，不利为寇，利御寇。"④

---

① 【宋】朱熹：《周易本义·蒙》，第54页。

② 【明】来知德：《周易集注·坤》，第21页。

③ 【汉】郑玄、【唐】孔颖达：《重刊宋本礼记注疏附校勘记·大学》（影印本），第983页上。

④ "上九，击蒙"一句，马王堆帛书《周易》残无。"不利为寇，利御寇"，马王堆帛书《周易》作"不利为寇，利所寇，"上海博物馆战国楚竹书《周易》作"𢽳尨：不利为寇，利御寇"。其一，"𢽳"通"击"。《说文·殳部》曰"相击中也。如车相击，故从殳从壴"，即击打、撞击之意。李富孙《易经异文释》认为与"击"义相通。《经典释文》曰"'𢽳'音'计'，本又作'击'"，可知"𢽳""击"音同义通。而李零在《读上博楚简〈周易〉》中则提出，许慎分"击"为二：一作"𢽳"，以为如车壴击，故从殳从壴；一作"击"，则是打击的击。"𢽳"本从童或重，而不从壴，从壴是讹变。其二，"利"，简文作"秒"，即《说文》古文"利"。丁四新认为，楚简本之"秒"为"利"字古文，今一律抄作"利"。（参阅丁四新：《楚竹简与汉帛书〈周易〉校注》，上海：上海古籍出版社，2011年，第4页）"利"之简文写法有别于今，但无碍经义。其三，濮茅左认为，"寇"之"攴"或从戈，在古文字中从戈、从攴往往相通。其四，"御"通"禦"。何琳仪《楚竹书〈周易〉校记（上）》认为，"禦"，帛本作"所"，今本作"禦"，韵母同属鱼部。分别参阅侯乃峰：《〈周易〉文字汇校集释》，见丁原植主编：《出土思想文物与文献研究丛书（三十六）》，第37—39页；濮茅左：《周易释文考释》，见马承源主编：《上海博物馆藏战国楚竹书（三）》，上海：上海古籍出版社，2003年，第137页。

"击蒙"，即以严厉的方式教育童蒙。击，攻打、摧毁、去除、打击之意。来知德曰："应爻坎为盗，错离为戈兵，艮为手，持戈兵击杀之象也。"[1]上九正应下坎卦之六三，八卦广象中坎为"盗"，[2]《孟氏逸象》坎为"寇盗"，[3]有击杀盗寇之象。《蒙》卦之错卦为《革》卦，兑上离下，《梅花易数》中离为"戈兵"，[4]又《蒙》卦上卦艮"为手"[5]，手在上，兵戈在下，有手握兵戈击杀贼寇之象。

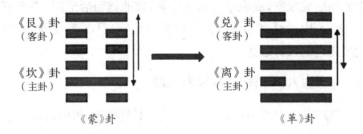

《艮》卦（客卦）　《坎》卦（主卦）　　《蒙》卦　　《兑》卦（客卦）　《离》卦（主卦）　　《革》卦

上九阳居阴位，其爻变后为《师》卦，有兴师出兵的发蒙之象。《易传·象·师》曰："师，众也。贞，正也。能以众正，可以王矣。"来知德解曰："王者正义之师矣，故可以为王。"[6]王者统义兵而伐不义，故贞正有道。上九虽为刚极之爻，但爻变后也能成为发蒙之师。朱启经认为，"《师》有兴师动众而战的'击'之象，这就是'爻变破蒙'的'击蒙'之象。"[7]王者兴师伐乱臣贼子

---

① 【明】来知德：《周易集注·蒙》，第 36 页。

② 王亭之：《周易象数例解》，第 20 页。

③ 王亭之：《周易象数例解》，第 23 页。

④ 【宋】邵雍：《梅花易数·八卦万物属类（并为上卦）》，海口：海南出版社，2010 年，第 19 页。

⑤ 【明】来知德：《周易集注·说卦传》，第 360 页。

⑥ 【明】来知德：《周易集注·师》，第 46 页。

⑦ 朱启经：《周易爻变解·蒙》，第 34 页。

离不开兵戈击杀,宛如师者养蒙为正离不开刑罚训诫,上九"击蒙"之目的是使童蒙能够遏恶扬善、化蔽为智。王者出师达到讨伐目的就得退兵①,不可欺人太甚;教师击蒙也必须把控好分寸和力度,不可对童蒙造成身心伤害,二者都必须在一定限度之内才属于义行,否则就是背离人性、戕害生命。

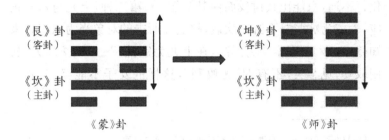

《艮》卦　　　　　　　　　　　　《坤》卦
（客卦）　　　　　　　　　　　　（客卦）

《坎》卦　　　　　　　　　　　　《坎》卦
（主卦）　　　　　　　　　　　　（主卦）

《蒙》卦　　　　　　　　　　　　　《师》卦

上九以"击蒙"的方式教化童蒙,存在两种解释。第一种,从爻位上看,九二"处蒙之终,以刚居上"②,其处《蒙》卦之极,刚而不中,乘众阴之上,刚猛极端,性格暴躁,善以严厉、粗野的方法解除童蒙之蔽。王夫之曰:"九二师道虽严,而位柔得中。上九居高,刚以临下,故为'击蒙'。"③不同于九二的刚中之位,上九阳极无中,刚而欠柔,高高在上,气骄志满,不可能有九二"包蒙"

① 战争有军规,治人有法度,战伐之目的是使敌人归顺、服从,用兵过度就会戕害百姓、背离兵道。如《春秋·隐公十一年》曰:"秋,七月,壬午,公及齐侯、郑伯入许。"《左传》曰:"君子谓郑庄公:'于是乎有礼。礼,经国家,定社稷,序民人,利后嗣者也。许,无刑而伐之,服而舍之,度德而处之,量力而行之,相时而动,无累后人,可谓知礼矣。'"《春秋》无义战,《左传》认为郑庄公征服许国而不占有其地,不伤其民,这是宽容大德,适度而止的知礼行为。(见【晋】杜预、【唐】孔颖达:《重刊宋本左传注疏附校勘记·鲁隐公十一年》(影印本),第 81 页上、下)同理,教育的目的是养蒙为正、育人向善,"击蒙"过度则伤害童蒙、背离仁道。
② 【魏】王弼、【唐】孔颖达:《周易正义·蒙》,《十三经注疏》标点本,第 48 页。
③ 【清】王夫之:《周易内传·蒙》,第 63 页。

的胸怀与仁德，童蒙在其眼里都是愚钝无知之人，只能通过粗暴直接的"击蒙"之法，才能使他们因畏惧而开化。就《蒙》卦各爻变化规律而论，上九为上爻，说明其处于蒙态最甚之时，"人之愚蒙既极，如苗民之不率，为寇为乱者，当击伐之"①，上九爻处《蒙》卦之最上位，代表着蒙极之象，如苗民般野蛮无礼，礼乐教化行不通，只能出兵讨伐而使其顺服。② 第二种，上九与六三正应，六三为《蒙》卦下卦之坎寇，故上九所击的对象当为六三。来知德曰："六三在本爻为淫乱，在上九为寇乱。"③六三爻辞为"勿用取女，见金夫，不有躬，无攸利"，这样的女子不能娶，三心二

---

① 【宋】程颢、程颐：《二程集·周易程氏传·蒙》，第 722 页。

② 《山海经·大荒北经》曰："西北海外，黑水之北，有人有翼，名曰苗民。"苗民居于黑水之北，是一种身上长有翅膀的人。郝懿行案：《史记·五帝纪》正义引《神异经》云："淫逸无理，名曰苗民。"（见【清】郝懿行：《山海经笺疏·大荒北经》，沈海波点校，上海：上海古籍出版社，2019 年，第 305 页）苗民不仅外形异于常人，而且品性蛮横残暴、荒淫无礼。《尚书·周书·吕刑》曰："苗民弗用灵，制以刑，惟作五虐之刑曰法。"（见【汉】孔安国、【唐】孔颖达：《重刊宋本尚书注疏附校勘记·周书·吕刑》（影印本），第 296 页下）苗民还不祭拜神灵，心中无信仰，又不善用教化育人，而是以五虐酷刑（指大辟、割鼻、断耳、宫、黥）治民，不惜人命，品性卑劣，毫无仁道，堪比禽兽。《墨子·兼爱下》曰："蠢兹有苗，用天之罚。"（见【清】孙诒让：《墨子闲诂·兼爱下》，孙启治点校，北京：中华书局，2017 年，第 120 页）苗民之人桀骜不驯，上天将对他们降下惩罚，以示威之、教化之。蛮夷之人不讲礼乐、不修德性，因而就难以用温和、儒雅的礼教方式去感化和引导他们。以苗民象征蒙昧至极之人，对待这种人，只有通过上九严厉的"击蒙"方式才能使其有所畏惧、醒悟，从而发挥教育作用。如同《春秋》中的夷夏之辨，《春秋·文公九年》曰："冬，楚子使椒来聘。"《公羊传》曰："许夷狄者，不一而足也。"（见【汉】何休、【唐】徐彦：《春秋公羊传注疏·鲁文公九年》，第 551 页）《春秋》对待蛮夷之邦有自己的原则和底线，不因夷狄在某一方面满足文明要求就将其等同于诸夏中国，而是始终坚守"内诸夏而外夷狄"（【汉】何休、【唐】徐彦：《春秋公羊传注疏·鲁成公十五年》，第 762 页）的原则。礼乐制度适用于诸夏中国，而治蛮夷之人则必须有的放矢、嘉美有度，褒贬有方，循序渐进引导其从野蛮走向文明。

③ 【明】来知德：《周易集注·蒙》，第 37 页。

意,风流淫乱,不守妇德,来知德称其为"蒙昧无知之极者"。[①] 可知,六三在群阴中属于蒙昧极深、顽固不化的一类,教师对其和颜悦色施教肯定难以奏效,必须从严治教。上九就是严师的典型代表。金景芳、吕绍纲认为:"上九刚极不中,它所治之蒙,是昏蒙至极者,它治蒙的手段是猛的,所以叫'击蒙'。"[②]上九的爻性、爻位、爻德决定了其教化的风格是刚性的、严肃的,其治蒙的对象也必定是愚昧至极而不得不击的童蒙,一般童蒙承受不了这种严厉的施教方式。

"不利为寇"一句,强调"击蒙"的实施原则和教育底线。《说文·宀部》曰"寇,暴也",粗暴、野蛮、残忍之意,亦指敌人、盗寇、贼寇。来知德曰:"寇者,即坎之寇盗也。"[③]《蒙》卦下卦坎有"寇盗"之象。程颐曰:"肆为刚暴,乃为寇也。"其还以"秦皇、汉武穷兵诛伐"为例来解释"寇"。[④] 寇,代表穷凶极恶,蛮横霸道,肆意掠杀,从不把人当人看。教师"击蒙"之目的是育人,而不是像贼寇那样以强悍、粗野、冷酷的手段害人。"击之之道,不宜太过"[⑤],上九"击蒙"时必须要把控好分寸,千万不能把自己变成卑劣的盗寇。上九与六三有正应关系,"不利为寇,利御寇"应该是针对六三而言。来知德曰:"不利为寇者,教三爻在下蒙昧之人也。"[⑥]爻辞意在警诫上九对待六三不可打压过度。"击蒙"的手段虽然严苛,但其目的是向善的,对六三这种心神不定、意志

① 【明】来知德:《周易集注·蒙》,第35页。
② 金景芳、吕绍纲:《周易全解·蒙》(修订本),第88页。
③ 【明】来知德:《周易集注·蒙》,第36页。
④ 参见【宋】程颢、程颐:《二程集·周易程氏传·蒙》,第723页。
⑤ 【宋】蔡渊:《周易卦爻经传训解·蒙》,见《文渊阁四库全书·经部一二·易类》,第18-11页上。
⑥ 【明】来知德:《周易集注·蒙》,第36页。

迷乱的童蒙，上九通过"击蒙"示之以威、正之以刑，是为了使其能够明是非、辨善恶、走正道。六三即便再昏渎，毕竟也只是幼稚待教的童蒙，教师适度出"击"，可发其蒙昧；若用力过猛，则会事与愿违。对施教者而言，"击蒙"比"包蒙"更加难以把控，容易失手，如果控制不好力度，极易导致击蒙太甚，不仅对童蒙带来灾难，教师自身也会偏离师道。教师与寇之间的身份转换，取决于击的程度，施教者若不能严以律己、以德自控，很可能就会从教书育人的贤者沦落为乱杀无辜的贼寇。教育的本质是养人、正人，而非吃人、害人，"击蒙"为"寇"的情况应当谨慎对待、力加克制。

"利御寇"为"击蒙"之法找到了实施边际与存在价值，强调上九为人师者的职业本分与道德底线。[①]"御"通"禦"，玄应《一切经音义》曰："禦，当也，亦止也。"[②]《尔雅·释言》曰"禦，禁也"，郭璞注曰"禁制"[③]，即防卫、抵制、禁止、预防、杜绝之意。李道平曰："禁有止义，故云，御，止也。"[④]施教者"击蒙"当以"寇"为界限，时刻自我提醒、自我控制、自我反省，以免对童蒙的施教行为过分、过激。《蒙》卦外卦艮为止，表明上九行教必知止。《孟氏逸象》中艮为"城"、为"门阙"、为"门庭"，[⑤]可引申为

---

① 另一种解释认为，前后两个"寇"字所指的对象不同。杨简曰："击其蒙，治之虽甚，不过御其为寇者而已，去其悖道之心而已。击之至于太甚，而我反失乎道，是击之者又为寇也。"（转引自《清》李光地编纂，刘大钧整理：《周易折中·蒙》，第36页）"击蒙"之目的是防止童蒙不沦为贼寇，使其日渐尊道守礼。若施教者"击蒙"过甚，肆意打压，不仅童蒙叛逆反抗，教师反过来又成为残害童蒙之贼寇，可谓两败俱伤。

② 徐时仪：《一切经音义（三种校本合刊）·玄应音义》上，上海：上海古籍出版社，2008年，第15页。

③ 【晋】郭璞、【宋】邢昺：《尔雅注疏·释言》，第109页。

④ 【清】李道平：《周易集解纂疏·蒙》，第111页。

⑤ 王亭之：《周易象数例解》，第23页。

抵御、抵挡、防患之意，意指教育当防患未然。"击蒙"应是以尊重、保护儿童为前提的预防性教育措施，高亨解曰："为寇，侵略性之进攻。御寇，自卫性之抵抗。"①寇者刀枪直入、残暴不仁，而御寇者积极抵御、反攻为守，上九治蒙，应该避免为前者，努力成为后者。朱启经从卦象、爻变上分析，"其坎之贼寇在内卦而不在外卦，则有敌寇入侵之象；上九爻变，变卦之'师'抵抗敌寇，使坎寇被万众（外互卦、外卦皆为坤，坤为国民）包围而内奸，所以有'利御寇'之象。敌寇入于内（坎居内卦）而不在外，对外出击作战是战略失利，所以有'不利为寇'之象。"②上九爻变后有兴师抵御之象，内卦坎为盗寇，说明敌人在内部，采取万民围攻、抵御、防守的策略为明智之举，若举兵对外出击，则会作战失利。上九对童蒙施教同于作战，一味从外部打压童蒙的恶行，而不知从内部防御其患、感化其心，便会越来越背离为师之道。

对六三这样昏蒙至极的人，上九施教时一定得控制好尺度，批评、惩罚、训诫皆需得当，否则必然会引起童蒙的排斥与反抗。王弼曰："为之扞御，则物咸附之，若欲取之，则物咸叛矣。"③童蒙主动学习与被迫学习的效果是完全不同的，我欲之，则教化易成；我叛之，则教化难成。教师越专制霸道，童蒙就越反感叛逆，愈教愈愚，愈击愈反，把教育活动变成了一场师生大战。王夫之曰："若苛责太甚，苦以难堪，则反损其幼志。"④童蒙年幼，感性率真，当以学为乐，施教者重在疏导其性情、培养其兴趣、树立其志向、启发其智慧，若干预过多、指责过严，童蒙不仅厌学，还会

---

① 高亨：《周易大传今注·蒙》，第80页。
② 朱启经：《周易爻变解·蒙》，第34页。
③ 【魏】王弼撰，楼宇烈校释：《周易注校释·蒙》，第242页。
④ 【清】王夫之：《周易内传·蒙》，第63页。

产生自我怀疑、自我放弃的负面心理。故朱熹曰"攻治太深，则必反为之害"①。物极必反，乐极生悲，施教者如果把控不好"击蒙"的分寸便会走向教育的反面，成为残害儿童、扼杀童年的恶贼。上九这种刚极亢阳之师，要时刻以"御寇"为最基本的施教法则。来知德曰："利御寇者，教上九在上治蒙之人也。"②爻辞专门以"利御寇"之文来提醒和教化上九之师。《乾》卦上九爻辞曰"亢龙有悔"，金景芳、吕绍纲认为，"亢是上九的客观境遇，悔是上九的主观修养。"③上九虽刚极有危，但只要善于学习、积极悔改，做到适可而止、张弛有度，亦可成就养蒙之功。

"御寇"所要求的主体是上九，但目的是要通过上九刚而有度、严而有慈的教化使六三心悦诚服、自愿顺从，把学习的主动权交给童蒙。《象》辞解上九爻辞曰："利用御寇，上下顺也。""顺"，有顺利、服从、和顺、顺应之意。《释名·释言语》曰"顺，循也。循其理也"，④即遵循事物发展的天道法则与自然规律。上指上九，下指六三，上九治蒙有度，上有所施，下有所受，顺逆有道，各守其理，师生和睦相处，则教育易化易成。上九治六三之蒙，必须巧妙地反击为守，化显为隐，止寇为仁，避免让童蒙感到反感、害怕、畏惧、压抑，这样他们才愿意顺从教诲。王弼注曰："童蒙愿发而己能击去之，合上下之愿，故莫不顺也。"⑤六三发自内心欲去其昧，上九适度击蒙而不为寇，蒙顺于师，师化于蒙，双向推动，彼此促进，才算是真正的上、下得顺。

① 【宋】朱熹：《周易本义·蒙》，第 56 页。
② 【明】来知德：《周易集注·蒙》，第 36、37 页。
③ 金景芳、吕绍纲：《周易全解·乾》(修订本)，第 11 页。
④ 【汉】刘熙：《释名·释言语》，北京：中华书局，2016 年，第 51 页。
⑤ 【魏】王弼、【唐】孔颖达：《周易正义·蒙》，《十三经注疏》标点本，第 49 页。

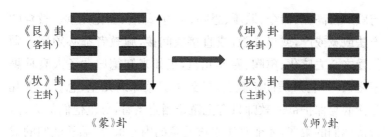

从《蒙》卦之卦体结构分析，上九与六三正应，上九刚阳，六三阴柔，只要上九止于"御寇"，则六三必顺随其教，以阴近阳，以柔从刚，上行下效，师生皆有顺。而李道平抓住《蒙》卦中间的坤顺之体，解释说："自上御下，中历坤顺，故曰'上下顺也'。"①六三、六四、六五三阴爻组成坤卦，坤之众阴上承上九、下乘九二，上九"利御寇"而治蒙，九二刚中而"包蒙"，上、下皆有顺。从阴阳运行关系上看，上九为刚阳至极，六三昏蒙尤甚，前者阳盛阴少，后者阴盛阳少，二者相互交合，上九要避免过于刚猛，发蒙才能成功。故上九爻变后为《师》卦，上坤下坎，上九化刚为柔，九二主爻一阳发动，自上而下，无所不顺，以成教化之功。然而，童蒙是活泼泼的人，阴阳顺逆之道体现在教育实践中则变得极其复杂，金景芳、吕绍纲曰："击蒙必不可太深太过，目的要正确，方法要得当，理由要充分，这就能起到'御寇'的作用。"②教育目的、方法、时机都必须恰到好处，才能做到"御寇"。教师还要考虑不同儿童的天性与需求，调动他们的兴趣与积极性，保护他们的求知欲与好奇心，要使他们真心愿意亲师信道、顺从教化并非易事。

　　无论如何，"寇"一定是反教育、反伦理、反人性的，教师"击蒙"不得为寇，做人亦当如此。教育一定不是凭靠施教者的地位

① 【清】李道平：《周易集解纂疏·蒙》，第112页。
② 金景芳、吕绍纲：《周易全解·蒙》（修订本），第88页。

与威严去高控、命令、欺压、恐吓、强迫、蹂躏、驯化儿童。教育的方法或宽或严，或显或隐，或直接或间接，施教者都必须用一颗仁爱之心去感化、熏陶、滋养儿童，正如来知德曰："圣人哀矜愚蒙之人。"①再严厉的施教者，见到柔弱蒙昧的儿童，总会心生几分怜悯与保护欲。教师只有把童蒙当童蒙看，尊重他们的天性，善待他们的柔弱，才能真正走进儿童的内心世界，顺随他们的成长需求，唤醒他们的精神觉悟，从而达到养蒙为正的教育目的。朱熹感慨地说："凡事皆然，不止为诲人也。"②不只是教育，任何事、任何人都得知止有度、从善而行，这是人之为人最基本的道德规定与行为要求。"御寇"不仅是一种教育原则，更是一种做人智慧。

　　九二与上九施教的方法、对象、原则、要求、倾向、风格各异，但童蒙养正的目标与宗旨是一致的，施教者所遵从的道德规定与教育理念是相通的。《周易折中》引吴澄云："二刚皆治蒙者，九二刚而得中，其于蒙也能包之，治之以宽者也。上九刚极不中，其于蒙也乃击之，治之以猛者也。"③九二刚而得中，包容广大，宽厚仁慈，有教无类，能包纳群蒙；上九阳居亢位，刚极过猛，声色俱厉，擅长击去蒙蔽。"包蒙""击蒙"都必须坚守必要的原则与底线，九二"包蒙"，并非无限地纵容童蒙，上九"击蒙"，不可压制童蒙天性，否则就会与教化目的相背而行。胡煦曰"据教而论，所争在养之豫与不豫"，④师者教养童蒙最重要的是能够和悦、欢喜。教育最理想的状态是像九二那样"包蒙"，晓之以理，

---

① 【明】来知德：《周易集注·蒙》，第36、37页。
② 【宋】朱熹：《周易本义·蒙》，第56页。
③ 转引自【清】李光地：《周易折中·蒙》，第37页。
④ 【清】胡煦：《周易函书约注·蒙》，见《文渊阁四库全书·经部四二·易类》，第48－456页上。

动之以情，童蒙心悦诚服，师者欣然自得。唯有当儿童自身蒙蔽太甚而"包蒙"无功时，方可考虑"击蒙"。"击蒙"是一种相对严肃的教育方法，与"包蒙"互相补充、共同推进。吴曰慎曰："治蒙之道，当发之养之，又当包之，至其极乃击之，刑与兵所以弼教，治蒙之道备矣。"①"发蒙""包蒙""击蒙"均为施教者针对不同儿童的治蒙方法，慈严结合，刚柔互济，兼容并包，形成了丰富多样、弹性灵活的教育方法系统。

---

① 转引自【清】李光地：《周易折中·蒙》，第36页。

第 五 章

纯一未发，童蒙之吉

《蒙》卦四阴爻皆代表童蒙，其各自所处的不同爻位反映出童蒙的不同处境与个体差异。不同于西方心理学、生物学、卫生学、教育学领域有关儿童类型研究的科学结论与划分标准，《蒙》卦根据童蒙的不同境遇，由内至外，由下至上，将四阴爻分布在不同的卦体节点上，每一个阴爻都是儿童在各种时间、空间、状态、处境、背景等复杂社会关系之中成长与发展的综合生命呈现，各阴爻相聚《蒙》卦，浑然一体，活泼灵动，昭示出儿童真实、多样的个性特质与存在样貌。《易传·系辞上》曰"书不尽言，言不尽意"①，文辞难达圣人之意，更难全尽天下童蒙之性。而且在卦、爻、辞、象、位、德之间又生成了无穷无尽的诠释空间与解读面向，谁只要愿意注入想象力、创造力、解释力、判断力，谁就能读到深奥微妙、精彩绝伦的儿童学问与教化智慧。王弼曰："爻者守位分之任，应贵贱之序者也。"②各爻的位置关系还反映出贵贱、尊卑、上下的秩序，更有利于将易道还原至真实的教育

---

① 高亨：《周易大传今注·系辞上》，济南：齐鲁书社，1998年，第406页。

② 【魏】王弼，【唐】邢璹注：《周易集解略例·辨位》，北京：中华书局，1991年，第19页。

情境当中。《蒙》卦各阴爻有吝有吉、有偏有中、有顺有逆，彼此联系，相互映衬，把儿童与自身、教师以及社会之间的复杂关系彰显得淋漓尽致，每一阴爻都值得玩味。

一、初六："利用刑人，以正法也"

《蒙》卦初六爻辞曰："初六，发蒙，利用刑人，用说桎梏，以往吝。"

"初"，《尔雅·释诂》曰："始也。"[1]初六即蒙的开始、起点、开端，代表童蒙的早期阶段。这个时期的童蒙受生来以山泉涌动而挣脱险难的本性所驱使，自然而然表现出强烈的好奇心、求知欲，以及惊人的心灵吸收能力与学习能力，"蒙之求明，蔽之求通"[2]，此时童蒙有去暗从明、开蒙解蔽的生长需求，正是实施教育的最佳时期。[3]《周易折中》引王安石曰："不辨之于蚤，不惩

---

[1]【晋】郭璞、【宋】邢昺：《尔雅注疏·释诂》，上海：上海古籍出版社，2010年，第12页。

[2] 列圣齐注：《易经证释·蒙》第二部，台北：正一善书出版社，2005年，第5—59页。

[3] 程颐、来知德、金景芳与吕绍纲皆将初六解为"下民"，程颐认为原因是"初以阴暗居下"，初六阴爻居内卦坎之下位，初始之蒙，卑微又愚昧，有下民之象。（分别参阅金景芳、吕绍纲：《周易全解·蒙》（修订本），上海：上海古籍出版社，2017年，第85页；【明】来知德《周易集注·蒙》，第34页；【宋】程颢、程颐：《二程集·周易程氏传·蒙》，北京：中华书局，1981年，第720页）朱熹曰："以阴居下，蒙之甚也。"（见【宋】朱熹《周易本义·蒙》，苏勇校注，北京：北京大学出版社，1992年，第8页）初六本性为蒙，又因身份低贱无法接受正规教育，可谓蒙上加蒙，致使其寡闻少见、难通事理。下民之蒙隐喻尚未受教之童蒙，幼稚懵懂，昏暗无知，亟待教化以开发智慧、去除蒙蔽。刘大绅曰："至蒙之人，非情理能喻，非教化能政。"（见【清】刘大绅等著，方宝川编：《太谷学派遗书·贞观学易·蒙》（影印本）第三辑，南京：江苏古籍出版社，2001年，第317页）教育是改善初六蒙态的唯一途径，人之为人必当教以为正，否则与野蛮禽兽无异。初六当为广义之蒙，指因未接受教化而愚钝蒙昧之人。就下民而言，教化使其知礼明法、居仁由义。董仲舒《天人三策》中曰："古之王者明于此，是故南面而治天下，莫不以教化为大务。"（见【汉】班固：《汉书·董仲舒传》，北京：中华书局，2012年，第2178页）教导百姓是国家强盛之首要任务，历代君王治国无不以教民为本。就童蒙而言，早期教育是最重要、最关键、最敏感的阶段，对其一生都产生深远影响。

之于小，则蒙之难极矣。"①童蒙发展初期若不进行教育指导，便会积小恶成大恶，日后一旦形成习惯便很难治理和根除。因而，初六童蒙的教育显得尤为重要。

"发"，马王堆汉墓帛书《周易》作"废"，②陆德明《经典释文·庄子·列御寇》云："发，司马本作'废'。"③"发""拨""废"古字互通。《尔雅·释诂》曰"废，舍也，止也"，指停止、舍弃、结束、摆脱，"发蒙"即使童蒙去除蒙昧而得到启发。④《释名·释形体》曰"发，拨也，拔擢而出也"⑤，表示揭开、掀开、发显、开发之意。刘大钧根据《周礼》郑玄注推知，帛本作"废"是取"拨"之古文，"拨其蒙而用刑人，较之今本作'发蒙'于义更胜也"。⑥相比与"发""废"二字，"拨"字似乎更能凸显儿童被外物遮蔽致蒙而后经教化复见光明的生动过程。

初六阴居阳位而失正，下无爻可乘，上承九二之阳，处于"阳明阴暗，上明下暗，以阴居下，是两重暗"的状态，⑦因其处《蒙》卦之始爻，性质未开，尚未形成邪念与恶习，又近阳亲师，能够及时得到帮助，内外都有冲破蒙蔽而亨达光明的条件与希望，故教化易于成功。初六亲比九二，真诚敬师，九二又有刚中之德，愿意"初筮告"以决其惑，"包蒙"以养其德。金景芳、吕绍纲直接将

---

① 【清】李光地：《周易折中·蒙》，刘大钧整理，成都：巴蜀书社，2008 年，第 34 页。
② 于豪亮：《马王堆帛书〈周易〉释文校注》，上海：上海古籍出版社，2013 年，第 30 页。
③ 【唐】陆德明：《经典释文·庄子音义·列御寇》，上海：古籍出版社，2013 年，第 1575 页。
④ 参阅【魏】王弼撰，楼宇烈校释：《周易注校释·蒙》，北京：中华书局，2012 年，第 244 页。
⑤ 【汉】刘熙：《释名·释形体》，北京：中华书局，2016 年，第 25 页。
⑥ 刘大钧：《今、帛、竹书〈周易〉综考》，上海：上海古籍出版社，2004 年，第 9 页。
⑦ 【明】蔡清：《易经蒙引·蒙》，刘建萍点校，北京：商务印书馆，2017 年，第 99 页。

"发蒙"等同于卦辞中的"初筮告"之"告"，[①]初六代表蒙态初露，纯洁待教，初次来学，师者必然告之以发其蒙。孔颖达《正义》曰："'发蒙'者，以初近于九二，二以阳处中，而明能照暗，故初六以能发去其蒙也。"[②]初六以阴承阳，以柔近刚，"有可发之机"[③]，九二又能耐心地包容、善诱之，故能去暗从明、发蒙为智。初六刚开始接受教育，好动好奇，兴趣浓厚，"犹夫无知之众，初得所启引也"[④]，极其容易被疏导和开发。但是，"发蒙"只能是"启发其初之蒙也"[⑤]，若儿童之前接受过教育，或者已经形成先见，再去施教则没有发蒙那样顺利。

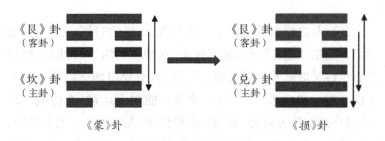

于卦象而言，初六爻变为《损》卦，艮上兑下，兑为破、为摧毁，有去除蒙昧之象。虞翻曰："发蒙之正，初为蒙始而失其位，发蒙之正以成兑。"[⑥]初六爻位不正，其要亨通发展须通过爻变来实现，阴爻变阳而有兑象，八卦广象中兑"为毁折"[⑦]，"毁折"

① 参阅金景芳、吕绍纲：《周易全解·蒙》（修订本），第 85 页。
② 【魏】王弼、【唐】孔颖达：《周易正义·蒙》，《十三经注疏》标点本，北京：北京大学出版社，2000 年，第 46 页。
③ 【明】蕅益智旭大师：《周易禅解·蒙》，台北：新文丰出版公司，1979 年，第 86 页。
④ 列圣齐注：《易经证释·蒙》第二部，第 5159 页。
⑤ 【明】来知德：《周易集注·蒙》，第 34 页。
⑥ 转引自【清】李道平：《周易集解纂疏·蒙》，北京：中华书局，1994 年，第 108 页。
⑦ 王亭之：《周易象数例解》，香港：香港商务印书馆，2013 年，第 20 页。

其"蒙",就是"发蒙"之象。①《孟氏逸象》中,兑还为"讲习"、为
"通"、为"见"②,初六想脱离蒙蔽而亨达成长,就必须通过求师
学习使自身变得刚强。

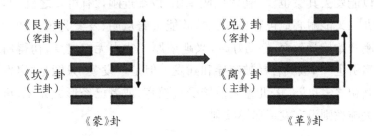

《艮》卦
（客卦）

《坎》卦
（主卦）

《蒙》卦

《兑》卦
（客卦）

《离》卦
（主卦）

《革》卦

《蒙》卦之错卦为《革》卦,兑上离下,离为"日"、为"光"、为
"明"。③ 初六始生受蒙,混屯昏暗,这种动而未发、行而未畅的
状态恰恰又潜藏着无限的生机与活力,只要得到适当教化便可
走向光明。初六居坎险之初,爻气只能向上运动,爻德诚敬谦
卑,最终的发展方向为《离》卦,前程似锦,光明大吉。刘大绅曰:
"蒙,昭也。下卦坎之对卦离为明,故有昭发之象。"④初六身上
似乎散发着一股风和日丽、阳刚灿烂的朝气。高亨将这种蒙态
描述为"蒙借为矇,目生翳不明也。发蒙,医去其翳而复明
也"⑤。初六童蒙初入社会,不明世故,不懂道理,显得柔弱无
知,好像生了眼球有一层白膜而遮挡视力的病症,使得童蒙的
世界模糊不清、晦暗不明。施教者发蒙就是像医生治病一样

---

① 朱启经:《周易爻变解·蒙》,上海:上海科学技术文献出版社,2016 年,第 31 页。
② 王亭之:《周易象数例解》,第 23 页。
③ 王亭之:《周易象数例解》,第 23 页。
④【清】刘大绅等著,方宝川编:《太谷学派遗书·易象童观·蒙》(影印本)第三辑,
  第 671 页。
⑤ 高亨:《周易大传今注·蒙》,第 78 页。

为他们去除那层遮挡眼睛的障碍，使其能够辨别事物、认识世界。

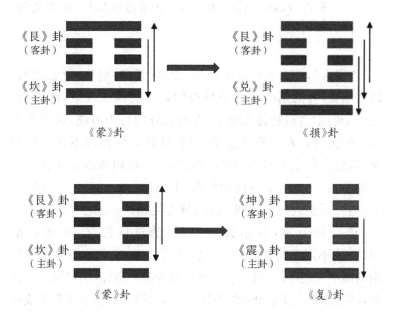

"利用刑人"一句，强调对待初六的教育方法。初六爻变为《损》卦，《蒙》卦下坎变为兑。《孟氏逸象》中，兑为"刑"、为"刑人"①。虞翻曰："兑为'刑人'，坤为'用'，故曰'利用刑人'。"②《蒙》卦之上互卦为坤，《孟氏逸象》中坤"为用"③，故有"利用刑人"之象。八卦广象中兑为"毁折"，《蒙》卦之下互卦为震，震为"足"④，断足、毁足为古之刖刑，亦有"刑人"之象。来知德

---

① 王亭之：《周易象数例解》，第 23 页。
② 转引自【清】李道平：《周易集解纂疏·蒙》，第 108 页。
③ 王亭之：《周易象数例解》，第 21 页。
④ 【明】来知德：《周易集注·说卦传》，第 360 页。

解曰：

> 刑人者，以人刑之也。刑罚立而后教化行，治蒙之初，
> 故利用刑人以正其法。①

"刑人"，即对人所立的规矩、原则、要求、刑法，发蒙之始，用之则吉，弃之则凶。童蒙早期的教育就该立规矩、讲原则，让孩子们学会辨别善恶是非，养成良好的行为习惯，从而走上做人的正道。人生来就欲望无穷，任何时候都离不开规矩约束，教化意在使人知止、有度、存性，以一种向善的方式收获人生的幸福。知止，懂得该做什么、不该做什么；有度，不放纵欲望，适可而止；存性，涵泳大德、修养性情。《史记·礼书》曰："人道经纬万端，规矩无所不贯，诱进以仁义，束缚以刑罚。"②人不同于动物，内存仁义，外有法度，生命才能显得丰盈饱满而不失边际。而仁义、规矩的培养越早越好，必须从娃娃抓起，《蒙》卦初六爻就开始"利用刑人"，说明儿童自小就要养成良好的规则意识，学会按规矩行事。高亨曰："利用尤利于也。"③规矩刑法使用得当，一定会对儿童大有裨益。若不用刑人，童蒙终不自知，浑浑噩噩，如涌泉般肆意奔流，无所束缚，仅存"果行"之动，而背离"育德"之本，终将误入歧途。水不可回流，人难以复正，则蒙不得发矣。

对"下民之蒙"④而言，刑人能使其心生畏惧、不敢妄为，从

---

① 【明】来知德：《周易集注·蒙》，第 34 页。
② 【汉】司马迁：《史记·礼书》，北京：中华书局，2011 年，第 1094 页。
③ 高亨：《周易大传今注·蒙》，第 78 页。
④ 【宋】程颢、程颐：《二程集·周易程氏传·蒙》，第 720 页。

而达到教化万民之目的。刑，本义是通过对人的身体进行束缚或以刀具来折磨罪人而达到惩治目的一种残酷手段。[①] 对于国家治理而言，通过刑法可以赏善罚恶、趋利避害，从而达到稳定社稷秩序、驯化众民的目的。统治者欲教化百姓，必须善用刑人，"制定明确、适当的法规，晓示群众，使之有所约束、有所戒惧，不敢恣肆妄为，然后逐渐引导他们接受教化"。[②] 刑人就是把做人的规矩列出来示之于众，人人都得遵守和执行，违背者当绳之以法，使人心有忌惮、行有戒律，不敢胡作非为，才能守住做人的道德底线。《易经证释》曰："刑以警有罪，正所以发蒙也。"[③]刑罚可约束和警示罪人不犯错误，刑人使蒙昧无知者不误入歧途，从而实现发蒙之功。不过，儒家和法家对刑的态度是不同的。《商君书·更法》曰："法者，所以爱民也。"蒋礼鸿解曰："以刑治民则威，威则无奸，无奸则民安其所乐。"[④]法家用刑靠的是外在强制性的手段，而儒家用刑人则强调主体内在的道德自觉。"刑人"之威最终要转化为一种自发性、主动性的精神追求与道德理想，正如孔子曰："君子有三畏：畏天命，畏大人，畏圣

---

① "刑"，甲骨文为𠛬，将人关在牢笼里；金文为𠛬，表示人走向牢笼；小篆讹变为㓝，用刀来施刑之意。刑本意是通过实施刑法来惩治有罪之人。（参阅骈宇骞：《实用语海·汉字字源》，沈阳：万卷出版公司，2009 年，第 177 页）《说文·刀部》曰："㓝，罚罪也。从井从刀。"指人有罪而被用刀具上刑之意。还有一种说法认为，刑，从"开"和"刀"，"开"字有铜钱模具的含义，引申表示木枷，整个字的意思是给犯人戴上木枷和用刀割犯人身体，由此产生刑罚的含义，引申表示对犯人的体罚。（参阅窦文宇、窦勇：《汉字字源：当代新说文解字》，长春：吉林文史出版社，2005 年，第 191 页）"刑"作为一种残酷的、严厉的、反人性的惩罚方式，令人心生畏惧而不敢触犯，从而起到约束行为与规范德性的作用。

② 金景芳、吕绍纲：《周易全解·蒙》（修订本），第 85 页。

③ 列圣齐注：《易经证释·蒙》第二部，第 5 - 58 页。

④ 蒋礼鸿：《商君书锥指·更法》，北京：中华书局，1986 年，第 3 页。

人之言。"①君子遵循天命、畏大人之威、从圣人之教，不是靠外在强迫性的惩戒与刑罚实现的，而是以主体内在的天道信念与道德追求为支撑的。刑罚是刚性的，教化是柔性的，"刑人"是一种刚柔相济、慈严结合的发蒙智慧与治人大道，王者以刑罚整齐百姓，还须以礼乐感民化俗。程颐曰："自古圣王为治，设刑罚以齐其众，明教化以善其俗，刑罚立而后教化行。"②刑与教之间能够相互作用、相互促进，二者不可分离。

对童蒙而言，"刑人"并非为了管制、压抑、惩戒儿童的行为，而是借助刑以正法度、明人伦，引导儿童走向正确的人生道路。《易传·象·蒙》曰：

利用刑人，以正法也。

虞翻曰："坎为'法'，初发之正，故'正法'也。"③初六阴居阳位不正，又处下卦坎之初，坎为法，有以法正初六之象。刑，《尔雅·释诂》曰"法也"，"常也"④，引申为法律、制度、命令、规范之意，指人人皆当遵从和维护的统一化、普遍化、标准化的行为要求与礼法规定。《释名·释典艺》曰："法，逼也。莫不欲从其志，逼正使有所限也。"⑤法必有所节制，限制人的行为而使其符合伦理要求与道德法则。教育关乎社会培养什么人的问题，儿童未来

---

① 【清】刘宝楠：《论语正义·季氏第十六》（下），北京：中华书局，1990年，第661页。

② 【宋】程颢、程颐：《二程集·周易程氏传·蒙》，第720页。

③ 转引自【清】李道平：《周易集解纂疏·蒙》，第108页。

④ 【晋】郭璞、【宋】邢昺：《尔雅注疏·释诂》，第21、22页。

⑤ 【汉】刘熙：《释名·释典艺》，第92页。

的发展方向很大程度上由教育决定，故"教之法不可不正"，[①]教育有正法，儿童才能得正教，社会才能有善人。金景芳、吕绍纲解曰："正法，是说把法明确规定下来，使百姓都知道，让百姓在法的约束中逐渐受教化。"[②]正法而后正教，正教而后正人，人正而后整个社会和谐向善。

　　对于初受教化之童蒙，施教者不可过度用刑，亦不可不用刑人，只有妥善处理教育实践中法与情、刑与德、教与养之间的张力，才能达到良好的教化效果。程颐曰："治蒙之始，立其防限，明其罪罚，正其法也，使之由之，渐至于化也。或疑发蒙之初，遽用刑人，无乃不教而诛乎？不知立法制刑，乃所以教。盖后之论刑者，不复之教化在其中矣。"[③]防微杜渐也是"刑人"重要的教育原则，教育童蒙一开始就当立规矩、讲原则，防患于未然，以免日后恶习难改。如果过度用刑则会偏离教化之道而对童蒙造成伤害。孔颖达《正义》曰："且刑人之道，乃贼害于物，是道之所恶。"[④]"刑人"用得好可正蒙，用不好就是杀人。因而如何控制好"刑人"的时机与强度也是一种高级的教育智慧。

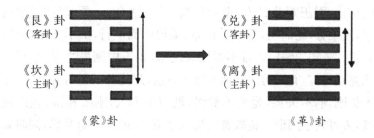

《艮》卦（客卦）　　　　　　　　　　　《兑》卦（客卦）

《坎》卦（主卦）　　　　　　　　　　　《离》卦（主卦）

　　　　《蒙》卦　　　　　　　　　　　　　　《革》卦

① 【明】来知德：《周易集注·蒙》，第34页。
② 金景芳、吕绍纲：《周易全解·蒙》（修订本），第86页。
③ 【宋】程颢、程颐：《二程集·周易程氏传·蒙》，第721页。
④ 【魏】王弼、【唐】孔颖达：《周易正义·蒙》，《十三经注疏》标点本，第46页。

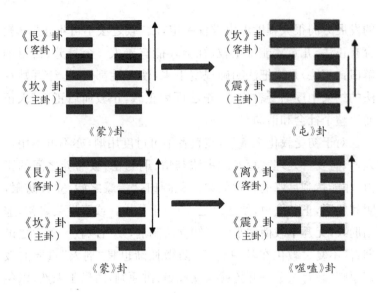

来知德解曰："坎错离，艮综震，有噬嗑折狱用刑之象。"①《蒙》卦
之下错卦为离，下综卦为震，震下离上为《噬嗑》卦。《周易·噬
嗑》卦辞曰："亨，利用狱。"《噬嗑》卦有"口中含物而咀嚼"②之
象，上下颚咬，《象》辞解其为"雷电噬嗑，先王以明罚敕法"。雷
电交击，君王观此卦象，肃明刑罚，严正法令。《彖》曰："噬嗑而
亨，刚柔分，动而明，雷电合而章，柔得中而上行，虽不当位，利用
狱也。"来知德解曰："盖不柔则失之暴，柔不中则失之纵，柔得中
则宽猛得宜，有哀矜之念而不流于姑息，此其所以利用狱也。"③柔
不失刚，刑不失德，爱而不放纵，刑而不害人，刚柔相济，宽严适
度，方可利于用刑。施教者发初六之蒙，正刑法以防其恶，同时要
不失人性关怀与仁爱，方可达到用刑人的最佳状态。

①【明】来知德：《周易集注·蒙》，第34页。
② 高亨：《周易大传今注·噬嗑》，第166页。
③【明】来知德：《周易集注·噬嗑》，第104页。

　　"用说桎梏"一句，指用以解除桎梏的束缚。"说"同"脱"[①]，有去掉、脱离、取下、废止之意。桎梏，本意为刑具，《说文·木部》曰"桎，足械也"，"梏，手械也"，指手铐和脚。《蒙》卦外卦为艮，艮为"手"，下互卦为震，震为"足"，[②]有手、脚被刑具束缚之象。就卦体、卦象而论，《蒙》卦下卦为坎，《荀九家易》逸象、《梅花易数》中坎为"桎梏"。[③]初六处坎体之最下位，以阴居阳，不中不正，处于被蒙昧、昏暗所桎梏的状态。《易经证释》曰"桎梏者，蒙而至于困顿也"[④]，桎梏好比儿童身上昏暗蒙昧的枷锁或困难。李道平曰："说卦'兑，说也'，故为'说'。此读若'脱'，盖'说''脱'皆从兑，故'说'与'脱'通。"[⑤]初六爻变后为《损》卦，艮上兑下，说、脱之象当起于兑象。《梅花易数》中兑为"折毁之物"、为"废缺之物"[⑥]，故"用说桎梏"指《蒙》卦坎之桎梏状态被摧毁、破坏、废除之象。"用说桎梏"可看作"利用刑人"的目的和结果。程颐曰："治蒙之初，威之以刑者，所以说去其昏蒙之桎梏，桎梏谓拘束也。不去其昏蒙之桎梏，则善教无由而入。"[⑦]施教者在发蒙之始用刑人对儿童的行为进行疏导和规范，使他们能够"使脱桎梏，不再蒙也"[⑧]。童

① "说"与"脱"二字音近意通。《礼记·杂记上》曰"唯輤为说于庙门外"，陆德明《经典释文》曰"说，本亦作脱"，(见【唐】陆德明：《经典释文·礼记音义·杂记上》，第779页)来知德、高亨、金景芳、吕绍纲皆将"说"解为"脱"。分别参见【明】来知德：《周易集注·蒙》，第34页；高亨：《周易大传今注·蒙》，第78页；金景芳、吕绍纲：《周易全解·蒙》(修订本)，第85页。
② 【明】来知德：《周易集注·说卦传》，第360页。
③ 分别参阅王亭之：《周易象数例解》，第20页；【宋】邵雍：《梅花易数·八卦万物属类(并为上卦)》，海口：海南出版社，2010年，第19页。
④ 列圣齐注：《易经证释·蒙》第二部，第5-60页。
⑤ 【清】李道平：《周易集解纂疏·蒙》，第108页。
⑥ 【宋】邵雍：《梅花易数·八卦万物属类(并为上卦)》，第19页。
⑦ 【宋】程颢、程颐：《二程集·周易程氏传·蒙》，第720页。
⑧ 列圣齐注：《易经证释·蒙》第二部，第5-60页。

蒙告别了以往幼稚愚钝的蒙昧状态，突破困顿，走出阴暗，摆脱桎梏，从而获得真正的生命自由与光明人生。

"以往吝"，以，即用①；吝，高亨解曰"难也"②，虞翻曰"小疵也"③，即困难、障碍、缺点、坎坷之意④。施教者用刑人过此以往则不利，刑不可不用，亦不可滥用，主要表现为两种极端的情况：⑤

第一种，不用刑人，蒙不得发。对待初六之始蒙，施教者当用刑人以发其蒙，如果对儿童溺爱纵容、放任自流、不加管束，他们很快会释放身上的自由本性与放纵欲求，教育便会遇到麻烦。王

---

① 黄寿祺、张善文认为，以，犹"而"，杨树达《词全》谓"承连词"，此处微含转折义。这句说明初六若不专心受教"发蒙"，急于求进，必将往而有吝。（见黄寿祺、张善文：《周易译注·蒙》，北京：中华书局，2016年，第128页）

② 高亨：《周易大传今注·蒙》，第78页。

③ 转引自【清】李道平：《周易集解纂疏·蒙》，第108页。

④ 《说文·口部》曰："吝，恨惜也。从口文声。《易》曰：'以往吝'"。即"以往吝"之"吝"有悔恨、可惜之意。段玉裁注曰："《蒙》初六爻辞，按辵部引'以往遴'"，在《说文·辵部》曰："遴，行难也。从辵粦声，易曰'以往遴'。"若"吝"为"遴"，则指做事有困难、麻烦之意。马王堆汉墓帛书作"閵"，古"吝""遴""吝"同声相假可互通。而今《蒙》卦初六爻辞到底是从"吝"还是"遴"？清人宋翔凤《周易考异》中解释说："《说文》引'以往遴'者出京氏《易》，盖古文也"，"《说文》引'以往吝'者，乃博士所传之《易》。今传荀、虞注文皆作'吝'，无'遴'者，经字虽用古文，传注自为今字"。可见《说文》两处引用不同因其参考《周易》之文本各异。清人李富孙在《易经异文释》中曰："汉人多假'遴'为'吝'也。"马宗霍《说文解字引易考》认为，"往遴"当以"遴"为本字，"吝"为借字。可知，古文作"遴"，而今多作"吝"，故宋翔凤认为《说文》引"以往吝"可能是后人所增。"或谓《易》内'往吝''往见吝''以往吝'皆当作'遴，行难也'；'悔吝'之'吝'作'吝，恨惜也'"。《蒙》卦初六爻辞之"吝"解为"遴，行难也"于文义更通顺，故从之。参阅侯乃峰：《〈周易〉文字汇校集释·上经·蒙》，见丁原植主编：《出土思想文物与文献研究丛书（三十六）》，台北：台湾古籍出版有限公司，2009年，第32-33页。

⑤ 也有人将"往"解为"过去"。"以往吝"即一味严厉惩罚儿童所犯的错误而不知从宽处置，则为不利。"刑法不能自刑，古不往，刑罪不追既往，故不究。刑之为生全，皆责其来也，其往吝，不亦宜乎"教育通过刑法使童蒙知利害、明法度之后，当立刻停止，从宽教之，不宜持续责罚往日之过而久用刑，适可而止方可达到教化目的。引文参阅列圣齐注：《易经证释·蒙》第二部，第5-60页。

宗传曰："当发蒙之初，用说桎梏而纵之使往，能无吝乎？"①儿童得不到正确引领，必然会蒙不知所向，陷入蒙昧而不能发。来知德从初六爻变的角度分析："吝者，利之反，此爻变兑则和悦矣，和悦安能发蒙？故吝。"②吝与利相对，表示不顺利、有危害。③ 初六爻变为兑，兑有和悦之象，《孟氏逸象》中兑为"朋"、为"友"、为"蜜"，④象征如朋友般亲密无间、友好融洽的关系，与刑人的严肃之象相对立。《九家易》曰："兑，悦也，邪言伪行，无所不为，随波逐流。附于理法则和顺，否则邪吝淫滥。"⑤初六爻变而生喜悦之象，若九二完全包容初六而听之任之，"当《蒙》之初，不能正法以惩其小"⑥，抛弃了刑人的教育作用，不仅渎乱童蒙心志，还会使其丧失教育威信。

第二种，过度用刑人，蒙不得治。对待年幼的儿童，施教者当少用、慎用、巧用，甚至不用刑罚，若频繁或长期超负荷使用惩戒性的教育方法，极易引起童蒙的反抗和叛逆。王弼注曰："刑不可长。"⑦刑法之教虽能使儿童心有忌惮而端正其行、暂逃蒙昧，但不可长久使用。"若遂往而不舍，击蒙无已"，教师用刑太甚与击蒙为寇无异，对儿童过度的规范和束缚，不仅不利于他们去除蒙昧，

---

① 【宋】王宗传：《童溪易传·蒙》，何俊主持整理，张天杰点校，上海：上海古籍出版社，2017年，第53页。

② 【明】来知德：《周易集注·蒙》，第34页。

③ 前句"利用刑人"，肯定刑人对教育的作用；后句"用脱桎梏，以往吝"，反面论证不用刑人的危害，皆在强调刑人对初六之蒙的重要意义。《周易折中》据王安石、王宗传之言曰："'利用刑人，用说桎梏以往吝'，只是一正一反的口气，正如'师出以律'、失律凶之比尔。"（见【清】李光地：《周易折中·蒙》，第34页）两句用意相同，皆强调"刑人"在教育活动中的特殊地位与重要意义。

④ 王亭之：《周易象数例解》，第23页。

⑤ 转引自【宋】邵雍：《梅花易数·卦应》，第146页。

⑥ 【清】李光地：《周易折中·蒙》，第34页。

⑦ 【魏】王弼、【唐】孔颖达：《周易正义·蒙》，《十三经注疏》标点本，第46页。

反而"又为有害乎蒙"①，对儿童身心造成巨大伤害。程颐曰："苟专用刑以为治，则蒙虽畏而终不能发，苟免而无耻，治化不可得而成矣。"②教育一旦强度过大，就会变成恐吓、扼杀、欺压儿童的残忍手段，童蒙表面上怯怯服顺，内心却厌恶痛恨，致使其蒙昧日盛，这种结果完全背离了《蒙》卦养蒙以正的教育宗旨。

二、六三："勿取非绝之，不屑之教也"

《蒙》卦六三爻辞曰："六三，勿用取女，见金夫，不有躬，无攸利。"③

"勿用取女"。用，《说文·用部》曰："可施行也。"勿用，表示

①【明】蔡清：《易经蒙引·蒙》，第 99－100 页。

②【宋】程颢、程颐：《二程集·周易程氏传·蒙》，第 720 页。

③ 上海博物馆藏战国楚竹书《周易》中《蒙》卦作"龙"卦，六四、六五、上九爻辞之"困蒙""童蒙""击蒙"皆作"龙"，可知竹本"蒙"当作"龙"字，卦名亦据四、五、上三爻辞拟定。"龙"，帛本、今本作"蒙"。"龙"，《集韵》作谟蓬切，平东明，东部，与"蒙"字音通。（参见宗福邦、陈世铙、于亭主编：《古音汇纂·尤部》，北京：商务印书馆，2019 年，第 491 页）李学勤赞同于豪亮在《帛书〈周易〉》一文中的"卦名不同，只是字形不同而已"之说，认为简帛写体通假字极多，甚至在同一书中也有采用不同的通假字的情形，故"蒙"通"龙"不足为奇。（分别参阅李学勤：《周易经传溯源：从考古学、文献学看〈周易〉》，长春：长春出版社，1992 年，第 215 页）刘大钧：《今、帛、竹书〈周易〉综考》，第 9 页）《龙》卦"六晶：勿用取女，见金夫，不又躬，亡卣利。"第一，晶，帛本、阜本、今本及汉石经均写作"三"。凡"三"字，楚简本皆作"晶"。第二，又，帛本、阜本、今本作"有"。"又"通"有"。第三，躬，帛本、阜本作"窥"，今本作"躬"，濮茅左以"躬"为古"躬"字。"不有躬"谓女不待命而嫁，失己身之贞信而为非礼也。第四，亡卣利，帛本、今本作"无攸利"，阜本作"无冏利"。"亡"通"无"，何琳仪《楚竹书〈周易〉校记》认为，"无"，明纽鱼部；"亡"，明纽阳部；二字同"纽"，鱼、阳阴阳对转（参见侯乃峰：《〈周易〉文字汇校集释·上经·蒙》，见丁原植主编：《出土思想文物与文献研究丛书（三十六）》，第 34 页）。"卣"读作"攸"，二字俱为喻纽幽部，古音相通。丁四新认为阜本"冏"字当即"卣"之异体。分别参阅韩自强：《阜阳汉简〈周易〉研究：附〈儒家者言〉、〈春秋事语〉》，上海：上海古籍出版社，2004 年，第 103、104 页；丁四新：《楚竹简与汉帛书〈周易〉校注》，上海：上海古籍出版社，2011 年，第 3－4 页。

不宜实施或采取行动。① "取"通"娶"，迎娶、迎接之意。"勿用取女"指六三这样的女子不可娶为妻子。六三阴居阳位，爻变后为《蛊》卦，《蛊》卦下卦为巽，八卦广象中巽为"长女"②，《孟氏逸象》中巽为"处女"③，有女子未嫁之象。《蒙》卦之互卦为《复》卦，坤上震下，六三分别处于坤体与震体之中，"坤，顺也"④，震为"夫"⑤，初九一阳发动而纳顺群阴，有妇从夫之象。朱启经曰："变卦互体的震之动遇兑之毁折。"⑥《蒙》卦之错卦为《革》卦，《革》卦上卦为兑，兑为"毁折"，又反过来破坏震体娶女之动，故六三之女不宜娶。

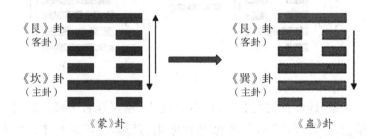

① 勿用，在《周易》爻辞中较为常见。《周易·乾》初九爻辞曰："初九，潜龙，勿用。"孔颖达疏："圣人虽有龙德，于此时唯宜潜藏，勿可施用，故言勿用。"（见【魏】王弼、【晋】韩康伯、【唐】孔颖达：《重刊宋本周易注疏附校勘记·乾》（影印本），台北：艺文印书馆，2013 年，第 8 页上）勿用，即不可轻举妄动，当谨慎对待。《周易·既济》九三爻辞曰："高宗伐鬼方，三年克之。小人勿用。"金景芳、吕绍纲解曰："小人勿用，不要任用小人，若任用小人，国家不但不能既济，反而会更加丧乱。"（见金景芳、吕绍纲：《周易全解·既济》（修订本），第 564 页）《周易·颐》六三爻辞曰："六三。拂颐，贞凶，十年勿用。无攸利。"来知德解曰："勿用者，不得buy养也。"（见【明】来知德：《周易集注·颐》，第 131 页）"勿用"表否定语气，不要、不宜、不准、不适、不得做某事之意；勿用而用之，则多有不利。《周易》以"勿用"来警示、提醒、告诫人们当慎重做出行为选择，预防灾难发生。
② 王亭之：《周易象数例解》，第 19 页。
③ 王亭之：《周易象数例解》，第 22 页。
④ 【明】来知德：《周易集注·说卦传》，第 361 页。
⑤ 王亭之：《周易象数例解》，第 22 页。
⑥ 朱启经：《周易爻变解·蒙》，第 32 页。

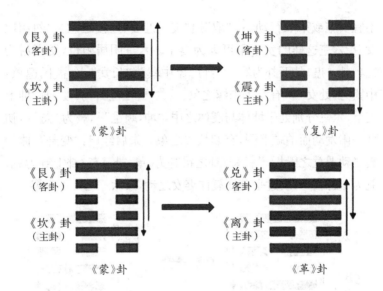

《象》辞曰："勿用取女，行不顺也。"①顺，《释名·释言语》曰
"循也，循其理也"②，指遵循某种原则、道理、法度而行事。"行

---

① "顺"亦被解为"慎"。朱熹认为，"顺"当作"慎"，盖"顺""慎"古字通用。（参阅
【宋】朱熹：《周易本义·蒙》，廖名春点校，北京：中华书局，2009 年，第 55 页）《荀
子·修身》："体倨固而心执诈，术顺墨而精杂污。"杨倞注曰："'顺墨'当为'慎
墨'。"（见【唐】杨倞注：《荀子·修身》，耿芸标校，上海：上海古籍出版社，2014 年，
第 13 页）说明"顺""慎"二字可互训。慎，《尔雅·释诂》曰"静也""诚也"，邢昺
《疏》曰"慎者，谨静也"，（见【晋】郭璞、【宋】邢昺：《尔雅注疏·释诂》，第 24、27
页）即安静、诚敬、冷静之意。《广雅·释诂》又曰"慎，忧也"，（见【清】王念孙：《广
雅疏证·释诂》，张靖伟等校点，上海：上海古籍出版社，2016 年，第 91、92 页）《说
文·心部》曰"慎，谨也"，指做事深思熟虑、严密谨慎，具有忧患意识。《易传·
象·升》曰："君子以顺德，积小以高大。"金景芳将"顺"解释为谨慎。君子当谨言
慎行，在行为细节处涵养德性。（参阅金景芳、吕绍纲：《周易全解·升》（修订
本），第 418 页）若以"慎"解"顺"，六三"行不顺"，说明其无所忧惧、轻率鲁莽、感
情用事，不经思虑而行事，舍上九不顾夫妇之义，乘九二颠倒尊卑之序，随心所
欲，不知节制，故有"勿用取女"之恶果。

② 【汉】刘熙：《释名·释言语》，第 51 页。

不顺"即违反规定或大逆不道之意。刘大绅曰："行不顺也，谓势不可也。"六三所处的境遇、趋势与状态背逆妇人之道。"行与不顺，均取三至五坤之对卦乾象"，①《蒙》卦六三、六四、六五组成坤卦，本有坤顺之象，而坤之对卦为乾，阳刚至极，可知六三阴女之行不得善终。来知德据六三的爻位解释说：

> 妇人以顺从其夫为正，舍正应之夫而从金夫，安得为顺？②

夫为阳，妇为阴，阳主阴辅。夫为刚强，女为阴柔，妇人之正在顺随、亲附其夫，若妇道不行则阴阳失序、悖乱不治。《白虎通·三纲六纪》曰："夫者，扶也，以道扶接。妇者，服也，以礼屈服。"③夫以道立其身，而后教其妇，妇顺其夫即是遵礼循道。《春秋左传·昭公元年》曰："夫夫妇妇，所谓顺也。"④夫有夫之刚阳，妇有妇之阴柔，阴阳相交，刚柔并济，则夫妻睦和，诸事顺遂。而六三偏偏与这种阴柔抱德的女子相反，其与上九正应，本当顺适上九为夫，但却亲近主爻九二，不守妇道，不懂礼法，不守规矩，陷入自我迷失的蒙昧困境。高亨解曰："女子之行悖逆不顺，以女凌男。"⑤女子本该内敛娇羞，但六三乘九二之上而不敬阳，正应上九而不忠诚，荒淫无度，不能自持，完全不顾妇人洁身

---

① 【清】刘大绅等著，方宝川编：《太谷学派遗书·易象童观·蒙》（影印本）第三辑，第 676 页。
② 【明】来知德：《周易集注·蒙》，第 36 页。
③ 【清】陈立：《白虎通疏证·三纲六纪》（上），吴则虞点校，北京：中华书局，1994 年版，第 376 页。
④ 【晋】杜预、【唐】孔颖达：《重刊宋本左传注疏附校勘记·鲁昭公元年》（影印本），第 702 页下、703 页上。
⑤ 高亨：《周易大传今注·蒙》，第 79 页。

自好、忠贞温柔之美德，无妇德就不能行妇事，故不可娶。

　　"见金夫"一句中，见，《蒙》卦之错卦为《革》卦，兑上离下，《孟氏逸象》中离为"见"、为"日"、为"明"①，意在昭著六三遇见刚阳男子而情绪激动、难以矜持的迷乱状态。《易传·说卦》中乾为"金"，来知德解曰："纯刚为金"②，阳刚之爻为金，"金夫"或指上九，或指九二。孙景龙说："九二居下坎，坎为乾阳交坤阴之中而成，乾属金，金生水，坎水乾金所生。"③就卦体结构而言，九二处《蒙》卦下坎卦之中，坎为乾、坤交合而成，金乾生坎水，"金夫"可代表九二。又《蒙》卦下互卦震之主爻为九二，《孟氏逸象》中震"为夫""为元夫"④，九二有夫象，故"见金夫"为九二可解。朱熹认为："'金夫'，盖以金赂己而挑之，若鲁秋胡之为者。"⑤朱熹把"金夫"释为"秋胡"一类的人物，用情不专，似不足

---

① "见"亦有兑象。虞翻曰："初发成兑，故三称'女'，兑为'见'。"（转引自【清】李道平：《周易集解纂疏·蒙》，第110页）初六爻变下卦为兑，《孟氏逸象》中兑"为见"（见王亭之：《周易象数例解》，第23页）。《易传·杂卦》亦曰："兑见而巽伏也。"（见【明】来知德：《周易集注·杂卦传》，第374页）兑象与离象皆与六三阴爻之隐伏、顺从、柔虚之象相对，凸显出六三不忠不正、偏离本分之蒙态。

② 【明】来知德：《周易集注·说卦传》，第360页。

③ 孙景龙：《去蔽开智，蒙以养正——〈周易·蒙卦〉经传文字解读》，《荆楚理工学院学报》2012年第10期，第20-24页。

④ 王亭之：《周易象数例解》，第22页。

⑤ 据西汉经学家刘向《列女传》中记载："洁妇者，鲁秋胡子妻也。既纳之五日，去而宦于陈，五年乃归。未至家，见路旁妇人采桑，秋胡子悦之，下车谓曰：'若曝采桑，吾行道，愿托桑荫下，下赍休焉。'妇人采桑不辍，秋胡子谓曰：'力田不如逢丰年，力桑不如见国卿。吾有金，愿以与夫人。'妇人曰：'嘻！夫采桑力作，纺绩织纴，以供衣食，奉二亲，养夫子。吾不愿金，所愿卿无有外意，妾亦无淫泆之志，收子之赍与笥金。'秋胡子遂去，至家，奉金遗母，使人唤妇至，乃向采桑者也，秋胡子惭。妇曰：'子束发修身，辞亲往仕，五年乃还，当所悦驰骤，扬尘疾至。今也乃悦路傍妇人，下子之装，以金予之，是忘母也，忘母不孝。好色淫泆，是污行也，污行不义。夫事亲不孝，则事君不忠。处家不义，则治官不理。孝义并亡，必不遂矣。妾不忍见，子改娶矣，妾亦不嫁。'遂去而东走，投河而死。君子曰：（转下页）

取。① 六三正应在上九，九二正应在六五，理当各从其正。而六三一"见金夫"就犯糊涂，不顾自己的身份处境，不辨别是非善恶，恣情纵欲，好色忘义，近不当近之人，从不当从之夫。来知德解曰：

> 六三正应在上，然性本阴柔，坎体顺流趋下，应爻艮体常止，不相应于下。九二为群蒙之主，得时之盛，盖近而相比，在纳妇之中者，故舍其正应而从之，此见夫金不有躬之象也。②

从爻位结构上分析，六三与上九有正应之名，而无正应之实，互相敌应。六三处于坎水之中，本性阴暗柔弱，当待阳发动而顺流直下，而上九居于艮止，刚强勇猛，六三之水欲动，但上九以高山阻之，互不相顺，难以志应，"有应则吉，无应则凶"③，二者相处则为凶。并且上九阳居阴位，六三阴居阳位，二者均失其位，不中不正，极易偏离或背弃各自的本分而倒行逆施，彼此都过于激愤、倔强，无法和谐相处。九二为《蒙》卦群阴之主，其善以刚中之德包纳群阴，六三被其深深吸引，移情别恋，主动亲比九二而

（接上页）'洁妇精于善。夫不孝莫大于不爱其亲而爱其人，秋胡子有之矣。'君子曰：'见善如不及，见不善如探汤。秋胡子妇之谓也。'诗云：'惟是褊心，是以为刺。'此之谓也。"（见张涛：《烈女传译注·节义传·鲁秋洁妇》，济南：山东大学出版社，1990 年，第 186 页）鲁国人胡秋娶妻，五日后便外出做官，五年后归家，路上见一采桑女容貌娇美，便以金挑逗之，采桑女弃金不理。胡秋到家后，发现采桑女正是其妻，羞愧难当。妻因秋胡不孝不义而投河自尽。"秋胡戏妻"被视为爱情不专、好色淫逸的典范，如唐代李白《陌上桑》诗云："使君且不顾，况复论秋胡。"

① 【宋】朱熹：《周易本义·蒙》，苏勇校注，第 9 页。
② 【明】来知德：《周易集注·蒙》，第 35 页。
③ 朱伯崑：《易学哲学史》，北京：华夏出版社，1994 年，第 58 页。

抛弃自己的原配上九，悖逆妇德，有损贞洁，故失其正。六三爻
变后，下卦为巽，巽"为风"①，象征风流之象，六三水性杨花，情
不忠贞，志不坚定，男子若娶之为妻，必有不吉。

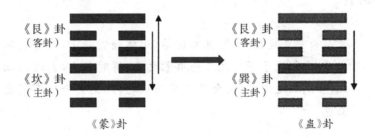

《艮》卦（客卦）	《艮》卦（客卦）
《坎》卦（主卦）	《巽》卦（主卦）
《蒙》卦	《蛊》卦

从九二与上九的爻性、爻德来看，九二有刚中之德，群阴皆
愿从之；而上九居亢阳之位，乘于群阴之上，刚猛粗暴，这样的男
子可能会因自身地位而盛气凌人、趾高气扬，不具备谦谦君子的
风范，②群阴皆不愿从。六三因为欣赏、爱慕、崇拜九二而亲近
之，任性随从贤者而远离其正，程颐称其为"女之妄动者"③，做
事冲动，为所欲为，无法以理性节制自我欲求，王夫之称其是"歆
于小利而忘其正配，女子不贞之尤者也"。④ 六三这样搔首弄
姿、心无定主的女子，很难把持住身为妇女的道德底线，严重背
离了女子的贞洁操守。

六三"见金夫"的结果是"不有躬，无攸利"。躬，《尔雅·释

① 【明】来知德：《周易集注·说卦传》，第363页。
② 参阅刘震：《从〈蒙〉卦看〈周易〉的教育思想》，《周易研究》2016年第6期，第74 - 80页。
③ 【宋】程颢、程颐：《二程集·周易程氏传·蒙》，第723页。
④ 【清】王夫之：《周易内传·蒙》，李一忻点校，北京：九州出版社，2004年，第61页。

诂》曰"身也",邢昺疏曰："身即我也。"[1]"躬"即"身"，[2]身就是我，指自己、本人、自身，[3]用哲学的话语就是生成意义上的身心一体。[4] 六三"见金夫"而失去了自身作为妇女的矜持、贞正、忠心的美德。《尔雅·释言》曰："攸，所也。"[5]"无攸利"表明六三的行为没有任何益处，只会给自身带来祸患和麻烦。

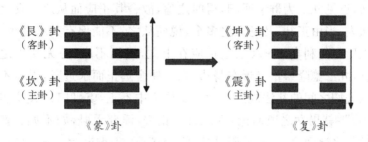

《蒙》卦　　　　　　　　　　《复》卦

---

① 【晋】郭璞、【宋】邢昺：《尔雅注疏·释诂》，第 39、40 页。

② 《艮》卦六四爻，《易传·象》曰："艮其身，止诸躬也。"来知德曰："躬即身也。"《周易》中"身""躬"二字常通互训。引文见【明】来知德：《周易集注·艮》，第 242 页。

③ 在儒家看来，"身"不同于英文 body（身体、躯壳之意），也不同于基督教中与灵魂对立的肉体和笛卡尔强调的意识自我，而是一种身心同体、身心融合的存在状态和境界追求，"身"蕴藏着深刻的哲学内涵与丰富的生命体验。杜维明在《从身心神灵四个层次看儒家的人学》一文中认为，身体，或"身""体"，在儒家思想中是极丰富而庄严的符号，非 body 可以代表。修身和修己是同义语，因此身与己有时可以互用，身等于是自身的简称。儒家的自我超越绝不是离身心以成就灵魂的模式，相反地，只有在身上真切下功夫才可知心，才可觉灵，才可明神。（参阅杜维明：《从身心神灵四个层次看儒家的人学》，见《儒家传统的现代转化——杜维明新儒学论著辑要》，北京：中国广播电视出版社，1992 年，第 448－455 页）身离不开心之滋养，心离不开身之载体，"身心合一"的观念模糊和消解了客观与主观、物质与精神、主体与道德之间的界限，人是有血有肉、有情有义、有体有用的完整存在，身彰显着心，心映衬着身，二者绝不可被分割或隔离，只有身心共生、谐和才可能抵达生命的道体境界，因而，儒家强调的"身"一定离不开"心"，显得韵味深刻、可琢可磨。

④ 参阅张利明：《敬重与逍遥：儒道互补的身体观》，《社会科学战线》2020 年第 4 期，第 39－45 页。

⑤ 【晋】郭璞、【宋】邢昺：《尔雅注疏·释言》，第 141 页。

虞翻曰："坤身称躬。"①六三居上互卦坤体之中，《孟氏逸象》中坤为"躬"、为"身"②，上有坤之顺，下有震之动，六三贯通顺动之体，加之其爻性阴柔，本该有坤顺之德，但六三不愿坚守坤道，而是选择上乘《复》卦主爻初九，并且处震之动体中，无视男女尊卑之序，亦不合女性的阴柔之行。③程颐解曰："正应在上，不能远从，近见九二为群蒙所归，得时之盛，故舍其正应而从之。女之从人，当由正礼，乃见人之多金，说而从之，不能保有其身者也，无所往而利矣。"④六三之正应在上九，远而不应，心无从夫之念，九二德隆望重又近在身边，六三便舍远正而求近贤，根本不顾夫妇之间的礼法规约。六三爻位不中不正，虞翻曰："失位多凶。"⑤就男女之道而论，六三背弃正夫，淫邪无耻，妇不妇。就教化之道而论，六三乘阳、居阳位，不尊师，不重道，无求学之志，不是个好弟子。无论何种角色，六三皆有非礼之处，不仅难以保

---

① 转引自【清】李道平：《周易集解纂疏·蒙》，第110页。

② 王亭之：《周易象数例解》，第21页。

③ 王弼按照"阴求于阳，晦求于明"的发蒙原理，认为"上不求三，而三求上，女先求男者也，女之为体，正行以待命者也，见刚夫而求之，故曰'不有躬也'。"（见【魏】王弼、【晋】韩康伯、【唐】孔颖达：《重刊宋本周易注疏附校勘记·蒙》，第24页上）王弼从卦体结构与爻位关系上分析，以上九为"金夫"，六三为阴妇，男为主，女为从，阴上求于阳，女主动亲近男，颠倒阴阳交合之序，表明六三无阴德。然而，高亨则从占筮的角度把关注点聚焦于阳爻，认为"不有躬"指的是"夫不有躬""夫丧其身"。筮遇此爻，勿举行娶女之事，娶女但见陪嫁之金，而女之夫将有丧身之祸。参见高亨：《周易大传今注·蒙》，第79页。

④ 【宋】程颢、程颐：《二程集·周易程氏传·蒙》，第723页。对此，丁四新认为，从《周易》本经的文字训诂上看，把"金夫"训同今天所谓的"大款"略有不妥。虞翻、王弼解为"阳刚之男"，与"懦夫"一词大抵相对，而伊川作"多金男"的训释则加入了他的道德性议论，说明对文字的正确训诂当是理解《周易》文本的基本前提。故而"金夫"之义当从《周易》的经学话语系统中予以诠释更为可靠。参阅丁四新：《〈周易〉溯源与早期易学考论》，见王中江主编：《出土文献与早期中国思想新知论丛》，北京：人民大学出版社，2017年，第246页。

⑤ 转引自【清】李道平：《周易集解纂疏·蒙》，第110页。

身安命，甚至还会被社会所惩戒、唾弃、鄙视，凶多吉少。"六三的'失身'状态代表情感或者欲望发动时，不能自我控制身体的私心和欲望，理智相对于情感处于失控状态"[①]，其缺乏坚定的人生信念与清晰的自我认识，心智混乱，意志薄弱，容易被情感冲昏头脑，或被外界事物所引诱、误导。黎子耀《周易秘义》曰："娶得此女，夫遭凶死。"[②]六三对内不柔顺贤惠，对外不自持守礼，谁娶了这样的女子回家，恐怕迟早都会遭遇祸患。《周易·家人》卦辞曰："家人，利女贞。"来知德解曰："盖女贞乃家人之本，治家者之先务。"[③]妇人当以操持家务、事夫教子为本务，而六三连最基本的女子节操都没有，何谈事其夫、治其家？

《蒙》卦初六、六四、六五爻分别为"发蒙""困蒙""童蒙"，唯六三似乎与蒙无涉，爻辞言"女"而不言"蒙"，何也？首先，六三爻变下卦为巽，巽为"长女"[④]，《易林》逸象中巽为"少妻"[⑤]，有女子、妇人、妻子之象。其次，人伦"造端乎夫妇"[⑥]，妇女之道是考察六三德性水平的首要内容与关键起点，如果胜任不了妻女的角色，其蒙昧甚明。王申子曰："如女之见金夫不能自保其身者，何所利哉？故圣人不言蒙而专以女之行不顺者言之，然是，亦蒙之至也。"[⑦]六三之女见利忘义，身不能保，恬不知耻，蒙昧极深，以事见蒙，可知其蒙昧已经到了不能言说的地步了。最后，六三不顺正夫为蒙，诸爻不求贤师亦蒙，说明蒙存在多种表现方式，

① 温海明：《周易明意：周易哲学新探》，北京：北京大学出版社，2019 年，135 页。

② 黎子耀：《周易秘义·蒙》，杭州：浙江古籍出版社，1989 年，第 157 页。

③【明】来知德：《周易集注·家人》，第 174 页。

④【明】来知德：《周易集注·说卦传》，第 363 页。

⑤ 王亭之：《周易象数例解》，第 24 页。

⑥【宋】朱熹：《四书章句集注·中庸》，北京：中华书局，2011 年，第 24 页。

⑦【元】王申子：《大易缉说·蒙》，见《文渊阁四库全书·经部一八·易类》，台北：台湾商务印书馆，2018 年，第 24 - 89 页上。

致蒙的原因各异，当就事而论。童蒙、妇人皆属阴，对童蒙而言，以阴求阳、以暗求明当为正，对应卦辞中"匪我求童蒙，童蒙求我"的教育要求。王弼曰："童蒙之时，阴求于阳，晦求于明，各求发其昧者也。"①幼稚儿童必当求阳近师以发其蒙。而对妇人来说，以阴求阳、以柔近刚则为不正，因为颠覆了阳主阴从、夫尊妇卑之序。王弼解释六三爻辞曰："女之为体，正行待命者也。"阴女为妇时，当待阳之动而顺之，"施之于女，行在不顺"②，男女关系中，阴女不应求于阳夫，而六三正应上九，显得过于主动。李光地曰："盖《易》例阴爻居下体，而有求于上位者皆凶。"③六三阴居下卦坎水，本当顺而下行，今却以下求上，以女应男，悖逆阴阳之道。胡炳文认为六三不取蒙而取女，原因是"蒙义恐人拘泥，故别发一义，况昧其所适，见利忘身，蒙不足以尽之"④，意在突显蒙态有诸多面向，不止表现于童蒙身上，任何人都可能以任何方式表现出蒙昧的一面。童蒙与妇人之道看似矛盾，实则都是个体根据自我的现实处境与角色要求而遵循阴阳变化原理行事的表现，道顺则有吉，道不顺则有难，六三没有清晰的自我认知与坚定的人生信念，随时都可能陷入混乱昏暗的悖逆状态，其为蒙、为妇皆不吉利。⑤

① 【魏】王弼、【唐】孔颖达：《周易正义·蒙》，《十三经注疏》标点本，第47页。
② 【魏】王弼、【唐】孔颖达：《周易正义·蒙》，《十三经注疏》标点本，第47页。
③ 【清】李光地：《周易折中·蒙》，第35页。
④ 【元】胡炳文：《周易本义通释·蒙》，见《文渊阁四库全书·经部七·易类》，第24-320页上。
⑤ 易道广大精微，深邃包容。阴阳之位、男女之序皆以天地大道为根本，阴为女为蒙，阳为男为师，仅是一种情境性的事物指代或意义象征，而并非某一特定或具象事物。《周易略例·明象》曰："触类可为其象，合义可为其征。义苟在健，何必马乎？"圣人做《易》重在传达其义而无须拘泥于某一具体物象，甚至应该做到"得意而忘象"。《周易》各卦中的阴、阳爻在不同语境中自然有不同的意义赋予与事物指代。《蒙》卦六三爻无论指代童蒙还是妇人，二者所体现的最根本的阴阳之道相通。引文见【魏】王弼：《周易略例·明象》，楼宇烈校释，北京：中华书局，2011年，第415-417页。

　　若以童蒙论之，六三属于昏蒙之极、朽木难雕的儿童。来知德认为，六三"乃自暴自弃，昏迷于人欲，终不可教者"，还将其视为"盖蒙昧无知之极者"，如果占卜遇此爻可"弃而不教"。[①] 六三受内心渎乱不堪的欲念所驱使而无法自明、自醒、自悟，相比于其他阴蒙，其所受的蒙蔽最严重，已经根深蒂固，直接劝诫教导很难发挥作用，故朱熹曰："言其志气昏惰，教无所施也。"[②]六三慵懒散漫、意志消沉、自我迷失的心性状态，听不进良言，认不清正道，教育根本就无从下手。孔子曰"朽木不可雕也，粪土之墙不可杇也"[③]，《春秋繁露·实性》又曰"斗筲之性又不可以名性"[④]，六三可能就属于朽木、斗筲之性一类的无从施教的蒙昧之人，似乎可以被教育所放弃。

　　但是，"勿用取女"并非意味着六三这样冥顽不灵、执迷不悟的童蒙就不能被教化，而是必须先找到其受蒙的内在原因，选择合适的教育方法，尽可能地帮助他们端正态度、重塑观念。金景芳、吕绍刚从主、客观层面分析了群阴致蒙的原因："初爻因未受教育而蒙，四爻因不学习而蒙，五爻因性质未开而蒙，都有客观上的缘故，唯三爻因为主观上修身不济而蒙。"[⑤]六三致蒙是因主观动机与内在信念偏离了正轨，说明其没有受到良好的早期教育，先入为主，内心已形成顽固的思维定式与错误的价值观念，之后再教化会极其困难。对待六三这样的童蒙，上九、九二所施的教法不同。六三正应上九刚极之阳，上九"御寇"而击之；

---

① 【明】来知德：《周易集注·蒙》，第35页。
② 【宋】朱熹：《四书章句集注·论语·公冶长》，第76页。
③ 【魏】何晏、【宋】邢昺：《重刊宋本论语注疏附校勘记·公冶长》（影印本），第43页上。
④ 【汉】董仲舒：《春秋繁露·实性》，第63页。
⑤ 金景芳、吕绍纲：《周易全解·蒙》（修订本），第86页。

上乘刚中之九二，但缺乏诚敬之心，九二"包蒙"而"不告"，使其顿悟反思，前者属于刚性教育，后者属于不言之教。《周易折中》引赵汝楳曰："如三则自我致蒙，圣人戒之曰：'勿用取女'。或发之，或击之，教亦多术，勿取非绝之，不屑之教也。"①施教者根据自身、童蒙的不同处境而选择适当的方法施教，只要能顺利帮助六三脱离蒙暗状态，不屑之教也是一种善教。

三、六四："困于蒙昧，不能比贤以发其志"

《蒙》卦六四爻辞曰："六四，困蒙，吝。"

六四在《蒙》卦中的爻位比较特殊。其一，六四处于六三、六五两阴爻之间，上下皆阴，被蒙所围困，难见光明。其二，六四与初六两阴爻为敌应，而六五有九二正应，六三有上九正应，初六比九二，六五比上九，唯六四应、比皆为阴，几乎没有接近阳爻的机会和可能。从《蒙》卦的爻位上看，初六、六三、六五皆阴居阳位，独六四阴居阴位，其虽位得正，但蒙最甚。六四的爻性、爻位、爻气、爻德统统以阴为著，深陷于蒙昧昏暗之中，故曰"困蒙"。其三，相比其他阴爻，六四上、下皆与阳爻无涉，与九二、上九相距最远，上隔六五，下隔六三，不近贤明之人，不得刚阳之助，蒙而不得发。程颐曰："四，阴柔而最远于刚，乃愚蒙之人。"②六四身边无可从之师，惑而不达，暗而不明，蒙蔽最甚。来知德甚至认为"占者如是，终为下愚，故可羞"，③占卜遇此爻当属下愚之人，有受蒙之耻。

困，有窘迫、受困、包围、阻塞之意，"困蒙"指六四处于一种

危难阻塞、精神压抑而难以舒展的状态或处境。[1] 困难，往往就是因为困而难，[2]六四被困群蒙之中，又无刚爻相助，想要亨达必然是举步维艰。高亨解曰："困蒙，处于困境之愚昧之人。如此人者有艰难。"[3]六四本性为蒙而有待开发，加之其处境不利，想要走出蒙昧便是难上加难。六四爻变为《未济》卦，《易林》(蒙之未济)曰："山林麓薮，非人所处。鸟兽无礼，使我心苦。"[4]草木山林为禽兽之居，蛮荒阴暗，残暴凶险，人居其中必有忧患和险难。《易传·彖·未济》曰："未济，亨，柔得中也。"《未济》卦离上坎下，坎为水，离为火，[5]水火不容，不能相资为用，事未有成，但六五阴居阳位，柔而得中，终不可穷。来知德曰："然刚柔相应，终有协力出险之功，是未济终于必济，此其所以亨也。"[6]《未济》卦刚柔相对，明暗相接，表明事情尚未终止，仍要继续向前发展，故六四之蒙当下看似暗无天日，但只要摇身一变，努力奋斗，

---

[1] 困，《广雅·释诂四》曰："穷也。"(见【清】王念孙：《广雅疏证·释诂》，第597页)困有穷苦、穷困之意，穷、困互训，穷即困，困即穷，二者如一。《周易·困》卦辞曰"困，亨"，孔颖达曰："困者，穷厄委顿之名。"(见【魏】王弼、【晋】韩康伯、【唐】孔颖达：《重刊宋本周易注疏附校勘记·困》(影印本)，第108页上)困一般都伴随着贫穷、艰难、萎靡、疑惑。从卦象上看，《困》卦有"水居泽中，枯涸无水"之象。(见【明】来知德：《周易集注·困》，第216页)泽中本当有水，而今干涸枯竭，表现出疲乏、干瘪、困顿之象。陆德明《经典释文》曰："困，穷悴掩蔽之义。"(见【唐】陆德明：《经典释文·周易音义·困》，第78页)困穷会使一个人处于贫瘠憔悴、蒙蔽昏暗、消极窘迫的境地。余治平认为，"困卦中的'困'，应该指穷厄委顿，道穷力竭，志意堵塞，施展不开，无法通达"。(参阅余治平：《困卦："过紧日子"的哲学要求——易学语境中儒家君子处困、解困之道研究》，《中原文化研究》2021年第4期，第57-64页)六四"困蒙"，因其蒙不得发，欲动不能，处于一种被遏制、被压抑、被围困的穷苦状态。

[2] 参阅余治平：《困卦："过紧日子"的哲学要求——易学语境中儒家君子处困、解困之道研究》，《中原文化研究》2021年第4期，第57-64页。

[3] 高亨：《周易大传今注·蒙》，第79页。

[4] 转引自黎子耀：《周易秘义·蒙》，第157页。

[5] 【明】来知德：《周易集注·说卦传》，第363、364页。

[6] 【明】来知德：《周易集注·未济》，第292页。

待时机成熟，也有亨达的可能性。

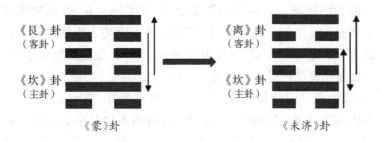

六四"困蒙"有两方面因素。一是外在之"困"。《象》辞曰：
"困蒙之吝，独远实也。"来知德解曰："阳实阴虚，实谓阳
也。"①阳爻为实，阴爻为虚，②上九与九二是《蒙》卦仅有的两阳
爻，众阴欲发其蒙无不亲近之，故初六承九二，六五应九二，六三
乘九二，应上九，唯独六四上下皆阴，应比无阳，其身边既无贤德
之师，又无正义之友，受蒙状态极为严重，金景芳、吕绍纲称其
"在此卦中处境最不好"。③ 来知德曰："六四上下既远隔于阳，

① 【明】来知德：《周易集注·蒙》，第 36 页。

② 一方面，《周易》阳爻卦画为实，阴爻卦画为虚，实表阳爻。另一方面，据天道变化
原理及阴阳发挥的作用来看，阳主阴辅，阳实阴虚。孔颖达曰："阳主生息，故称
实。阴主消损，故不得言实。"(见【魏】王弼、【唐】孔颖达：《周易正义·蒙》，《十三
经注疏》标点本，第 48 页)阳气主生生，阴气主杀损，故阳为实、阴为虚。阴阳之
间的实虚关系源于天道运作法则。《春秋繁露·天道无二》曰："阳之出，常县于
前而任岁事；阴之出，常县于后而守空虚。"(见【汉】董仲舒：《春秋繁露·天道无
二》，第 72 页)阳气主宰着万物之生成变化，其功大而可见，故居实位；阴气乃休
藏万物，其功隐而内藏，置于空虚之位。阴阳之动皆当符合天道实虚法则，《黄帝
内经·素问·太阴阳明论》云："阴阳异位，更虚更实，更逆更从"，阴阳运行各有
其道、各存其序，"阳道实，阴道虚"，属阳之物发挥刚强、生成、积极、饱满之实，属
阴之物静守柔弱、休藏、温顺、内隐之虚，二者各得其正，万物方可通畅无阻、生生
不息。引文参见【清】张志聪：《黄帝内经集注·素问·太阴阳明论》，方春阳等点
校，杭州：浙江古籍出版社，2002 年，第 224－225 页。

③ 金景芳、吕绍纲：《周易全解·蒙》(修订本)，第 87 页。

不得贤明之人以近之，又无正应贤明者以为之辅助，则蒙无自而发，而困于蒙矣，故有困蒙之象。"①六四生来就没有条件接触或亲近贤明之人，得不到施教者及时的启发和帮助，导致蒙昧日甚而不得治。"《周易》崇阳抑阴"②，蒙者欲发其蒙必近阳远阴，而六四偏偏近阴远阳，悖逆易道阴阳之理，故受困无疑。二是内在之"困"。六四无阳可近，受教育的环境不利，但其自身也只是一味地被动等待，毫无诚心求学的意愿，缺乏自主学习的意识。从卦体、爻位上分析，《蒙》卦六爻中，唯六四阴爻居阴位，有"当位"之吉。朱启经曰："六四在蒙昧不明环态中受困，阴居阴位'当位'还自己感觉清高无比，'我没错（当位），都是别人的错（其余五爻皆不当位）'，处在蒙昧时态中，则必致'吝'之难。"③六四当其阴位，困不知学，目光短浅，安于现状，不求进步，完全把自己封闭在蒙昧的世界之中，不与外界沟通交流，更不愿通过自身奋斗而突破险难，最终导致自暴自弃，这是其受困的根本原因。

　　六四"困蒙"的结果是"吝"，④《说文·口部》曰"吝，恨惜也"，

---

① 【明】来知德：《周易集注·蒙》，第36页。
② 金景芳、吕绍纲：《周易全解·蒙》（修订本），第87页。
③ 朱启经：《周易爻变解·蒙》，第33页。
④ 吉、吝、凶、悔是《周易》推测吉凶的四个断语，彼此之间可以相互转化、相互推动。《易传·系辞上》曰："圣人设卦观象，系辞焉而明吉凶，刚柔相推而生变化。是故吉凶者，失得之象也。悔吝者，忧虞之象也。"高亨解曰："悔，小不幸也。吝，难也。《广雅·释诂》曰：'虞，惊也。'然则忧虞犹言忧惊也。《易经》所谓悔吝乃人遇悔吝之事而心中忧惊之象也。"（参阅高亨：《周易大传今注·系辞上》，第383页）天地阴阳相交，刚柔互济，盛衰有节，圣人设卦象以揭示万事万物的生发规律与流变过程，以卦爻辞预测事物之变化方向与吉凶得失。悔吝是介于吉凶之间的状态，不至于大凶、大吉，却足以引起人的担心、忧患、警惕、注意、反思，防患悔改可有吉，执迷不悟必有凶。"悔吝不过是吉和凶之间的过渡状态，就看是趋吉还是趋凶的成分多一些，总之，是处在忧愁、犹豫、徘徊的状态中。古人对此的认识是非常明确的，一件事的结果对于人只有好和坏，当然是相对的好坏，但从严格意义上讲，是没有第三种结果的，不过是在两者之间还给内心留有一点（转下页）

遗憾、悔恨、可惜之意。程颐、金景芳认为，吝，不足之意。[①] 六四"困蒙"，只是暂时的困难、阻碍、过失，若能及时顿悟、悔过，日后仍有发蒙解蔽的机会。王夫之曰："然此爻独得位，虽困而未自失，故吝而不凶。"六四得位，能以童蒙身份自居，而不像六三那样怙顽不悛、自我迷失，其若有过能改，则不足以言凶，故结果为"吝"。余治平解释《困》卦时说："人固然可以一时受困，固然可以被外物的匮乏所难住，但却不可以让困难放倒自己，不可以阉割掉自己的生命冲动，不可以扼杀或泯灭自己追求解放的意志力。"[②]六四虽被群阴包围，又与阳爻相距甚远，但并非到了倒悬之危、末路穷途的地步，只要其学习动机被激发，早日开窍，释放出童蒙本性中的向善力量与生长动能，积极采取行动，终究可以战胜险阻、超越自我，脱离众阴之地而通往亨、吉之道。六四突破困境这一艰难过程，无疑也是其成长过程中的一次意志历

(接上页)安慰或希望的空间而已。"（参阅小易：《是故吉凶者，失得之象也；悔吝者，忧虞之象也》，《科技智囊》2006 年第 10 期，第 73 页）故《周易》卦爻辞中言"悔吝"毋宁是要构建一种主体性、能动性、灵活性的希望哲学。任何事情的发生有必然性的一面，亦有变化性的一面，若将吉、吝、凶、悔之结果平均分配，得"吉"概率为 25%，遇"凶"概率仍为 25%，其余 50% 均由悔、吝组成。命运由命与运两部分组成，吉则大亨，凶则有难，此乃天命之必然，而占了二分之一的悔、吝之运则是人们可以努力奋斗、不断超越的生命空间。金无足赤，人无完人，正是在防患未然、改恶从善的过程中彰显着人之生命的意义和价值。《易传·系辞下》曰："吉凶悔吝者，生乎动者也。"（见【明】来知德：《周易集注·系辞下》，第 384 页）万事万物时刻变化，涌动不息，吉可为凶，凶可化吉。"吉—吝—凶—悔—吉"是事物发生演变的普遍趋势，物极必反，否极泰来，是任何事物都逃脱不了的生存法则。故人人皆当谨言慎行，立身正道，扬善去恶，方可趋吉避凶。《周易》中吉、凶、悔、吝的解释方式为人们提供了强大的生存动能与坚实的信仰力量。

① 分别参阅【宋】程颢、程颐：《二程集·周易程氏传·蒙》，第 722 页；金景芳、吕绍纲：《周易全解·蒙》（修订本），第 87 页。

② 参阅余治平：《困卦："过紧日子"的哲学要求——易学语境中儒家君子处困、解困之道研究》，《中原文化研究》2021 年第 4 期，第 57－64 页。

练与实践挑战,对其日后克服蒙昧有重要意义。但若六四继续自甘堕落、坐以待毙,则会往凶的方向恶化,成为"困而不学,民斯为下矣"①这类人,之后再去施教则为时过晚。因而,解决六四的主观之"困"比客观之"困"更迫切、更关键、更根本。

对于六四而言,调动其学习兴趣与求知欲望是走出"困蒙"处境的第一要务。首先,分清善恶,择善而从。《易传·系辞下》曰:"困,德之辨也。"王弼注曰:"困而益明。"②辨是人的一种分析评判能力。六四越是困于蒙,越需要保持头脑清醒、分清黑白、不犯糊涂。孔颖达《正义》曰:"若遭困之时,守操不移,德乃可分辨也。"③六四虽身陷困局,依然要坚守童蒙之本分,阴柔自持,坚守做人底线,不可与恶人同流合污。就卦体结构与爻位关系而论,六四居上艮卦,可发动其求学志向,下求坎中之九二以发其昧。九二有刚中之德,包蒙从宽,若六四主动来学,九二必当循循善诱。上九亦为阳,但其爻性极刚,严厉粗暴,擅以"击蒙"之法施教,容易使童蒙心生畏惧、不敢近从,故六五承之而不求,六三弃之从九二,像六四这种洋洋自居的童蒙,当头一棒必定难以接受。六四面对这种近贤不成、远蒙不就的困境,最明智的选择就是找到身边的学习榜样,向六五学习谦卑诚敬。六五与九二正应,六四亲六五即是间接地近九二,以六五为表率,见贤思齐,反求诸己,日渐学习进步而走出困境。

其次,近贤求明,发动志向。六四之所以困,是因其离阳爻

① 转引自【魏】何晏、【宋】邢昺:《重刊宋本论语注疏附校勘记·季氏》(影印本),第149页下。

② 【魏】王弼、【晋】韩康伯、【唐】孔颖达:《重刊宋本周易注疏附校勘记·系辞下》(影印本),第173页上。

③ 【魏】王弼、【晋】韩康伯、【唐】孔颖达:《重刊宋本周易注疏附校勘记·系辞下》(影印本),第173页上。

太远，王弼称其"不能比贤以发其志"，①没有人去激发和启动其内在的求知意念与志向，很难摆脱困境。"人处于困蒙之境，若居上位，必失道而寡助；若言学，则必孤陋而寡闻"，②六四远贤而失道寡助，不学而孤陋寡闻，致使其视野受限、胸无大志，困蒙不发。六四好比偏远地区无法接受教育的儿童，一片蓝天，几座青山，一片土房，若干同伴，构成了他们的整个童年世界，红扑扑的脸蛋，清澈澈的眼神，亮澄澄的心灵，他们生来与其他孩童一样有好奇好动、向往光明的美好天性，可因无人发其志向、开其智慧、导其向善，孩子们的天赋得不到发挥，生命潜能被压抑、遮蔽、破坏，甚至摧毁，导致其困于蒙昧，不得不让人怜悯、惋惜。朱熹曰："能求刚明之德而亲近之，则可免矣。"③六四这样的童蒙，急需贤明之人的点拨和开化，以帮助他们树立正确的生活方向与人格理想。

最后，亲师信道，学以去蔽。六四自身是走出"困蒙"的能动主体，教师与环境的外部因素是否能发挥作用，还取决于六四的主观愿望与动机，只有发自内心、真情实意地去求贤近道、为正向善，困境才有希望彻底摆脱。蕅益《周易禅解》中曰："非实德之师友远我，我自独远于师友耳。师友且奈之何哉！"④亲师近友完全取决于个人的主观愿望，若自身没有求学的动机，即便身边全是贤师良友也无济于发蒙之功。六四本质上是自我致蒙，胡炳文曰："不能亲师取友，其困而吝也，自取之也。"⑤六四虽身

---

① 【魏】王弼、【晋】韩康伯、【唐】孔颖达：《南宋初刻本周易注疏·蒙》，郭彧汇校，上海：上海古籍出版社，2014年，第99页。
② 金景芳、吕绍纲：《周易全解·蒙》（修订本），第87页。
③ 【宋】朱熹：《周易本义·蒙》，苏勇校注，第9页。
④ 【明】蕅益：《周易禅解·蒙》，刘俊田点校，武汉：崇文书局，2015年，第35页。
⑤ 【清】李光地：《周易折中·蒙》，第36页。

处蒙昧之境，但"困而吝"的结果当归因于六四自身对待蒙境的消极态度与不当行为。教化离不开童蒙的主体作用，"我欲仁，斯仁至矣"[1]，六四若真心想学、要学、爱学，必然会严以律己、亲师求道、积极践履，战胜蒙昧。《荀子·劝学》曰"学莫近乎其人"，王先谦解曰："谓贤师也。"[2]学习最好的方式就是亲近贤明的教师，六四想要跳出窘迫昏暗的处境，就不得不一心向学，发奋图强，主动寻求良师的指点和帮助。[3]

四、六五："柔中之善，纯一之心"

《蒙》卦六五爻辞曰："童蒙，吉。"

"童蒙"，从卦象上看，《蒙》卦上卦为艮，《孟氏逸象》中艮为"童"、为"童蒙"、为"小"、为"小子"。[4] 陆绩曰："六五阴爻在蒙，暗蒙又体艮少，故曰童蒙。"[5]六五本为阴蒙，又处艮体少童之

---

[1] 【魏】何晏、【宋】邢昺：《重刊宋本论语注疏附校勘记·述而》（影印本），第64页上。

[2] 【清】王先谦：《荀子集解·劝学》，北京：中华书局，2012年，第13页。

[3] 任何人处于困境都该保持积极向上的人生态度和坚持不懈的奋斗精神。孔子曰："君子固穷，小人穷斯滥矣。"刘宝楠曰："遭困之时，君子固穷，小人穷则滥德，于是别也。"（见【清】刘宝楠：《论语正义·卫灵公第十五》（下），第611页）君子在困境中要分清是非善恶，坚守仁义之道，克制欲求，行止有节，时刻把持住做人的道德底线。孟子曰："士穷不失义，达不离道。"（见【汉】赵岐、【宋】孙奭：《重刊宋本孟子注疏附校勘记·尽心章句上》（影印本），第230页上）道义始终是君子为人做事之根本出发点。而小人在困境中则容易自我放弃，放纵欲望，为非作恶，做出伤天害理、违背仁义之事。余治平说："面对泽上无水的困境，君子的态度是积极有为，奋力拼搏，杀出重围，而意志薄弱、缺乏控制力的小人则做不到。"（余治平：《困卦："过紧日子"的哲学要求——易学语境中儒家君子处困、解困之道研究》，《中原文化研究》2021年第4期，第57－64页）可见，越是在困境中越能考验一个人的道德水平与意志力，唯坚守正道、知难而进之人才能获得成功。

[4] 王亭之：《周易象数例解》，香港：香港商务印书馆，2013年，第23页。

[5] 【吴】陆绩撰、【明】姚士粦辑，《陆氏易解·蒙》，见《文渊阁四库全书·经部一·易类·陆氏易解》，第7－187页下。

中，故有童蒙之象。《蒙》卦卦辞中有"匪我求童蒙，童蒙求我"，六五"童蒙"与此"童蒙"旨意略有不同，"卦辞只取蒙昧不明之义，此爻辞则取纯一未发而资于人之义"，[①]卦辞中的"童蒙"泛指蒙蔽不明之人，而六五"童蒙"强调个体在具体学习过程中纯一专心、诚敬求贤的成长状态，这也是六五区别其于他群阴的重要特点。

一方面，六五处上艮卦之中位，柔而得中，尊而有谦，不偏不倚，有柔善之德，守中庸之道，表现出童蒙最理想的生命状态。[②]《周易折中》引蔡清曰：

> 此之童蒙，言其有柔中之善，纯一之心。纯则不杂，一则不二，盖有安己之心，而无自用之失，有'初筮'之诚，而无'再三'之'渎'，信乎其吉也。[③]

《蒙》卦之众阴爻中，唯六五居中得吉，保持童蒙纯洁专一、赤诚澄明、天真无欲的美好天性，而没有受到任何人为迫害。六五既无六三之顽固贪念，亦无六四之消极昏暗，却有初六虔敬求学之诚心，其深知自身蒙昧而不妄动、不沉迷，守住了内心纯洁向善

① 金景芳、吕绍纲：《周易全解·蒙》（修订本），第87页。
② 童蒙与施教者共同遵循中庸之道才能构成理想的师生关系，任何一方不中都不能得教化之正。初六、六三爻位不中，虽亲比九二而不得吉。六五尊柔守中，虽与上九亲比而不得其教，唯下应九二之中则有"志应"之吉，从而养以为正。《周易折中》引蔡清曰："盖君以刚健为体，而虚中为用；臣以柔顺为体，而刚中为用。君诚以虚中行其刚健，臣诚以刚中守其柔顺，则上下交而其志同矣，实《易》爻之通例。"阳刚而守虚，待蒙来求；阴柔而刚动，求师发蒙，刚柔互济，阴阳中和，方可师生谐和、教学相长。引文见【清】李光地：《周易折中·蒙》，第36页。
③ 转引自【清】李光地：《周易折中·蒙》，第36页。

的生命特质，可谓众蒙之模范。明代叶山称六五是"蠢蠢乎，纯一而未发"，①颇似《蒙》卦"山下出泉"的"蒙盖"②之象，水下有动，山上有止，跃跃欲动，亟待开发，生动地还原了卦象中所昭示的童蒙样貌。六五"柔中居尊"③，能够恰到好处地保持童蒙这种自然淳朴、朝气蓬勃的生命态势。《春秋繁露·循天之道》曰："中者，天地之美达理也。"④"中"是天地万物所遵循的完美大道，六五童蒙柔而处中，顺应天道，无所不吉。

　　另一方面，六五屈尊求卑，上承上九之阳，下应九二之贤，诚敬求于人，以阴近阳，由暗及明，独得童蒙之吉。来知德曰："童蒙者，纯一未散，专心资于人者也"⑤，六五童蒙明净未开化，能够一心一意亲近刚阳之师。《说文·贝部》曰"资，货也"，段玉裁注曰"资者，人之所藉也"⑥，高亨解曰"资犹赖也"⑦，即借助、凭借、依赖、依靠之意。《易传·彖·乾》曰"万物资始"，孔颖达将"资"解为"资取"⑧，陆德明《经典释文》引郑玄云："资，取也"⑨，指吸取、汲取、接受、取资、借资。六五"资于人"，不仅指其对贤明之人的依赖，还强调其能够主动吸取和利用贤者的教化智慧

---

① 【明】叶山：《叶八白易传·蒙》，见《文渊阁四库全书·经部二六·易类》，第32-604页上。

② 高亨：《周易大传今注·蒙》，第78页。

③ 【宋】朱熹：《周易本义·蒙》，廖名春点校，第55页。

④ 【汉】董仲舒：《春秋繁露·循天之道》，第91页。

⑤ 【明】来知德：《周易集注·蒙》，第36页。

⑥ 【汉】许慎、【清】段玉裁：《说文解字注·贝部》，许惟贤整理，南京：凤凰出版社，2015年，第492页下。

⑦ 高亨：《周易大传今注·乾》，第42页。

⑧ 【魏】王弼、【晋】韩康伯、【唐】孔颖达：《重刊宋本周易注疏附校勘记·乾》（影印本），第10页下。

⑨ 【唐】陆德明：《经典释文·周易音义·乾》，第74页。

来帮助自己解除蒙蔽。① 王弼曰："夫阴之所求者阳也，阳之所求者阴也。"②阴阳之道，互生互求，六五主动下应九二之师，以阴应阳，以蒙求师，刚柔相济，和而有道，故能保持无限的生命活力与成长势能。《春秋繁露·循天之道》曰："和者，天地之所生成也"，"夫德莫大于和"，③"和"是万物生长发展最适宜、最完美的状态，人之生命的诞生也出于天地阴阳之和气。④ 六五以童蒙

---

① "资于人"，不仅指向贤明之人学习，亦指以邪恶之人为鉴。孔子曰："见贤思齐焉，见不贤而内自省也。"（见【魏】何晏、【宋】邢昺：《重刊宋本论语注疏附校勘记·里仁》（影印本），第 37 页下）遇贤者便向其看齐，遇不贤者便反思自身有无同样过错，有则改之，无则勉之。老子曰："善人者，不善人之师；不善人者，善人之资。"徐志钧曰："资，借鉴之依据。伪言劣行之人，正是众人之鉴戒。"善者乃不善者之榜样，不善者乃善者之警戒，善者与不善者都是一个人成长过程中不可或缺的学习对象。"不贵其师，不爱其资，虽智大迷。"一个人不亲近贤师，不以他者为鉴便不可能获得真智慧。参阅徐志钧：《老子帛书校注·七十一章》，上海：学林出版社，2002 年，第 244、245 页。

② 【魏】王弼、【唐】邢璹：《周易集解略例·明象》，北京：中华书局，1991 年，第 4 页。

③ 【汉】董仲舒：《春秋繁露·循天之道》，第 91 页。

④ 按照宇宙精气学说，人是天地精气凝结而生，在万物当中最为尊贵。《易传·系辞下》曰："天地细缊，万物化醇。男女构精，万物化生。"天地阴阳混沌一体，男女精气交合而化育生命。（见高亨：《周易大传今注·系辞下》，第 432 页）《黄帝内经·素问·宝命全形论》云："人生于地，悬命于天，天地合气，命之曰人。"王冰曰："形假物成，故生于地。命惟天赋，故悬于天。德气同归，故谓之人也。"（转引自【清】张志聪：《黄帝内经集注·素问·宝命全形论》，第 194 页）地养育人之形体，天赋予人之性命。阴阳交合的生生之道是做人最根本的道德参照。《管子·内业》曰："天出其精，地出其形，合此以为人。"（见【唐】房玄龄注、【明】刘绩补注：《管子·内业》，上海：上海古籍出版社，2015 年，第 333 页）人是天地精气交合之结晶。《春秋繁露》之《天地阴阳》篇中甚至提出"人之超然万物之上，而最为天下贵"之说。（引文转引自钟肇鹏主编：《春秋繁露校释·天地阴阳》（校补本），石家庄：河北人民出版社，2005 年，第 1085 页）天对人格外偏爱，赋予人特殊的禀赋和能力，可超越其他万物，"天地之精所以生物者，莫贵于人"，人受天地之精气而生，是世界上最高级、最尊贵的生命呈现。（引文见【清】苏舆：《春秋繁露义证·人副天数》，北京：中华书局，1992 年，第 347 页）《淮南子·精神训》曰："烦气为虫，精气为人。"（见杨坚点校：《淮南子·精神训》，长沙：岳麓书社，1989（转下页）

自处，存养本性，元气淳美，柔而不弱，尊而不傲，与九二阴阳相交、上下相和，有生生之吉象。

六五童蒙近阳亲师是受内在生长欲求所驱动的本性使然，主动靠近贤德之人，充分昭示出童蒙好奇好问、求知若渴的生命特质。来知德曰：

> 六五以顺巽居尊，远应乎二，近比乎上，盖专心资刚明之贤者，故有童蒙之象，占者如是则吉也。

六五身居尊位却有谦柔之德，上承上九，下应九二，远近皆愿从之，不放弃任何一个学习机会，专心一意，求贤好学，终能化蒙为圣。九二和上九均为发蒙者，六五并没有像六三那样在二者之间摇摆不定、渎乱迷失，而是各顺其理、坚守正道。九二与六五正应，有"包蒙""纳妇""克家"之贤，六五诚敬来求学，二者志相契合，融洽和谐，师生共济。王弼认为，六五是"不自任察而委于二，付物以能，不劳聪明，功斯克矣，故曰'童蒙吉'"。[1] 六五宁愿自降身份，也要亲附九二这样有刚中之德的贤者，以德治蒙，没有不成功的。[2] 而上九居亢阳之位，刚极威猛，以"击蒙"为法，

（接上页）年，第68页）气依附的载体不一样，所呈现的结果也不同，人之所以比动物高级在于其气更精纯、更优质。《春秋繁露·循天之道》又曰："凡养生者，莫精于气。"（见【清】苏舆：《春秋繁露义证·循天之道》，第447页）人治之根本就是要保留天地赋予的精良之气，气聚则盛，气散则衰。童蒙之精气出于自然，纯洁丰盈，未经损耗，活力四射，整日上蹿下跳却丝毫无劳顿之感，而待其日渐长成，不断被尘世之声色利欲所浸染，精气日益被消耗、减损，想要复归婴孩之气是极其困难的。

[1] 【魏】王弼、【唐】孔颖达：《周易正义·蒙》，《十三经注疏》标点本，第48页。

[2] 金景芳、吕绍纲从治国的角度提出："如果是个居君位的人，他便会做到以童蒙自处，纯一不发，充分信任贤明的臣下，依赖他们治理国家。"六五以柔顺居尊位，谦卑诚敬，主动正应九二，以蒙者自居，又任用贤人，以此治理天下没有不成功的，所以得吉。（参阅金景芳、吕绍纲：《周易全解·蒙》（修订本），第87页）（转下页）

虽有"为寇"之险，但六五仍恭敬地顺服、亲比上九，以阴承阳，合阳阴顺逆之理，亦无不利。

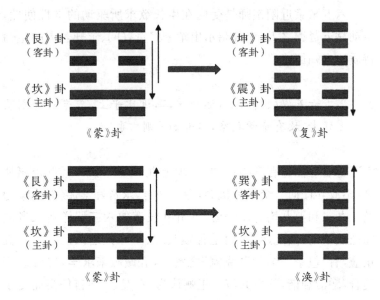

《象》辞解释曰："童蒙之吉，顺以巽也。"一方面，六五处《蒙》卦上互卦坤体中，有坤顺之象。另一方面，六五爻变为《涣》卦，

（接上页）古之君王无不重任贤臣辅佐朝政以治天下，九二有贤德之臣象，六五有礼贤下士之君象。荀爽解释《象》辞"童蒙之吉，顺以巽也"曰："顺于上，巽于二，有似成王任用周召也。"李道平疏曰："五艮以童稚之年，居于尊位，委任于二，君师于臣，反蒙为圣，故曰'有似成王任用周召也。'"（见【清】李道平：《周易集解纂疏·蒙》，第 111 页）周成王年幼，国之政事由周公与召公代管，二位贤臣齐心协力帮助成王治理国家。周成王以柔居尊，取六五童蒙之象，下应九二，以臣为师，故成其大业。程颐曰："为人君者，苟能至诚任贤以成其功，何异乎出于己也？"（见【宋】程颢、程颐：《二程集·周易程氏传·蒙》，第 722 页）六五处尊位而有柔顺之德，主动放下身姿、任用贤能，故能反蒙为圣。老子曰："不敢为天下先，故能成器长。"（见陈鼓应：《老子注译及评介·六十七章》，北京：中华书局，1984 年，第 318 页）人之身份愈是尊贵愈要修养卑己自牧、虚怀若谷之大德，这样才能长盛不衰。

宋代沈该曰："涣，释也，童蒙得涣，释之象也。"①六五之蒙将被驱散、消释、祛除，从而趋向亨达光明。六五爻变居上卦巽之中位，《易传·说卦》曰："巽，入也。"来知德解曰："顺则能入。"②《孟氏逸象》巽为"入伏"、为"随"、为"进"③，有柔弱、跟随、进入、顺服之象，意指六五能诚敬听从九二之教。高亨曰"巽字又引申为谦逊之义"④，凸显六五有虚心好学、真诚专注、尊师重道之美德。朱启经认为，巽为风而有"顺从"之象，这就是此爻始终保持柔顺而谦逊的态度，虽"蒙"却能得"吉"。⑤六五之所以能够受到正教，根本原因是其愿意主动接受和顺应良师的谆谆教诲，"学道之法，顺则能入"⑥，学习的时候，耳听师言，心从师道，方可收获真正的学问与智慧。童蒙求学的热情越高，教师施教的兴致也更越浓，朱震曰："顺则乐告之，以善道巽，则优柔以开导之，以此治蒙，优于天下矣。"⑦六五以柔顺之诚心打动九二，九二以刚中宽厚之教启发六五，师生之间彼此吸引、津津乐道，形成良好的师生互动关系，有助于成就教化之功。

从卦体结构上分析，六五"顺"与"巽"的对象各异。来知德曰：

> 仰承亲比上九者，顺也。俯应听从九二者，巽也。亲比

① 【宋】沈该：《易小传·蒙》，见《文渊阁四库全书·经部四·易类》，第 10 - 475 页上。
② 【明】来知德：《周易集注·说卦传》，第 360 页。
③ 王亭之：《周易象数例解》，第 22 页。
④ 高亨：《周易大传今注·蒙》，第 80 页。
⑤ 朱启经：《周易爻变解·蒙》，第 34 页。
⑥ 【明】蕅益智旭大师：《周易禅解·蒙》，第 90 页。
⑦ 【宋】朱震：《汉上易传·蒙》，见《文渊阁四库全书·经部五·易类》，第 11 - 26 页下、27 页上。

听从阳乎，正远实之反，所以吉。①

于上九而言，六五仰承上九，以阴服阳，以柔从刚，故为顺。《易传·象·旅》曰"旅，小亨，柔得中乎外，而顺乎刚"，来知德解曰："柔得中不取辱，顺乎刚不招祸。"②六五承上九不颠覆阴阳之序，居中位不妄动蒙昧之行，不会因为自身的无知莽撞而引起祸患，相对安稳和谐，无所过失。于九二而言，六五则有顺巽之象。李道平曰："二五皆失位，二动包五，五下应之。动而成巽，得中得正。"③九二为《蒙》卦下互卦震动之主，能够包纳群阴；六五下应九二之动，爻变为巽，巽"为风"④，如沐春风般接受九二的教化熏陶。《易传·象·巽》曰："刚巽乎中正而志行。"来知德解曰："盖刚居中正，则所行当其理而无过中失正之弊。"⑤九二刚居下坎之中，六五爻变居上巽之中，二者皆刚中得正，故六五顺服九二，乃大吉大利之行。⑥

---

① 【明】来知德：《周易集注·蒙》，第 36 页。

② 【明】来知德：《周易集注·旅》，第 258 页。

③ 转引自【清】李道平：《周易集解纂疏·蒙》，第 111 页。

④ 【明】来知德：《周易集注·说卦传》，第 363 页。

⑤ 【明】来知德：《周易集注·巽》，第 262 页。

⑥ "顺"与"巽"皆有服从、柔顺之意，二者相互联系、相互区别。金景芳、吕绍纲将"顺"与"巽"看成两个递进的学习过程，顺，善于接受别人的意见；巽，善于把别人的意见吸取进来，变成自己的行动。顺与巽二者不可或缺，犹如明君听取贤臣的进谏，即要顺，也要巽。若顺而不巽，那就是从而不用了。（参见金景芳、吕绍纲：《周易全解·蒙》（修订本），第 87 页）"顺"与"巽"存在先后、程度、层次上的本质差异，"顺"不一定能"巽"，但"巽"一定得先"顺"。从《蒙》卦卦体结构上看，六五顺上九是必然选择。上九乃刚极之爻，位高权重，而六五阴居阳位，柔而有中，承上九以守尊卑上下之礼，但顺不一定会心悦诚服。对于九二，六五则爻变成巽，甘愿卑其尊位而尽心求教、主动应随，完全受内在的自觉意识与求知冲动所驱使，比顺上九更投入、更走心。周振甫曰："舍己从人，顺也。降志下求，巽也。"（周振甫：《周易译注·蒙》，北京：中华书局，1991 年，第 27 页）顺在于从，（转下页）

《蒙》卦众阴爻唯六五得"童蒙"之吉，因六五柔而有道、阴而
求明，最接近童蒙的道体本身。《春秋繁露·深察名号》曰："名
生于真，非其真，弗以为名。"[1]万物之名皆源于原始真实，不真
则不得其名。六五得童蒙之名，因其爻性、爻德、爻气、爻位谦逊
柔和，中正不偏，充分发挥了童蒙澄明纯一、亨达向善的本然特
质。王夫之评价六五说：

> 虚中待教，得童蒙之正，其吉宜矣。[2]

万物各有其道，童蒙自有童蒙之道。六五以阴柔之本，守中和之
道，近刚阳之师，其行为最符合童蒙的身份要求与自我规定性，
故而得童蒙之正。刘大钧、林忠军解为"孩子的幼稚蒙昧，主
吉"。[3]儿童身上的蒙昧表现是生命发展的自然阶段，这种纯一
待发的状态本不为害，而是个体生命发展的重要开端。然而，
大部分童蒙很难像六五这样保持纯一自然的中正状态等待教
化，或多或少都有所偏差，初六柔而不中，六三凌阳不正、心志
渎乱，六四得位忘本、亲阴远阳，导致其各自在"蒙以养正"的
过程出现种种困难和阻碍，施教者不得不花费更多功夫去补
救和纠正。六五不仅近师求道，似乎还能以身边众蒙为鉴，抚
躬自问，辨别善恶，始终没有像其他童蒙一样偏离正道。六四

（接上页）而巽在于求，引申而言，"顺"与"巽"是两种不同层次的学习境界，"顺"
多被动，外因为主，而"巽"多主动，内因为主。巽"为风"，来知德解曰："气之善莫
如风，故无物不被。"（见【明】来知德：《周易集注·说卦传》，第 363 页）"巽"比
"顺"显得深刻、内在、持久，上九以威示人，六五顺之，而九二以德服人，六五巽
之，皆在情理之中。

① 【汉】董仲舒：《春秋繁露·深察名号》，第 60 页。

② 【清】王夫之：《周易内传·蒙》，第 62 页。

③ 刘大钧、林忠军：《周易古经白话解·蒙》，济南：山东友谊书社，1989 年，第 10 页。

与六五皆为阴，阴遇阴为敌，六五警惕六四"独远实"之困，而亲近贤明之师。六三正应上九，但"见金夫，不有躬"。六五为防止心无定主之乱，故一心一意正应九二。初六有诚敬之心却无正应之阳，只能以"刑人"规范其行。故六五下求九二，化被动为主动，从而顺利发蒙。孔子曰："择其善者而从之，其不善者而改之。"刘宝楠《论语正义》曰："其有善有不善者，皆随事可见，择而从之、改之。"①六五扬众蒙之长而滋其德，思群阴之短而避其过，柔而得中，顺上巽下，与各爻之间的关系刚柔有度、谐和融洽，比阳、应阳皆无所困，纯一专注而安保其身，守住童蒙之正，故有亨通之吉。

综上，大抵蒙各有其弊，或明或暗，或聪或愚，或诚或骛，不一而足，教育当对症下药、灵活应变。《周易折中》引赵汝楳曰："人致蒙者多端，故亨蒙非一术。有不被教育而蒙者，初是也。有不能问学而蒙者，四是也，有性质未开而蒙者，五是也。如三则自我致蒙，圣人戒之曰：'勿用取女。'"②初六柔弱未教，包蒙而养其正；六四困不知学，亲贤而明其志；六五童蒙有吉，顺势而开其智；六三自我渎乱，严击以去其蔽。施教者当根据各童蒙的具体处境与致蒙原因，抓住契机，有的放矢，当包则包，当发则发，当止则止，当击则击，选择最恰当的施教方法。师者以刚中为本，博爱宽厚，春风化雨，以德养人；蒙者以阴柔自居，纯洁专一，虔敬有诚，近贤求能。施教者与童蒙之间阴阳合德、心志互应、其乐融融，才可能实现"浴乎沂，风乎舞雩，咏而归"③的美好教育愿景。蔡清曰："详观《蒙》卦六爻，在蒙

---

① 【清】刘宝楠《论语正义·述而第七》（上），第 272、273 页。
② 【清】李光地：《周易折中·蒙》，第 35 页。
③ 钱穆：《论语新解·先进篇第十一》，北京：生活·读书·新知三联书店，2017年，第 269 页。

者便当求明者，在明者便当发蒙者，而各有其道。"①师者从阳，蒙者从阴，阴以求阳，阳以滋阴，《蒙》卦六爻本质上是借助教学之事演绎阴阳大道，成功的教育应如同天地流变、四时更替、万物生化一样自然、顺利，令人心生喜悦。

《蒙》卦中的每一爻都不可或缺，少了任何一爻都不完美、不和谐、不生动，卦、爻之间相互交织、融合、勾兑又酝酿出极具中国本土特色的儿童哲学思想与教育智慧。《易经证释》曰："卦爻之意，固见于辞，而辞之末尽，又当求之卦爻。"②卦、爻辞并不能穷尽整个卦义，要深得某卦之卦义，还需回过头去咀嚼卦、爻本身。刘勰曰："意翻空而易奇，言征实而难巧也。是以意授于思，言授于意。"③《周易》难懂，人们要真正揣摩圣人设卦之意，还需超越现有的卦象、卦辞、爻辞，注入个体的经验、思考与想象去深刻领会、反复研读。《蒙》卦以象、辞、体、数、位等多面向、立体化、灵动式、意象化的解释系统赋予了"童蒙"饱满的生命特质与深邃的精神意蕴，为当今的儿童哲学研究开辟了新的研究思路，要充分阐释出《蒙》卦的教育思想，还需一辈接一辈的人继续努力挖掘和创造。

---

① 【清】李光地：《周易折中·蒙》，第 36 页。
② 列圣齐注：《易经证释·蒙》第二部，第 5－42 页。
③ 黄叔琳注，李详补注：《增订文心雕龙校注·神思》，杨明照校注，北京：中华书局，2000 年，第 369 页。

卷二 ◆ 童蒙教育的理念与方法

第 六 章

教育理念："蒙以养正"何以为"圣功"?

　　《易传·象·蒙》曰："蒙以养正，圣功也。"①"蒙以养正"配以"圣功"，可谓《易传》予以儿童教育的独特美誉，其基于易道特有的哲学诠释方式表明了儿童教育的特殊性和重要性，突出儒家对儿童教育的谨慎态度与对教师极高的德性要求。"唯圣人位育，并天地生成，故养正之功，称曰圣功"，圣人才有资格、有能力胜任"蒙以养正"之重任，一般人极易出现"时而不养""养而不正"②等方面的疏忽或失误。《孟子·万章下》曰："圣，譬则力也。"孙奭《疏》曰："以圣者而譬之，则若人之有力也。"③圣人能够体达天地大道，化育万物源于本心之善而不掺杂任何功利、虚假、邪恶的成分，善始善终，存己正蒙，始终不离正道。儿童拥有

---

① 金景芳、吕绍纲则认为，养蒙与发蒙含义是一致的，而养蒙包含略广一些。对于蒙，最理想即最正当的做法，莫过于时其可发而发之，不可发而置之，养其本质，待其自胜。（见金景芳、吕绍纲：《周易全解·蒙》(修订本)，上海：上海古籍出版社，2017年，第85页）发蒙与养蒙均以"正"为本，以"善"为道，二者在本质上是相通的。

② 列圣齐注：《易经证释·蒙》第二部，台北：正一善书出版社，2005年，第5-51、52页。

③【汉】赵岐、【宋】孙奭：《重刊宋本孟子注疏附校勘记·万章章句下》(影印本)，台北：艺文印书馆，2013年，第176页下。

一颗真诚、纯粹、圣洁的赤子心，而这颗赤子心一旦进入世俗社会又是极其脆弱、不安、危险且难以保持的，稍不留心就可能被外部事物所侵蚀或袭击。圣人能够凭借其高超的智慧，巧妙地帮助儿童预防危险、脱离困境、突破险难，引导他们去伪存真、弃恶扬善，从而走向做人的光明大道。《蒙》卦《象》辞以"圣功"来规定养蒙之事，把"蒙"与"圣"这两种看似差异甚明的生命状态联系起来的旨意何在？这种圣、蒙同道的哲学观念对中国的儿童教育研究有何启示？

一、"赤子""善端""童心"

《蒙》卦"山下出泉"①之象生动、立体、形象地揭示了童蒙的本然状态。儿童生来混沌自然，无忧无虑，纯洁待发，恰似泉水初露时欢跃叮咚、浪花飞腾的活泼样子。泉水清澈明净，灵动欢愉，象征儿童天真烂漫、纯正无邪的心灵；泉水勇往直前、奔泻流淌，昭示儿童求问好奇、存真向善的禀赋。儿童身上这些美好至极的自然本性已经是无数成人一生所向往的灵魂归宿与精神诉求。教育也高呼"发现儿童""保护童年""回归童心"的口号，试图在儿童社会化的过程中尽可能维持其天性中的善良特质不被异化。人们越来越重视和珍惜自然所赋予儿童的生命本能，教育的秘密似乎再也无须往外苦苦寻求，所有的重点与谜底都可以在儿童身上找到答案。教育的宗旨与目标就是让儿童成为儿童，保护他们与生俱来的纯洁天性不被污染和破坏。

---

① 【魏】王弼、【晋】韩康伯、【唐】孔颖达：《重刊宋本周易注疏附校勘记·蒙》（影印本），第23页下。

　　"婴孩"①"赤子""婴儿"②"孩提"都是中国古代与儿童相关的美称,每个字都渗透着老祖宗对儿童深刻的精神赋予与积极的价值肯定。老子曰:"含德之厚,比于赤子。"赤子为人类生命之始,精气饱满,纯洁不染,潜能无限,精力旺盛,"毒虫不螫,猛兽不据,攫鸟不搏,骨弱筋柔而握固,未知牝牡之合而朘作,精之至也;蜂虿虺蛇弗螫,攫鸟孟兽弗搏;骨弱筋柔而握固,未知牝牡

---

① 《说文·口部》曰:"咳,小儿笑也。从口,亥声。孩,古文咳,从子。""孩"与"咳"古字相同,最初指婴儿的笑声。又从"子"为"孩",引申为小孩、孩童、幼童之意。《孟子·尽心上》曰:"孩提之童无不知爱其亲者。"赵岐注曰:"孩提二三岁之间在襁褓,知孩笑,可提抱者也。"(见【汉】赵岐、【宋】孙奭:《重刊宋本孟子注疏附校勘记·尽心章句上》(影印本),第 232 页上)"孩"用以表示刚出生还不能离开父母之怀的婴幼儿。《礼记·内则》曰:"钦有师父执子之右手,咳而名之。"郑玄注曰:"'孩'字又作'咳'"(见【汉】郑玄、【唐】孔颖达:《重刊宋本礼记注疏附校勘记·内则》(影印本),第 535 页下),婴儿刚出生,因为还没有名字,父亲执其右手咳而名之,以示喜爱之情。今人逗婴儿,不知其名,亦点头微笑以示友好。孙希旦解曰:"咳,颔也。咳而名之,以手承子之咳而名之也。"(见【清】孙希旦:《礼记集解·内则第十二之二》(中)、沈啸寰、王星贤点校,北京:中华书局,1989 年,第 764 页)咳又指婴儿的下巴,可能是描述婴孩刚出生骨骼发育不成熟而无法抬头的状态,成人怀抱时常会托住其头部或下巴,同样表示婴儿出生不久之意。老子曰"若婴儿未咳",未咳,还未命名,孩子出生后三个月才命名,没有命名的婴儿更接近于自然,春秋时代对世子的命名显然是对其名分的确定,即从自然之人进为社会之人。(参阅徐志钧:《老子帛书校注·六十四章》,上海:学林出版社,2002 年,第223 页)老子常常借用新生儿的心理特征与行为表现来描写婴孩的自然特质,如"傫傫兮若无所归""我若遗""沌沌兮""独昏昏""独闷闷"等。婴儿没有任何社会标记,这种纯粹的天真境界正是老子所追求的静谧纯朴、归于自然的绝对道体。
② 在道家看来,"婴儿"意指人性之自然本真状态。在秦汉时期"婴儿"一词含义极其丰富。或指"始生"儿、"初生"儿,或指"幼儿",或与"大人"相对指少年儿童,或指"未成年人"。甚至还有"女曰婴,男曰儿"(《仓颉篇》)之性别区分。《焦氏易林》中"婴女"往往又与"贱下""下贱"之文相关,体现了社会的性别差异观念对女婴地位的影响。"婴儿"称谓使用之复杂性与当时"上古汉语向中古汉语的过渡"的文化背景有关。今人当根据具体语境而灵活用之。参阅王子今:《秦汉儿童的世界》,北京:中华书局,2018 年,第 82-98 页。

之会而朘怒，精之至也；终日号而不嗄①，和之至也"。② 婴儿骨弱筋柔，小手攥捏的力量却足以拎起整个身体；不懂男女交媾之事，但生殖器精气充沛而能自然挺起；终日哭声不断，但因和气至极而不伤身，其嗓子从不会嘶哑。庄子亦曰："儿子终日嗥而嗌不嗄，和之至也。"成玄英疏曰："任气出声，心无喜怒，故终日啼号，不破不塞。谆和之守，遂至于斯。"③婴儿心无滞气，和谐舒畅，气血充盈，号而无伤，有着极其强盛的生命力，故老子曰："专气致柔，能如婴儿乎？"陈鼓应将"专气"解释为"集气"（concentrate the vital force）④。婴儿能气聚一体，纯洁而饱满，柔和而坚强，圆润而恬静，外界一切事物均无法干扰他们的精神世界，也无法损害他们天生自带的生命灵气。赤子、婴儿是"没有经过任何社会化的自然本质，因此它象征着原初而完整的人性，而且这种原初而完整的人性最接近于'道''德'"，⑤老子用赤子、婴儿隐喻人的自然本性，是强调对生命本然的保存和复

---

① 《经典释文》曰："嗄，气逆也。"不嗄，即血气畅通而不亏损或滞塞。"声不嗄，当作噎。"（参见【唐】陆德明：《经典释文·老子道德经音义》，北京：中华书局，1983年，第358页下）《说文·口部》曰："噎，饱食息也。"人吃饱饭后打嗝通气谓之噎。婴孩终日号啕大哭但声音不嘶哑，和气不伤逸。哭是婴儿本能性的反应，例如，饿、困、冷、热、痛等身体不适感，他们都会通过大声哭泣来表达情感，一旦他们的需求得到满足便又立刻破涕为笑，好像刚刚的事情没发生过一样，哀而不伤，哭而不忧，自然不会对身体造成伤害。若换作成人整日啼哭嚎叫、涕泪横流，则肯定会声带损伤、悲郁成疾，对身心造成巨大伤害。因而，婴孩身上顽强的生命力与纯足的精良气，不得不让成人钦佩和感叹！

② 陈鼓应：《老子注译及评介·五十五章》，北京：中华书局，1984年，第276页。

③ 【晋】郭象，【唐】成玄英：《庄子注疏·杂篇·庚桑楚》，北京：中华书局，2011年，第79页。

④ 陈鼓应：《老子注译及评介·十章》，第96页。

⑤ 郑开：《道德形而上学研究》，北京：宗教文化出版社，2003年，第198页。

归，侯才甚至认为老子主张的是一种人性善说。[①]　董平说："'赤子'为纯阳之体，其先天元气浑厚，包含其未来发展的无限可能性；'赤子'无识无知，于外物无有分别，无有任何偏见的附加，所为皆是'自然'。"[②]赤子是生命最初的本真状态，蕴含着无限的生长力量，因而能够配以大道、至德。

　　人之生命最超然的理想境界应该如同"婴儿之未孩"[③]的混沌状态，淡泊自然，无欲无求，与天地万物消融一体。婴儿最初主客无分，浑浑然然，不存在"我"与"非我"之区别，"环境行为，如同婴儿的遗传驱力行为一样，都是婴儿的一部分"，[④]婴儿的本能冲动皆出于自然，无须掺杂任何外在力量，率性而为，随势而动，毫无分别心，其欢声笑语皆与天地万物同体为一。他们饿了就吃，渴了就喝，困了就睡，像平静流淌的溪水，生于天地，融于自然，清澈甜美，真切可人，单纯快乐。世界是他们的，他们也是世界的，可谓"天地与我并生，而万物与我为一"[⑤]的状态。正如陆九渊所言，"心之体甚大，若能尽我之心，便与天同"[⑥]，婴孩之心性力量强大无比，能够消解时空，容纳万物，消除分别，而体

① 参阅侯才：《郭店楚墓竹简〈老子〉校读·甲书》，大连：大连出版社，1999年，第71-73页。

② 董平：《老子研读·五十五章》，北京：中华书局，2015年，第218页。

③ 傅奕本、范应元本"孩"作"咳"。"如婴儿之未孩"即"好像不知嬉笑的婴儿。"参阅陈鼓应：《老子今注今译·二十章》（修订本），北京：商务印书馆，2016年，第150-155页。

④ ［英］D. W. 温尼科特：《婴儿与母亲》（*Babies and Their Mothers*），卢林、张宜宏译，北京：北京大学出版社，2019年，第78页。

⑤ 【清】郭庆潘：《庄子集解·齐物论》，王孝鱼校点，北京：中华书局，1961年，第79页。

⑥ 【宋】陆九渊著、钟哲点校：《陆九渊集·语录下》，北京：中华书局，1980年，第444页。

达道体本身。章太炎曰："有差别此谓理，无差别此谓道。"①理
即真理，真理是人心所构建的有差别的主观判断，并不能代表事
物本身。而道则是天地万物最原始、最真实、最本来的自然状
态，事事物物都有自己的道体。赤子、婴儿正是人之为人的源初
本真，无需人为去义界和规定，其本身就是合道的存在。赤子与
天地之间无隔阂、无界限，道心与人心完全融合，而随着社会化
的发展，他们从感知不出完整自我，到与客体同步共生，再到认
识自己、感知万物，②日渐将自身从现世中抽离出来，开始产生
自我意识，区分主客，辨别我与非我、美与丑、善与恶、贵与贱、真
与假等，他们空悠悠、混沌沌的精神世界变得清晰复杂、丰富多
彩，颇似一张洁白的纸张被涂抹得五颜六色。人们热衷于关注
画面上有什么、好不好看、喜不喜人、有没有用，而很少有人再去
追问童蒙原来的"底色"是什么，后天附加的"彩色"对童蒙本身
意味着什么。《易传·象·蒙》曰"山下有险，险而止，"来知德解
曰："退则困于其险，进则阻于其山，两无所适，所以名蒙。"③童
蒙在现实世界中，极易被眼前事物所迷惑，宛如泉水欲流不能而

---

① 章太炎撰，庞俊、郭诚永疏证：《国固论衡疏证·原道下》，北京：中华书局，2018
年，第 584 页。
② 而美国心理学家 P. 罗夏认为，把婴儿早期心理视为一种混沌、不相关和无差别
的状态的理论观点缺乏实证。他通过实证研究得出：大约从出生开始婴儿就具
有将自我刺激与非自我刺激区分开的核心能力。通过这种能力，婴儿就能够发
展出一种早期的自我意识。因此，婴儿并没有完全与周围世界隔离开或对环
境完全混淆，反倒从一开始就适应了环境。（参阅［美］P. 罗夏：《婴儿的世界》
（修订本）（The Infant's World），郭力平、郭琴、许冰灵译，上海：华东师范大学出
版社，2019 年，第 26 - 27 页）婴儿早期很可能存在一种生命直觉，其状态在成
人看来虽未分明、未成熟，但他们有一套自己的内隐适应系统，这个系统有日
渐趋向成熟、分化的特性与潜力。
③ 【明】来知德：《周易集注·蒙》，胡真校点，上海：上海古籍出版社，2013 年，第
33 页。

蠢蠢萌动的两难境地,至于泉水能否突破困难而永流不息,则要看后天的教化与疏导。

　　赤子表示人之生命先天的、本然的、未经社会化的自在状态,这种柔弱无知的状态恰恰是人之为人保持生命活力的根本原因。"人之生也柔弱,其死也坚强。万物草木之生也柔脆,其死也枯槁。"①人由生到死的发展过程,实则是生命由柔至刚、由弱至强的演变过程。初生婴儿总是柔弱娇嫩的,而人死亡时总是冰冷僵硬的,万物草木皆从此理。"坚强死之徒也,柔弱生之徒也"②,万物越柔生命力就越强,婴儿之所以生机勃勃,当归因于其自身的柔善之德。反之,人越长大成熟,就越会被各种知识、欲望、观念、偏见所填充,表面上看似日渐强盛壮大,实质上却面临着走向衰败、死亡的危险。《淮南子·原道训》亦曰"柔弱者,生之干也"③,柔弱乃生命之本,人想要生活得更真实、更轻松,就要有以"柔"道为人处事的心境与智慧。庄子还将婴儿之色视为个人养生的关键,"行年七十而犹有婴儿之色"④,婴儿形色不衰,血气旺盛,阳气饱满,生命活力超强,人若能时刻保有婴孩的状态,自然会身体健康、美意延年。人之兴衰生死过程被抽象为柔弱与坚强两种对立状态的转化,并非意味着人人要去模拟婴孩的咿呀学语与童言稚气,而是人要学会剔除那些偏离人之自然本性的世俗内容,保持生命的弹性与生机,存养内在的精良之气,简单纯粹,自得其乐,才可能触及婴孩般的极乐境界。

---

① 陈鼓应:《老子注译及评介·七十六章》,第342页。

② 徐志钧:《老子帛书校注·四十一章》,第143,144页。

③ 刘文典:《淮南鸿烈集解·原道训》,合肥:安徽大学出版社、昆明:云南大学出版社,1998年,第23页。

④ 【晋】郭象、【唐】成玄英:《庄子注疏·内篇·人世间》,第79页。

在现象世界中，与婴儿柔弱状态对应的道体之物唯水莫属。老子曰："上善若水，水善利万物而不争，处众人之所恶，故几于道。"河上公注曰："上善之人，如水之性。"①水以柔弱自居，无味无色，无体无形，却能恩泽万物，最接近事物的道体本身，真正有智慧的人应该像水一样深邃、柔善、澄明。

　　赤子之心也是儒家圣贤之人不可或缺的精神特质。②孟子曰："大人者不失其赤子之心。"赵岐注曰："赤子，儿也，少小之子，专一未变化，人能不失其赤子时心，则为贞正大人也。"③一个人不丢失婴儿般的善良心性，就不会偏离做人的正道，拥有一颗赤子心才能成就大人的德行。赤子接近人的自然本心与原初状态，"大人者不失其赤子之心，亦以其心之真纯湛一"，④大人与赤子都具有真诚、纯一、善良的品质。人人生来自带赤子心，有的人珍惜守护，发扬扩充，终保善性。有的人随意破坏，邪念重生，误入歧途。"赤子之心"的保存与修炼全靠个体自觉的生

---

① 转引自陈鼓应：《老子注译及评介·八章》，第 89 页。

② 道家的自然人性观与儒家的人性观不同。《论语·八佾》中，子夏问："巧笑倩兮，美目盼兮，素以为绚兮。何谓也？"子曰："绘事后素。"朱熹注曰："谓先以粉地为质，而后施五彩，犹人有美质，然后可加文饰。"（见【宋】朱熹：《四书章句集注·论语·八佾第三》，北京：中华书局，2011 年，第 63 页）在儒家看来，人仅有先天禀赋还不够，还必须赋予以礼乐教化的修饰、塑造，方可为君子。而老子所谓的"婴孩""赤子"绝非是由社会文化塑造的。郑开生动风趣地将道家的"赤子婴儿"比作"裸猿"，把儒家的"君子小人"比作"穿着裤子的猴子"。那么，"裸猿"和"穿着裤子的猴子"谁更美？则又是涉及两学派立场不同的问题了。引文参阅郑开：《道德形而上学研究》，第 198－199 页。

③【汉】赵岐、【宋】孙奭：《重刊宋本孟子注疏附校勘记·离娄章句下》（影印本），第 144 页上。

④ 吴可为编校：《聂豹集·答东廓邹司成四首》，南京：凤凰出版社，2007 年，第 264 页。

命体悟与实践磨砺。孟子将其比作一种"至刚至大""塞于天地之间"又难以言说的"浩然之气"。朱熹注曰:"盖其心所独得,而无形声之验,有未易以言语形容者。"①"赤子之心"或"浩然之气"更多是一种主观的精神体验与德性境界,辞不达志,言不尽意,只有靠自身主动地存心养性、发扬善念,才可能体达到坦荡荡的"赤子"之乐。王国维《人间词话》曰:"词人者,不失其赤子之心也。"②袁枚《随园诗话》曰:"诗人者,不失其赤子之心者也。"③词人、诗人纯粹柔情、深邃朦胧、脱俗清幽的心境亦是通达赤子心的一种精神面向。

赤子之心保留着人性中的源初"善端",这种"善端"是人成长的动力因子与生命根基。孟子曰:"恻隐之心,仁之端也;羞恶之心,义之端也;辞让之心,礼之端也;是非之心,智之端也。人之有是四端也,犹其有四体也。"孙奭疏曰:"仁义礼智信者即善也,然则人人皆有善矣。"④每个人与生俱来都有仁、义、礼、智四个善性开端,"非外铄我也,我固有之也"⑤,谁也不少,谁也不多,就像人生来皆有四肢一样自然。恻隐、羞恶、辞让、是非四心,既是性情,又是天理,是人之为人内在的道德驱动站和情感发源地。"凡有四端与我者,知皆而扩而充之矣,若火之始然,泉之始达",人之"四端"被扩充就如同燃烧的火焰、奔流的泉水,这种美好特质可以温暖

---

① 【宋】朱熹:《四书章句集注·孟子·公孙丑章句上》,第 215 页。

② 姚柯夫编:《〈人间词话〉及评论汇编》,北京:书目文献出版社,1983 年,第 6 页。

③ 【清】袁枚著,雷芳注译:《随园诗话》,武汉:崇文书局,2020 年,第 2 页。

④ 【汉】赵岐、【宋】孙奭:《重刊宋本孟子注疏附校勘记·公孙丑章句上》(影印本),第 66 页下。

⑤ 【宋】朱熹:《四书章句集注·孟子·尽心章句上》,第 331 页。

人心、点亮世界，亦可以滋养万物、感化人间。人没有这"四端"就无法进行是非判断与道德实践，更不可能自我完善与自我实现。然而，人之善端在内而不在外，朱熹注曰："四端在我，随处发见。"①善端源于儿童自己的内心深处，他们主动想要为善，善性基因才能被扩充和发扬。教育的作用是不断激发他们的主观兴趣与内在动机，促进他们的自觉性与能动性，从而使他们自愿成为有德、有道之人。

儿童正处于人性"四端"萌发之始，他们自有趋善的天赋与本能。孟子曰："人之所不学而能者，其良能也；所不虑而知者，其良知也。"朱熹注曰："良者，本然之善。"②人的良知良能源于上天，是绝对的、本体的、至上的生命特性，任何人都不或缺。"孩童无不知爱其亲者，及其长也"③，爱亲之仁、敬长之义是儿童最初自然的善性流露。王阳明曰："天即良知也。"④"良知"顺天道而生，"良知是造化的精灵。这些精灵生天生地、成鬼成帝，皆从此出，真是与物无对。人若复得他完完全全，无少亏欠，自不觉手舞足蹈，不知天地间更有何乐可代"，⑤良知是天地造化的精灵，人人生来皆有，只要愿意主动发显、体贴本心，便会抵达生命之极乐。"孩提之童，无不知爱其亲，无不知敬其兄，只是这个灵能不为私欲遮隔，

---

①【宋】朱熹：《四书章句集注·孟子·公孙丑章句上》，第 221 页。
②【宋】朱熹：《四书章句集注·孟子·尽心章句上》，第 331 页。
③【汉】赵岐、【宋】孙奭：《重刊宋本孟子注疏附校勘记·尽心章句上》（影印本），第 232 页上。
④【明】王阳明著，邓艾民注：《传习录注疏》下，上海：上海古籍出版社，2015 年，第 239 页。
⑤【明】王阳明著，邓艾民注：《传习录注疏》下，第 222 页。

充拓得尽,便完完是他本体,便与天地合德",①孩童内心明净无私,良知无损,不被世俗所污染,最接近人之道体本身。儿童"爱其亲""敬其兄"也无须外力强迫,而是完全受本能所驱动的。罗汝芳曰:"赤子时,晓知爱父爱母,不须虑,不须学,天地生成之真心也。"孩童爱亲敬长的精神冲动不带有任何功利性与世俗性。"浓浓蔼蔼,子母浑是一个"②,婴儿与母亲之间天然的孕育关系与亲密依恋便是明证。

儿童与"赤子之心""自然""德""道"似乎有着先天的密切联系。老子的"婴儿"说、庄子的"真人"说、孟子的"赤子之心"、禅宗慧能的"本净之心"③、宋明理学的"仁心"、李贽的"童心说",无不在关注人心原初的自然状态。李贽《童心说》曰:"夫童心者,真心也。若以童心为不可,是以真心为不可也。夫童心者,绝假纯真,最初一念之本心也。若失却童心,便失却真心;失却真心,便失却真人。人而非真,全不复有初矣。"④童心、真心、本心是一个心。童心纯真明净,不带半点瑕疵,不掺丝毫虚伪,是生命诞生的刹那间与天地共存的自在状态。而在日渐社会化的过程中,很多人逐渐失去童心,偏离本体,悖逆自性,很难成为

---

① 【明】王阳明著,邓艾民注:《传习录注疏》上,第 78 页。

② 【明】罗汝芳:《近溪子集·卷数》,见方祖猷等编校:《罗汝芳集》,南京:凤凰出版社,2007 年,第 205 页。

③ 《坛经·行品由》曰:"菩提自性,本来清净,但用此心,直了佛性。"人心先天自足,只要如实地运用、呈现此心,便可直接体达佛道。"本净之心"与"赤子之心"皆清净不染、纯粹专一,二者的生命体验也存在内在的互通性与一致性。引文参阅陈平秋、尚荣译注:《金刚经·心经·坛经》,北京:中华书局,2007 年,第 115、117页。

④ 转引自王环宇、赵瑜编著:《〈师说〉〈童心说〉的教育智慧》,乌鲁木齐:新疆青少年出版社,2009 年,第 118 页。

一个真实的人。社会中声色利欲的诱惑不断膨胀人的欲望，挑战人的道德底线，致使人的内在善性被遮蔽和消耗，甚至泯灭殆尽，人的童真也在与漫长岁月的斗争经历中被一点一点吞噬掉。《庄子·渔父》曰："谨而修身，慎守其真，还以物与人，则无所累矣。"①儿童之真心乃天命所赐，实实在在，安安稳稳，不带一丝顾虑，他们大笑让人欢愉，大哭让人怜悯，宛如一股人间清流，昭示着人世间最真诚、最动人的生命画卷。相比儿童朴素纯洁、天真无邪、生机勃勃、活泼灿烂的精神世界，成人在嘈杂的尘世中，人心混乱、思绪纠缠、杂念横生，原本静谧淡然的心境已经被搅和得一塌糊涂、杂沓不安，显得苦闷乏味、污渎肮脏、暮气沉沉。只有那些道德修养境界极高的人才有能力保持住一颗赤子心。对于大多数人而言，儿童无疑是生活的一面镜子，无论在任何时候，人们都该回过头去照一照，看看孩子们干净的童年世界，擦擦自己心中的岁月灰尘，回归生命的原初真实。童心可以治愈成人，也可以拯救社会，只要人们肯用心去感受童心的美好，自然会发现并且摒弃人性中一切邪恶虚伪的东西。M.蒙台梭利说："儿童不仅作为一种物体的存在，更作为一种精神的存在，它能给人类的改善提供一个强有力的刺激。"②儿童的精神世界能够引领成人回归生命本体，如同婴孩离不开母乳一样，成人也离不开儿童。因为保持童心是人们获得幸福感的精神养分，一个失去童心的人，是不可能体会到人之为人的生命魅力与生活乐趣的。

　　成人思绪万千，赤子纯净如水，教育的使命是义无反顾地呵

---

① 【晋】郭象、【唐】成玄英：《庄子注疏·杂篇·渔父》，第538页。

② ［意］M.蒙台梭利：《童年的秘密》（*Secret of Childhood*），马荣根译，北京：人民教育出版社，2004年，第23页。

护人心深处的这块净土。"至善者，心之本体"[①]，"赤子""童心"是人之生命不可触及的至善境地，更是人生永续不竭发展的动力源泉。罗汝芳曰："夫赤子孩提，其真体去天不远。"[②]赤子生于天地造化，一尘不染，本性开明，与天体同心、同德、同道。M.蒙台梭利说"儿童越穷越好"，因为穷，他们无欲无求、自在自由。人人都要像剥洋葱一样层层削除世俗外衣，撇去物欲，驱逐杂念，只留下一颗发着光的赤条条的心，才算是体达生命之真体。在人之生命的终极处，谁的赤子之心或童心保存得最好、变异程度最低，谁就更接近真实的自己。叶秀山说："婴儿是人之朴、人之本、人之根，以后的什么人，是从这里生长出来的。"[③]婴儿是人之生命的种子，是人类一切美好愿望的发源地。"没有儿童就没有成人，没有儿童就没有人类"[④]，儿童是成人的精神领袖，成人努力地观察儿童、研究儿童、教育儿童，本身也是认识自己、解读自己、教育自己的过程。

中国的"赤子""善端""童心"之说，虽与西方的人本主义、儿童中心主义、自然主义的诠释路径不同，但最核心的育人理念是一致的。刘晓东说："童心主义哲学是对童心资源的发现，是中国式的'发现儿童'；'童心''赤子'概念与卢梭的'自然人'概念是相通的，童心主义与卢梭学说是相通的。"[⑤]以"赤子""婴儿""孩提""童心"为线索，足以构建出深邃、丰富且独具中国特色的

---

① 【明】王阳明著，邓艾民注：《传习录注疏》，第 199 页。

② 【明】罗汝芳：《近溪子集·卷数》，见方祖猷等编校：《罗汝芳集》，第 205 页。

③ 叶秀山：《中西智慧的贯通》，南京：江苏人民出版社，2002 年，第 56 页。

④ ［意］M.蒙台梭利：《有吸收力的心灵》（The Absorbent Mind），高潮、薛杰译，北京：中国发展出版社，2003 年，第 12 页。

⑤ 刘晓东：《童心哲学史论——古代中国人对儿童的发现》，《南京师范大学学报》（社会科学版）2015 年第 6 期，第 82－93 页。

儿童学问与童年文化。①

二、"蒙"与"圣"的同然境界

　　《蒙》卦《象》辞将"蒙以养正"上升至"圣功"的高度予以强调，把"蒙"与"圣"相提并论，彰显出了一种"圣、蒙同道"的儿童观念与教育诉求。"圣人是中国文化的核心观念"②，也是儒家做

---

① 几千年来，"意象"风和"复归"风的思维方式展示着中国独特的文化魅力。《说文·心部》曰"意，志也"，即人之主观意向、想法、愿望、意愿；象，甲骨文、金文中指大象之身体形状，是对事物所呈现状态的真实描绘。"意象"强调对具体物象进行人心加工，融入个人的情感、意志、想法、趣味而创造出独特的心境体验与审美境界。故刘勰《文心雕龙·神思》曰："独照之匠，窥意象而运斤。"（见黄叔琳注，李详补注：《增订文心雕龙校注·神思》，杨明照校注，北京：中华书局，2000年，第369页）最高级的文笔一定是善察心中意象。《易传·系辞下》曰："是故易者，象也；象也者，像也。"（见【明】来知德：《周易集注·系辞下》，第333页）周易六十四卦就充分运用了"意象"思维，卦象、卦辞、卦气、卦德融为一体。此外，《老子》中"上善若水""为天下谷""万物之母""复归婴儿"等观点均离不开意象的表征与联想。复归，即返回到某种状态。《易传·象·复》曰："反复其道，七日来复，天行也。"金景芳、吕绍纲解曰："阳剥阴尽，阳极阴反，一阳生而复成，乃是天地阴阳有规律地运动的结果。"阴阳往来消息有道，阳刚到极致则来其反，周而复始，无所间断。（参阅金景芳、吕绍纲：《周易全解·复》（修订本），第244页）《杂卦传》曰："复，反也。"来知德曰："复则生意复萌而反于有。"（见【明】来知德：《周易集注·杂卦传》，第374页）《易传·象·乾》曰"'终日乾乾'，反复其道"，高亨曰："反复，往来行之而不舍"，（见高亨：《周易大传今注·乾》，济南：齐鲁书社，1998年，第45页）周而复始，去而复来，万物方可生生不息。老子曰："万物并作，吾以观其复。夫物芸芸，各复归其根。归根曰静，是谓复命。"道是一切万物产生的根本，"复归其根"即是复归于道。从道所产生的一切万物，都重新回归于道本身。此"复归"过程，对于物，是其"现在"的全部过程；对于人，是其完整的生命过程。（参阅董平：《老子研读·十六章》，第101页）对于个体生命而言，复归是回归生命本原的过程。老子还强调"复归于婴孩""复归于无极""复归于朴"。（参见陈鼓应：《老子注译及评介·二十八章》，第178页）"婴儿""无极""朴"意义大抵一致，皆在强调人要返回到浑然天真、朴素纯一、万物同心的婴孩境界，方可体达道体本身。

② 姜广辉主编：《中国经学思想史》第一卷，北京：中国社会科学出版社，2003年，第104-105页。

人的最高标准和终极境界。童蒙是人之生命的初始阶段，也是每个成人所向往的理想生命状态。人之生命起于蒙，终于圣，二者看似是两个方向相反的生命端点，但在精神境界上却存在一致性与共通性。《尚书·洪范》曰："曰圣，时风若"，"曰蒙，恒风若"，"时风"，即应时之风。"恒风"，《马氏日抄·风异》描述其是"庚午二月六日大风，尘沙蔽天，屋瓦皆飞"[①]，即持续不停歇的大风、狂风。圣者风雨时若、明畅通达；蒙者恒风波动、阴暗待发。圣为静，象征豁达睿智而从容不迫；蒙为动，意指生长待发而昧惑不安。孔颖达疏曰："蒙，对圣也。"[②]蒙、圣分别代表两种相对的生命状态。每个人都在"圣"与"蒙"所构建的场域中不停地变动、徘徊、周旋，但终极的精神境界都同归于天地大道。故老子曰："圣人皆孩之。"[③]唯有圣人能知天顺命，通达事理，清净淡泊，混沌若愚，能够像婴孩一样安然自若而触及真我之道体。《易经证释》曰："由蒙而明，由童入圣，由人合天，斯易教之大旨也。"[④]从蒙至明、化童为圣是人之生命合于天道法则的必然发展趋势，也是儿童教育必须坚守的实施宗旨。而"蒙"与"圣"之间到底存在怎样的本质联系？这种联系又是如何构建起来的？

"蒙"与"圣"虽旨意不同，但均可指代人之生命的纯粹澄明境界，童蒙与圣人之间的关系遥远又亲切，同道又相分，同归又殊途。《中庸》开篇即言："天命之谓性，率性之谓道，修道之谓教。"郑玄注曰："率，循也，循性行之，是谓道。"人受命于天，顺性而为便是合乎天命，遵从天命便是得道。但天命奥妙无比、变幻

① 【明】马愈：《马氏日抄·风异》，北京：中华书局，1985 年，第 39 - 40 页。
② 【汉】孔安国、【唐】孔颖达：《重刊宋本尚书注疏附校勘记·周书·洪范》（影印本），第 177 页下。
③ 陈鼓应：《老子注译及评介·四十九章》，第 253 页。
④ 列圣齐注：《易经证释·蒙》第二部，第 5 - 51 页。

莫测，唯有圣人才能够通达天的意志，常人必须经过一番教化修炼方可领会天道之理。"修，治也，治而广之，人放效之，是曰教"①，圣人设教立道，以启发人们的心力与智慧，修饰人们的德性与言行，将仁义大道注入人心，使其能够奉天命而行人事。童蒙的本性受天命使然，率真赤诚，无拘无束，这种不被外物所干扰的自然状态就是顺天、合道的表现。道可能藏在婴儿观察世界时眨巴眼睛的瞬间，也可能躲在他们沉睡时平静的呼吸中，甚至会夹裹在他们开心时张大嘴巴发出的略略笑声中。我们在婴儿身上似乎可以感觉或意会到一种自然、舒适、美妙的生命气息，这可能就是天地大道的魅力。老子曰"道可道，非常道"，河上公注曰："非自然长生之道也。"②能够用言语描述和表达出来的东西，一定不是永恒不变的道体。道到底为何物？天为何要赐予儿童如此柔弱、纯洁、美好的天性？我们很难知晓答案。余治平说："道之为道，又深深蕴藏、寄托于人性之中，不显不著，幽微而难以确证，这便需要圣人出面为物立则、为人立则，赋予仁义价值，构建天地万物之德。"③真正的大道深邃精微、隐匿不显，常人很难意识到道的存在，甚至不会去关心道。但人性由天道所化生，人只有遵循天道才能活得安心、自在，从而收获幸福。④ 为了

---

① 【汉】郑玄、【唐】孔颖达：《重刊宋本礼记注疏附校勘记·中庸》（影印本），第879页上。

② 【汉】河上公：《老子注》，明嘉靖顾氏世德堂刊本。

③ 余治平：《周公〈酒诰〉训：酒与周初政法德教祭祀的经学诠释》，上海：上海古籍出版社，2018年，第116-117页。

④ 关于人道遵于天道的发生原理，朱熹解释说："天以阴阳五行化生万物，气以成形，而理亦赋焉。"天道以阴阳二气、五行元素为生生运作系统，从而化育出万事万物，一物有一物发生之机理，一事有一事发生之缘由，每个事物都有各自特有的道、气、理。"于是人物之生，因各得其所赋之理，以为健顺五常之德"，人之为人就必须遵循仁、义、礼、智、信的五常之理，否则就背离了天道旨意而不能成为真正的人了。引文见【宋】朱熹：《四书章句集注·中庸》，第19页。

弥合天道与人道之间的鸿沟，儒家主张立圣，"圣人之于天道也，命也"，[①]圣人直通天命，通过圣人的教化与引领，普通人也同样可以通达天命之旨，从而学会如何为人做事。因而，人这种高级物种在茫茫众生中才能脱颖而出。"是故圣人作，为礼以教人。使人以有礼，知自别于禽兽"[②]，圣人制定礼法以规范人的行为，为人类世界打造一种有礼有节、有仁有义的生活方式，从而与禽兽划清界限。孟子曰："形、色，天性也。惟圣人然后可以践形。"朱熹注曰："惟圣人有是形，而又能尽其理，然后可以践其形而无歉也。"[③]唯有圣人才能配得上天赋予人的形貌体征。圣人超越于常人，他们是人类的先贤、先知，能够创造出一系列适合人类生存的文明元素来修饰人、教化人、安顿人，让人们活得有尊严、有品位、有信念，而成为一个名副其实的人。圣人"以天地为本"[④]，宛如芙蕖出淤泥而不染，不会被世俗事物所迷惑，心境豁达开朗，精神通透开明，直击仁道大本。圣人修己安人，立教化蒙，启迪人类摆脱蒙昧而追求人之为人"心之所同然"[⑤]的共善境界，从而"让人成其为人""让社会成其为社会"。[⑥]孔子、周公便是这样了不起的圣人。

　　童蒙是未经过任何社会改造的自然宇宙存在体，而圣人是贯通天人之道而又能够通达、回归原初生命境界的超然智者。

---

① 【汉】赵岐、【宋】孙奭：《重刊宋本孟子注疏附校勘记·尽心章句下》（影印本），第253 页下。

② 【汉】郑玄、【唐】孔颖达：《重刊宋本礼记注疏附校勘记·曲礼上》（影印本），第15 页上。

③ 【宋】朱熹：《四书章句集注·孟子·尽心上》，第338 页。

④ 【清】孙希旦：《礼记集解·礼运第九之二》（中），第613 页。

⑤ 【汉】赵岐、【宋】孙奭：《重刊宋本孟子注疏附校勘记·告子章句上》（影印本），第196 页下。

⑥ 余治平：《周公〈酒诰〉训：酒与周初政法德教祭祀的经学诠释》，第116–117 页。

童蒙顺天道而生,当他们接于世间万物时便会不自觉地产生各种情和欲,这时候就不得不依靠圣人的指引去化解和处理这种复杂、困难的生活处境,从而走上一条向善的人生正道。《说苑·修文》曰:"圣人举事必返本",^①圣人做事从不偏离天道大本,在任何时候都能保持与天道相契合的中正状态。圣人之教不仅保护儿童的天性,还教会他们在缭乱纷繁的社会中如何把天道法则贯穿于整个生命的细节当中,守护人之本心,修养至善德性,追求"天人合一"的美好生命境界。儒家强调"化蒙为圣",童蒙从小就应该把成圣成贤作为人生的终极目标,重视人在实践中的功夫修炼。童蒙至圣人,是从混沌一体到沉着圆融,从无知无欲到英明恬静,从纯洁天真到高深通透。而道家强调"反圣为蒙",倾向于一种精神境界论。老子曰:"复归于婴儿",董平认为,"复"者,应为"回归""复归"之义,复归于正也。^② 圣人是返回婴孩状态的人,即复归人性之自然,还原人心之本真。童蒙是人之生命的自然起点,而圣人是经历岁月变迁、人事磨炼、心性洗礼、道德修炼之后又回归到婴孩自在状态的超脱之人,二者的生命境界相通相应。童蒙之所以欢快无忧,因其未经干预而纯粹无染,能够体悟生命真实之乐;圣人之所以通达,因其穿透物理而穷尽道体,能够驾驭和掌控人世间所有的物质存在与精神追求。圣与蒙都是能够通达天道自然与生命本体的极致美好状态。童蒙只有志于成圣,才能在其不得不直面的现实社会中尽可能保持原初自我。圣人唯有归于童蒙所接近的自然状态,才能超越世俗而保持人性之善。圣、蒙之道相互促进、相互激励、相互成就,揭示出人之为人不断存真、向善、求美的本性需求与

---

① 赵善诒:《说苑疏证·修文》,上海:华东师范大学出版社,1985年,第571页。
② 董平:《老子研读·六十四章》,第242页。

精神归宿。

圣人看透世间万物之理,上通天地,下应人伦,通达道体,是做人的最高境界与终极理想。[①]《郭店楚简·五行》曰:"'圣'德,圣与仁、义、礼、智五德之所和,属于天之道的境界,仁、义、礼、智四德之所和,属于人之道的范畴。"[②]圣德能够超越人道范畴而通达天道。圣人"穷万事之终始,协庶品之自然,敷其大道而遂成情性",[③]品物流形而不累于心,"无思虑,无设储,来者弗

---

① 这仅是从境界论上解释"圣人",除此之外,"圣"还具有其他的含义与特征。一是,字形上看,甲骨文的圣字,是一个有大耳朵的人在一张嘴之旁,表示此人有灵敏的听力以聆听所发出的声音,早期可能是野兽走步的声响,后来可能指神的指示。(参阅许进雄:《中国古代社会:文字与人类学的透视》,北京:中国人民大学出版社,2008 年,第 27 页)《说文·耳部》:"圣,通也,从耳,呈声。""圣"繁体为"聖",耸耳倾听他人之言的王者为圣。二是,从音义上看,应劭《风俗通》解曰:"圣者,声也,闻声知情,故曰圣。"因声求意,圣即声,闻声而知情达意谓圣,圣人即具有倾听之德之人。圣人耳善听,有高尚的听德,指能够容受逆耳之言(耳顺),而且表示人们与圣人相感通的路径——接受音乐、乐教的熏陶,通过耳闻,进入心灵。(见郭齐勇:《中国儒学之精神》,上海:复旦大学出版社,2009 年,第 265 页)三是,从个体能力上看,圣人圆活通透,智慧惊人,无所不知,无所不能,超然于常人之上。《广雅·释诂》:"圣,通也。"(见【清】王念孙:《广雅疏证·释诂》,张靖伟等校点,上海:上海古籍出版社,2018 年,第 55 页)圣即精通、通达、通透、亨通、畅通之意。《诗·邶风·凯风》:"母氏圣善,我无令人。"毛《传》曰:"圣,睿也。"(见【汉】郑玄、【唐】孔颖达:《重刊宋本毛诗注疏附校勘记·邶风·凯风》(影印本),第 85 页上)《玉篇·目部》:"睿,智也,明也,圣也。"深明、睿智、聪慧、灵敏之人可谓圣。《尚书·洪范》:"睿作圣。"孔安国曰:"于事无所不通谓之圣。"(见【汉】孔安国、【唐】孔颖达:《重刊宋本尚书注疏附校勘记·周书·洪范》(影印本),第 170 页上)圣人明晓一切道理,心中无疑滞,畅通无阻。故周敦颐曰:"无思而无不通,为圣人。"(见【宋】周敦颐:《周子通书·思第九》,徐洪兴导读,上海:上海古籍出版社,2020 年,第 38 页)圣人无须刻意思考便可邃晓天下之理,智慧水平极高。圣人与童蒙所体达的生命境界有相通之处。

② 荆门市博物馆编:《郭店楚墓竹简》,北京:文物出版社,1998 年,第 150 页。

③ 【唐】魏徵等编,《群书治要》学习小组译注:《群书治要译注·孔子家语·五仪》,北京:中国书店,2012 年,第 31 页。

迎，去者弗将"①，自然通透，心境明朗。《白虎通义·圣人》曰："圣者，通也，道也，声也。道无所不通，明无所不照，闻声知情，与天地合德，日月合明，四时合序，神鬼合吉凶。"②圣人与天地万物合德，是触及"人伦之至"③、"道之极"④的高尚境界，非常人所能为之，故韩愈《师说》曰："古之圣人，其出人也远矣。"因而，化蒙为圣的过程也并非一件易事。

童蒙当始终以圣人为理想，才能保护本心、成就大德。《易传·象·蒙》曰："蒙以养正，圣功也"，来知德解曰："圣人之域虽在后日，作圣之功就在今日，当蒙时养之以正，虽未即至于圣，圣域由此而渐入矣。此其所以利贞也。"⑤养蒙从小就该以圣人为目标，而成圣不是一日之功，施教者必须循序渐进，耐心引导，从儿童生活的点滴入手，启发其智慧，涵养其德性，呵护其童心，这样儿童的生长道路才不会跑偏。故孔颖达认为"蒙以养正，圣功也"意在解释卦辞"利贞"。⑥ 王夫之将蒙之"利贞"归功于"善养之而正"⑦，养蒙为正、化蒙为圣皆有吉利美好之征兆。王阳明将圣人之学总结为"一诚而已"⑧，诚即真实无伪，不受外在事物的影响而始终保持生命的本真状态。"圣人只是保全，无些障

---

① 刘文典：《淮南鸿烈集解·诠言训》，第 478 页。

② 【清】陈立：《白虎通疏证·圣人》，吴则虞点校，北京：中华书局，1994 年，第 443 页。

③ 【汉】赵岐、【宋】孙奭：《重刊宋本孟子注疏附校勘记·离娄上章句上》（影印本），第 125 页下。

④ 【清】王先谦：《荀子集解·礼论》，沈啸寰、王星贤整理，北京：中华书局，2012 年，第 348 页。

⑤ 【明】来知德：《周易集注·蒙》，第 33 页。

⑥ 【魏】王弼、【唐】孔颖达：《周易正义·蒙》，《十三经注疏》标点本，北京：北京大学出版社，2000 年，第 46 页。

⑦ 【清】王夫之：《周易内传·蒙》，李一忻点校，北京：九州出版社，2004 年，第 60 页。

⑧ 【明】王阳明著，邓艾民注：《传习录注疏》下，第 200 页。

蔽，兢兢业业，亹亹翼翼，自然不息，便也是学”，[①]圣人之所以为圣人，根本原因是能够坚守内在良知不动摇。然而，对于常人而言，圣人的目标遥不可及，[②]教育也不可能轻而易举地培育出圣人来。但正是这种乌托邦式的教育理想不断为人类提供了努力向善的精神支撑。“圣功”更是一种极具吸引力与正能量的教育追求，不仅表明了儿童教育崇高的社会地位，还构建了施教者内心坚定的教育信念。

三、“蒙以养正”：“立人道，以尽其天性”

《象》辞将“蒙以养正”解为“圣功”，养蒙是基础，正蒙是目标，“圣功”是追求，三者之间相互作用、一体不二。幼稚童蒙离不开成人的教养，从心理学上看，“婴儿身上本来就存在一种需要被爱抚并依附人类的倾向”[③]，他们生来就注定离不开成人的呵护、照料和养育。来知德解曰：“教之利于正者，幼而学之，学为圣人而已。圣人之所以为圣者，正而已矣。”[④]正为教化之大

---

① 【明】王阳明著，邓艾民注：《传习录注疏》下，第 195 页。

② 在现实社会中，儒家以更加现实化、具体化层面的“君子”为目标来要求和教化人。《易经》《诗经》《尚书》等经典中广泛以“君子”为做人之典范，《易传·文言·乾》曰：“君子以成德为行。”（见【宋】朱熹：《周易本义·乾卦》，天津：天津古籍出版社，1986 年，第 52 页）君子的一言一行都要遵守德行规范。《尚书·虞书·大禹谟》曰：“君子在野，小人在位。”（见【汉】孔安国、【唐】陆德明、【唐】孔颖达：《重刊宋本尚书注疏附校勘记·大禹谟》（影印本），第 57 页下）《诗·谷风之什·大东》：“君子所履，小人所视。”孔颖达《正义》曰：“君子则引其道，小人则供其役。”（见【汉】郑玄、【唐】孔颖达：《重刊宋本毛诗注疏附校勘记·谷风之什·大东》（影印本），第 438 页上）《论语·宪问》曰：“君子之道者三，我无能焉。仁者不忧、知者不惑、勇者不惧。”（见【魏】何晏、【宋】邢昺：《重刊宋本论语注疏附校勘记·宪问》，第 128 页下）儒家对“君子”人格有一套严格的道德规范与伦理要求。

③ ［英］J. 鲍比尔：《依恋三部曲》第一卷《依恋》（*Attachment Vol . 1*），汪智艳、王婷婷译，北京：世界图书出版有限公司，2017 年，第 170 页。

④ 【明】来知德：《周易集注·蒙》，第 33 页。

本，养蒙以正，正而为圣。施教者要成就"圣功"，最关键是要正蒙。张载曰："如既引之中道而不使之通，则是教者之过；当时而道之使不失其正，则是教者之功，'蒙以养正，圣功也'，养其蒙使正者，圣人之功也。"[①]教化之功取决于教师能否帮助童蒙走上正道。施教者欲正蒙，必先自正，欲成"圣功"，必先有圣德，故"蒙以养正"也是施教者自我修炼、自我完善的过程。孔子曰："其身正，不令而行"[②]，师者正己而后正教，正教而后正蒙，正己是正蒙的前提与基础。然而，在教育实践中，诸多教师连"正己"都难以做到，谈何正教、正蒙？儿童教育与"圣功"之间的距离还相差甚远。那么，教师如何施教才能养蒙为正？儿童天性与"正蒙"之间的关系又该如何处理？

"正"是养蒙之根本，也是施教者要必须坚守的教育原则。《说文·正部》曰："正，是也。从止，一以止。"[③]是，即是其所是，正蒙即让童蒙成为童蒙，保持童蒙的内在统一性。一方面，"正"字上有"一"，表明正蒙不可脱离儿童的自然本性。《淮南子·诠言训》曰："一也者，万物之本也。"[④]"一"即"道"，"道"即"一"，指万物之本真。老子曰："道法自然"，[⑤]道就是顺应自然，遵从儿童的内在天性。"正蒙"的第一原则与最大前提便是顺应儿童的

---

① 【宋】张载：《张载集·横渠易说》，北京：中华书局，1978 年，第八五页。

② 【魏】何晏、【宋】邢昺：《重刊宋本论语注疏附校勘记·子路》（影印本），第 116 页下。

③ 正，甲骨文为 𝌆，□ 表城池（后简化为"一"），↘ 表脚趾（本为"止"字），会意为向城池走去，征伐城邑，即后来之"征"字。《诗·商颂·玄鸟》曰："古帝命武、汤，正域彼四方"（见【汉】郑玄、【唐】孔颖达：《重刊宋本毛诗注疏附校勘记·商颂·玄鸟》（影印本），第 794 页上），正，即征伐之意，故"正"具有特定的方向性、目的性、正义性。"正蒙"即引领童蒙走向为人之正道，坚定不移地以圣人为目标，以成就教化之圣功。

④ 刘文典：《淮南鸿烈集解·诠言训》，第 482 页。

⑤ 侯才：《郭店楚墓竹简〈老子〉校读·甲书》，第 52 页。

天性。儿童教育的目标、方法、原则、要求皆不可背离儿童的天性需求。《易传·象·蒙》曰："山下出泉，蒙。"[1]儿童的天性如泉水奔流，力量无穷，其本身就自带化蒙为圣的潜能因子，教育只需顺势而为，方可助益儿童通往光明。逯中立曰："蒙以养正，非养以正也，故曰：'大人者，不失其赤子之心者也。'"[2]以，顺应、按照、遵从、随着、依据之意，"蒙以养正"指顺应童蒙本性而导之以正，而不是在童蒙身上附加一个外在的正道。正与不正不是由教育决定的，而是以儿童与生俱来的生命特质为基础的。孔颖达曰："能以蒙昧隐默自养正道，乃成至圣之功。"[3]儿童最初虽被外部事物所蒙蔽，但并不意味着他们失去了自我生长的能力，教育要唤醒和激发儿童，让他们自己由内而外发光发亮。大人、圣人治蒙的高明之处就在于顺其性以正其心，而不会背离人之天性去强制、压抑和扭曲儿童。老子甚至强调"行不言之教"[4]，可谓教育的最高境界。当今的儿童教育却反其道而行之，花里胡哨的教育口号，鱼龙混杂的育儿理念，五花八门的特色课程，千奇百怪的创新潮流，把儿童"包装"成了超级玩偶，武装得严严实实，教育成了一场虚伪华丽的"作秀"。孩子们有躯壳而无灵魂，有知识而无自我，完全脱离了生命的自然样貌，培养出一批批的假儿童、伪儿童，不得不令人反思。

　　另一方面，"正"字下有"止"，说明顺应儿童天性而施教并不是无底线、无要求的放任自流，而是要行止得当，保持中道。《易

---

① 【明】来知德：《周易集注·蒙》，第 34 页。
② 【明】逯中立：《周易札记·蒙》，见《文渊阁四库全书·经部二八·易类》，台北：台湾商务印书馆，2018 年，第 34 - 16 页上。
③ 【魏】王弼、【晋】韩康伯、【唐】孔颖达：《重刊宋本周易注疏附校勘记·蒙》（影印本），第 23 页下。
④ 侯才：《郭店楚墓竹简〈老子〉校读·甲书》，第 35 页。

传·象·艮》曰："艮，止也。"金景芳、吕绍纲曰："艮是止，止是定，定则明。心中托底有定，所想所见自然光明。"①人能从道，又能知止，则可以随时把控自己的所做、所为、所想，保持"心和平而不失中正"，②从不偏离做人之正道。老子曰："知止不辱，知止不殆，可以长久。"③"知止"是一种高瞻远瞩的生存智慧和收放自如的处事态度。正蒙，若从"一"而无"止"，便是只遵从天性而不以人文修饰与教化熏陶，则会导致童蒙被外界事物诱导而误入歧途。"夫圣人之功，在立人道，以尽其天性，故曰圣功也"④，儿童的天性潜能若得不到合适地修饰、疏导，便无法尽情地发挥价值与创造可能性，或者即便释放出来也用错了地方、跑偏了方向，很难成为有德性修养的人。教育在尊重儿童天性的同时，也要顺势为他们树立做人准则，把儿童强大的内在生长力引到做人的正道上来，使其天性有所修饰、行为有所节度。所以，"蒙以养正"欲成"圣功"，须施教有度，训诫有方，勿急勿慢，勿暴勿怠，勿多勿少，兼顾儿童天性与人道需求而不失衡，方可不离正道。据《蒙》卦之卦、爻辞，童蒙渎与不渎、教师告与不告、"包蒙"还是"击蒙"，等等，都是"蒙以养正"需要综合考虑的复杂因素。《易传·文言·乾》曰："知进退存亡而不失其正者，其唯圣人乎。"⑤只有圣人才能时刻进退应矩、存亡有度，真正控制好尊重儿童天性与实施教化之间的合理张力，从而实现"蒙以养正"的教育理想。

正蒙之"止"旨在遵从道德、伦理、法度、情理等方面的社会

---

① 金景芳、吕绍纲：《周易全解·艮》（修订本），第469、470页。
② 【清】苏舆：《春秋繁露义证·循天之道》，北京：中华书局，1992年，第443页。
③ 陈鼓应：《老子注译及评介·四十四章》，第239页。
④ 列圣齐注：《易经证释·蒙》第二部，第5-51页。
⑤ 高亨：《周易大传今注·乾》，第57页。

化要求，从而帮助儿童形成一种向善的价值取向与生活方式。儿童必须经过教化熏陶和仁义改造才能充分展现出其作为人的生命意义，"如果主动为人的本体立心、赋形和寓意，对人的本体做必要的规范约束、理想塑建和价值引导，治身正性，节欲守伦，律己修道，行仁义，积善德，才能够成就并彰显出人之为人的文明蕴涵与礼教特征"。① 刘大绅曰："蒙未启之前，无所谓邪正美恶也，邪正美恶皆视养之者如何耳，故虽蒙，而可以为圣为贤者，皆养之以正也，故为圣功也。"②童蒙生来明净无瑕，世俗中的是非观念不藏于心，只要成人适当导之以正，引导他们存心养性，抵御外界邪恶的入侵，他们才能摆脱蒙昧而通往美好生活。在儒家看来，"正蒙"之"止"必须经过礼乐教化的功夫修炼。"养正于蒙，学之至善也"③，"蒙以养正"即通过不断的学习与实践而体达做人之善境。王阳明曰："今教童子，惟当以孝弟忠信礼义廉耻为专务。其栽培涵养之方，则宜诱之歌诗，以发其志意；导之习礼，以肃其威仪；讽之读书，以开其知觉。"④孝弟、忠信、礼义、廉耻是做人必须具备的品格修养，吟唱诗歌以发志趣，践行礼乐以正仪容，读书学文以开智慧，这些功夫在"蒙以养正"的过程中，一个都不能少。

　　"正蒙"的"一"与"止"并不矛盾，童蒙生来皆非圣人，面对外界物欲声色的诱惑，离不开礼乐教化的保驾护航。"蒙以养正"，

---

① 余治平：《做人起步〈弟子规〉：脩礼立教以找回一种向善的生活方式》，上海：上海三联出版社，2015 年，第 1 页。

② 【清】刘大绅等著，方宝川编：《太谷学派遗书·贞观学易·蒙》（影印本）第三辑，第 315、316 页。

③ 【宋】程颢、程颐：《二程集·周易程氏传·蒙》，北京：中华书局，1981 年，第 720 页。

④ 【明】王阳明著，邓艾民注：《传习录注疏·训蒙大意示教刘伯颂等》中，第 174 页。

上顺童蒙之道，下行教化之止，上下贯通，彼此融合，方可谓之善教。《易经证释》曰："合一与止，乃为正字。中道以行，正义以守。此君子之于蒙有所养也。故曰蒙以养正。"[①]"一"主中道，"止"守仁义，中道成童蒙之性，仁义修为人之道，二者不可偏废。儒家的礼乐教化本质上也从不夺人之情，而是因人情而制礼作乐。郭店楚简《性自命出》曰："道始于情，情出于性。"道、性、情天然相接，互通互达，不可分离。儒家先贤强调"礼乐之说，管乎人情矣"[②]，礼乐终究是为疏导、安顿人之性情而设立的，绝不是束缚、遏制人的社会枷锁。《荀子·大略》曰"礼以顺人心为本"[③]，礼仪规矩顺于人之本心，从不背离人性。因而，教育最根本的原则还是顺应儿童天性，在此基础上，"顺导其志意，调理其性情，潜消其鄙吝，默化其粗顽，日使之渐于礼义而不苦其难，入于中和而不知其故"，[④]儿童在不知不觉中欣然受到教化熏陶，从而逐步实现由蒙入圣的人生理想。

四、"圣功"与"仁之极处"

养蒙为圣是一个十分漫长、艰巨、复杂、伟大的教育过程。王夫之注解张载《正蒙》曰："谓之《正蒙》者，养蒙以圣功之正也。圣功久矣，大矣，而正之惟其始。"[⑤]"久""大"二字足以凸显养蒙的长期性、重要性与艰巨性，教育儿童从一开始就得端正，长期

① 列圣齐注：《易经证释·蒙》第二部，第5-51页。
② 【汉】郑玄、【唐】孔颖达：《重刊宋本礼记注疏附校勘记·乐记》（影印本），第684页下。
③ 【唐】杨倞注：《荀子·大略》，耿芸标校，上海：上海古籍出版社，2014年，第323页。
④ 【明】王阳明著、邓艾民注：《传习录注疏·训蒙大意示教刘伯颂等》中，第175页。
⑤ 【清】王夫之：《张子正蒙注·序论》，章锡琛校点，北京：古籍出版社，1956年，第7页。

坚持不懈，反复亲历践行，才能配以"圣功"之名。在《蒙》卦之卦象中，童蒙如泉水出露时喷珠吐玉之貌，来知德解曰："泉乃必行之物，始出而未通达，犹物始生而未明"[①]，泉水欲通往光明，必将奔流不息，穿越暗礁险滩，跋涉山川险阻，突破艰难困苦，颇似童蒙欲求圣人大德而勤奋学习与刻苦修炼的过程。程颐曰："以纯一未发之蒙而养其正，乃作圣之功也。"[②]蒙者生来混沌无知，养蒙而使其从无到有、由暗到明、由幼稚到成熟，整个过程本身就是一次作圣成圣的功夫修炼。李毓秀在《训蒙文》序中曰："夫蒙而曰养正，一朝一夕之故哉。所以涵育其良知良能之天者，无庸忘也，亦无庸助也。养而必曰正，其不可以奇邪误用也明矣。养正而极之曰圣功，其不可以浅近期也又审矣。"[③]养蒙为正的功夫深厚而长远，由浅入深，由易到难，切磋琢磨，日益精进，彰显出一种滴水穿石、积流入海的坚毅品质与实践精神。"养正而极之"才算得上是"圣功"，施教者对儿童的谆谆教导是一种有厚度、有力度、有高度的生命精神引领，而不是一种速成性、短期性、终结性的教育训练。故来知德说："圣功乃功夫之功，非功效之功。"[④]"蒙以养正"的教育使命应该贯穿儿童成长的整个过程与所有细节，必然要经历一番长期修炼，并且慎终如始，一以贯之，不可懈怠。这也是儒家工夫论在教化领域中的生动体现。

在孔门儒学看来，"圣功"的终极价值落实到"仁"才有意义。孔子把"仁"作为本体化、绝对化、至高无上的道，仁即道，道即

---

① 【明】来知德：《周易集注·蒙卦》，第34页。

② 【宋】程颢、程颐：《二程集·周易程氏传卷第一》，第720页。

③ 转引自全建平：《〈弟子规〉新探》，见金滢坤：《童蒙文化研究》（第三卷），北京：人民出版社，2018年，第170页。

④ 【明】来知德：《周易集注·蒙》，第33页。

仁。"蒙以养正"也是不断践行仁、体达仁的过程。《中庸》曰："仁者人也。"①"仁"是人之为人的根本特质，凡事以仁为本，就不会背离人道。离开仁，人就不能称之为人，更不可能实现"圣功"的教育目标。儒家君子要做到"无终食之间违仁"②，时时刻刻、每分每秒都要把仁视为自己的做人之本。仁发源于个体内心而又可外化于具体的道德实践当中。仲弓问仁。子曰："出门如见大宾，使民如承大祭。"③"仁"表现于人在日常生活中的一言一行，一个人能够亲身去实践仁，并且将其内化为自己的精神需求，才能感受到"好仁者，无以尚之"④的圆融自得、完美通畅的至善境界。仁为"蒙以养正"构建了坚定的信念本体，找到了终极的道德依据与精神追求。

　　"仁"与"圣"具有内在统一性，"圣功"是"仁"的实践表现，"仁"是"圣功"的精神境界。"圣功"不离"仁"，则不背做人之本；"仁"不离"圣功"，则不失养蒙之志。朱熹曰："恐仁之极处，与圣之功用本不可分大小。"⑤教育能够把仁发挥到极致，便可与"圣功"相媲美。孔子曰："若圣与仁，则吾岂敢？ 抑为之不厌，诲人不倦，则可谓云尔已矣。"刘宝楠《论语正义》曰："学不厌，教不倦，即是仁圣。"⑥在儒家工夫论视域下，"仁"与"圣"虽是很难企

---

① 【宋】朱熹：《四书章句集注·中庸》，第 30 页。
② 【魏】何晏、【宋】邢昺：《重刊宋本论语注疏附校勘记·里仁》（影印本），第 36 页下。
③ 【魏】何晏、【宋】邢昺：《重刊宋本论语注疏附校勘记·颜渊》（影印本），第 106 页上。
④ 何晏《集解》引孔安国曰"难复加也"，说明仁是儒家做人最高尚、最伟大的极致精神追求，没有任何大道可以超越或替代之。参阅【魏】何晏、【宋】邢昺：《重刊宋本论语注疏附校勘记·里仁》（影印本），第 36 页下。
⑤ 【宋】黎靖德编，王星贤点校：《朱子语类·论语十五》，北京：中华书局，1986 年，第 843 页。
⑥ 【清】刘宝楠：《论语正义·述而第七》（上），北京：中华书局，1990 年，第 282 页。

及的德性境界,但儒家仍然大力倡导人们发挥自己的主观能动性,在日用伦常中去努力追求仁。"仁"与"圣"并非远不可及,而是一种实践性、普遍性、过程性的行为修炼。"蒙以养正"是长期的教育投入,只要施教者有学而不厌、诲人不倦的精神,就有成就"圣功"的希望与可能。

在儿童教育实践中,"仁"与"圣"也是施教者的道德根基与精神源头。"蒙以养正"的艰巨任务如果只靠外在规范去执行是很难坚持到底的,只有施教者将外在的教育行为转变为主体的道德需要与精神诉求,"为仁由己"[①],以自己的言行去感化儿童的言行,以自己的仁心去带动儿童的仁心,教化之事才能变得轻轻松松、彻彻底底、通通透透、无可挑剔。孔子曰"人能弘道,非道弘人",刘宝楠曰"人能自大其道,即可极仁圣之诣,而非道可以弘人"[②],仁、道源于主体自身,而不当源取于他物。孟子曰,"求则得之,舍则失之,是求有益于得也,求在我者也",赵岐注曰:"修仁行义事在于我。"[③]养蒙能不能正,还要看施教者能不能发自内心地践行仁义之道。施教者仁与不仁、诚与不诚、真与不真,儿童凭借天生的敏感直觉便可自明于心。社会混乱,江湖险恶,欺诈流行,唯独教育能够在人与人之间建立坦诚沟通、心灵呼应、精神共鸣,人心有本,仁者有道,得善则正,得不善则不正。

---

① 【魏】何晏、【宋】邢昺:《重刊宋本论语注疏附校勘记·颜渊》(影印本),第106页上。

② 【清】刘宝楠:《论语正义·卫灵公第十五》(下),第636页。

③ 【汉】赵岐、【宋】孙奭:《重刊宋本孟子注疏附校勘记·尽心章句上》(影印本),第229页上。

五、唤醒"仁心"，把儿童当儿童

仁的第一要义与核心要求是"爱人"，教师要发自内心地疼爱与呵护每一个儿童，这是实现"圣功"的基本原则。樊迟问仁，子曰："爱人。"邢昺疏曰："汎爱济众是仁。"[1]仁者具有真性情，能够把人当人，把物当物，包容博爱，善良无私，善待天地一切事物。《春秋繁露·仁义法》曰："以仁安人。"[2]仁是人与人之间的灵魂感通处，以仁心体谅、理解、抚慰他者是处理人伦关系的基本要求。仁还是天对人的自性规定，"取仁于天而仁也"。[3] 仁是天道的体现，万物皆当以仁为本。儒家仁爱的范围极其广泛，《论语·述而》曰："子钓而不纲，弋不射宿。"[4]孔子对待禽兽幼崽，甚至一草一木、一瓦一砾都会出于仁心去爱护。《易传·象·节》曰："节以制度，不伤财，不害民。"[5]按照儒家一贯的主张，对待财物都要节制珍惜，更何况是对待活泼泼的人。余治平说："物有机，物有生命，任何一个物都是必须被善待的对象而不是任凭我们人类粗暴践踏的存在者。物是活的，物也会受伤，物也会感觉到疼，所以人应该把物当物，而千万别不拿物当物。物有心，有情，所以人才可能将心比心，主动附会类通，而体贴出物的冷暖、苦乐和喜怒。物也有内在价值，除了被人类所用之外，物始终在追求着自己的内在目的，物活着，不光为了人类，它一

---

① 【魏】何晏、【宋】邢昺：《重刊宋本论语注疏附校勘记·颜渊》（影印本），第110页下。

② 【清】苏舆：《春秋繁露义证·仁义法》，第243页。

③ 【汉】董仲舒：《春秋繁露·王道通三》，上海：上海古籍出版社，1989年，第67页。

④ 【魏】何晏、【宋】邢昺：《重刊宋本论语注疏附校勘记·述而》（影印本），第63页下。

⑤ 【明】来知德：《周易集注·节》，第275页。

定会按照自己的意图而完成自己的一生一世。"①儒家认为，万物皆有灵性，一物有一物存在的独特价值，都应该被人尊重和爱护。儿童作为人类生命的初始阶段，施教者更当百般呵护、倍加关怀，发动仁心去怜悯、感动、包容、化育他们的心灵。把儿童当人，把儿童当儿童，把儿童当有血有肉、有思有灵的人。教师与儿童之间应该深深地被仁道精神所充盈、滋养和浸润着，并且时刻向外散发和传递出人性的善良光辉。

然而，在教育实践中，教师所表现出来的仁心却常常令人失望，致使儿童教育背离了"蒙以养正"的初衷与成就"圣功"的理想，而走向了小觑童年、扼杀儿童天性、虐待儿童的极端。近年来，媒体报道的虐童事件层出不穷。例如，2012 年 10 月，浙江温岭城西蓝孔雀幼儿园教师因一时好玩，竟然以揪住男童双耳使劲向上提起为乐；2013 年 4 月，济宁市机关幼儿园教师踢伤孩子生殖器；2017 年 11 月，携程亲子园教师对儿童喂食芥末、安眠药，用消毒水喷小孩、冬天扒光女孩裤子罚站等；2021 年 4 月，红黄蓝幼儿园教师威逼幼儿闻脚臭；除此之外，还有把小孩扔进垃圾桶、用宽胶带封嘴、用铁桶罩头等变态惩罚。心理学实验证明，如虐童初次或初期行为未被制止，教师重复发生的概率和频率会逐渐上升并严重化。② 虐童事件的恶性循环会持续对儿童造成更大的身心伤害，酿造了一场场惨无人道的教育悲剧。因为这些教师没有把儿童当作儿童来看，甚至根本就没有将孩子当作人来对待，究其原因还是仁心的缺失。教育儿童不仅需

---

① 余治平：《"节以制度"，"有限而止"——〈周易·节卦〉卦辞的经义传解与哲学阐释》，《周易研究》2018 年第 6 期，第 60 - 67 页。

② 参阅［美］B. F. 斯金纳：《科学与人类行为》(*Science and Human Behavior*)，谭力海等译，北京：华夏出版社，1989 年，第 87 - 93 页。

要智慧，更重要的还需一颗温暖孩子的仁心。儒家强调的仁，可以给人一种力量感、道德感和幸福感。如果一个人缺乏仁爱之心，便会变得阴暗、空虚和扭曲，从而选择以反人性的方式去获取暂时性的心理发泄与精神解脱。针对层出不穷的虐童事件，法律制裁、伦理谴斥、网友谩骂不断，但是这些外在的约束与责备在人的强大心力面前显得太微弱了。只有治心才能根除虐童的患难与危机。

仁心即人心，如果一个人失去仁心，便不可能以人之为人的标准去要求和规范自己，更不会去以"仁者爱人"①的德性去关爱和珍惜他人。儿童教育本是以求仁存善的"圣功"为目标，当今天如此发达的现代社会中，人心竟然容不下娇弱幼稚的孩童，还谈何仁道，谈何良心！人们对待儿童的冷漠态度，足以刺激人们好好地反思人性与教育的问题。J.J.卢梭在《论科学与艺术》中说："科学和文艺日益进步了，可是人类变得越来越坏了。"②人类为了追求利益和享受，鱼被一网打尽，森林被砍伐净光，动物被剥皮售卖，仁心麻痹，丧尽天良，这种仁心缺失的精神危机，不得不让人怀疑，人类的发展到底是在进步还是退步？在现代化的科技襁褓中，人们双眼被蒙蔽，双耳被震鸣，心灵被碳化，欲望被膨胀，不断挑战着人之为人的生命极限与道德底线，这种极速的自我异化，致使人心的源初善性不断被蒙蔽和损耗。人心变得麻木不仁，社会化的伦理效力逐渐减弱，做人做事也很难坚守住最基本的道德原则。教育领域所发生的反人性事件，便是人类缺失仁心的生动案例之一。

① 【汉】赵岐、【宋】孙奭：《重刊宋本孟子注疏附校勘记·离娄章句上》（影印本），第153页上。
② ［法］J.J.卢梭：《论科学与艺术》（*Discours sur les sciences et les arts*），何兆武译，北京：商务印书馆，1959年，第135页。

　　"仁心"的发源地是"不忍人之心"，人与生俱来都有出于本能去心疼和保护他人的冲动。儿童处于生命的幼稚阶段，善性待发，施教者内在"不忍人之心"的仁道大本更需要被发扬光大。《孟子·公孙丑上》曰："人皆有不忍人之心。"赵岐注曰："人人皆有不忍加恶于人之心也。""不忍人之心"是人类的一种朴素性、原发性、亲善性的自然情感。人对待他者会不自觉产生怜悯和同情，不忍心对其造成伤害。尤其是弱小的生命更加容易激起人内心的保护欲。孟子曰："所以谓人皆有不忍人之心者，今人乍见孺子将入于井，皆有怵惕、恻隐之心。非所以内交于孺子之父母也，非所以要誉于乡党朋友也，非恶其声而然也。"遇到小孩突然快要掉到井里的紧急情景，没有谁会先去考虑这是谁家的孩子、自己和他父母有何关系、能不能得到邻里赞美、讨厌孩子哭声等问题，而是义无反顾地冲上去救孩子的性命。这便是人在当时所自发产生的最直接的善性流露与道德冲动。救孩子的刹那间，人完全是受"不忍人之心"所驱使，而不会掺杂任何世俗因素。赵岐注曰"贤愚皆有惊骇之情"[1]，无论何人，在救孩子的这一瞬间，纯粹至诚，绝无杂念，根本来不及考虑合不合理、利不利己、丢不丢人等问题，这就是仁心的强大力量。郭齐勇将"不忍人之心"理解为人的道德直觉、道德担当、当下直接的正义冲动，并没有任何其他功利的目的。[2]　真正的仁者，宽容大气，本性开显，"其中心欣然爱人也"[3]，丝毫不会被"爱人"所累。

---

[1]　【汉】赵岐、【宋】孙奭：《重刊宋本孟子注疏附校勘记·公孙丑章句上》(影印本)，第65页下。

[2]　郭齐勇：《中国儒学之精神》，第195页。

[3]　【清】王先慎：《韩非子集解·解老》，钟哲点校，北京：中华书局，2003年，第131页。

　　"仁心"是"蒙以养正"的内在动力与善性因子，亦是实现"圣功"的根本保证。捷尔仁斯基说："谁爱孩子，孩子就爱他，只有爱孩子的人，他才可以教育孩子。"[①]爱是教育的催化剂，施教者对儿童多一些理解与关爱，儿童自然也会对施教者多一份信任与尊敬。施教者只有真正本于自己的仁心去教育儿童，才能体会到"反身而诚，乐莫大焉"的喜悦感与成就感。孙奭疏曰："以内为乐，则所乐在己，不在物，其为乐也大。"[②]儿童教师的职业幸福感源于内心的自足自乐，如果仁心丰盈而饱满，赤诚而热烈，自然能顺利抵达童心深处。"仁心"是施教者吸引儿童的一种本能优势与善性魅力，胜过任何外在凑趣、虚伪的言行和装饰，以仁心体达真心，以真心邂逅童心，师生关系默契洽和，从而实现《蒙》卦六五与九二之间志趣相契、精神共鸣的理想状态。施教者应该时刻反求诸己、扪心自问，看看自己的人仁心真不真、透不透、纯不纯，因为只有以"仁心"为切入口才能走进儿童的世界，也更能趋近"圣功"的至善目标。"仁""圣""蒙"之间的精神境界能够相互打通，"蒙以养正，圣功也"的命题，虽然没有直接凸显仁道，却将其隐藏于"蒙""圣""正"所追求的道体境界与教育理想当中，显得别有深意。

---

① 转引自孟玉群主编:《现代教师论》,哈尔滨:黑龙江教育出版社,1991 年,第 75 - 76 页。

② 【汉】赵岐、【宋】孙奭:《重刊宋本孟子注疏附校勘记·尽心章句上》(影印本),第 229 页下。

第七章

教育方法:"亨蒙非一术"

《蒙》卦六爻构成了教师与童蒙之间动态、复杂、多元的角色互动关系。初六、六三、六四、六五各阴爻的不同致蒙处境,揭示儿童与生俱来在天赋、个性、背景、兴趣、气质等方面的个体差异性。九二、上九两阳爻的刚柔交用、慈严并济,"九二刚而得中,故于蒙用包法而治以宽,上九刚极不中,故于蒙用击法而治以猛"[1],一中一极,一包一击,一宽一猛,二者有着截然不同的施教风格,与各个童蒙的多样性交织、糅合在一起,又形成"发蒙""包蒙""困蒙""童蒙""击蒙"的多种教化方式。赵汝楳曰:"人致蒙者多端,故亨蒙非一术。"[2]儿童致蒙的原因众多,师者施教的方法各异。童蒙远不止四阴爻,施教者也不可能仅有两阳爻,《蒙》卦的卦、爻辞更是惜字如金,精简概略,我们所能从中直接获取的信息十分有限。只有结合当今的儿童教育实践,为《蒙》卦注入新的时代内涵与精神意蕴,才能充分彰显出《蒙》卦的教育价值与经典活力。

---

[1]【明】何楷:《古周易订诂·蒙》,见《文渊阁四库全书·经部三〇·易类》,台北:台湾商务印书馆,2018年,第36-39页下。

[2]【清】李光地:《周易折中·蒙》,刘大钧整理,成都:巴蜀书社,2008年,第35页。

一、"发蒙"：禁于未发，树立榜样

初六居《蒙》卦下坎卦之首爻，处蒙之始，懵懂幼稚，昧惑颇深，爻辞强调"发蒙，利用刑人"，施教者须及时施教，尽早为儿童建立如何做人的规矩，把握好早期教育的重要时机。朱高正曰："治蒙的初始，要设立防限，明其罪罚。"儿童生来无欲无求，无知无畏，教化之初，必须为其设立人之为人的"防限"，这种"防限"的一边接近动物性，另一边趋向人性，必须清晰、明确、坚定、不动摇，儿童走对了是为人成圣，走反了是沦为禽兽。因而，施教者要有"当痛惩而舍之"①的决心，在怜悯和疼爱儿童的同时，更当趁早疏导和规范他们的行为。《周易·大畜》六四爻辞曰："童牛之牿，元吉。"把横木绑在尚未长角的牛头上以防止其顶伤人，为大吉之象。来知德解曰："占者如此则止恶于未形，用力少而成功多，大善而吉之道也，故元吉。"因为童牛的头上很早就被横木束缚，等它开始长角，自然也不会养成用角顶人害物的恶习，可谓禁恶于未发。故其《象》辞曰"有喜也"，来知德曰："上不劳于禁制，下不伤于刑诛，故可喜。"②人们对牛的驯化，只是开始得早，似乎并没有耗费多大力气，不用钳制鞭打，亦无须严厉惩治，却达到了最优的驯化效果，这自然是令人倍感喜悦的。人们捆绑童牛很容易，而对儿童下手却很难。儿童生来那山泉般的纯洁天性，美好得让人陶醉痴迷，加之其超长的幼稚时期，很容易让人误解成施教的时机还未到，很多施教者往往会沉浸在他们天真、可爱、呆萌的童年世界里无法自拔，就这样不知不觉地

---

① 贾丰臻：《易之哲学》，上海：上海三联书店，2014年，第81页。
② 【明】来知德：《周易集注·大畜》，胡真校点，上海：上海古籍出版社，2013年，第128页。

错失了教育佳机，一次次忽略、纵容、轻视、破坏早期教育的原则与底线，导致"无以收其放心，养其德性"①，给儿童日后带来了不少被"再教育"的痛苦。

对于儿童教育而言，"利用刑人"之法当以预防、保护、引导为主，防患于未然。《周易折中》引王宗传曰："立其防束，晓其罪戾，而豫以禁之，使蒙蔽者知所戒惧，欲有所纵而不敢为，然后渐知善道，可得而化之也。"②初六处于受启发的开始阶段，施教者当以引导性教育为主，尽量少用惩罚和训诫，使他们潜移默化受到良好的熏陶和教化。万事慎始方可善终，儿童教育的开头最重要，"不辨之以将萌，不惩之于初犯，而任其蒙昧滋长，则可鄙吝"，③越早施教，就越容易获得成功。《礼记·学记》曰："发然后禁，则扞格而不胜；时过然后学，则勤苦而难成。"④儿童生来的可塑性极强，他们从自己的第一声啼哭开始，就启动了超人般的高强度学习系统。《大戴礼记·保傅》曰："早谕教最急。"⑤尽早施教尤为关键。0～6岁是人生最重要的阶段，儿童早期有种特殊的心理吸收能力，⑥施教者应帮助他们从一开始就端正行为，养成良好习惯，而不是等到恶习上身之后再去费力地纠正和改过。

"利用刑人"给儿童教育的另一个启示是重视榜样的作用。

①　【明】胡广等纂修，周群、王玉琴等校注：《四书大全校注·大学或问》上，武汉：武汉大学出版社，2015 年，第 85 页。

②　【清】李光地：《周易折中·蒙》，第 34 页。

③　朱高正：《易传通解·蒙》，台北：台湾商务印书馆，2014 年，第 268 页。

④　【汉】郑玄、【唐】孔颖达：《重刊宋本礼记注疏附校勘记·学记》（影印本），台北：艺文印书馆，2013 年，第 652 页下。

⑤　黄怀信：《大戴礼记译注·保傅》，上海：上海古籍出版社，2019 年，第 74 页。

⑥　参阅［意］M. 蒙台梭利：《有吸收力的心灵》（*The Absorbent Mind*），高潮、薛杰译，北京：中国发展出版社，2003 年，第 15－22 页。

"刑"古通"型"，有法式、典范、规矩、标准之意，崔铣曰："以身作范曰刑，以法正人曰刑"①。刑人，不仅指教法规矩，亦可指榜样示范。"利用刑人"指"利于树立典型教育人"。② 施教者当为儿童树立积极正面的做人典范，"使童蒙有所法式，得为成人，永免罪辟也"，③儿童的一言一行都能在活泼泼的榜样身上找到参照与动力。施教者本身就是榜样中最为关键的人物。《玉篇·帀部》曰："师，范也，教人以道者之称也。"④言传身教，以己为范，是为人师者最基本的职业品德。扬雄曰："师者，人之模范也。"尤其是对于模仿能力极强的儿童而言，施教者往往就是他们学习如何做人的重要参照与标杆。《白虎通·三教》云："教者，效也。上为之，下效之。"⑤上施下效的教育法则在儿童身上表现得最为明显。师者刚阳善动，蒙者阴柔诚敬，阳施阴受，刚柔相交。若教师以德自居，儿童自然愿意听其言、随其行，耳濡目染，自以为正。孔子曰："其身正，不令而行；其身不正，虽令不从。"⑥施教者严格要求自己，"以教人者教己"⑦，谨言慎行，以身作则，先将自身修炼好，而后才能对儿童的成长产生积极、深远的影响。

---

① 【明】崔铣：《读易余言·蒙》，见《文渊阁四库全书·经部二四·易类》，第30-6页下。
② 黄寿祺、张善文：《周易译注·蒙》，北京：中华书局，2016年，第128页。
③ 【清】尚秉和：《周易尚氏学·蒙》，北京：中华书局，1979年，第47页。
④ 汪荣宝：《法言义疏·学行》，陈仲夫点校，北京：中华书局，1987年，第18页。
⑤ 【清】陈立：《白虎通疏证·三教》，吴则虞点校，北京：中华书局，1994年，第371页。
⑥ 【清】刘宝楠：《论语正义·子路第十三》（下），北京：中华书局，1990年，第527页。
⑦ 中央教育科学研究所编：《陶行知教育文集》，北京：教育科学出版社，1981年，第81页。

模仿是儿童学习的一种重要方式,施教者对儿童的影响是全方位的、综合的、整体的、深远的。王稚庵在《中国儿童史》自序中说:"儿童富有摹仿性,听见大人们说什么,他便说什么,看见大人们做什么,他便做什么,古书说:'良弓之子恒为弓,良冶之子恒为冶。'俗语说:'跟好人学好人。'所以儿童的环境是最关紧要的。"①成人树立一个什么样的榜样,儿童就会成为一个怎样的人;成人是什么模样,儿童自然也会往什么模样的方向上发展。美国心理学家班图拉的社会学习理论强调观察和模仿榜样是儿童学习新行为的重要方式。② 而儿童模仿的对象,就成为他们行为塑造的重要影响因素。R.斯坦纳在《童年的王国》中写道:"真正会造成印象的、真正对他们有影响的是'你究竟是怎样的一个人'。如果你是善良的,你自然会散发善良的气质,如果你是坏脾气的,这也一样会显现在你的气质中,简单来说,你的个性、行为,一点一滴都传入儿童身上,影响着他们。"③教师身上所有的行为方式与人格特征都会成为儿童模仿与学习的内容。相比于西方,中国对儿童摹仿心理的解读,虽显得模糊、不精确、不成体系,但其所揭示的深刻道理十分深刻。在中国人的眼里,施教者和儿童都是一个完整的生命存在体,儿童的身体、心理、精神不可能是孤零零地呈现出来的,成人作为榜样对儿童的影响是很难用科学言语与试验结论来描述的。实际上,这种榜样作用远远比我们感知到的要更丰富、更深刻、更微妙。孟子

---

① 王稚庵编:《中国儿童史》,上海:儿童书局,1932 年,第 5 页。

② 参阅[美]A.班杜拉:《社会学习理论》(*Social Learning Theory*),陈欣银、李伯黍译,北京:人民大学出版社,2014 年,第 17 - 29 页。

③ [奥]R.斯坦纳:《童年的王国》(*The kingdom of Childhood*),潘定凯译,深圳:深圳报业集团出版社,2014 年,第 21 页。

曰：“有大人者，正己而物正者也。”①施教者在儿童面前不仅仅是一种正向的做人典范，更多是以内在高尚的师道德性激发儿童的求学意志、启迪儿童生命智慧、唤醒儿童的精神觉悟，这种榜样是极具吸引力与生命力的。

初六爻辞一句“用说桎梏，以往吝”又为“利用刑人”提出了教育的实施限度与要求。② 一方面，教师施教的前提是尊重儿童的天性特点与发展需求。《蒙》卦以“山水”之象揭示了童蒙如泉水般清透纯洁、奔流不息的生命特质，说明他们与生俱来就具有自我生长、自我创造、自我完善的禀赋与能力，教育活动发生的根本动因在于儿童自己，施教者的规范与惩治只是外因。因而，教师使用刑人之教，只有在儿童能够承受且愿意顺服的前提之下方可发挥作用。朱维焕解曰：“‘以往吝’，乃示本爻涵义之限度，盖本爻，虽有发蒙而免于刑罚之象，亦当知其所止，如果越此以往，则吝。”③观《蒙》卦初六之爻，我们可以感受童蒙最初的昏暗无助状态，也应看到九二刚中有度的施教原则。初六上承九二，说明童蒙自发需要被教导；九二包容初六，说明教师在顺随和保护儿童的天性。M.蒙台梭利认为，儿童通过与生俱来的

① 【汉】赵氏、【宋】孙奭：《重刊宋本孟子注疏附校勘记·尽心章句上》（影印本），第233 页上。
② 朱维焕认为，“‘夫’发刑人之蒙，其方式有二，积极方面，即教化是也，消极方面，惩罚是也，至于其效应则在维护其‘法’之尊严。”（参阅朱维焕：《周易经传象义阐释·蒙》，台北：台湾学生书局，1980 年，第 49 页）教化与刑罚并行，缺一不可，前者为积极教育，后者为消极教育。实际上，刑罚亦是一种教化方式，二者并非对立。蕅益大师曰：“以正法而扑作教刑，”（见【明】蕅益智旭大师：《周易禅解·蒙》，台北：新文丰出版公司，1979 年，第 86 页）适当使用刑罚可正法度、明要求，此亦教化之必须。《易经证释·蒙》曰：“古之刑人，必寓其教。”（见列圣齐注：《易经证释·蒙》第二部，台北：正一善书出版社，2005 年，第 5－59 页）刑中有教，教中有刑，二者不可分离。
③ 朱维焕：《周易经传象义阐释·蒙》，第 49 页。

心理吸收能力直接获取知识，成年人的工作不是教育，而是对婴儿的大脑发展提供帮助。[①] 儿童的发展是由内而外的主动发生过程，教育不是人为地塑造人，而是要想办法发挥儿童内在的生命潜能。另一方面，刑教不是一味地惩罚和训诫，而是要以情动人、以理服人、以德服人。《周易折中》引胡炳文曰：“痛惩而不暂舍，一于严以往，是不知有敬敷五教在宽之道也，故吝。”[②]儿童幼稚柔弱，施教者利于以德化蒙，使他们如沐春风，日渐为正。若教师野蛮施教，则变身为贼寇，儿童感受不到关爱便心生恐惧、情绪压抑、性情阻塞，颇似壅河不通，蒙昧只会愈积愈甚。尤其是对待学龄前儿童，教师必须具有仁爱善良、包容宽厚的精神品质，以人心暖童心，以师道化童心，以圣德育童心。

在儿童教育中，相比于德教，刑法永远起到补充、辅助、配合的作用。朱震曰：“卦言‘童蒙’，爻言‘刑人’，刑人所以辅教也。”[③]《蒙》卦六爻中，“刑人”只居其一，必要时方可启用，而且用刑之目的仅在于正教法，不可以伤害童蒙。刑可使人“免而无耻”，而德可让人“有耻且格”[④]，显然德教比刑法更加能深入人心。《春秋繁露·天辨在人》曰：“刑者德之辅，阴者阳之助也。”[⑤]德、刑对应于天道阳阴关系，阳尊阴卑，德主刑辅，二者虽相互支撑、相互作用，但刑教始终处于次要地位，连天道都“任德教而不任刑”，[⑥]教育更应该以德治蒙。“利用刑人”的最高境界

---

① 参阅［意］M.蒙台梭利：《有吸收力的心灵》，第 15 – 22 页。

② 【清】李光地：《周易折中·蒙》，第 34 页。

③ 【宋】朱震：《汉上周易·蒙》，种方点校，见《周易十书》，北京：中华书局，2020 年，第 27 页。

④ 【清】刘宝楠：《论语正义·为政第二》（上），第 41 页。

⑤ 【汉】董仲舒：《春秋繁露·天辨在人》，上海：上海古籍出版社，1989，第 69 页。

⑥ 【汉】班固：《汉书·董仲舒传》，北京：中华书局，2012 年，第 2177 页。

不是威慑或控制人，而是化刑为德，寓教于刑，变被动为主动，将教育的外在规定内化为童蒙自身的心理需求与道德自觉。《蒙》卦初六爻辞特意强调"刑人"，而非"刑狗""刑猫""刑某物"，"仁也者，人也"[1]，教育用刑的对象是人，就应该追求仁道，把人当人，把童蒙当童蒙，让每个童蒙在"刑人"的引导下都能脱去蒙蔽、逃离桎梏，从而顺利实现个体的社会化、道德化过程。

"发蒙"还揭示了儿童教育中自主与教育博弈关系。"利用刑人，用脱桎梏，以往吝"，即突出教育的引导性与规范性，又强调儿童的自主性与能动性。如何用"刑人"便是如何处理教育与自主的关系。自主强调个体按照自己意愿而行事的精神需求，教育是一种带有明显社会化目的活动，二者很好地结合起来方可发挥教育的作用，恽代英将任其自由与合宜指导视为教育的"金科玉律"。[2] 然而，儿童的自主性与教育的规范性之间很难保持适度张力。施教者过度遵循自然，则儿童散漫无方向；施教者过度引导规范，则儿童天性被压抑，自主教育似乎极易出现失衡的困境。《蒙》卦初六爻所强调的"发蒙"之道，明确地提出要"利用刑人"，说明自主教育既要有自主，又要有教育，二者缺一不可，最好的状态是彼此促进、互济互成。在自主活动中，教育不仅仅是一种规范性引导，更重要的是为儿童的活动心理和活动行为提供支架，帮助他们形成独立、健全的人格，使儿童能够体验到真正的自主精神和教育精神，从而构建一种师生之间的

---

① 【汉】赵岐、【宋】孙奭：《重刊宋本孟子注疏附校勘记·尽心章句下》（影印本），台北：艺文印书馆，2013 年，第 252 页上。

② 唐淑、钟昭华主编：《中国学前教育史》，北京：人民教育出版社，1999 年，第206 页。

“和谐场”。①

　　“发蒙”处于教育之始，对儿童发展而言，地位最重要，作用最关键，影响最深远。赫尔巴特说：“正确的引导是一种科学的管理艺术。”②“利用刑人”正是一种高超的儿童教育艺术。如果说儿童教育是要给孩子们穿上一件美丽的衣裳，那么儿童就是天然的小模特，施教者兼任裁缝师、设计师、搭配师之职，衣服的尺码、颜色、布料、样式、风格、裁剪等细节，施教者都必须用心揣摩，融入个人的性情、灵感、智慧、想象，才可能设计出与孩子们的体型、性格、气质相符的精美服饰。然而，在儿童教育实践中，成人喜欢以自己的审美诉求与风格偏好为儿童修饰和装扮，每个孩子都越来越相似，失去了童年的活力与色彩。真正的教育需要反过来，施教者用心去感受和欣赏儿童，帮助他们穿上最适合的衣裳，成为不一样的自己，童年生活才能丰富多彩、灿烂如花。儿童身材小巧却心力无穷，幼稚懵懂却通达道体，施教者若读不懂儿童的行为、心灵和精神，又怎能为他们设计出舒适契合的“衣裳”呢？M. 蒙台梭利说：“儿童是一个谜，我们所能知道的是，他有着最丰富的潜力，但我们不知道他将成为什么人，他必须得到他自己意志的帮助才能‘成为实体’。”③每个儿童都是独一无二、潜力无穷生命存在，教育自然也有无数种方式和可能，施教者在实践中不断观察、反思和总结，努力倾听孩子们内心的真实心声，拿捏好教育的“尺子”，丈量准“刑人”与“儿童”之间的

---

① 参阅唐艳等：《幼儿园自主活动的特征剖释》，《陕西学前师范学院学报》，2018 年第 7 期，第 27 - 30 页。

② ［德］J. F. 赫尔巴特：《普通教育学》(*Allgemeine Padagogik ausdem Zwe—ckder Erziehung*)，李其龙译，北京：人民教育出版社，1989 年，第 23、24 页。

③ ［意］M. 蒙台梭利：《童年的秘密》(*Secret of Childhood*)，马荣根译，北京：人民教育出版社，2004 年，第 45 页。

适度张力，才能做到"发蒙"而不背蒙、不害蒙。

二、"包蒙"：有教无类，因材施教

《蒙》卦主爻九二能够"以阳刚爱阴柔"[①]，接纳儿童的各种蒙昧状态，宽厚包容，有教无类，众蒙纷纷向其靠拢，故得"包蒙"之吉。《说文·勹部》曰"包，象人裹妊，巳在中，象子未成形也"，表示妇人妊娠期间腹中有子之象。妇女怀有身孕，必将温柔呵护、耐心哺育胎儿成长，师者教化童蒙同母亲养育胎儿一样，当发自内心地热爱、保护、包容每个孩子。九二爻辞曰："包蒙吉，纳妇吉，子克家。"唐代史徵称赞其"心既弘通不拒于物"，[②]九二代表着具有豁达胸襟与高尚精神境界的施教者。尤其是面对幼稚懵懂的儿童，施教者更应该怀揣一颗"包蒙"之心。

"包蒙"表现在教育实践中，不仅是一种教育方法，也是教师的一种职业信仰与精神诉求。儿童身心幼稚，活泼率真，蒙态各异，"包蒙"是对每一位施教者的巨大考验。一位母亲疼爱自己的孩子很容易，而要是将这种爱推移至其他孩童身上则很难。而"包蒙"偏偏强调教师要容纳每位儿童的个性与不足，更要想方设法帮助他们去蒙开智，最终达到"蒙在包中，外暗内明，不但阳气不伤，而且阳气增长"[③]的良好状态。教师欲"包"得彻底、放心、顺利，就必须先将自己心中的思想包袱、负面情绪、认知偏见统统剔除。老子曰："为学者日益，为道者日云。"徐志钧注曰：

---

① ［日］高岛嘉右卫门著，【清】王治本译：《增补高岛易断·周易上经·蒙》，北京：华龄出版社，2017年，第45页。

② 【唐】史徵：《周易口诀义·蒙》，见《文渊阁四库全书·经部一·易类》，第8－10页下。

③ 【清】悟元子：《道解周易·蒙》，钟友文整理，北京：九州出版社，2010年，第65页。

"云，即损。"①"包蒙"是一种无我、忘我的精神，只有先消除个人的偏见与执念，才能接近人之为人的道体本身，从而包容更多的事物。教师腾空心之居处，有教无类，用心去感受孩子们童言稚语的欢愉，耐心接受他们幼稚蒙昧的不完美，并且尽心尽力地引导和感化他们，方可体会到"包蒙"的至善境界。李士鉁曰："圣量无不包，视天下无不可教之人。"②教师"包蒙"的能力与境界是其个人德性修养的重要体现。《象》辞将"蒙以养正"称为"圣功"，说明教师越接近圣人的心境，就越能正"圣功"之名。《礼记·学记》曰："教也者，长善而救其失者也。"③孩子们身上的善与失形形色色，他们不好好吃饭、睡觉不规矩、游戏捣乱、爱打架等生活琐事都是教师"包蒙"的内容，心胸狭窄、末学陋识之人是难以胜任教师角色的。所以，儿童教师的心不得不宽，境界不得不高，否则不仅折磨自己，还会伤害儿童。陈鹤琴说："儿童时期不仅作为成人之预备，亦具有它本身的价值，我们应当尊敬儿童的人格，爱护他的烂漫天真。"④每个儿童都有着独立的人格与天赋，无论善恶、好恶、丑美、贫富、贵贱，教师皆当善待之、教养之。"包蒙"不仅是教养童蒙，也是教师自我成就、自我净化、自我实现的过程。

　　"包蒙"的根本法则是保持阴阳平衡，即正确处理教师与儿童之间的关系，灵活应变，因材施教，使得发蒙者与蒙者、教

---

① 徐志钧：《老子帛书校注·十一章》，上海：学林出版社，2002年，第38页。
② 转引自马振彪：《周易学说·蒙》，张善文整理，广州：花城出版社，2002年，第67页。
③ 【汉】郑玄、【唐】孔颖达：《重刊宋本礼记注疏附校勘记·学记》（影印本），第653页下。
④ 北京市教育科学研究所编：《陈鹤琴全集》第一卷，南京：江苏教育出版社，1989年，第9页。

与学之间达到谐和状态。《象》辞曰："子克家，刚柔接也。"王夫之解曰："妇人之性柔而暗，其柔也告之，其暗也勿渎之，刚而得中，以此纳妇，家之吉也。"①九二"包蒙""纳妇"之吉皆因阴阳关系处理得恰如其分，其根据各童蒙的不同处境而选择相应的施教方式，以保证阴阳交合无损、教化刚柔有度。"以中和理天下者，其德盛大"②，在儿童教育实践中，施教者属性从阳，当戒于过刚；儿童属性为阴，当防止甚柔。教不过刚，学不过柔，施教者与儿童之间始终保持一种中和状态，教化方可亨达顺利。初六始受蒙昧，心智未开，敬阳亲师，代表天真幼稚、乖巧听话的儿童；六五求知欲强，真诚谦卑，下求于师，代表活泼聪明、勤学好问的儿童。二者皆能以童蒙自处，前者因蒙昧而亲师，后者因疑惑而问师，故九二显露出刚阳有为的一面，顺势而导，适时而教，与六五"志应"，发初六之蒙。而六三自我迷失，心智渎乱；六四昏蒙愚钝，困不求师。二者皆无求学动机，教师若通过严厉的训诫或惩罚的方式强行施教，则会使童蒙叛逆反感，故教师不宜急于施教，当收敛刚阳之气，化刚为柔，变显为隐，巧妙用力，显露出宽柔无为的一面，以"不告"为法，行不言之教，使得六三之渎乱无所施、六四之困顿有所悟。《蒙》卦上九爻辞曰："不利为寇，利御寇。"③对待六三这样倔强的儿童，教师若以刚阳之性迎击童蒙的昏暗固执，不仅施教无功，还会激化师生矛盾。然而，在实际教育情境中，教师的施教行为极易失控，常常会以刚强自负的态度对待儿童，导致阴阳失调，儿童便会逐渐疏远教师。

---

① 【清】王夫之：《周易内传·蒙》，李一忻点校，北京：九州出版社，2004年，第61页。

② 【清】苏舆：《春秋繁露义证·循天之道》，北京：中华书局，1992年，第439页。

③ 【明】来知德：《周易集注·蒙》，第36页。

教师"包蒙"的关键是掌握好刚柔法度,针对每个儿童的发展特点对症下药,不可采取统一、固定的教学模式。孔圣人便是因材施教的高手,颜渊、樊迟、仲弓问仁,孔子回答的内容和方式各异:

> 颜渊问仁。
>
> 子曰:"克己复礼为仁。一日克己复礼,天下归仁焉。为仁由己,而由人乎哉?"
>
> 颜渊曰:"请问其目。"
>
> 子曰:"非礼勿视,非礼勿听,非礼勿言,非礼勿动。"
>
> 颜渊曰:"回虽不敏,请事斯语矣。"[①]
>
> 樊迟问仁。
>
> 子曰:"爱人"[②]
>
> 仲弓问仁。
>
> 子曰:"出门如见大宾,使民如承大祭。己所不欲,勿施于人。在邦无怨,在家无怨。"[③]

颜渊、仲弓德性高尚,尊师重道,抱诚守真,故孔子向他们解释仁之具体内涵与实践细目。樊迟请学稼,子曰"吾不如老农";请学为圃,曰"吾不如老圃";樊迟出,子曰:"小人哉,樊须也!"[④]可知,相比颜渊、仲弓,樊迟的悟性不高、志向不正、目光短浅。对

---

① 【清】刘宝楠:《论语正义·颜渊第十二》(下),第483、484页。
② 【清】刘宝楠:《论语正义·颜渊第十二》(下),第511页。
③ 【清】刘宝楠:《论语正义·颜渊第十二》(下),第485页。
④ 【魏】何晏、【宋】邢昺:《重刊宋本论语注疏附校勘记·子路》(影印本),第116页上。

于樊迟这样愚钝的学生,孔子的回答直接概括,无需详说细节,笼而统之以"爱人"申明其意。这恰恰也体现了《蒙》卦因材施教的阴阳平衡法则,若学生以阴蒙自居,诚心诚意,教师当以阳刚资发其蒙;若学生以阳自居,无求学动机,师者当顺其性情、察其意志,暂缓施教,等到时机成熟时,再以微阳滋其蒙蔽、开其心智。对于心志不诚、三心二意之人,师者多言反而使其心生悖逆,还不如适当留出空白,让儿童自己去思考和反省。

教师要正确地认识和评估儿童,发现他们身上的可塑之处,用教育智慧去调和师生之间的阴阳关系,有的放矢,因人制宜,寻求施教的切入点与突破口,从而激发每个儿童身上的生长能量。《蒙》卦六爻中,初六"初筮告",六三"勿用取女",六四"困蒙",六五"童蒙",蒙蔽多端,情形各异,故九二有"包蒙"之德,上九用"击蒙"之法。各爻之间"往来殊情,生化殊用"[1]的交合关系也反映出教师施教的灵活性与复杂性。王守仁以"良医治病"来形容"因材施教","夫良医之治病,随其病之虚实、强弱、寒热、内外,而斟酌、加减、调理、补泄之,要在去病而已。初无一定之方,不问症候之如何,而必使人人服之也",[2]医生治病,必须先了解病人的基本情况,斟酌发病原因,选择合适药物,日渐调理病人之血气,方可治愈疾病。教师与儿童之间阴阳相荡、刚柔互动、教学相长的实践过程比良医治病还要深刻、繁杂、漫长得多,需要施教者花费更多的心思、精力与智慧。每个儿童身上或多或少都潜藏着人之为人的善性因子,即便再昏蒙、再愚钝的孩

---

① 列圣齐注:《易经证释·蒙》第二部,第5-38页。
② 【明】王守仁著,吴光等编校:《王阳明全集·与刘元道(癸未)》,上海:上海古籍出版社,1992年,第191页。

子,也总有天真、可爱、好学的时候,使劲挤一挤,耐心找一找,总
能发现他们身上的闪光点,从而为实施教化创造机会与空间。
那些看上去顽劣至极的儿童,一个个像跺着脚、翻着滚、拿着枪
的小兵们,愤怒地涨红了脸蛋,行为暴跳如雷,但只要教师能够
用心去包容、理解、亲近他们,依然能够感受到孩子们由内而外
的纯洁天性与善良心地,而且他们极易被人温暖和感化。儿童
教育中,少不了母亲的宽容与细腻,也少不了父亲的大气与坚
强,更少不了智者的灵活与从容。

三、"童蒙":相互真诚,抓关键期

《蒙》卦中唯六五爻辞曰:"童蒙,吉",相比其他童蒙,六五最
得童蒙之正。六五虽处九五之尊位,但并没有被高贵的身份、优
越的环境所误导,而是保持纯真、不矜不伐,坚守童蒙之本分,
"贵而柔中,有中顺之德"[1],把童蒙虔诚、柔顺、澄明、好学、专注
等天性特质展现得淋漓尽致。胡炳文曰:"居尊位而能以童蒙自
处,其吉可知。"[2]六五不受外在事物的干扰,始终以蒙者自居,
等待贤明之师的疏导,施教就容易成功。六五在接受教育之前,
"内无知识之萌,外无闻见之杂,蒙者之求而有初筮之诚者
也"[3],其没有六三的偏执与邪念,更没有六四的慵懒与堕落,而
是怀揣一颗赤子心,谦卑诚敬,主动求学,近贤亲阳,展示出儿童
内心强烈的求知欲望与成长需求。

---

① 朱高正:《易传通解·蒙》,第 270 页。
② 【清】李光地:《康熙御纂周易折中·蒙》(上),刘大钧整理,成都:巴蜀书社,2013
　年,第 48 页。
③ 【明】潘士藻:《读易述·蒙》,见《文渊阁四库全书·经部二七·易类》,第 33 -
　54 页上。

　　六五与九二正应，童蒙诚心求学，施教者诚心发蒙，二者真诚相待，形成一种轻松、积极、和洽的师生互动关系。《礼记·大学》曰："所谓诚其意者，毋自欺也。"诚，即真实、诚敬、无伪。余治平解释说："诚，指仁心一旦流现于外、成于事，则始终能保持与它自身的道体大本的连续性和一致性，真实无妄，而不自违、不自欺。"[1]诚不仅是做人的道德规定与境界追求，也是实施教育所必须坚守的原则和要求。六五最重要的特质就是真诚，刁包称其"赤子之心不失"[2]，儿童真心实意来求教，说明主动想学、要学，符合"匪我求童蒙，童蒙求我"的教育理念，教师无不教之理。教师也要凭着一颗真诚之心去回应、引导儿童。尤其是面对幼稚的孩童，教师想要保持九二回应六五那般诚恳、刚中、敦厚的态度十分不易。很多教师对儿童更多是一种应付式、训导式、命令式的高控态度，总以为儿童太幼稚，不需要太用心，时常用自己空洞干瘪又毫无生命养分的躯壳与孩子们活泼泼的灵魂相处，并把自己高傲、强势、丑陋的一面统统摊在孩子们面前。殊不知这样教师与儿童的两颗心永远也碰不到一起，教化又怎能入心入肺？K.雅斯贝尔斯说："教育，不能没有虔诚之心，否则最多只是一种劝学的态度。"[3]教师与儿童之间的微妙关联

---

① 余治平：《忠恕而仁：儒家尽己推己、将心比心的态度、观念与实践》，上海：上海人民出版社，2012年，第215－218页。作者还认为，《礼记·中庸》所提出的"诚"，是儒家哲学的一个重要范畴或命题。《中庸》曰："诚者，天之道，诚之者，人之道。"诚，不仅仅是一种只属于人的精神体验，或一种情感执着，它既是"人之道"，更是"天之道"。诚就是自然本身，诚即是天，即是物自身。

② 【清】刁包：《易酌·蒙》，见《文渊阁四库全书·经部三三·易类》，第39－224页上。

③ ［德］K.T.雅斯贝尔斯：《什么是教育》(*Was ist Erziehung?*)，邹进译，北京：生活·读书·新知三联书店出版社，1991年，第44页。

全靠彼此的虔诚之心，以心动心，以心暖心，以心交心，教师才能感受到儿童真实的发展需求与精神呼吁，儿童才能获得如沐春风的成就与喜悦，教育才能变得有温度、有境界、有希望。以"诚"打通师生的内心世界，儿童以学为乐，教师以教为乐，二者相互滋养、相互促进，方可达到"志应"的理想精神共鸣境界。

　　六五与九二爻位均居中，说明二者相遇的时机恰到好处。一方面，教师施教须掌握时机。当儿童内在的求知欲望与生长冲动被激发时，他们便会像成人一样投入精力、专注做事，故M.蒙台梭利将他们的活动称为"工作"。《蒙》卦卦辞曰"匪我求童蒙，童蒙求我"，毛奇龄曰："五来居二，非二往居五也。"①教育的前提一定是童蒙主动来求，而不是教师强行施教。《周易折中》引项安世言曰："待其求而后教之，由其心相应而不违，致一以导之，则其受命也如响。"②当儿童诚心求学时，教师只需顺势启发一二，儿童便能豁然开朗，教育也无须太费劲。《礼记·学记》曰："善学者，师逸而功倍，又从而庸之。不善学者，师勤而功半，又从而怨之。"儿童有求学之心，教育就已成功一半。"善待问者如撞钟，叩之以小者则小鸣，叩之以大者则大鸣"③，儿童求学如同撞钟，欲求越强撞击的力度就越大，声音就越响亮，撞击效果也就越好。儿童越是想要学习，其学习的效率就越高。对于幼稚儿童而言，教师更要有"时观而弗语"④的沉着与耐心，仔

---

① 【清】毛奇龄：《仲氏易·蒙》，见《文渊阁四库全书·经部三五·易类》，第 41 - 227 页上。

② 【清】李光地：《周易折中·蒙》，第 34 页。

③ 【汉】郑玄、【唐】孔颖达：《重刊宋本礼记注疏附校勘记·学记》（影印本），第 655 页上。

④ 【清】孙希旦：《礼记集解·学记》（中），北京：中华书局，1989 年，第 960 页。

细观察他们的言行举止，感受他们的心理需求，巧妙诱动儿童的学习兴趣与探究欲望，及时、敏锐地捕捉到最佳的施教契机，才能不断地创造出教育惊喜。

另一方面，教育要关注儿童发展的"关键期"。① 六五与九二互相正应，童蒙待时而动，教师适时而教，在合适的时间给予儿童合适的教育。一旦错过儿童发展的最佳时期，可能会对儿童造成某种身心障碍。儿童有一套自主发展的学习系统，这个系统有相对稳定的次序、节奏与强度，每个发展的关键期都有不同的教育需求，教育抓住关键期就容易成功。M. 蒙台梭利认为，正是这种敏感期，使儿童以一种特有的强烈程度接触外部世界。在这一时期，他们能轻松地学会每样事情，对一切都充满活

---

① 关键期（Critical Period），亦称"敏感期""儿童心理发最佳期"，指有机体早期的生命中一个很短暂的对某种刺激特别敏感的时期。1873 年，斯波尔丁发现刚孵出的小鸡会追随最初见到的能活动的生物，而不管是不是同类。1937 年，奥地利生态学家 K. Z. 洛伦兹在小鸭、小鹅等动物的自然习性中也发现类似现象，并称之为"印刻"，他认为这是一种天生、本能、快速的学习方式。但"印刻"的时间很短，如小鹅是在出壳后的头两天，过后若在见到母禽也不会认识并去追随它。这一认识母禽的时间就是关键期，错过这个关键期与其相关的能力就会永远丧失。发展心理学家把动物的关键期概念引入儿童行为学习的研究领域，探讨儿童在某一年龄学习什么内容最为有效等问题（参阅顾明远主编：《教育大辞典》（增订合编本），上海：上海教育出版社，第 466 页）孙瑞雪说："所谓敏感期，是指在 0～6 岁的成长过程中，儿童受内在生命力的驱使，在某个时间段内，专心吸收环境中某一事物的特质，并不断重复实践的过程。顺利通过一个敏感期后，儿童的心智水平便从一个层面上升到另一个层面。"（见孙瑞雪：《捕捉儿童敏感期》，北京：中国妇女出版社，2009 年，第 5 页）研究发现，大部分关键期在 6 岁之前，如 0～6 岁是语言敏感期，2～4 岁是秩序敏感期，3.5～4.5 岁是社会敏感期等，在儿童发展心理学的研究启示中，几乎每一种心理品质与能力都有一个发展的关键期。（参阅罗碧琼等：《生命论对儿童敏感期理论的检讨与超越》，《学前教育研究》2018 年第 11 期，第 53－61 页）"关键期"已成为当今儿童教育研究的重要理论之一。

力和激情。① 在生命的头几年里，儿童像一头头睡眼惺忪的小狮子，他们身上纯洁率真、活泼好动的天性特质凝聚为一股极其强大的发展势能，如龙卷风般疯狂地把周围事物卷进自己的世界里，孜孜无息，昼夜不息，不断从中汲取生命活力与营养，以满足自己的发育需求。他们这种惊人的突破力与生长力不可被人为遏制或破坏，"如果儿童在他的敏感期里遇到障碍而不能工作，他的心理就会紊乱，甚至变得乖戾"。② 教育有责任在儿童最需要的时候为他们提供良好的教育，帮助他们顺利度过一个又一个发展关键期，这样的儿童才能像六五那样顺利亨通。成人要为儿童的大脑发展提供帮助，正确地对待他们的智慧，理解他们的需要，进而延长他们这种吸收知识能力的阶段。③

　　但是，当今人们对儿童发展关键期的认识普遍存在误区，背离了《蒙》卦的教育宗旨。一是，过度填充，压抑儿童。为了抓住关键期，成人强迫儿童从小就学习各种知识、技能、才艺，生怕漏掉任何一个培养孩子的好时机，致使儿童承受着前所未有的心理压力与学习负荷。原本自由活泼、天真快乐的小天使变成了满腹经纶、老态龙钟的小大人，被育人的沉重枷锁勒得喘不过气。家长们硬生生给孩子们浪漫美好的童年世界里画上一道"起跑线"，先跑才会赢，快跑才不输，跑得晚、跑得慢就要被嘲笑、被淘汰。孩子们齐刷刷全副武装，相互追逐、比拼、争夺，神态越来越像，视野越来越窄。孩子们清澈透亮的眸子，被架上硬邦邦的塑料镜片；灵巧好动的小手，被铅笔磨得笨拙僵硬；无忧无虑的童年时光被各种考试、培训、比赛、课程所夺占。教育本

① 参阅［意］M.蒙台梭利：《有吸收力的心灵》，第 3 页。
② ［意］M.蒙台梭利：《童年的秘密》，第 53 页。
③ 参阅［意］M.蒙台梭利：《有吸收力的心灵》，第 15 - 22 页。

该是让人的生命舒展、个性发扬、灵魂滋养的充满人道主义精神的活动，至今却沦落为戕害儿童的"屠宰场"，不得不让人悲叹。二是，刻板对待，思维固化。儿童的生长发育自然而然，本无所谓关键期之说，人类为了方便认识与教育儿童，通过研究总结出关键期的基本规律，这个规律只是人们认识儿童的一个基本面向，并不能反映儿童生命的全部真实状态，或许多年之后，这种理论会被推翻或取代。但很多人将关键期视为一种机械化、刻板化、模式化的理论去套解每个儿童，并将他们同质化、统一化，而忽视了儿童发展的个体差异性与独特性，给孩子们带来了诸多人为的伤害。罗碧琼等人认为，敏感期理论把儿童的生命寄托在"敏感期"的信条上，形成一种先入为主、固化的教育理念，使教育内容客观化、规范化、程序化与简单化，①这种有利于教育的理论，可能低估了儿童发展的复杂性，恰恰又给教育带来了危机。因而，教育必须始终以儿童为本，而不可被各种教育理论所牵制和禁锢。

四、"困蒙"：关怀弱者，重视环境

《蒙》卦六四爻辞曰："困蒙，吝。"六四与上九隔六五，与九二间六三，"上下远于二刚无所资"，②与发蒙者相距太远，无法形成和谐互进的师生关系，又被六三、六五两阴爻所包围，相比其他阴爻，六四柔暗的情况最甚、处境最为不利。胡瑗解

---

① 参阅罗碧琼等：《生命论对儿童敏感期理论的检讨与超越》，《学前教育研究》2018年第11期，第53－61页。
② 【宋】郭雍：《郭氏传家易说·蒙》，见《文渊阁四库全书·经部七·易类》，第13－30页上。

曰:"无阳以发明于己,困于蒙暗不得通达,故有悔吝。"①一方面,六四童蒙缺乏施教者的引导。《象》辞曰:"困蒙之吝,独远实也。"教师是儿童教育中的重要角色,没有教师的引领,儿童的心智得不到启迪,将会深陷蒙暗而不能自拔。另一方面,六四童蒙的受教育环境昏暗恶劣,其本身为阴爻,身边又聚集着一群蒙昧无知的邻友,可谓蒙上加蒙。王夫之曰:"日与柔暗之流俗相亲,虽有承教之心,而无可观感,故《象传》深致叹焉。"②儿童所处的生长环境也是隐性教育的重要部分,物以类聚,人以群分,儿童长期处于昏暗愚昧的环境之中,不知不觉也会随波逐流、自轻自贱,即便施教者有心教化,也力不从心、无从可施。孔子曰:"里仁为美。"③人所处的环境优良,方可不断接受良好的教化熏陶,教师与周围环境均为儿童教育实施的重要影响因素。

对六四这样的儿童,教师需给予更多关注和帮助。《蒙》卦众阴爻中,唯六四阴居阴位,阴之又阴,柔上加柔,虽自守蒙昧、心无邪念,但能力较差、软弱被动、学习缺乏主动性,属于童蒙中"愚钝无能"的一类,教师对这样的儿童须予以理解和帮助。④ J.J.卢

①【宋】胡瑗撰,【宋】倪天隐述:《周易口义·蒙》,见《文渊阁四库全书·经部二·易类》,第8-211页。
②【清】王夫之:《周易内传·蒙》,第62页。
③【魏】何晏、【宋】邢昺:《重刊宋本论语注疏附校勘记·里仁》(影印本),第36页上。
④ 无论是成人还是儿童,"蒙"又是一种无止境的追求。人不可能主观地控制和左右自我之"蒙"而做到全知全能,然而又不得不去求知求能,这是伴随人生命全过程的无解悖论。(参阅江峰:《〈周易〉蒙卦多重含义的哲学透析》,《周易研究》2005年第3期,第19-23页)儿童与成人皆有困蒙之时,人生是不断走出一个"蒙"又进入另一个"蒙"的过程,每个人都是在反复受蒙、发蒙的过程中寻求平衡点和生长点的,教育正是帮助儿童解蒙、开蒙的重要推动力。

梭说："我们生来是软弱的，所以我们需要力量；我们生来是一无所有的，所以需要帮助；我们生来是愚昧的，所以需要判断的能力。"①柔弱是儿童天然的生命属性，越是"差"的儿童，就越需要教育，而且教育显得越重要、越有价值。个体心理学家 A. 阿德勒认为，在激发孩子的思想及潜能方面，应倾尽所能地去帮助每一个孩子，给他们适当的教育，让他们获得勇气和信念。② 每个儿童都是独立的存在个体，他们身上无不潜藏着神秘微妙、强大无限的生命潜能，施教者没有理由放弃任何一个孩子。像六四这样困于蒙暗之中的儿童，更值得有情怀、有担当的教师的怜悯与同情。王夫之曰："不见正人，小闻正言，君子之所闵也。"③看到如此天真可爱的孩子们，为人师者怎能忍心看着他们日益堕落、沉溺于恶事恶物之中而不顾呢。在蒙昧柔弱的儿童眼中，教师就是他们内心最美、最亮的灯，没有这盏灯，黑灯瞎火，他们乱撞、乱跌，最后自己蹿出一条或曲或直、或安或危的路；有了这盏灯，明亮辉煌，他们谨言慎行、落落大方，学习做人做事，日渐获得安心向善的幸福生活。无论是从对个体的伤害程度上看，还是从成长的风险上看，没有教师的启发，儿童长大所付出的成本实在是太大了。儿童天生就有近阳求明的本能欲望，他们内心极其盼望长大，渴求教师身上的光芒去照耀他们的世界、滋养他们的灵魂、温暖他们的心灵、引领他们的精神，从而驱除昏暗、通往光明。对于六四这样无助柔弱的儿童，教师更应该善于观察，主动关心，积极鼓励，促成良好的师生互动关系，激发儿童的学

---

① ［法］J. J. 卢梭：《爱弥儿》(émile：ou De l'éducation)上，李平沤译，北京：商务印书馆，1996 年，第 7 页。

② ［奥］A. 阿德勒：《儿童人格形成及培养》(The Education of children)，张晓晨译，上海：上海三联书店，2017 年，第 207 页。

③ 【清】王夫之：《周易内传·蒙》，第 62 页。

习兴趣,像母亲般呵护和尊重他们,并给予他们更多的理解、关心和支持,甚至还要付出更多的时间、耐心与精力,循循引诱,细致教导,争取尽早把他们从昏暗的世界中拯救出来。儿童教育应该多帮助差、弱、贫等处境不利的孩子们,而不是将教育资源与关注重点集中在条件优越的儿童身上。解救"困蒙"的儿童,是儿童教育的使命与责任,也是促进教育公平的重要内容。

　　教师只是影响儿童发展的因素之一,创造良好的教育环境也是解除六四困蒙之境的重要途径。在中国古代儿童教育中,十分重视环境对儿童发展的重要作用。《颜氏家训·慕贤》曰:"人在年少,神情未定,所与款狎,熏渍陶染,言笑举动,无心于学,潜移暗化,自然似之。"幼儿心智未开,最容易受环境影响,周围人的一举一动、一言一行,儿童都看在眼里、记在心里,无时无刻不在向周围的人、事、物学习。因而,想要培养什么样的儿童,就应为他提供什么样的环境。"与善人居,如入兰之室,久而自芳也"[1],善人有善德,善物有善性,儿童耳濡目染,日渐从善如流,若身边围绕着恶人恶物,儿童自然也日渐为恶。从心理学上看,周围环境也是儿童学习成长的必要条件。J.皮亚杰说:"认识起因于主客体之间的相互作用。"[2]儿童早期是在与周围环境互动的过程中构建自己的认识结构的,他们利用先天的生长潜能快速、高效、有序地吸收着外部环境中的事事物物。J.O.卢格认为,人的发展具有一种"变异性"(variability),"一个颇有天赋的儿童,如果他恰好处于一个条件丰富优越的环境中,那就可

---

① 【北朝齐】颜之推著,【清】赵曦明注,【清】卢文弨补注:《颜氏家训集解·慕贤》,上海:上海古籍出版社,2017年,第6页。

② 〔瑞士〕J.皮亚杰:《发生认识论原理》(*The Principles of Genetic Epistemology*),王宪钿等译,北京:商务印书馆,2017年,第21页。

能大大增强、发挥他的能力"①,良好的环境本身就是一种无声的教育,其对儿童的生命成长与潜能开发具有重要的推动作用。"幼儿处于周围人的活动之中,他能感受到的应是值得模仿,启发他自己行动的事,这对人健康成长和终生能力的发挥很重要"②,周围的一切事物都可能随时成为孩子们吸收、学习和探究的对象,施教者要为他们创设积极、阳光、健康的良好环境,以充分发挥环境的隐性教育功能。

在教育实践中,"困蒙"有不同的境遇、情状和表现,儿童常常会困于溺爱、缺爱、贫穷、疾病等。以溺爱为例,当今社会独生子女占多,孩子一出生就称霸家中,父祖三代宠爱无底线,团团围着孩子转,过度呵护,包办代替。儿童如同在保温箱中存活,越来越懒惰颓废、软弱无能,其天性中自我生长的潜能似乎快要淹没、废退。《蒙》卦取"山下出泉"之象,泉水有"果行"之动,其只有穿越山水之崎岖、河道之起伏、悬崖之险峻,方可逃离昏暗而通往光明。而当今儿童却困于过度被疼爱,想要自我突破没机会,想要自我挑战没勇气,想要自我超越没动力,根本就无法像泉水奔腾那样勇敢地释放生命潜能而挣破蒙昧,这同样是一种人为的、被动的、消极的"困"。儿童没有自主伸缩的成长空间,更没有经历困难磨炼的生命体验,很难变得刚强有力、积极光明。除此之外,还有很多处于弱势地位的儿童,他们有的困于身心障碍,有的困于物质资源,还有的困于精神需求,太多有"困"境的儿童值得被我们关切和重视,可兼容的、有教无类的

---

① 〔美〕J.O.卢格:《人生发展心理学》(*Life Span Development*),陈德民、周国强、罗汉等译,上海:学林出版社,1996年,第109页。

② 〔德〕鲁道夫·施泰纳教育友好协会:《Waldorf教育:联合国教科文组织第44届日内瓦国际教育大会巡展资料一览》,成都:四川大学出版社,2005年,第27页。

"全纳教育"①就是一种很好的尝试。

五、"击蒙"：慈严结合，慎用惩罚

不同于九二宽容温和的"包蒙"之法，上九擅长严厉刚猛的"击蒙"之法，二者相互补充、相辅相成。上九爻辞曰："击蒙。不利为寇，利御寇。"宋代李杞曰："击蒙者，用力以击去之也。上九处蒙之终，九二之所不能发者，上九皆得以击而去之。"②当九二"包蒙"难以发挥教育作用时，教师应适当使用"击蒙"。"包蒙者主宽，击蒙者主严"③，宽与严、包与击是根据不同教育对象、教育时机、教育情景而灵活采取的教育方法。在儿童教育实践中，"击蒙"与"包蒙"不可分离，"包"中有"击"，"击"不离"包"，慈严结合，则教无所失。《颜氏家训·教子》曰："父母威严而有慈，则子女畏慎而生孝矣。"④教育之法严而有慈，爱而有法，才更容易达到教育效果。"击蒙"促进"包蒙"，"包蒙"柔化"击蒙"，刚柔结

---

① 全纳教育（Inclusive Education）作为一种教育思潮，兴起于 20 世纪 90 年代。1994 年，联合国教科文组织在西班牙萨拉曼卡举行"世界特殊需要教育大会：入学与质量"（World Conference on Special Needs Education：Access and Quality），大会通过了《萨拉曼卡宣言》，首次正式提出了"全纳教育"。黄志成等人综合澳大利亚学者贝利（Bailey）、英国学者布思、汤姆林森等人对"全纳教育"的定义提出，"全纳教育是这样一种持续的教育过程，即接纳所有学生，反对歧视和排斥，促进积极参与，注重集体合作，满足不同需求"。（参阅黄志成等著：《全纳教育：关注所有学生的学习和参与》，上海：上海教育出版社，2004 年，第 3 - 5、34 - 38 页）全纳教育的本质是强调教育公平，重视弱势群体（处境不利群体、边缘群体）的入学平等和受教育机会的平等。参阅周满生：《全纳教育：概念及主要议题》，《教育研究》2008 年第 7 期，第 16 - 20 页。

② 【宋】李杞：《周易详解·蒙》，见《文渊阁四库全书·经部一三·易类》，第 19 - 375 页下。

③ 马振彪：《周易学说·蒙》，第 71 页。

④ 【北朝齐】颜之推著，【清】赵曦明注，【清】卢文弨补注：《颜氏家训集解·教子》，第 6 页。

合，互相搭配，更有利于教化的顺利进行。

　　然而，在《蒙》卦众阴之中，唯六三与上九正应，并且配以"击蒙"，说明"击蒙"不可滥用，只有针对个别难教化的儿童方可使用。六三爻辞曰："勿用取女，见金夫，不有躬，无攸利。"六三之女不中不正，恣情纵欲，不守礼节，蒙昧尤甚。熊良辅曰："诸爻皆言蒙，则尚有开明之义，六三不言蒙，则其水性趋下，无复开明之日矣，何所利哉？"①相比其他童蒙，六三已经忘其身、丢其本，渎乱至极，只能严击其蒙，示之以威，正之以法，束之以刑。元代龙仁夫称六三是"冥顽不灵之甚，故不得已击之"，②六三童蒙执迷不悟、桀骜不驯，为了彻底使其知错、醒悟，施教者不得不严肃惩治，从而让其心有所惧、行有所止，日渐从善为正。

　　施教者使用"击蒙"必须要把控好度。"教之止于其分，则师逸而功倍矣"③，"击蒙"的力度与儿童受教的限度相契合时，刚柔相交，阴阳平衡，师生关系和谐，则教化易成。《象》辞曰："利用御寇，上下顺也。""击蒙"恰到好处，儿童就能够以柔顺刚，弃暗求明，应从教导。"击蒙"的艺术就像用锤子砸核桃，均衡用力，重点敲击，则果壳剥落容易，果仁完整无损；若一味刚猛用力，则壳、果同碎，虽能品尝到几分香味，但破坏了果肉之美，消减了饮食之乐。"击蒙"的尺度不可能用特定的标尺、容器去衡量，唯有将心比心、推己及人，以内在仁心去爱护和化育儿童，以

① 【元】熊良辅：《周易本义集成·蒙》，见《文渊阁四库全书·经部一八·易类》，第24-589页上。
② 【元】龙仁夫：《周易集传·蒙》，见《文渊阁四库全书·经部一九·易类》，第25-423页上。
③ 【宋】李衡：《周易义海撮要·蒙》，见《文渊阁四库全书·经部七·易类》，第13-298页下。

儒家的"恕"道去体谅儿童，才能体达为师之道，坚守人伦底线。林希元曰："若不量其资质，取必太过，攻治太深，欲责效于旦夕，责蒙者有所不堪，虽曰爱之，其实害之，是为寇也。"[1]教师"击蒙"要考虑到儿童的个体差异与心理承受能力，量体裁衣，适度批评和严罚，使儿童既能感受到施教者的关爱，又能内疚自己的过错，从而真心改过自新。若教师操之过急，严酷无情，儿童不堪重负，则会打击儿童的自信心与自尊心，甚至给他们造成心理阴影。

在儿童早期"利用刑人"的阶段，教育就该明确规矩、讲清原则、建立威信，而不是等到儿童顽固不化时才野蛮地打击与惩罚。《易传·象·既济》曰："君子以思患而豫防之。"金景芳、吕绍纲解曰："防于其始而使其终无患。"[2]教育从一开始就预防周围环境对儿童的不良影响，则儿童心无恶念、行无大过，自然就无须刻意使用"击蒙"之法。朱熹曰："幼稚之时，欲其习与智长，化与心成，而无扞格不胜之患也。"[3]儿童早期幼稚弱小，可塑性极强，教化多从宽柔，循循善诱，导之以正，待其心智形成再去施教则相对困难，只能发力以击去其蒙。初六为童蒙之始，"利用刑人"以"发蒙"，上九处《蒙》卦刚极之位，蒙昧尤重，表明儿童早期教育不成功，后期通过"击蒙"来补救。元代解蒙引先儒之言曰："发蒙于初，谓其未达也，包蒙于二，异其向善也，击蒙于终，以防其乱也。""发蒙""包蒙""击蒙"是不同程度与层次的施教方式，由易到难，由柔渐刚，由宽

---

① 【明】林希元：《易经存疑·蒙》，见《文渊阁四库全书·经部二四·易类》，第30-257页下。

② 金景芳、吕绍纲：《周易全解·履卦》（修订本），上海：上海古籍出版社，2017年，第562页。

③ 【清】张伯行纂辑：《小学集解·小学书题》，同治正谊堂本。

至严，"击蒙"之法要谨慎使用。教育儿童源于"圣人之本心"[1]，施教者当以仁心去滋养、感化和疏导儿童。威严惩戒绝不是教化之本义，也不符合人性的发展需求。

<hr/>

[1] 【元】解蒙：《易精蕴大义·蒙》，见《文渊阁四库全书·经部一九·易类》，第 25-569 页下。

卷三 ◆ 日用人伦与文化浸润

第 八 章

教化之端:《颜氏家训》中的家教与胎教

人的生命始于山水之"蒙",教育当始于何处？古人重教慎始,胎教是育人的起点,家教是育人的第一步,这在中国最早、最系统、最有代表性的家训启蒙典籍《颜氏家训》中均有所体现。[①]《颜氏家训》享有"古今家训,以此为祖"[②]之美誉,唐翼明称赞其"是一个负责人的家长深思熟虑的产物,包含了中国传统教育的精髓"[③]。颜之推以胎教为开端,延伸至修身、治家、处世、为学等方面,训诫后世子孙,继承和发展了儒家"明人伦""重仁义"的教育宗旨,渗透着极其深刻的儿童哲学思想。《颜氏家训》中的诸多教育观点对当今的胎教、家庭教育和儿童教育有重要的启发意义。

一、"循循然善诱人":变训诫为疏导

一提及家训,人们脑海中常会浮现训诫、鞭挞、严惩、警告、呵斥、命令等字眼,这种生硬刻板的理解已经读丢了古人"家训"

---

① 唐翼明:《唐翼明解读〈颜氏家训〉》,长沙:湖南科技出版社,2012年,第6页。
② 转引自檀作文译注:《颜氏家训》,北京:中华书局,2012年,第1页。
③ 唐翼明:《唐翼明解读〈颜氏家训〉》,第7—9页。

的精神实质与内在旨意。实际上，家训作为重要的早期教育形式，对儿童发展起着十分关键的作用。古人对待家庭教育比今人更加谨慎、用心、仔细。《荀子·大略》曰："君子之于子，爱之而勿面，使之而勿貌，导之以道而勿强。"①教育子女并非一件简单的事，而是要融入个人智慧巧妙引导他们自觉地懂规矩、守法度。老祖宗对子女的训导虽极其重视礼法规范与人伦秩序，但一定不是我们站在当今现代社会立场所脑补的那种野蛮落后、迫害人性的惩治方式，而是以传统社会中尊礼守法、有节有度、宽厚儒雅的生存要求引导儿童涵泳高尚德性、树立远大志向，促使他们在日后生活中能够堂堂正正做人、明明白白做事、扎扎实实做学问。因而，大多数人对家训的理解，可能只是一种狭隘的认知偏见。

从语言学上对"训"字稍加解析，便可领会到古人深邃而精辟的家庭教育理念。《说文·言部》曰："训，说教也。"段玉裁注曰："说教者，说释而教之。必顺其理。引伸之凡顺皆曰训。"②训，本义是通过言语对人进行说服或教导，使人能够按照一定方向和规矩顺利向前发展。《诗·大雅·抑》曰"四方其训之"，孔颖达曰："训，教诲之别名。"③训即教诲之意。训字"从言，川声"，④言，指言语，有说理、教导、规劝之意；川，甲骨文取象弯曲的河水在两岸之间淌动，指奔腾不息、绵延不断的滔滔江

---

① 【唐】杨倞注：《荀子·大略篇》，耿芸标校，上海：上海古籍出版社，2014 年，第323 页。

② 【汉】许慎著、【清】段玉裁注：《说文解字·言部》，上海：上海古籍出版社，1981 年，第 91 页。

③ 【汉】郑玄、【唐】孔颖达：《重刊宋本毛诗注疏附校勘记·大雅·抑》（影印本），台北：艺文印书馆，2013 年，第 645 页上。

④ 【汉】许慎著、【清】段玉裁注：《说文解字·言部》，第 91 页。

河。《说文·川部》曰:"川,贯穿通流水也",即浸透大地、通畅无阻的水流。江川之水为天地自然之物,其奔流腾达的自性是天道生生之势的必然体现。而人如果想要达到川河般欢悦汹涌、顺畅流行的态势,就必须辅以"言"教,疏导人性,感化人心,使其能遵循合理的道德法则而从善如流,像江川一样居柔善之道而浩浩荡荡、一泻千里。

家训当取治理川流之法,[①]顺其下、通其塞、决其壅,通过谆谆教导向儿童传授知识、讲述道理,使其通达世故、存养美德,从而顺利走上做人之正道。在易道的话语体系中,童蒙本身就有"山下出泉"之象,《象》辞曰:"山下有险,险而止。"[②]上遇山阻,下遭水险,水欲流而不通,欲腾达而不能,亟待他人去引流和疏通,这与"训"之本义不谋而合。《论语·子罕》曰:"夫子循循然善诱人,博我以文,约我以礼,欲罢不能。"[③]"训"一定是以高深智慧去说服人、感化人、启迪人,顺应儿童性情,决其昧惑,开其心智,使他们在成人的引导下如泉水奔流般自欢畅、顺利亨通,在教化的熏陶下能深深感受到一种醍醐灌顶、茅塞顿开的通透感与愉悦感。于雪棠认为,"训"含有解说与政治教导两方面的意思,二者之间有连带关系。解说、传授知识本身含有教导的成分。[④] 施教者以言语疏导儿童的同时,必然也少不了其对儿

---

① 训蒙同样应该遵从川流之理。《尚书·商书·伊训》曰:"臣下不匡,其刑墨,具训于蒙士。"蔡沉《书经集传》曰:"童蒙始学之士,则详悉以是训之。"教导初入学的幼稚儿童,施教者须耐心疏导、循循善诱,如同治理川流之水一样,顺则畅通,逆则拥堵。参阅【宋】蔡沉:《书经集传·商书·伊训》,见《文渊阁四库全书·经部五二·书类》,台北:台湾商务印书馆,2018年,第58-50页下。

② 【明】来知德:《周易集注·蒙》,上海:上海古籍出版社,2013年,第33-34页。

③ 【清】刘宝楠:《论语正义·子罕》(上),北京:中华书局,1990年,第338页。

④ 于雪棠:《先秦两汉文本研究》,北京:北京师范大学出版社,2012年,第83-86页。

童潜移暗化的德性注入与人文修饰。徐锴《说文解字系传》曰：
"训者，顺其意以训之也。"①训中夹杂着教育者的情感、意志、动
机、观念、思想等因素，善教者有善言，有善言者成善教。训教已
经完全超出了语言所涉及的知识内容与说理意义，而跃升为一
种引领式、渗透式、疏导式的教育理念与人伦诉求。

　　家训强调长辈对子孙后代为人做事、立身安命等方面的教
诲，这种教诲是祖辈结合自身的生活经验与思考体悟而流传下
来的做人智慧与处世法则，渗透着整个家族的风貌、素养、氛围
和底蕴，彰显出长辈对晚辈的深情寄盼与诚挚关爱。龚自珍
《〈怀宁王氏族谱〉序》曰："家训，以训子孙之贤而智者。"②每个
父母都希望把子女培养成为德才兼备、正直贤能之人。家训不
是用来规约和束缚儿童的，而是一种以家族为核心、以长辈为示
范的智慧引导与教化努力。朱彝尊曰："父母之爱于子孙，非止
鞠之育之、衣之食之而已。凡一言一行，常恐恐然虑其有所失而
沦于非道也。"缘于亲情之所系，为人父母者，不仅要养育子女，
让他们吃饱穿暖、健康平安，还要牵挂和担忧子女成长过程中受
到社会不良影响而导致德性败坏。他们甚至每分每秒都把教养
子女的一切事情放在心头，"诚以爱之之心无有穷尽也"③，这种
绵延不绝、细致入微、真挚动人的关爱与引导是受人之为人的内
在趋善性所驱使的。无论是贫是富、是贵是贱、有德无德，没有
哪个父母会愿意把自己的孩子带入歧途，人人都在尽其所能为
子女提供最好的教育与生活。他们一言一句说教，一点一滴训
导，一定不是以占有和钳制子女为目的，而应该是出于真心对亲

---

① 【五代】徐锴：《说文解字系传·通释》，《四部丛刊》景述古堂景宋钞本。
② 【清】龚自珍：《定盦全集·续集》，清光绪二十三年万本书堂刻本。
③ 【清】朱彝尊撰，林庆彰等主编：《经义考新校·刊石五》，上海：上海古籍出版社，
　2010年，第5292页。

生骨肉的爱怜与关怀。如果连家训都成为悖逆人性、压制儿童的手段,那么社会教育又何以能够成为一种向善的疏导和化育。

家训糅合了亲亲之爱与正人之教,如何处理"爱"与"教"之间的关系显得尤为重要。《颜氏家训》曰:"父子之严,不可以狎;骨肉之爱,不可以简。简则慈孝不接,狎则怠慢生焉。"[①]狎,即亲昵、不庄重;简,即怠慢、无礼节。父子之间不过分亲昵则有威严,骨肉亲情不忽视礼节则有慈孝。陶行知说:"方法过严则易失子女之爱心,过宽则易失子女之敬意。"[②]父母爱子女一定是有原则、有要求、有底线的,只有处理好慈与严、爱与教、亲与法之间的合理张力,才能获得良好的教育效果。父母爱子女完全源于人类本能的情感联结,纯粹真诚,自然无伪。孩子冷了、饿了、受委屈了,父母的心永远最疼。子女与父母之间的爱恋远比浪漫情侣的海誓山盟之约要感人得多。这种亲情之爱出于本能,如同人之耳目口腹之欲求一样可以无限膨胀。因而,父母不得不把持住爱子女的界限与边际,以正人之教对亲亲之爱予以规范和修饰。但是,在现实生活中,很多父母很难控制好其对子女的爱欲,如同暴饮暴食伤害胃一样用溺爱扼杀了儿童。故《颜氏家训·教子》曰:"无教而有爱,每不能然,饮食运为,恣其所欲,宜诫翻奖,应呵反笑,至有识知,谓法当尔。"[③]若父母对子女不管不顾、任其所为,该训导时偏袒包庇,该批评时和颜悦色,儿童在溺爱而无教的家庭氛围中便日渐变得骄横傲慢、狂妄无礼。

爱与教之间从不相互矛盾或对立,而是相互依存、相互作用

① 刘殿爵等主编:《颜氏家训逐字索引·教子》,香港:香港中文大学出版社,2000年,第3页。
② 华中师范学院教育科学研究所主编:《陶行知全集》,长沙:湖南教育出版社,1984年,第582页。
③ 引文参阅王利器:《颜氏家训集解》(增补本),北京:中华书局,1996年,第8页。

的关系。"爱的教育"就是个十分精到的命题，教寓于爱，爱于寓教，爱之有道才是家训的最高境界。美国心理学家B.L.弗雷德里克森教授把爱看作是"人与人之间的积极性共鸣"，爱有着强大能量，其与教育搭档在一起，可以激励人的成长、拓展人的思维、启迪人的灵魂。"因为在爱的瞬间，你自身的积极性、温暖和坦诚，和另外一个人的温暖与坦诚相互激荡"。① 如果父母能够利用好亲子之爱的天然情感优势，对子女坦诚以待，把爱的"积极性共鸣"特质发挥到极致，自然能够将爱化作教育的精神动力。《左传·隐公三年》中，石碏谏曰："臣闻，爱子，教之以义方。"②父母爱子女，就应该以仁义之道教化他们。父母要对子女实施良好的教育，必须有强大的自控能力与高超的教育智慧才能克制住其本能冲动对子女毫无保留的疼爱心理。如何处理社会化的教育法度与自然性的亲亲爱欲之间的关系是每位父母都必须接受的实践挑战。挑战失败有两种情况：第一种，陷入溺爱泥潭，子女有爱而失教。儿童收获了来自父母的浓烈满溢的爱，却行不得正、心不存志，最终软弱无能、消极颓废。如同川河失去两岸堤坝的限制，水流不仅无法奔腾，还会漫无边际地四处扩散，直至被土地淹没、被狂风耗干。"爱其子而不教，犹为不爱也，教而不以善，犹为不教也。"③爱而不教就等于不爱，教而不善等于无教，父母若以爱去消解或替代教，则必将会对儿童日后生活带来巨大的伤害。张履祥说："父母有子，未得之有子，教成

---

① ［美］B.L.弗雷德里克森：《爱的方法》(*Love* 2.0)，萧潇译，北京：中信出版社，2014年，第27页。

② 【晋】杜预、【唐】孔颖达：《重刊宋本左传注疏附校勘记·隐公三年》(影印本)，第53页下。

③ 【明】方孝孺：《逊志斋集·杂诫》，明成化十六年郭绅刻本影印，见《中华再造善本·集部·明代编》，北京：国家图书馆出版社，2014年。

而后谓之有子。"①父母若不教育子女，就配不上父母这个名分。第二种，冷酷训诫，得教而失爱。如同《蒙》卦上九爻"击蒙"为寇之象，父母过于严酷，让子女望而生畏，行虽得正，但眼神里满是怨恨和叛逆，心灵枯竭，冷若冰霜。如同川河水源被截断而凝滞之貌，河堤两岸夹杂着一片死水，表面看似平静柔和，内在却腐烂恶臭，何谈水之奔流腾达？这两种情况均不得配以"家训"之名。

　　家训是父母或长辈对子女理性而适度的爱，爱与教不相分离，如"训"字的潺潺流水，让人身心滋润而动力无限，精神明净而不背正道。韩昇在《良训传家——中国文化的根基与传承》序言中说："我们应该掌握家训背后的精神实质，而无须墨守成规。"②家训一定不是强势对弱势的教令，而要求对方无原则地遵从，或居高临下地训诫、冰凌严肃地压制，因为高高在上的话语霸权，只会让孩子因忌惮而无所不从。父母对子女最高级的爱应该是循循善诱而不失温度的疏导，既要以严教帮助子女构筑河堤以积蓄水流，又要用亲亲之爱去暖动川流、净化水质，严不缺爱，爱不失严，川河才能涓涓不壅、欢愉奔腾，以充分展示出儿童骨子里那股山水之性，彻底释放出人之内在生命的无限潜能与不竭动力。

二、始于胚胎：生命的起点就是教育的起点

　　《周易》六十四卦生动地揭示了万物发生变化的整个过程，天地乾坤，阴阳交合，而后有《屯》之始发，生命自此就已开始发

---

① 张履祥：《愿学记一》，《杨园先生全集》卷二十六，同治十年江苏书局刊本。
② 韩昇：《良训传家——中国文化的根基与传承》，北京：生活·读书·新知三联书店，2017年，第10页。

生。《屯》卦卦辞曰"元亨利贞"，王弼注曰："刚柔始交，是以屯也，不交则否，故屯乃大亨也，大亨则无险，故利贞。"①屯为阴阳交合之象，而后能够化育万物，充满了活泼泼的生命迹象，故而有利贞之吉。从易学原理上看，《屯》《蒙》二卦相邻，屯更接近于生命原初的萌发起点。《序卦传》曰："屯者，物之始生也，物生必蒙，故受之以蒙。"②《蒙》卦次于《屯》卦，先有物之始，后有物之稚，《屯》卦虽未呈现出生命的完整形态，却代表着生命孕育的开端。来知德曰："万物始生，郁结未通，似有险难之意，故从字从屮，屮音彻，初生草穿地也。"③《说文·屮部》曰："屮，草木初生也。"屯是万物始发未畅之时，混沌冥昧，预示着新生命即将到来。

对于人而言，屯代表胎儿生命的开始，蒙象征童蒙的幼稚状态，屯与蒙之间的过渡状态便可理解为胚胎孕育的过程，也是教育最原初的逻辑起点。《易传·系辞下》曰："男女构精，万物化生。"④阴阳和合，夫妇交媾，津液交融，灵气凝聚，而推动胎儿生命的形成与孕育。《尔雅·释诂》曰："胎，始也。"郭璞注曰："胚胎未成，亦物之始也。"⑤人之生命当从男女交合的那一刻开始算起，胚胎虽尚未完全发育成人，却已经表现出生命的最初形态。《象·屯》曰："雷雨之动满盈，天造草昧。"《屯》卦震下坎上，

---

① 【魏】王弼、【晋】韩康伯：《周易注·屯》，《文渊阁四库全书·经部一·易类》，第7-207 页下。
② 【明】来知德：《周易集注·序卦传》，胡真校点，上海：上海古籍出版社，2013 年，第366 页。
③ 【明】来知德：《周易集注·屯》，第28 页。
④ 高亨：《周易大传今注·系辞下》，济南：齐鲁书社，1998 年，第432 页。
⑤ 【晋】郭璞、【宋】邢昺：《尔雅注疏·释诂》，上海：上海古籍出版社，2010 年，第12 页。

"震为雷""坎为水"①，雷雨发动，生命始来。在生物医学上，人类生命起始于受精卵，自精子与卵子相结合开始，新生命就开始孕育了。人的生命是一个连续而完整的发展历程，我们不能将胚胎与人之后的生命阶段割裂开来，其是人类生命早期的一种特殊存在形式，我们必然要赋予其最起码的尊重，把胚胎作为一个独立完整的生命个体来予以细心呵护和谨慎教养。这正是《颜氏家训》重视胎教的主要原因。

人之生命起始于胚胎，夫妇必须慎重对待择偶、婚配、孕育之事。密斋著《痘疹心要》论胎毒云："人之生也，受气于父，成形于母。"②父主气，母主形，形气结合的情况在开始受精的一瞬间便已决定。"惟形与气相资而立，未始偏废"③，胚胎生命的形成离不开男、女任何一方，男女双方在合适年龄、优良环境、美好心情的境况下媾和，才能孕育出优质的胚胎生命。天地造生万物，男女化育生命，人们可从天道法则中去寻求两性生活的规律。《春秋繁露·循天之道》曰："男女之法，法阴与阳。阳气起于北方，至南方而盛，盛极而合乎阴。阴气起乎中夏，至初冬而盛，盛极而合乎阳。不盛不合，是故十月而壹俱盛，终岁乃再合。天地久节，以此为常，是故先法之内矣，养身以全，使男子不坚牡，不家室，阴不极盛，不相接。是故身精明，难衰而坚固，寿考无忒，此天地之道也。"④男女当顺应天道阴阳之气的变化法则，养

---

① 【明】来知德：《周易集注·说卦传》，第 362－363 页。

② 转引自【明】万全（密斋）：《万氏家传广嗣纪要·调元篇》，武汉：湖北科学技术出版社，1986 年，第 15 页。

③ 【宋】陈自明：《妇人大全良方·胎教门·凝形殊禀章第六》，盛维忠校注，北京：中国中医药出版社，2007 年，第 205 页。

④ 转引自【清】苏舆：《春秋繁露义证·循天之道》，钟哲点校，北京：中华书局，1992 年，第 439 页。

精蓄锐，节制欲求，在双方精气饱满、体魄强健的盛极状态交合，不仅有利于优生优育，还不会损伤身体。《礼记·月令》还曰："雷将发声，有不戒其容止者，生子不备，必有凶灾。"①仲春之月雷电降至之时，男女不宜结合，不利于生命孕育。② 胚胎生命的形成极其精微奥妙，"居天地之性，集万物之灵，阴阳平均，气质完备，咸其自尔"，③唯有保持阴阳中和，刚柔适度，强弱得宜，盈虚有节，胎气才能强健饱满、安稳无损。因而，对决定人之生命发展途程具有重要影响的因素，实际上在怀孕之前就已经存在了。④

　　儒家强调重本正源，凡事起点最重要，胎教是育人的第一步，头开得好，后期的教育才容易成功。《易纬通卦验》曰："正其本而万物理，失之毫厘，差以千里。"⑤事物的本源端正，日后发

---

① 【汉】郑玄、【唐】孔颖达：《重刊宋本礼记注疏附校勘记·月令》（影印本），第 300 页上。

② 古人对于两性交合之禁忌十分重视，"凡求子，宜吉良日交会，当避丙丁及弦望晦朔，大风雨雾，寒暑雷电霹雳，天地昏冥，日月无光，虹蜺地动，日月薄蚀，及日月火光星辰神庙、井灶圊厕、冢墓尸枢之旁。若交会，受胎多损，父母生子，残疾夭枉，愚顽不孝。若交会如法，则生子福德智慧。验如影响，可不慎哉！"（见【清】陈梦雷等编：《古今图书集成·医部全录·妇人子嗣门·妇人良方·交会禁忌》第九册（点校本），北京：人民卫生出版社，1991 年，第 86 - 87 页）从男女受胎之时日、天气、天象、地点、环境都一一做了详尽交代。郭立诚根据古书记载，总结出两性禁忌分为三类：一、自然灾变；二、时日避忌；三、神庙等场所。郭氏认为这是《礼记·月令》中"雷将发声，有不戒其容止者，生子不备，必有凶灾"之说慢慢累积增添而成的。（参阅郭立诚：《中国生育礼俗考》，台北：文史哲出版社，1979 年，第 66 - 68 页）夫妇只有严格遵守这些交合禁忌才可能孕育出健康的胎儿。今人也有备孕意识，比如婚前检查、戒烟、戒酒、健身等，但更多关注生育科学性的一面，而忽略了生命孕育人文性的一面。胎儿的形成远非精子、卵子结合为受精卵这么简单，妇人也不是遵循一套妊娠流程的生育机器，只有在两性交合和孕育过程中注人人之为人的精神信念、性情志向、善性意识才能生化出强健又满富灵气的小生命。

③ 【宋】陈自明：《妇人大全良方·胎教门·气质生成章第七》，第 207 页。

④ 参阅［美］J.O.卢格：《人生发展心理学》（Life Span Development），陈德民，周国强，罗汉等译，上海：学林出版社，1996 年，第 105 页。

⑤ 【汉】郑玄注：《易纬通卦验》，北京：中华书局，1991 年，第 14 页。

展才能中正不偏、兴旺发达,好比一粒优良的种子才会长出一株苗壮的幼苗。《大戴礼记·保傅》曰:"君子慎始也。《春秋》之元,《诗》之《关雎》,《礼》之《冠》《婚》,《易》之《乾》《巛》,皆慎始敬终云尔。"①君子当谨慎对待事物发展的初始阶段,善始方能善终。因而,对于教育而言,"胎教"比任何阶段的教育都要重要,"胎养子孙,以渐教化"。② 胎教是教化的起点,也是做人的开始,胎教正,则教化易成;胎教不正,则将为儿童日后的发展带来诸多麻烦。宋代陈自明《妇人大全良方》曰:"然则胚胎造化之始,精移气变之后,保卫辅翼,固有道也。"③胚胎禀凝精气而生,妇女妊娠之后必须存心养性,用心呵护胎儿的身体发育与性情,以维系这种天地精气不被耗散和破坏。古人对于"胎教之道"十分重视,将其"书之玉板,藏之金匮,置之宗庙,以为后世戒"④,珍藏于金縢之匮封存而置于宗庙之中,以警戒后世子孙,教育始于胚胎,当谨慎对待,重本正源。这种"慎始"的观念背后是古人对生命的一种崇高敬畏与虔诚信仰。

三、"子在腹中,随母听闻"

胎儿处于生命最初的发生阶段,"凡受胎三月,逐物变化,禀质未定"⑤,一切都还在形成之中,具有很大的生长空间与可塑性,因而对胎儿进行适当的早期干预十分必要。在古人看来,胎

① 【清】王聘珍:《大戴礼记解诂·保傅》,北京:中华书局,1983 年,第 58、59 页。
② 张涛:《列女传译注·母仪传》,济南:山东大学出版社,1990 年,第 1 页。
③ 【宋】陈自明:《妇人大全良方·胎教门·气质生成章第七》,第 207 页。
④ 【清】王聘珍:《大戴礼记解诂·保傅》,第 59 页。
⑤ 【唐】孙思邈:《千金方·妇人方上》,刘清国等校注,北京:中国中医药出版社,1998 年,第 33 页。

教并非一种抽象的概念旨谓，而是落到实处、融于细节的德性要求与功夫修炼。《新书·胎教》曰："周后妃妊成王于身，立而不跂，坐而不差，独处而不倨，虽怒而不詈，胎教之谓也。"①邑姜怀周成王时非常自律，站着不跷脚，坐着不歪身，慎独而不懈怠，有怒气也不骂人，行止端正，情绪稳定，可谓胎教之典范。《韩诗外传·卷九》孟母亦曰："吾怀姙是子，席不正不坐，割不正不食，胎教之也。"②可见，胎教最基本的内容是规范母亲的言行举止，妇人怀一次身孕，无疑也是一次洗心涤虑的人生修行。

《颜氏家训》极其强调母亲对胎儿的影响，对于妊娠期的妇女提出了十分严格的行为规范要求。颜之推说："古者圣王，有胎教之法，怀子三月，出居别宫，目不邪视，耳不妄听，音声滋味，以礼节之。"③女子受孕三月以后专门移居到环境优美、安静舒适的住所，眼不视恶色，耳不听恶音，口不出恶言，一言一行都必须谨慎收敛、小心翼翼，以免邪恶之气扰动胎儿的健康发育。在中国古代，这种胎教之法有过诸多成功案例。例如，周文王的母亲太妊便是中国历史上实施胎教的先驱。《列女传·母仪传》曰："太任之性，端一诚庄，惟德能行。及其妊娠，目不视恶色，耳不听淫声，口不出敖言，能以胎教，溲于豕牢而生文王。文王生而明圣，太妊教之，以一而识百。君子谓太妊为能胎教。"太妊生性贤德端正，怀孕之后严格控制自己耳目声色的欲求，拒绝接触一切歪曲、淫逸、非礼的事物，言行温文尔雅，体态优雅大方，"寝不侧，坐不边，立不跸，不食邪味，割不正不食，席不正不坐"，坐

---

① 阎振益、钟夏：《新书校注·胎教》，北京：中华书局，2000 年，第 391 页。
② 许维遹：《韩诗外传集释》，北京：中华书局，1980 年，第 306 页。
③ 【北朝齐】颜之推著，【清】赵曦明注，【清】卢文弨补注：《颜氏家训·教子》，上海：上海古籍出版社，2017 年，第 5 页。

立、饮食、就寝等生活细节无不规规矩矩、端端正正,举手投足皆不失中正,甚至夜晚还要"令瞽诵诗,道正事",请眼睛失明的乐官为其吟诵诗歌、演奏高雅琴乐,以陶冶性情、端正志向。太妊如此细致谨慎的胎教,其"生子形容端正,才德必过人矣"①,孕育出容貌端正、贤德聪慧的一代明君周文王。后稷之母姜嫄怀孕时"清净专一,好种庄稼",淳朴优雅,亲近自然,聆听虫鸣,其心境十分脱俗浪漫,因而"弃之性明而仁"②。反之,如果母亲妊

---

① 【汉】刘向:《列女传·母仪传·周室三母》,刘晓东校点,沈阳:辽宁教育出版社,1998 年,第 4 页。汉代胎教之说便已成立,《列女传》中有关胎教的论述可谓相当完备、清晰,对妇人之耳、目、食、色、坐、立等细节都做了要求。郭立诚提出了很有趣的问题,这些胎教表述"只消极地说不许这样、不许那样,却没有讲怎样积极地去实行胎教"。(参阅郭立诚:《中国生育礼俗考》,第 70、71 页)刘向以命令、禁止、要求的言语解释胎教,提醒妇人哪些事不能做,却没有说应该怎么做。这可能和当时的医学水平有关,人们对胎儿的认识和孕育过程的理解还不深入,难以做出定论,故而只能从古人的经验、信仰、精神、文化层面推论出相应的结论和禁忌要求。郭立诚认为唐宋以前就有积极的"养胎"之说。明代万全《妇人秘科》曰,"妇人受胎之后,最宜调饮食,淡滋味,避寒暑,常得清纯和平之气,以养其胎,则胎元完固,生子无疾。今为妇者,喜啖辛酸煎炒肥甘生冷之物,不知禁口,所以脾胃受伤,胎则易堕;寒热交杂,子亦多疾",强调孕妇当饮食清淡,禁止食用辛辣、生冷之物,冬天注意保暖,夏季避免中暑,保持心平气和,方可安胎养神。"凡行立坐卧,俱不宜久,久则筋骨肌肤受损,子在腹中,气通于母,必有伤者",母亲不能久坐久站,身体劳累受损则直接影响胎儿。甚至"睡卧之处,要人护从,不可独寝,邪气易侵",孕妇睡觉必须有人护从,一则在夜晚增强人之阳气,抵抗邪气侵入。二则避免意外情况发生,有人在身边,也好有个照应。"虚险之处,不可往来,恐其坠跌",孕妇还当远离地势高峭险要之地,以免不慎跌倒、坠入。(引文参见【清】陈梦雷等编:《古今图书集成·医部全录·妇人胎前门·妇人秘科·外科诸病》(点校本),第 158–159 页)马王堆汉墓出土的《胎产书》描述了怀孕从一月到九月的形成过程与言行要求,如一月"食饮必精,酸羹必(孰)熟,毋食辛星(腥)";二月"毋食辛臊,居处必静";三月"果隋(蓏),肖(宵)效,当是之时"等。(参阅裘锡圭主编:《长沙马王堆汉墓简帛集成》(六),北京:中华书局,2014 年,第 93、94 页)古人对胎教的细节把控已经做到了极致,连孕妇所吃的食物口味都做了详尽规定,不得不令人敬佩和赞叹。

② 张涛:《列女传译注·母仪传》,第 7、14 页。

娠期间不注意控制行为和情绪，则会导致胎儿"心忘虑邪，则子长大，狂勃不善，形体丑恶"[1]。陈自明总结曰："自妊娠之后，则须行坐端严，性情和悦，常处静室，多听美言，令人讲读诗书，陈礼说乐，耳不闻非言，目不观恶事。如此则生男女福寿敦厚，忠孝贤明。不然则男女既生，则多鄙贱，不寿而愚。"[2]妇人孕期的言行举止、身心状态、居处环境、道德修养将直接影响胎儿的体格、德性、智力、寿命等。故为人母者，不可不慎也。

母亲是胎教过程中的关键人物，母子一体，彼此牵动，母亲与胎儿之间有一种独特而微妙的感应关系。从受精卵开始，父亲的角色被天然地切断了，而母亲却始终参与着生命完整的孕育过程。父爱如山，母爱如水，山是强大而硬朗的，而水之柔善而温和的，故感应发生于后者也不言而喻。胚胎蕴藏着人之为人的生命灵气与性情因子，其又以母体独一无二的子宫为居地，这种天然的共生关系决定了胎儿与母亲之间必然存在着微妙的生命联结，这种联结可以延续至婴儿对母亲的情感依恋。婴儿天生与母亲有着心灵感应与身体接触，故而有"赤子之慕慈母"[3]"母之爱子也倍父"[4]之说，母亲对子女的爱温柔而细腻，子女天生就有亲母、恋母的倾向。温尼科特说："对婴儿来说，与其说时间是由时钟或日出日落来测量的，倒不如说时间是由母亲的心跳和呼吸频率、本能张力的增减，以及其他必需的非机械手

① 黄晖：《论衡校释·命义》，北京：中华书局，1990 年，第 55 页。

② 【宋】陈自明：《妇人大全良方·胎教门·娠子论第二》，第 202 页。

③ 【宋】范晔、【唐】李贤：《后汉书·邓寇列传·邓禹》，北京：中华书局，1965 年，第 600 页。

④ 【清】王先慎：《韩非子集解·六反》，钟哲点校，北京：中华书局，2003 年，第 418 页。

段来测量的"①,胎儿或婴儿与母亲似乎都是一体的,他们对母亲身上的特质都能自发产生一种天然的信赖感、熟悉感与亲密感,而这种感应力量除了母亲,任何人都给予不了。《易传·象·坤》曰"至哉坤元,万物资生",来知德解曰:"万物之形皆生于地。"②坤为母,是天地万物生命发生的根基与载体。上天造人时,刻意把人类生命的受精处、妊娠、哺乳过程都设定在母亲身上,甚至还设有专门的互动纽带——肚脐和胎盘,这很可能就是胎儿与母亲发生感应的重要通道之一。加之母亲十月怀胎,无时无刻不在以自身的全部人格与精神在影响着胎儿。

自人类生命发生的瞬间开始,母亲与胎儿之间就同生同存、互感互应。《春秋繁露·同类相动》曰:"天有阴阳,人亦有阴阳,天地之阴气起,而人之阴气应之而起,人之阴气起,天地之阴气亦宜应之而起,其道一也。"③天人阴阳之气可以相互吸引、相互感应,原理是以阴起阴、以阳动阳。母亲与胎儿之间也存在类似的感应关系。元代朱震亨曰:"阴阳不平,血气不和,疾病峰起,焉能成胎? 纵使成胎,生子亦多病而不寿。"④如果母亲阴阳失调、气血两亏、疾病缠身,必然会损耗胎气,影响胎儿的正常发育。《黄帝内经·素问·奇病论》中,帝曰:"人生而有病癫疾者,病名曰何? 安所得之?"岐伯曰:"病名为胎病,此得之在母腹中时,其母有所大惊,气上而不下,精气并居,故令子发为癫疾也。"

---

① 〔英〕D. W. 温尼科特:《婴儿与母亲》(*Babies and Their Mothers*),卢林、张宜宏译,北京:北京大学出版社,2019 年,第 82 页。

② 【明】来知德:《周易集注·坤》,第 19—20 页。

③ 【汉】董仲舒:《春秋繁露·同类相动》,上海:上海古籍出版社,1989 年,第 76 页上。

④ 【元】朱震亨:《格致余论·秦桂丸论》,见宋书功:《中国古代房室养生集要》,北京:中国医药科技出版社,1991 年,第 361 页。

张志聪注曰："母受惊而气上，则子之精气亦逆。"①母亲受惊吓而气遽上，则胎气亦随之而动。胎儿深居母腹之中，眼不能见物，心不能明事，"始受胞胎，渐成形质，子在腹中，随母听闻"②，母子之间相互牵动，胎儿因母气之动而动，随母之见闻而应变。

四、胎教原理："感于善则善，感于恶则恶"

母亲对胎儿的影响并非练习性的条件反射或心理联结过程，而是由于母亲与胎儿之间善恶之气的相互感应而引起的。《列女传》曰："故妊子之时，必慎所感。感于善则善，感于恶则恶。"③胎儿感于母亲之善则向善，感于母亲之恶则向恶，感应是母亲作用于胎儿的一种特殊方式。《春秋繁露·同类相动》曰："美事召美类，恶事召恶类，类之相应而起也。"④天地万物之间可以互相类感，美物吸引美物，恶物吸引恶物。母亲从善则招引善物，善物作用于胎儿，则养善气，气善则胎正，可谓"贤母使子贤也"。⑤若母亲为恶则诱引恶物，胎儿被恶物所包围，则胎气不正，生长受阻，甚至导致病疾。刘向曰："人生而肖万物者，皆其母感于物，故形音肖之。"⑥母亲怀孕时常常接触哪类事物，婴儿生下来的声音、样貌便会与哪类事物相像。

母亲与胎儿之间的感应作用，不仅体现于妇人主观意识中的感受、情绪、意念、精神、心志等领域，还会潜移默化在其不自

---

① 【清】张志聪：《黄帝内经集注·素问·奇病论》，杭州：浙江古籍出版社，2002 年，第 338 页。
② 【宋】陈自明：《妇人大全良方·胎教门·娠子论第二》，第 201－202 页。
③ 张涛：《列女传译注·母仪传·周室三母》，第 14 页。
④ 【汉】董仲舒：《春秋繁露·同类相动》，第 75 页下。
⑤ 许维遹：《韩诗外传集释》，北京：中华书局，1980 年，第 306 页。
⑥ 张涛：《列女传译注·母仪传·周室三母》，第 14－16 页。

觉、无意识的情境中发生。一方面，胎儿最基本的身体机能反应与母亲始终同步。《格致余论·慈幼论》曰："儿之在胎，与母同体，得热则俱热，得寒则俱寒，病则俱病，安则俱安，母之饮食，尤当缜密。"①胎儿与母亲合二为一，同呼吸、共命脉，母亲的冷热感知、饮食口味、身心状况都与胎儿互通互应。母亲有何种机体感受，婴孩亦会感应到何种刺激。因而，胎儿很多先天疾病都与母亲孕期胡乱吃喝、不守节律的不健康生活方式有关。胎儿还能感应到母亲主观情绪与内在意念的变化，平和则胎安，过激则胎伤。《妇人秘科》曰："受胎之后，喜怒哀乐，莫敢不慎。盖过喜则伤心而气散，怒则伤肝而气上，思则伤脾而气郁，忧则伤肺而气结，恐则伤肾而气下，母气既伤，子气应之，未有不伤者也。其母伤则胎易堕，其子伤则脏气不和，病斯多矣。"②母亲受孕后，喜、怒、哀、乐的情绪波动会直接影响身体的血气和精气，过喜则气分散，过怒则气上冲，过思则气郁结，过恐则气下坠。母亲若过于情绪化，喜怒无常，一惊一乍，则气忽上忽下、忽聚忽散、忽多忽少，导致胎气不稳定，胎儿在母腹心神不定，惶惶不安，这与直接拎起柔弱娇嫩的胎儿来回甩动、欺凌恐吓有何区别！因而，母亲要时刻保持身心健康，积极乐观，从容淡定，温和平静，切勿暴躁如雷或长期积怨于心。

　　另一方面，胎儿的感应有时会超越母亲的主体感知而蔓延至周围的隐性环境之中。马益卿先生说："既无产厄，子母均安固有之，如不利嗣续，或侨居太甚，却动必成咎。"女子命中无难产之象，母子安然无疾，若外部发生影响子孙繁衍之事，或者频

① 【元】朱震亨：《格致余论·慈幼论》，见《格致余论　局方发挥　金匮钩玄》，北京：中国医药科技出版社，2018年，第15页。
② 【清】陈梦雷等编：《古今图书集成·医部全录·妇人胎前门·妇人秘科·外科诸病》第九册（点校本），第159页。

繁移居，均会惊动胎气，损伤胎儿健康。"虽邻家有所兴修，亦且犯其胎气，令儿破形殒命。如刀犯者，形必伤；泥犯者，窍必塞；打击者，色青黯；系缚者，相拘挛。诸如此等，验如返掌，福善过祸，殆不可晓"①，即便是邻居家动土兴修，有毁坏敲击之声，或破乱杂污之象，均会使胎儿破形殒命。刀尖锐而伤其形，泥壅淤而堵其窍，击严暴而青其色，缚约束而僵其体，皆不利于胎儿的发育成长。这些事物虽不直接作用于胎儿，但在中国"天人合一"的哲学观念下，万物之间可以相互感应，而且在古者胎产实践中也有应验，或许有其存在的合理性与可能性。总之，胎儿的善恶福祸离不开母亲的所见、所想、所闻、所感，②时而具

---

① 转引自【宋】陈自明：《妇人大全良方·胎教门·论胎教第四》，第 201－202 页。俗传妇女胎孕事由胎神掌管，胎神常在孕妇左右，所以家有孕妇之时，修造动工、穿凿钉补皆须查明胎神方位，然后再动工。如果触犯胎神，就会造成不幸，或流产，或生残缺儿，甚至母子俱亡。（参阅郭立诚：《中国生育礼俗考》，第 79 页）生育在古人看来是很神秘的事，因对自然神灵的敬畏和崇拜而掺杂迷信、信仰的成分。正因如此，古人对于胎教之事不敢乱来，必须慎之又慎，一旦惹怒了胎神，胎儿和母亲都要遭殃。《诗经》曰："畏天之威，于时保之。"（见【汉】郑玄，【唐】孔颖达：《重刊宋本毛诗注疏附校勘记·周颂·清庙之什·我将》（影印本），第 718 页上）唯有心中时时刻刻敬畏天，人才能保住平安。把胎教上升到天道信仰高度，人们就必须重视婚配嫁娶、控制两性欲求、慎待生育之事。今人对怀孕、胎教的认识更加科学全面，但绝不可丢掉对胚胎小生命的敬畏感，当把胎教作为人伦要求和天道使命去认真实践。

② "外象而内感"是古代胎教环境影响说的理论基础，最早见于马王堆简帛《胎产书》，"（妇女妊娠）三月始脂，果隋肖效，当是之时，未有定义（仪），见物而化，是故君公大人，毋使朱（侏）儒，不观木（沐）侯（猴），不食葱姜，不食兔羹。□欲产男，置弧矢，□雄雉，乘牡马，观牡虎；欲产女，佩簪珥，绅珠子，是谓内象成子。□欲产男，置弧矢，□欲产男，置弧矢。□雄雉，乘牡马，观牡虎。欲产女，佩蚕（簪）耳（珥），呻（绅）朱（珠）子，是谓内象成子。"三月胎儿气质未定型，易受外界影响，可塑性大。（参阅陈汉才：《中国古代幼儿教育史》，广州：广东高等教育出版社，1996 年，第 69－70 页）无论是"内象成子"，还是"外象内感"说，都强调要给孕妇创设一个优良环境，比如气候冷热适宜、居处安静优美、环境安全无虞，以保证孕妇身心舒适、心性温和、情绪放松，通过"熏渍陶染、潜移暗化"而使胎儿 （转下页）

体生动,时而微妙难测,让人捉摸不透,为人母者必须谨慎体察和细心体悟。

　　然而,母亲与胎儿之间的感应在本质上又异于事物之间的同类感应现象,更多是一种超越于感官之上又通达本体的精神体验或生命直觉。胎儿与母亲之间的感应关系是双向的,只不过因为胎儿的未成熟性,母亲对胎儿的作用更加强烈、显著而已。胎儿对母亲也有着极其美妙的感应作用。当胚胎在子宫里还是一个精气囊体时,母亲就开始自发地用母性光辉滋养和呵护着胚胎生命了。母性是上天赋予人的一种本能,任何一位母亲孕育生命期间都会本然地变得温柔、和蔼、平静、慈爱,随时都散发着幸福又高贵的善性光芒。至于它到底是什么,连孕妇自己也描述不清楚,现代医学可能也无法解说。据有妊娠经验的母亲们说,刚生完孩子的最初几月,妈妈们的皮肤光滑、面色红润,会比之前显得更加美丽、有朝气。这可能是母亲与胎儿之间最初生命感应的一种表现,母亲孕育胎儿,胎儿滋养母亲,情感细腻、心思敏锐的母亲应该都能感受到来自胎儿无声的精神呼唤与生命感应。

　　(接上页)受到良好的感应和刺激。(参阅赵玉岩:《中国传统儿童教育研究》,南昌:江西人民出版社,2017年,第208-209页)象在外,感在内,孕妇必当先以人心观物之象而后生其意,再通过内在的感受、情绪、意念作用于胎儿。《周易略例·明象》曰:“夫象者,出其意也。”人之意出于象。《易传·系辞上》曰:“见乃谓之象。”高亨曰:“出现于宇宙者谓之象。”人之眼、耳、鼻、舌、身可感受到的征兆乃谓之象。孕妇作为生命主体,其所接触的象将直接作用于心,象善则心诚、心诚则意正,意正则胎气无损,以发挥良性之感应。而胎儿尚未入世,不可能感受外物之象,只能通过母亲来吸收和传递。外在之象唯有经过母亲的正确加工、合理消化,方可转变为感化胎儿的积极因素。引文分别参阅【魏】王弼:《周易略例·明象》,见《周易注·附周易略例》,楼宇烈校释,北京:中华书局,2011年,第414页;高亨:《周易大传今注·系辞上》,第403页。

母亲应充分利用其与胎儿之间的感应关系，①努力用自己最好的生命状态与精神境界去感化、呼应、牵动胎儿的成长和发育。孙思邈在《千金方》中提出孕妇要居处简静，亲近贤者，观看礼乐，口诵经典，行止端正，让胎儿受到良好的教化输入，同时还要"弹琴瑟，调心神，和情性，节嗜欲，庶事清净"②，修炼心境，调节情绪，控制欲求，净化灵魂。在胎儿发育早期，因为机体发育不完全，外界环境无法直接被胎儿感知到，良好的环境只有经过母亲的积极转化与能动吸收才能转化为胎儿的生长养分。随着胎儿的听力、语言、触觉等官能日渐发育成熟，母亲与胚胎之间的感应关系会逐渐被外界的言语、声音、触觉、运动等刺激所干扰或替代，而变得越来越不明显、越来越隐匿。等到婴儿出生时，眼前纷杂的陌生事物扑面而来，他们的精力投入自主地认识事物与熟悉世界，而其在胎儿时期与母亲之间的感应性会逐渐被遮蔽，甚至变得不敏感，但在某些特殊瞬间又会被触发和点燃。母亲受命于天地，其对胎儿甚至孩子一生的影响是外界所有事物无法超越或取代的。如果说"一个无意识的头脑可以具有非常的智慧"③，那么儿童天生的这种无意识智慧一定与母亲

---

① 有学者将胎教分为"间接效果的胎教"和"直接效果的胎教"。直接效果的胎教即直接针对胎儿的教育，指用音乐、语言等直接刺激胎儿，以促使胎儿在音乐、语言及身心各方面得到更好的发展。间接效果的胎教，即主要针对孕妇的教育，指母亲及胎儿的其他亲人通过改善胎儿生长的内部环境和外部环境来促使胎儿更好地成长。（参阅卢少平等主编：《养胎·保胎与胎教》（修订本），北京：中国妇女出版社，2007年，第3-4页）在我看来，胎教离不开母亲与胎儿之间的善恶感应，即便是通过外界事物作用于婴儿，也必须有母亲在情感、心理及行为上的支持与配合，否则胎教不可能成功。况且以直接、间接之词来划分，亦不足以彰显出母亲与胎儿之间的生命连动感与心灵共契性。

② 【唐】孙思邈：《千金方·妇人方上》，第33页。

③ ［意］M.蒙台梭利：《有吸收力的心灵》（*The Absorbent Mind*），高潮、薛杰译，北京：中国发展出版社，2003年，第19页。

有关,这是胎儿在母体中感应能力的一种后天延续。儿童喜欢温柔的言语、悦耳的声音、美丽的画面、善良的心灵,可能都是从母亲身上感应而形成的自然禀赋与先天特质。这样看来,母亲不仅是胎儿的母亲、儿童的母亲,更是整个人类的母亲。儿童教育就是通过社会化的方式继续发挥和延续着母亲最初对待胎儿的感应作用与教化精神。

今天的胎教大大低估了母亲与胎儿之间的感应力量。随着现代医学科技的发展,人们更多愿意相信和依赖 B 超、孕检、医学干预等方面的科学知识,而很少关注母亲自身内在的生命化育能力。当今社会有关胎教的方法十分丰富多样,例如音乐胎教、运动胎教、抚摸胎教、光照胎教、孕妇操、孕妇瑜伽等,每种胎教模式都有一套相关的科学理论支撑,好像只要按照相关要求执行操作,胎儿就能变得健康聪明。然而,胎儿与母亲之间的感应力往往被人们所忽视,倘若孕妇只依赖于专业训练而不进行自我反思与自我修炼,所有的教育努力都是隔靴搔痒,很难发挥对胎儿的积极影响。今人对胚胎生命的保护与干预全靠各种生物数据与现代仪器,只要做到定期产检,及时排查,预防干预,基本就能保证优生优育。而反观古之妇人,他们无法借助先进的科学测量仪器,胎教全凭一股纯正向善的生命信念与一颗虔诚善良的心,孕妇在饮食、就寝、读书、坐立、言语、体态、情绪等所有细节上都克己慎行、如履薄冰。胎儿对母亲而言,宛若是上天造化的神圣使命,丝毫不敢怠慢,母亲在用生命孕育胎儿,用精神感化胎儿。

五、"信其所亲"与"行其所服"

以母爱为发源地可以衍生出人类的亲亲之爱,这是实施教育的人性基础与情感来源。爱亲是为人之本,教育也当借助亲亲之爱的育人效力，不断扩充儿童内在的德性因子。孔门儒学认为"爱人"的首要方面就是亲亲。人们把自己爱父母的情感推广至他人身上，从而构建出兄弟、君臣、朋友之间的伦理秩序，亲亲之爱是保证其他社会关系顺利进行的情感基础。孔子曰："君子笃于亲"①"君子不施其亲"②，君子修德无不重视亲亲之道。《中庸》曰："仁者人也，亲亲为大。"③亲亲是做人的第一原则。《孝经·圣治章》曰："圣人因严以教敬，因亲以教爱。圣人之教不肃而成，其政不严而治，其所因者，本也。"邢昺曰："本，谓孝也。"④圣人施教之所以易于成功，就在于抓住了为人最根本的亲亲孝道。《孝经·圣治章》曰："不爱其亲而爱他人者，谓之悖德；不敬其亲而敬他人者，谓之悖礼。"李隆基注曰："言尽爱敬之道，然后施教于人。"⑤爱与敬的美德一定先表现在亲人身上，而后再蔓延至其他人。如果一个人不孝父母、不友兄弟，就不可能真心去爱他人、做善事。孟子曰："孩提之童，无不知爱其亲者。"⑥《孝经·圣治章》亦曰："故亲生之膝下。"⑦爱亲是儿童自

---

① 【清】刘宝楠：《论语正义·泰伯》（上），第 290 页。

② 刘宝楠引孔安国注曰："施，易也，不以他人之亲易己之亲。"（见《论语正义·微子》（下），第 733 页）君子当与亲人保持良好关系，亲情不可撼动。《经典释文》作"不弛"，"弛""施"古字通用，即疏忽、松懈、怠慢之意，君子对待自己的亲人要好过其他人，无论何时都不能忽视亲人，时刻以亲亲为大。参见陆德明：《经典释文·论语音义·微子第十八》，上海：古籍出版社，2013 年，第 1389 页。

③ 【宋】朱熹：《四书章句集注·中庸》，北京：中华书局，2017 年，第 30 页。

④ 【唐】李隆基、【宋】邢昺：《重刊宋本孝经注疏附校勘记·圣治章第九》（影印本），第 37 页下。

⑤ 【唐】李隆基、【宋】邢昺：《孝经注疏·圣治章》，上海：上海古籍出版社，2014 年，第 52 页。

⑥ 【汉】赵岐、【宋】孙奭：《重刊宋本孟子注疏附校勘记·尽心章句上》（影印本），第 232 页上。

⑦ 【唐】李隆基、【宋】邢昺：《孝经注疏·圣治章》，上海：上海古籍出版社，2014 年，第 48 页。

幼就有的本能倾向与情感特质,教育如果顺应和发挥儿童的爱亲之心则容易获得成功。因而,M.李普曼认为,在儿童早期(the earliest stages)就该进行情感(emotions)教育,[①]本于儿童与父母的亲亲之爱,打牢情感根基,注入德性能量,日后的教育便可如鱼得水。

颜之推结合自己的人生经历与教育感悟,揭示出了亲亲与教育之间的内在联系。《颜氏教训·序致》篇曰:

> 夫同言而信,信其所亲;同命而行,行其所服。禁童子之暴谑,则师友之诚,不如傅婢之指挥;止凡人之斗阅,则尧舜之道不如寡妻之诲谕。[②]

同一句话,出自亲人之口更能使人信服;同一个命令,发于敬重之人的口中,人们更愿意去执行。人天生就对自己亲近的人更加信任和在乎,根据这种向亲性的原理,教育如果想要禁止儿童骄横放肆、傲慢无礼的恶习,师友的劝诫不如保姆的训导;要制止普通人家兄弟之间的矛盾与斗争,尧、舜之道比不上他们自家妻子的劝解。《说文·见部》曰:"亲,至也。"段玉裁注曰:"《至部》曰:'到者,至也。'其地曰至,情意恳到曰至。父母者,情之最至者也,故谓之亲。"[③]亲本义表示关系紧密、情感深重,爱亲是人与人之间最自然、最亲密、最原初的情感表现。人生来有爱

① Matthew Lipman. *Thinking in Education*(*Second Edition*). New York: Cambridge University Press,2003. p132.

② 【北朝齐】颜之推著,【清】赵曦明注,【清】卢文弨补注:《颜氏家训·序致》,第1页。

③ 【汉】许慎、【清】段玉裁:《说文解字注·见部》,许惟贤整理,南京:凤凰出版社,2015年,第716页下、717页上。

亲、随亲、信亲、顺亲的自然冲动，类似于精神分析理论中表示内在、原发动能的"力比多"（Libido），母亲与子女之间的"爱力"（Love-force）完全出于强大本能力量。[①] 亲亲之爱是人的情感源头，任何事只要以亲爱为基础，人就会更愿意相信和执行。对于教育而言，越是与儿童亲近的人，就越容易对儿童产生教育影响。

按照"信其所亲""行其所服"的原理，父母应该是儿童最信任、最依赖、最有效的教育者，他们对儿童施教的作用和影响最大。亲亲之爱自胎儿与母亲互相感应的过程中就开始萌生，进而逐渐扩展到父亲、家人身上，这种情感将是儿童整个成长过程中不可缺少的情感动能。心理学家 J. O. 卢格说："或许新生儿同父母亲的第一次接触便形成人的情感。因此，父母亲的情绪和整个出生环境的情感气氛可能比我们过去认为的要重要得多。"[②]尤其是母爱对孩子的早期教育十分重要。精神分析学家 D. W. 温尼科特认为，母亲身上存在一种"原始母性贯注"（Primary maternal Preoccupation）的精神病状态，在这一状态下，母亲们可能以一种专业的方式进入婴儿的"鞋子"（指她们在对婴儿的认同中几乎迷失了自己），从而知道婴儿在这一非常时刻刚好需要什么。[③] 母亲与婴儿之间的拥抱、亲吻、对视等行为交流，已经远远超过社会学、生理学、心理学意义上的身心规律，而将对婴儿今后的人格与精神产生极其深远的影响。J. H. 裴斯泰洛齐说："当儿童惊讶、恐惧或啼哭时，母亲给予保护和抚慰，信任的情感便在孩子的心里萌发。而服从和信任交织在一

① 参阅［奥］S. 弗洛伊德：《自我与本我》（*The Ego and the Id*），见车文博主编：《S. 弗洛伊德文集》9，北京：九州出版社，2014 年，第 89-90 页。
② ［美］J. O. 卢格：《人生发展心理学》，第 214 页。
③ ［英］D. W. 温尼科特：《婴儿与母亲》，第 81-82 页。

起,遂萌发良心。"[1]孩子对母亲的信任感与安全感源于生命的本能需求,母亲一个善良的微笑、鼓舞的眼神、温暖的拥抱都会给儿童注入一股强大的信心与动力。我曾做过一个四岁男孩喜喜的家庭教师,每周一至周五上午入户指导。当时喜喜还未上幼儿园,他的如厕习惯也没养成,经常会尿湿裤子。我特意设计了"抢厕所"的游戏以鼓励他自主如厕,并将盥洗流程编成小儿歌来疏导他,持续一周的反复实践,喜喜表现得很不错。可是,周末两天过后,周一上午我进屋不到十分钟,喜喜浅黄色的灯笼裤上又挥洒出了两道深黄色的印迹——他又尿裤子了! 我连忙向他提醒上周学习过的如厕知识,可他却旁若无人,只顾着摆弄自己的拼图玩具。这一刻,在孩子的眼神里,我读不到做错事的内疚,更感受不到他对一名"外来"姐姐老师的信从,深感力不从心。与保姆阿姨沟通后,我才得知,喜喜周末去了祖父母家,他们对外孙百般疼爱,就连喜喜的小便都是他们亲自用盆接住的,结果就可想而知了。有一天上午,我穿一身草绿色长裙踏过屋外的小花园,抬头看看湛蓝的天空,鸟儿和往常一样叽叽喳喳地叫个不停。我深呼吸了一口气,用手摸摸背包里用彩色卡纸精心制作好的教具,并且在脑子里快速过一遍整个活动环节,甚至还想象喜喜进行游戏时活蹦乱跳的开心模样,似乎是在给自己打气:希望今天的游戏活动可以让喜喜充实快乐地学习,加油! 随后,我很自然地换上拖鞋,推门进入客厅,一抬眼,就看见喜喜专注乖巧地依偎在母亲怀里,小手指不停地在绘本上戳来戳去,嘴里还念念有词。这一幕,配上窗外阳光下的绿荫与花香,整个画面和谐温馨、安然恬静、美好至极。喜喜妈妈用眼神示意向我问好,喜喜投入得连我进门的声音都

---

[1] 转引自吴式颖主编:《外国教育史教程》,第 299 页。

没听到。我安静地坐在旁边的凳子上，凝视着这母子俩，心中不由得泛上一股感动、欣喜又略带失落的难以言表的复杂思绪。我沉思了一会儿，想起了自己平日绞尽脑汁地设计各类游戏来培养喜喜的读书兴趣与专注力的教育努力，与他母亲的怀抱与陪伴比起来，简直太微不足道了，这可能就是对"信其所亲""行其所服"教化力量的生动案例诠释。美国心理学凯伦说："在许多孩子的早期记忆里，母爱闪烁着真理之光，不会因为多年之后的讽刺、失败和纷扰而变得黯淡。"①母亲身上散发着爱的光芒与能量，其给儿童带来的信任感与安全感像催化剂一样助益着孩子们的学习和成长。融入亲亲之爱的教育才能深刻有力、沁心入魂。

儿童从父母那里得到的亲亲之爱又会成为日后接受其他教育的情感基石，师生关系就是亲子之爱的一种持续和延伸。"学习归根结底来自信任"②，只有儿童愿意相信你说的话，教育才可能真正发生。教师与儿童虽没有血缘亲系，也无法替代父母的角色，但其对儿童应该有一种类亲亲之情，儿童从他们身上感受到父母般的疼爱与温暖，才会真心愿意去信任和听从教师的训诲与诱导。《礼记·学记》曰："安其学而亲其师，乐其友而信其道。"③师生之间相互亲近、彼此信任，教育才能够成功。儿童年龄越小，对亲亲之爱的需求就越高，教师更要像父母一样去爱

---

① ［美］R. 凯伦：《依恋的形成：母婴关系如何塑造我们一生的情感》（*Becoming Attached：First Relationships and How They Shape Our Capacity to Love*），赵晖译，北京：中国轻工业出版社，2017 年，第 14 页。

② ［美］D. 德斯迪诺：《信任的假象：隐藏在人性中的背叛真相》（*The Truth about Trust*），赵晓瑞译，北京：机械工业出版社，2014 年，第 68 页。

③ 【汉】郑玄、【唐】孔颖达：《重刊宋本礼记注疏附校勘记·学记》（影印本），第 651 页上。

护和亲近他们。K. T. 雅斯贝尔斯说："爱的理解是师生双方价值升华的一个因素。"[①]教师唯有通过爱才能通达儿童的内心。为师之道与父母之道一脉相承，二者应该彼此对接、相互促进，形成一个持续、稳定、谐和的情感动力系统，以善性为根本，以父母为起点，以亲爱为动能，以信任为前提，以教师为引领，为儿童创设一个有亲有爱、有情有理、有严有慈的良好教育环境。

---

① ［德］K. T. 雅斯贝尔斯：《什么是教育》（*Was ist Erziehung?*），邹进译，北京：生活·读书·新知三联书店出版社，1991 年，第 1 页。

第九章

幼稚启迪:《三字经》中的童蒙教育智慧

在中国传统的蒙学读物中,《三字经》是最著名、最典型的读本之一,且居于简称为"三百千"的《三字经》《百家姓》《千字文》之首。[①]"《三字经》最早的作者是南宋学者王应麟"[②],全文总共用了1 145个字就把古代的哲学、礼仪、伦理、道德、天文、地理、历史、读书、求学等诸多方面的思想内容都涵摄进来了,文字精练,层次分明,逻辑清晰,蕴意丰富,义理通透,淋漓尽致地彰显中国古代儿童教育的理念、内容、方法和要求。三字一句,六字一行,短小精悍,浅显易懂,十分适合学前儿童诵读与学习。历史学家、教育家周谷城说:"有的蒙学书能够长久流行,为社会长期接受,在传授基本知识、进行道德教育、采用易于上口易于记忆的形式等方面,确实有其长处和优势,是不能也不应该一笔抹杀的,仅在这一点上,即自有其文化史和教育史上的价值。"[③]《三字经》虽然有传统保守的一面,但其简、短、韵、易的文本优

---

① 参阅钱文忠:《钱文忠解读〈三字经〉·序》上册,北京:中国民主法制出版社,2017年,第2页。

② 陈怡编著:《〈三字经〉解析与教学》,南京:东南大学出版社,2017年,第6页。

③ 周谷城:《〈传统蒙学丛书〉序》,《博览群书》1987年第3期,第18-20页。

势,紧贴生活实际的丰富教育内容,注重实践、积极向上的教育精神,都值得被当今儿童教育继承和发扬。

一、"三个字"的乐感魅力

《三字经》三字成句,首尾押韵,字正腔圆,朗朗上口,一个词都不浪费,一个韵也不多余。儿童读起来和诵诗吟词、哼调歌唱一样流畅、轻快、自然,发自内心产生一种美好的乐感而推动他们对知识的学习与吸收。孔子强调教育要"成于乐",何晏《集解》引包咸曰:"乐所以成性。"①以乐化人是教育的至善境界。古代儿童读经可能不是念或诵,而是唱,孩子们读《三字经》,拖着长腔,拉着尾音,摇着脑袋,晃着身子,有抑扬顿挫,有高低起伏,感官齐发动,身心全投入,怡然自得,如痴如醉。唱出来的经典,百遍不厌,乐感自在其中。儿童读《三字经》,只有体会到与他们生命的节奏、韵律相符的乐感才能真正受到经典的熏陶与滋养。教育中注入人的乐感精神,才会使人欢快喜悦、陶情适性。同时,"儒家强调审美活动的教化指向"②,《三字经》的每个字所传达的乐感,实际上都在浸润和化育孩子们的认知世界与精神世界。J.杜威强调,教育要尊重儿童的愿望和要求,使儿童从教育本身中、从生长过程中得到乐趣。③《三字经》正是儒家的乐感文化与性情气质体现在儿童教育领域的宝贵传世经典。

---

① 【魏】何晏、【宋】邢昺:《重刊宋本论语注疏附校勘记·泰伯》(影印本),台北:艺文印书馆,2013 年,第 71 页下。

② 干春松:《教化与感动:儒家与中国美学传统》,《孔学堂》2021 年第 2 期,第 4－15 页。

③ 转引自吴式颖主编:《外国教育史教程》,北京:人民教育出版社,1999 年,第 514 页。

乐，甲骨文作Ψ，会乐器之弦附于木上之意，本义指音乐。① 《广韵·铎韵》曰"乐，喜乐"，《论语·雍也》又曰"知者乐水，仁者乐山"，邢昺疏曰"乐，谓爱好"②，可引申为喜好、愉悦、快乐之意。《说文·木部》曰："五声八音总名。"乐乃音乐之统称。而在儒家看来，乐不仅是一种声音的组合形式，更是人所追求的一种美好心境与高尚境界。③ 《礼记·乐记》曰："凡音之起由人心生也，人心之动物使之然也，感于物而动，故形于声。声相应，故生变。变成方，谓之音。比音而乐之。"④ 音起于人之内心，声是人心感于外物而生，声声相应、物物相和而成乐。《史记·乐记》曰："乐也者，动于内者也。"⑤ 乐是源于个体内心的审美感受，能够使人感到欣喜欢爱。融乐于教是一种贴合人性、朴素纯粹、真切深入的施教方式，最能够移风易俗、触动人心。《论语·雍也》曰："知之者，不如好之者。好之者，不如乐之者。"知、好、乐是三种不同的学习状态，依次攀升，从理性实践走向灵魂深处"浑然而为一"⑥的境界，这也是教育所追求的理想。乐感

---

① 李学勤主编：《字源·木部》，天津：天津古籍出版社、沈阳：辽宁人民出版社，2012年，第530页。

② 【魏】何晏、【宋】邢昺：《重刊宋本论语注疏附校勘记·雍也》（影印本），第54页下。

③ "乐"在《论语》中出现46次，且读音各异，含义不同。一是统归于礼乐，包括音乐、乐器、礼乐制度等；二是欢乐、快乐义；三是喜好、爱好义。其中表达人欢乐、快乐的情感即"乐(lè)"字达15次之多。（参阅张南：《论孔子以"爱"为基础的"乐"观念》，《湖北社会科学》2017年第4期，第118-122页）而且孔子还将乐与仁关联起来，"人而不仁，如乐何？"乐所追求的至善境界与仁的道体是互通互应的，宋明理学对"孔颜乐处"的道德追求，也离不开其对"乐"的精神体悟与形上解读。引文见【清】刘宝楠：《论语正义·八佾第三》（上），北京：中华书局，1990年，第81页。

④ 【汉】郑玄、【唐】孔颖达：《重刊宋本礼记注疏附校勘记·乐记》（影印本），第662页上。

⑤ 【汉】司马迁：《史记·乐书》，北京：中华书局，2011年，第1123、1164页。

⑥ 钱穆：《论语新解·雍也篇第六》，北京：生活·读书·新知三联书店，2012年，第141-142页。

是个体本于人之性情而自发产生的愉悦、真实、向善的精神体验。教育充分利用人的这一本然特质,并对其进行人文化改造,注入儒家的道德理想与人伦规定,乐教就能够疏导灵魂、启迪智慧,而发挥其"善民心"①的化育功能。② 但是,这种教化方式也只有在中国具有性情气质与诗意浪漫倾向的文化境遇中才能发挥生命力与感染力。

　　儿童诵读《三字经》时的乐感体验,如同成人感受和谐韵律、诵读优美文字、赞颂自然山水、即兴赋诗作乐而由心产生的美好感受相类通。《诗》以平实简洁、整齐押韵的文辞把人们生活中的苦难与遭遇、愤恨与不满、幸福与喜悦转化成自然优美、真挚动人的经典诗句,至今仍然散发着千年不朽的古韵魅力。《诗经·国风·魏风·十亩之间》曰:"十亩之间兮,桑者闲闲兮,行与子还兮。十亩之外兮,桑者泄泄兮,行与子逝兮。"③六个"兮"字将人们在广阔桑田里怡然自得的劳作心情点缀得惟妙惟肖,人们一天农忙结束归家时,轻松喜悦,你呼我应,像一群孩童般

---

① 【汉】司马迁:《史记·乐书》,第 1136 页。

② 《乐记》曰:"致乐以治心,则直子谅之心,油然生矣。"郑玄注曰:"善心生则寡于利欲,寡于利欲乐矣。"(见【汉】郑玄、【唐】孔颖达:《重刊宋本礼记注疏附校勘记·乐记》(影印本),第 698 页)乐能够让人心生善念,从而驱除邪念与恶欲,人就会感觉到坦荡、舒适、愉悦,故而能以乐治心、以乐化人。"凡音者,生于人心者也。乐者,通伦理者也。"(见【汉】郑玄、【唐】孔颖达:《重刊宋本礼记注疏附校勘记·乐记》(影印本),第 665 页上)儒家正是利用乐的内在性与感通性将其赋予伦理价值,故"乐是音乐的伦理化"(参阅干春松:《教化与感动:儒家与中国美学传统》,《孔学堂》2021 年第 2 期,第 4 - 15 页)使得"亲疏贵贱长幼男女之理皆形见于乐"。(见【汉】司马迁:《史记·乐书》,第 1138 页)儒家所有的伦理关系和道德要求均可通过和乐来实施教化,好的音乐可达到"耳目聪明,血气和平,移风易俗,天下皆宁,美善于乐"的境界。(见【唐】杨倞注:《荀子·乐论篇》,耿芸标校,上海:上海古籍出版社,2014 年,第 251 页)这也是儒家思想经久不衰的原因之一。

③ 【汉】郑玄、【唐】孔颖达:《重刊宋本毛诗注疏附校勘记·国风·魏风·十亩之间》(影印本),第 209 页下、210 页上。

欢乐无忧。《诗经·国风·周南·芣苢》："采采芣苢，薄言采之。采采芣苢，薄言有之。"宛若一首童谣，字里行间都蹦跳着快乐的音符，展现出女子采摘芣苢时神采飞扬、心花怒放的活泼样子。[①] 思慕贤才有"呦呦鹿鸣，食野之苹。我有嘉宾，鼓瑟吹笙"[②]之讴颂；战士们思乡有"昔我往矣，杨柳依依。今我来思，雨雪霏霏"[③]之愁情；小伙子爱恋姑娘，随口就赞上一句"巧笑倩兮，美目盼兮"。[④]《诗》以"温柔敦厚"养人心，《乐》以"广博易良"化人情。[⑤] 对于成人而言，"乐"可能是"饭疏食，饮水，曲肱而枕之"[⑥]的"孔颜之乐"，或"冠者五六人，童子六七人，浴乎沂，风乎舞雩，咏而归"[⑦]的"曾点之乐"，抑或是"穷亦乐，达亦乐"[⑧]的超凡境界。《易传·系辞上》曰："所乐而玩者，爻之辞也。"[⑨]爻辞的灵动变化也足以让人玩味出深邃玄妙的精神乐感。《蒙》卦"山下出泉"[⑩]之象也昭示着儿童身上的乐感境界与

---

① 清代方玉润曾评析该诗云："夫佳诗不必尽皆征实，自鸣天籁，一片好音，尤足令人低回无限。若实而按之，兴会索然矣。读者试平心静气涵咏此诗，恍听田家妇女三三五五于平原绣野、风和日丽中，群歌互答，余音袅袅，若远若近，忽断忽续，不知其情之何以移而神之何以旷。则此诗可不必细绎而自得其妙焉。"【清】方玉润：《诗经原始·国风·周南·芣苢》，李先耕点校，北京：中华书局，第 85 页。

② 【汉】郑玄、【唐】孔颖达：《重刊宋本毛诗注疏附校勘记·小雅·鹿鸣》（影印本），第 315 页下。

③ 【汉】郑玄、【唐】孔颖达：《重刊宋本毛诗注疏附校勘记·小雅·采薇》（影印本），第 334 页下。

④ 【汉】郑玄、【唐】孔颖达：《重刊宋本毛诗注疏附校勘记·卫风·硕人》（影印本），第 129 页下、130 页上。

⑤ 引文见【清】孙希旦：《礼记集解·经解》（下），北京：中华书局，1989 年，第 1254 页。

⑥ 【清】刘宝楠：《论语正义·述而第七》（上），第 267 页。

⑦ 【清】刘宝楠：《论语正义·先进第十一》（下），第 474 页。

⑧ 许维遹：《吕氏春秋集释·慎人》，梁运华整理，北京：中华书局，2017 年，第 340 页。

⑨ 【明】来知德：《周易集注·系辞上》，上海：上海古籍出版社，2013 年，第 299 页。

⑩ 【明】来知德：《周易集注·蒙》，第 34 页。

活泼特质,他们内心细腻的情感需要与高尚的精神追求,可能比成人表现得更加单纯、浓烈、迫切,教育对儿童精神世界的关照一定不能比其予以成人的更少。

每个阶段的儿童都有适合自己发展节奏的乐感需求,教育要最大限度地创造与儿童心境体验与接受能力相契合的方式来帮助他们学习。《三字经》把做人大道、历史故事以及生活知识凝练成有节奏、有韵味、有格律的三字短句,文辞简约,顺口明快,读起来铿锵有力,并且把儒家的乐感文化渗透其中,无论是朗读欣赏,还是背诵吟唱,儿童都能体达轻松愉悦的浪漫心境与悠悠风情。小时候,我特别喜欢伸长手臂在天地里追逐蜻蜓,可每次都追不上,只能远远看着蜻蜓忽闪着翅膀从我头顶轻盈飞走。后来,母亲教了我一首歌谣:"蚂螂蚂螂歇歇,回去找你爹爹。爹爹做啥饭? 做的豆芽蒸饭。"下次只要一看到蜻蜓,我都会朝向蜻蜓大声唱起这首童谣,不会去思考蜻蜓真的有爹爹吗? 它回家也会吃豆芽蒸饭吗? 只是想借助童谣传达我对蜻蜓的喜欢和渴望,即便我根本就追不着,蜻蜓也不会回头看我一眼,但只要拉长尾音重复唱好几遍,心里也会觉得美滋滋、乐陶陶,超级满足。这种愉快的精神体验也许并非童谣本身带来的,而是源于我在唱童谣时随性抒情而散发出来的适意乐感,就像鸟儿唱歌、青蛙叫呱呱一样欢乐自在。二十多年来我从未温习过,但童谣里的每个字都已经转化为声情并茂、舒畅自如的精神记忆而植入我的灵魂深处,连吟唱时的体态神情、音调变化都铭记在心。在今天看来,尽管童谣的内容显得滑稽可笑,但这种丰盈的精神体验已经成为我童年的重要部分。2020 年网络上流传"三五十五"的视频,小女孩边哭边说"三五太难了"的痛苦样子引起了很多人对教育的反思。教化育人本应该带给儿童舒适、愉快、自主的体验,而今天却被异化为折磨儿童的残暴武器,令人心寒不已。记得年幼时，我用的文具盒一打开背面就是排列得整整齐齐的乘法口诀，拿笔的时候总会瞄两眼，经常当儿歌一样唱，随口成乐，学起来还觉得挺愉快。M.蒙台梭利说："所谓的教育是指，为婴儿与生俱来的精神力量的发展提供帮助。"[1]教育必须关注儿童内在的精神体验，以审美的方式、舒适的氛围、适宜的节奏、有趣的形式来激发和帮助孩子们的天性发挥。

儿童读经绝对不是"填鸭"或"裹头运动"[2]，更不是像电脑编程那样输入输出，而是一种顺应儿童性情且有内涵、有境界的精神陶冶艺术，这也是《三字经》流芳百世的重要原因。《三字经》所蕴含的人生智慧能够启迪孩子一生，让人常读常新，百读不厌，如同醇厚馥郁之窖酒浓香，沁人心脾，幽雅勾魂，值得细细斟酌、慢慢体味。《三字经》以三字为单位组成一部经，儿童可以从小读到大，从少学到老，小时候当歌唱，长大了当格言记，人生得意时做行为宝典，失意时当精神良药，无时无刻不影响着人的道德涵养与精神境界。刘琳琳说："这些韵文开始是似懂非懂，即使先生不开讲，待年纪渐长，大体也能明白不少。有这些韵文做底子，学写诗的途径便通畅很多。"[3]儿童读经是一个反复咀嚼、逐渐升华的过程。随着年龄的增长，儿童对小时候的读经感受会愈来愈深刻，经义由表入理、由内到外、由浅入深，像水流进入海绵一样慢慢浸透人心，而成为人生取之不尽、用之不竭的智慧。张伯行曰："小学之事知之浅而行之小者，大学之道，知之深

---

① ［意］M.蒙台梭利：《有吸收力的心灵》（*The Absorbent Mind*），高潮、薛杰译，北京：中国发展出版社，2003年，第3页。

② 刘晓东提出，"三寸金莲"是裹足习俗造就的，而"儿童读经"则是一场裹头运动，它将造就畸形的"头脑"。参阅刘晓东：《儿童读经背后的文化弊病与教育弊病》，《教育导刊（下半月）》2012年第4期，第17-19页。

③ 刘琳琳：《不简单的三字经》，北京：华文出版社，2018年，第1页。

而行之大者也。"①儿童从小学到大学一脉相承，其学习的人道智慧会从始至终以不同的方式贯穿至整个生命过程。例如，"人之初，性本善。性相近，习相远"，"苟不教，性乃迁。教之道，贵以专"，②"性""善""习""道""专"，每个字都蕴藏着深刻的义理与内涵，孩子当时好像是不懂，但其实有种默默地"懂"，而且可能"懂"得很深，"懂"到他整个生命里去，或许才是"懂"的真意！毕竟生命是一个大神奇，你以为儿童不懂，甚至连儿童自己也不知道自己懂不懂，但小时候有了默默地酝酿，到了适当的时候就会豁然开朗。③

　　然而，当今的儿童教育所追求的浅显易懂、直观形象、丰富多样，已经失去了经典的神韵和厚度，似乎都是一次性的"消耗品"，或者暂时性的"过渡品"，孩子们从吃饭、穿衣、睡觉到为人处世，几乎都离不开儿歌、童谣、绕口令、游戏等载体，甚至可以细致到一事一儿歌、一物一游戏。待儿童年龄稍长，这些内容又会统统被其他的知识内容与行为习惯所填充或更替。从拼音字母、汉字笔画到识字、读字、写字、用字，像工厂的流水线一样机械刻板，不会读就疯狂复读，不会写就拼命练习，任何一个环节都不能掉队，很容易忽视儿童作为一个完整的人的天性需求与精神特质。这种直线型的培养模式，繁杂而累赘，重复而低效，极易消磨儿童兴趣，增加教师苦力，《三字经》这样可以滋养生命又能唱着学、乐着吟、一辈子咀嚼的传统经典，可以有效弥补现代教育过于功利化的不足。其实，对儿童而言，"懂不懂""对不

①　【清】张伯行纂辑：《小学集解·小学辑说》，同治正谊堂本。
②　【宋】王应麟等著：《三字经·百家姓·千字文》，吴蒙标点，上海：上海古籍出版社，2017年，第4页。后文凡引用《三字经》文本内容皆参阅此书，不再标明页码。
③　参阅王财贵：《儿童读经之基本理论》，《少年儿童研究》2014年第4期，第6-9页。

对""好不好"也许并不像成人想象的那么重要。优秀的经典凝聚着老祖先几千年的智慧，其能够以最朴素、最深刻、最合理的方式启发人的灵魂、陶冶人的情操、培养人的心智。《三字经》正是一本了不起的经典，从文本到韵律，从修辞到义理，形式活泼自然，内容充实丰富，大道深邃有力，儿童若从小受这种良好的文化浸润，则必然会获得一笔终身受益的精神财富。

二、《三字经》的性善预设

《三字经》首句为"人之初，性本善"，说明人与生俱来就有善性，教育是以性善论的立场来启迪和教化儿童的。《蒙》卦"山下出泉"[①]之象昭示出儿童清澈澄明、善良纯真的原初本性。孟子将人的善性比喻为"犹水之就下"，人之善性的必然性如水流向下一样绝对，"人无有不善，水无有不下"[②]，每个人生来都少不了善良的因子。"对于刚要迈出人生第一步的小孩子来说，善良的本性是他们的第一件随身之物"，[③]这种善性自然也成为教育发生的原点。教育的根本任务是将儿童的善良特性引而发之、扩而充之，竭力彰显出人性的内在光辉，增强善性的力量，以抵御世俗社会中恶念邪道的入侵。但是，当今的儿童教育却舍本求末，把教育的重点放在如何防范坏蛋、警惕恶人、避免被骗等方面，人性恶的一面被凸显放大，而善的一面却被隐藏遮蔽。遇到摔倒的老人，成人本该教育孩子主动搀扶，却因担心"碰瓷"，宁愿视而不见；遇到乞讨的穷人，成人本该引导孩子乐善好施，却将其变成谨防财产诈骗的训诫案例。这种堵塞性、逆源性、负

---

① 高亨：《周易大传今注·蒙》，济南：齐鲁书社，1988年，第78页。
② 【汉】赵岐，【宋】孙奭：《重刊宋本孟子注疏附校勘记·告子章句上》（影印本），第192页下。
③ 刘琳琳：《不简单的三字经》，第1页。

面性的教育只会让人类变得越来越冷漠无情,善良变得越来越稀少短缺。"人之初,性本善",意在强调儿童本身就是纯粹向善的存在,他们是最能够给世界带来光明与温暖的人,如果连儿童都要压抑和隐藏内心的善性,那么人类未来的生存希望在哪里?《三字经》中关于人的善性预设实则是对儿童教育的一种颠覆性变革,教育不是去塑造人,而是存养、延续和发扬人之善性的一种积极实践努力。

　　儿童生来虽皆有善性,但在后天教育与环境的作用下,这种善性或被开发,或被掩盖,或被破坏,人与人之间的差距也逐渐被拉开来。《三字经》曰:"性相近,习相远。"人的善良天性最初是相似的,但随着人的社会化进程,每个人所形成的习性迥异。贺兴思注解曰:"天赋有仁义礼智之性,人人皆有,个个同得;虽有贤否善恶之气质不同,而在幼年时则相去不远。及其长也,知识渐开,世情已晓。或为物欲所蔽,或为七情所染,或因贪嗔痴爱以丧其心,或因酒色财气以失其德,而放旷为非,遂无所不至矣。"[1]人心一旦蒙上了世俗污垢,善性光芒便会被阻挡或掩盖而致使其得不到顺利发散,人就可能被异化,从而失去本然的自在之我。而教育恰恰可以帮助人去认识自己、发现自己、保存自己,"苟不教,性乃迁",一个人如果不能接受教育,人心自然会面临丧失本真、弃善从恶的危险。董仲舒的"性禾善米"说对这一问题的解释十分通透,"性如茧如卵,卵待覆而为雏,茧待缫而为丝,性待教而为善"[2],"善"虽是从"性"中生发而来的,但"性"并不完全就是"善"。"性"只有经过教化方可成为"善"。人若不经

---

[1]【清】贺兴思:《三字经注解备要》,见【宋】王应麟等著:《三字经·百家姓·千字文》,第5页。

[2]【汉】董仲舒:《春秋繁露·深察名号》,上海:上海古籍出版社,1989年,第61页。

过教化顶多算得上是有善性，而不能说其具有行善的能力和表现。教育的根本目标只有一个，就是使人向善。"教之道，贵以专"，《说文·寸部》曰"专，纺专"，即古人纺织时用的收丝工具，可将离散的丝线收拢为一束而避免错乱，引申为独一、专注、纯粹之意。这里的专，指专于善道，始于善，终于善，这才是教化的本质意义与终极追求。

人之善性不像口腹肉欲一样直接开显，只有将其放置于具体的道德实践境遇中才能得到彰显和发挥。一般在特殊的社会情形之下，人的善良天性会自然而然迸发出来。《孟子·公孙丑上》曰："今人乍见孺子将入于井，皆有怵惕恻隐之心。"[①]突然见到小孩快要掉入井中，人会自发产生怜悯心与同情心，毫不犹豫冲上去救孩子。如果是大人遇到危难，人的内在善性同样会自发萌动。"男女授受不亲，礼也。嫂溺，援之以手，权也。"面对嫂子即将溺水而亡的突发情景，急不暇虑，猝然相救，行权保命才是头等大事。"嫂溺不援，是豺狼也"[②]，如果在这种紧急关头还有人继续死守人伦规定，纠结男女有别之礼，那就是没有人性，禽兽不如。在危及生命的时刻，礼法的效能是极其有限的，甚至是缺失的、空白的，这时就不得不由人的内在善性发动来做出行为选择。反观当下，在面对各种生死攸关的大灾大难时，人的善性本能会自然流露出来而拉近人心之间的距离。新型冠状病毒肺炎疫情突发以来，一批批冒着生命危险的医疗团队奔赴前线，白衣天使们剪断了乌黑秀发，医护人员白净的脸庞被口罩、护目镜磨得红肿起泡，密闭的防护衣让他们流干汗水、透支体力，而

① 【汉】赵岐、【宋】孙奭：《重刊宋本孟子注疏附校勘记·公孙丑章句上》（影印本），第 65 页下。
② 【汉】赵岐、【宋】孙奭：《重刊宋本孟子注疏附校勘记·离娄章句上》（影印本），第 134 页下、135 页上。

挽救生命的趋善本能与坚定信念让他们冒死抗疫、拼命救人,他们无私的奉献精神生动地诠释着人心内在深处的善。2021 年 7 月河南郑州的洪水灾害,人们抱团过河、助老护幼、扶危救困等自发行为亦是善性的有力体现。儿童教育应该融入这些活生生的实践案例当中,让儿童在当下的社会境遇中去真切感受善良所带来的力量感与价值感,从而鼓励儿童内在善性的自然表达。

三、孝悌:为人之本

人的善良本性在现实境遇中会呈现出诸多精神面向与表现方式,最根本的体现是孝悌之道。《三字经》把"孝悌"视为做人的根本要求与首要任务。"首孝悌,次见闻",贺兴思注解曰:"孝弟乃一件大事。其次一等,多见天下之事,以广其所知;多闻古今之理,以广其所学。"[①]儿童必须先懂得孝悌之道,再开始广博学习天下知识,丰富个人的视野与见闻。《孝经·开宗明义章》曰:"夫孝,德之本也,教之所由生也。"[②]孝是一个人养成德性的内在根基,也是教化的情感基础与发生源头。孔门儒学还将孝悌作为"仁之本"[③],"只要人种不灭,只要代际传承还在继续,他就牢靠不破。这是原始儒家伦理构建的高妙之处"。[④] 宰我以为三年之丧"期已久矣",孔子曰:"予之不仁也! 子生三年,然后

---

① 【清】贺兴思:《三字经注解备要》,见【宋】王应麟等著:《三字经·百家姓·千字文》,第 10 页。

② 【唐】李隆基、【宋】邢昺:《重刊宋本孝经注疏附校勘记·开宗明义第一》(影印本),第 10 页下。

③ 【清】刘宝楠:《论语正义·学而第一》(上),第 7 页。

④ 余治平:《周公〈酒诰〉训:酒与周初政法德教祭祀的经学诠释》,上海:上海古籍出版社,2018 年,第 98 页。

免于父母之怀。夫三年之丧，天下之通丧也。"①孝子守丧当源于深爱父母之心，三年丧期完全是为了安慰人的悲伤情感需求，怎么能嫌长呢？三年丧期的礼法规定，不仅是为缅怀父母、报答父母养育之恩而提出的期限要求，更是督促子女为善尽孝、涵泳仁德的礼教表现。孝是个体发自内在本心的真情流露，无须强迫，无须修饰，只有真正深爱父母的人，才算得上是一个有仁心的人。

为了阐明何为孝悌，《三字经》以彰显孝悌之道的生动故事来帮助儿童理解。"香九龄，能温席。孝于亲，所当执。"东汉时，9岁的黄香冬天用自己的身体为父母暖被窝，这是每个子女都该做的。"凡为人子之礼，冬温而夏清"②，子女冬天要让父母感到温暖，夏天要让父母感到凉爽，孝源于心、显于行，爱父母与事父母一体不二。在实际生活中，子女做一些让父母感到温暖的小事要比远程的电话、视频寒暄更能让他们体会到真切、实在的孝心。有了孝心，儿童自然就懂得友爱自己的兄弟姐妹。"融四岁，能让梨。弟于长，宜先知"，孔融4岁就知道把大梨让给哥哥吃，从爱父母之孝自然延伸至敬兄长之悌。孟子曰："孩提之童无不知爱其亲者，及其长也，无不知敬其兄也。"赵岐注曰："少知爱亲，长知敬兄。"③儿童亲爱父母之心自然可推广到兄长身上。人基于孝悌之心会引发出友好、和善、仁爱、感恩等善性特质，这些特质又逐步扩散至朋友、君臣、社会其他人，从而构建良好和谐的人伦关系。"父子恩，夫妇从。兄则友，弟则恭"，"长幼序，

---

① 【清】刘宝楠：《论语正义·阳货第十七》（上），第703页。
② 【汉】郑玄、【唐】孔颖达：《重刊宋本礼记注疏附校勘记·曲礼上》（影印本），第18页下。
③ 【汉】赵岐、【宋】孙奭：《重刊宋本孟子注疏附校勘记·尽心章句上》（影印本），第232页上。

友与朋。君则敬,臣则忠"。夫妇、父子、兄弟、朋友、君臣的人伦关系以家庭为核心向外辐射,依次推动,层层递进。"五伦者,始夫妇,父子先,君臣后,次兄弟,及朋友",五伦关系始于夫妇,夫妇正而后有父子、兄弟、君臣、朋友之正,从父子到君臣,由兄弟到朋友,家庭始终是伦理关系的发端和起点。林逋《省心录》曰:"孔孟之道求诸己,则知舍孝悌不足以为人,移孝悌为忠顺,则立身行己之道当然。"①人只有抓住孝悌之本,打牢人伦之基,才能在社会上安身立命。《三字经》强调"此十义,人所同。当顺叙,勿违背"。十义指"父慈,子孝,夫唱,妇随,兄友,弟恭,长惠,幼序,朋谊,友信,君敬,臣忠"②,这十种人伦规定是人在成长过程中必须遵循和坚守的人伦法则。人在不同的社会处境中扮演着不同的角色,每一种角色又有不同的道义规定,只有时刻严以律己、尊法守礼,才能实现"父子有亲,君臣有义,夫妇有别,长幼有序,朋友有信"③的和谐有序的人伦关系。

"扬名声,显父母。光于前,裕于后。"孝不止于爱亲事亲,还在于立身成己。子女能够走上做人的正道,而不让父母担心和牵挂是孝;子女有所作为、出人头地,而让父母感到高兴和骄傲也是孝。子女是父母的生命延续与希望寄托,子女功成名就,光宗耀祖,父母自然会感到幸福和满足。因而,孝亲之心对个体的成长也起着激励的作用。《孝经·开宗明义章》曰:"立身行道,扬名于后世,以显父母,孝之终也。"④孝并非一时之功,而当善

① 【宋】林逋:《省心录》,北京:中华书局,1985 年,第 1 页。
② 【清】贺兴思:《三字经注解备要》,见【宋】王应麟等著:《三字经·百家姓·千字文》,第 28 页。
③ 【汉】赵岐,【宋】孙奭:《重刊宋本孟子注疏附校勘记·滕文公章句上》(影印本),第 98 页上。
④ 汪受宽:《孝经译注·开宗明义章第一》,上海:上海古籍出版社,2007 年,第 1 页。

始善终，年幼时以孝为立身之本，年长时学有所成而显祖荣宗，将孝道贯穿于整个生命过程，才算得上是真正的行孝。《史记·太史公自序》曰："且夫孝始于事亲，中于事君，终于立身。扬名于后世，以显父母，此孝之大者。"[①]在人生的不同阶段，子女对父母尽孝的表现方式也不同，事亲是尽孝之始，也是孝道最基本的道德要求。人一辈子不可能整日守在父母身边以侍奉他们为业，还应该走出家庭为社会做贡献，通过自己的努力让父母过上更好的生活，这才是一种更有力量的大孝。因而，孝不仅是爱父母的一种行为规定与道德要求，更是个体自我发展和进步最持久、最强大的精神动能与情感支撑。孟子曰："惟顺于父母，可以解忧"，[②]子女尽孝不仅能让父母感到欣慰，还能让自己感到内在良心有所安顿，做任何事不愧对父母，并且让他们感到放心，人就会更加有底气、有信心、有奔头，以孝为乐才是行孝的高级境界。

当今的儿童教育对孝道的重视远不如古人。儿童从小就生长在现代化的优越环境当中，一切物质条件与精神享受都得来毫不费力，导致很多儿童将父母对自己的照顾和养育视为理所应当，缺乏感恩之心，他们甚至对父母冷漠无情、叛逆反抗，致使很多父母经常处于爱与恨的痛苦纠缠之中，打骂孩子不忍心，而孩子屡屡犯错又气人。家长们甚至不惜重金为儿童报名各种亲子活动、情商培训课来挽救孩子善性缺失的危机。然而，我们需要反思的是，当今的儿童早期教育到底失误在哪里。难道真的是孩子情商不够所引起的吗？《三字经》强调儿童教育要以孝

---

① 【汉】司马迁：《史记·太史公自序》，第 2854 页。
② 【汉】赵岐，【宋】孙奭：《重刊宋本孟子注疏附校勘记·万章章句上》（影印本），第 160 页下。

为本,如果孩子从小的孝悌之心不能在具体实践中得到磨炼和发扬,自然会影响到他们伦理关系的构建和人格的完善。一个不能事父母之人,今后也必然难成大器。然而,今天儿童的孝悌之心似乎已经被物欲横流、唯利是图的纷杂世界所漠视和忽略,孩子们已经完全不必再像古代幼童那样对父母扇枕温衾,反倒是父母对孩子俯首帖耳、溺爱不明。而在实际生活中,家长不给买玩具,孩子便就地打滚,对父母丝毫没有敬顺之心;孩子贪玩不吃饭,父母就追着喂;孩子不想读书,父母就陪着读。这些行为在古代有亲有爱、有伦有序、有礼有节的社会中是难以接受的。每个父母都在掏心掏肺地宝贝着自己的孩子,却不知不觉剥夺了儿童践行孝悌之道的成长机会。《诗经·小雅·蓼莪》曰:"蓼蓼者莪,匪莪伊蒿,哀哀父母,生我劬劳。蓼蓼者莪,匪莪伊蔚。哀哀父母,生我劳瘁。瓶之罄矣,维罍之耻。鲜民之生,不如死之久矣。无父何怙?无母何恃?出则衔恤,入则靡至。父兮生我,母兮鞠我。抚我畜我,长我育我,顾我复我,出入腹我。欲报之德,昊天罔极!"[1]父母与子女之间的浓浓爱意与深深真情足以激发和扩充一个人心底的善性良知,父母养我之恩、育我之苦是世界上最亲密、最无私、最伟大的爱,人人天生就该有用生命去回报父母的精神冲动。而如果教育从一开始就没有守好孝悌之本,子女与父母之间这种纯粹微妙的亲亲之爱便得不到开发与呈现,从而给个体和社会造成一系列的伦理困境与道德缺失问题。

---

[1] 【汉】郑玄、【唐】孔颖达:《重刊宋本毛诗注疏附校勘记·小雅·蓼莪》(影印本),第 436 – 437 页。

四、人伦教化与知识学习

在儒家看来，儿童教育一定不是坐而论道、空谈心性，而是要经过后天良好的教化引导才能把人之内在善性充分彰显并将其落到实处。《三字经》讨论完性善问题之后，紧接着就强调教育的重要性。"为人子，方少时。亲师友，习礼仪。"贺兴思注解曰："当年少之时，宜亲近明师，交结贤友，讲习礼节仪文之事、亲爱敬长之道、进退应对之节、进德修业之途，以为身之本也。"①儿童从小就开始学习各种为人处世的礼节要求与道德规范，一言一行都要知法守礼、谨慎有节。当今的儿童教育受西方人本主义、儿童中心主义的影响，更多关注人的个性自由发展，而忽视了中国优秀传统文化中的礼法规定，导致人性底线不断受到挑战，越来越多的人缺乏道德边际。因而，教育要从娃娃抓起的应该是培养人最基本的孝悌之心，之后再逐步扩展至知识学习领域。

《三字经》擅长以故事的形式表达教育思想。"昔孟母，择邻处。子不学，断机杼。"孟子从小聪明伶俐、活泼好动，孟母为了给他创造一个良好的学习环境，三次迁居：第一次靠近墓地，孟子"嬉游为墓间之事"，模仿守丧者披麻戴孝；第二次以卖肉屠户为邻，孟子便以物代肉，"嬉游为贾人炫卖之事"，经常扮演商人玩买卖游戏。第三次在学宫附近，孟子"嬉游乃设俎豆，揖让进退"，模仿先生读书习礼，孟母这才认为"真可以居吾子也"②，于是不再迁居。《论语·里仁》曰"里仁为美"③，以仁者为邻居，人的德性也会

---

① 【清】贺兴思：《三字经注解备要》，见【宋】王应麟等著：《三字经·百家姓·千字文》，第 9 页。
② 【汉】刘向：《列女传·母仪传·邹孟轲母》，刘晓东校点，沈阳：辽宁教育出版社，1998 年，第 7 页。
③ 【清】刘宝楠：《论语正义·里仁第四》（上），第 139 页。

日益增进。荀子曰:"君子居必择乡,游必就士。"①周围的人、事、物对一个人的成长起着潜移默化的作用,由于儿童早期好模仿、好游戏的心理特征,为他们创设良好的生长环境十分关键。孟母断机杼也是儿童励志故事的重要典范。有一次孟子贪玩没去学堂就早早回家,母亲没有责罚孟子,而是"以刀断其织",让孟子明白"子之废学,若吾断斯织"②的道理。这种生动、隐喻、委婉的教育方式比体罚、谩骂、批评更加深入人心。"窦燕山,有义方。教五子,名俱扬",窦禹钧敦厚有仁,乐善好施,以身作则,教子有方,五个儿子科举连中进士。孟母、窦燕山都是成功教育子女的典型案例,不仅激励儿童学习,也启迪父母如何施教。"养不教,父之过。教不严,师之惰。"贺兴思注解曰:"内有贤父兄,外有贤师友,子弟犹有不得成材者,未之有也。"③父母之教与教师之严内外结合、相得益彰,二者共同促进儿童的成长和进步。

　　儿童处于人之生命的初始阶段,年少幼稚,心智未熟,以训练小学的基本功为要。儿童学习的内容是"知某数,识某文",贺兴思注解曰:"知十百千万之数为某数,识古今圣贤之事为某文也。"④从最基本的数数到圣贤之事,全面丰富,充实饱满,包括数字、三才、礼仪、五常、四时、五行、干支、赤道、中华、高原、四渎、五岳、行省、四民、动物、植物、六谷、六畜、七情、五色、五味、五臭、八音、九族、十义、五服、古文等诸多方面的常识与道理。同时,还要讲究启蒙教育的重点与方法。"凡训蒙,须讲究。详

① 【清】王先谦:《荀子集解·劝学》,北京:中华书局,2012年,第6页。

② 【汉】刘向:《列女传·母仪传·邹孟轲母》,第7页。

③ 【清】贺兴思:《三字经注解备要》,见【宋】王应麟等著:《三字经·百家姓·千字文》,第8页。

④ 【清】贺兴思:《三字经注解备要》,见【宋】王应麟等著:《三字经·百家姓·千字文》,第10页。

训诂，明句读。"训蒙，指教导初学的小孩子；讲究，体现的是在全面了解基础之上的认真谨慎。① 启蒙教育最重要的功课就是训诂与句读。孩子们从小就要弄清楚每个字的形、音、义，学会对文章标点、断句，一字一句都不得马虎大意，"大学之序，特因小学已成之功"，②打牢小学基础，为之后进入大学做好准备。而当今儿童学习汉字的方法更多注重笔画顺序与记忆口诀，例如，一横一竖是"十"，一撇一捺是"人"，"工字不出头，出头就是土"，等等，汉字本身的结构来源与文化内涵完全被搁置，造成儿童对文字的理解不准确、不深入，甚至会造成错用、滥用、瞎用的笑话。钱文忠说："在漫长的岁月中，随着时代的变迁，人们的语言也在发展变化，用今天的词意去解释古文，当然会造成理解上的错误，所以训诂学，实际上就是研究如何正确解读古汉语。"③今天除了做古汉字研究的人有些训诂底子，大部分人的小学功夫都很差，更不用说延续和发扬汉字训诂的文明传统了。

中国的汉字结构复杂，蕴意深刻，字字都饱含着老祖宗几千年沉淀下来的博大精深的文化密码与思想精髓，而这正是一个民族的智慧起点和文明根基，一笔一画，一音一形，都值得后人仔细斟酌、慢慢酝酿。而现代化的学习机、视频、动画片等极具感官冲击力的视听化学习渠道，使得儿童可以非常直观快速地获取信息，根本不需要习句读、查字书、啃经典、思文意，甚至可以省略笔纸书写和反复记忆的过程，因为这些在电子设备上统统都能快速搞定。繁体字的简化本来已经对中国汉字文明造成了巨大创伤，如果教育还不对其予以注重，恐怕不得不让人担忧

---

① 刘琳琳：《不简单的三字经》，第 52 页。
② 【清】张伯行纂辑：《小学集解·小学辑说》，同治正谊堂本。
③ 钱文忠：《钱文忠解读〈三字经〉》上册，第 86 页。

汉字文明消逝的危机！"惟书学，人共遵。既识字，讲说文"，人人重视识字句读、解字训诂、诵读经典的功夫训练，①中国传统的优秀文明才可能保持原貌而不被后人读偏。当今的儿童教育虽然不可能把枯燥乏味的句读、训诂直接搬到教室里学习，但最起码要学习古人对待学问严谨的学风、扎实的功夫、谨慎的态度和务实的精神。

"为学者，必有初。小学终，至四书。"小学教育是基础，结束后要进一步学习《论语》《孟子》《中庸》《大学》四书。儿童读经、读史要讲重点、分先后，循序渐进，依次推进，最终才能掌握完整的知识体系。"《孝经》通，四书熟。如六经，始可读。"读完《孝经》与四书，便可开始读儒家《易》《诗》《书》《礼》《春秋》《乐》六经。② "经既明，方读子。撮其要，记其事。"读完六经，再读《荀

---

① 中国古代教育并非重文不重武、重心不重身。周朝贵族教育体系以"六艺"为基本内容。《周礼》曰："养国子以道。乃教之六艺：一曰五礼，二曰六乐，三曰五射，四曰五御，五曰六书，六曰九数。"（见【汉】郑玄、【唐】贾公彦：《重刊宋本周礼注疏附校勘记・地官司徒・保氏》(影印本)，第 212 页下)礼、乐、射、御、书、数六种技能，有文有武，有动有静，有知有行，是周代最为全面、整体、科学的教育体系内容。《史记》曰："孔子以诗书礼乐教，弟子盖三千焉，身通六艺者七十有二人。"（见【汉】司马迁：《史记・孔子世家》，第 1734 页)说明在春秋时期，精通"六艺"之人可谓之贤才。《三字经》曰："礼乐射，御书数。古六艺，今不具。""六艺"虽是特定历史时期的教育内容和文化产物，但部分内容仍然以现代化的教育形式流传至今。
② 《孔子家语・问玉》曰："其为人也，温柔敦厚，《诗》教也；疏通知远，《书》教也；广博易良，《乐》教也；洁静精微，《易》教也；恭俭庄敬，《礼》教也；属辞比事，《春秋》教也。故《诗》之失，愚；《书》之失，诬；《乐》之失，奢；《易》之失，贼；《礼》之失，烦；《春秋》之失，乱。其为人也，温柔敦厚而不愚，则深于《诗》者矣；疏通知远而不诬，则深于《书》者矣；广博易良而不奢，则深于《乐》者矣；洁静精微而不贼，则深于《易》者矣；恭俭庄敬而不烦，则深于《礼》者矣；属辞比事而不乱，则深于《春秋》者矣。"《易》《诗》《书》《礼》《春秋》《乐》各有所长，每部经典都发挥着独一无二的教化功能，对个体的知识、性情、人格、思维、品德、心境等方面都有重要指导价值。这与当今的分科教育有异曲同工之处。引文见【三国】王肃注、〔日〕太宰纯增注：《孔子家语・问玉》，宋立林点校，上海：上海古籍出版社，2019 年，第 287 页。

子》《扬子》《文中子》《老子》《庄子》等子书,读的过程中,"择其诸子之要言有裨于正学者,撮而玩之;其纪事有益于世务者,记而习之"①,对重点、有用的知识点要仔细玩味、做摘录。"经子通,读诸史。考世系,知始终。"经、子之书读熟后,继而读史书,以考究各个朝代的世系兴衰过程,并且从中学习知识、吸取教训。"史虽繁,读有次。《史记》一,《汉书》二。""后汉三,国志四。兼证经,参通鉴。"读史的次序为《史记》《汉书》《后汉书》《三国志》,同时还需参考经书和《资治通鉴》的内容,以便更加充分全面地了解史实。"读史者,考实录。通古今,若亲目。"学习历史最关键的是广泛查阅资料、弄清事情真相,以了解史实发生的前因后果,还原历史情境,使其如同自己亲眼所见一样。学历史还必须带着脑子去读,追根溯源,积极思考,端正态度,掌握方法。从训诂、句读到四书、六经、子书、史书的学习,由简至繁,由浅入深,由易到难,形成充实完整、丰富多元、层次分明、逻辑清晰的教育内容体系。

纵览《三字经》中儿童教育内容,识文字,广见闻,读经书,学历史,依次深入,层层推进,前一步是后一步的基础,后一步是前一步的延伸,教育进度与儿童的成长节奏保持一致。人处于什么阶段就该接受与其经验、心智、能力相匹配的教育,"不可躐等,不可草率"②,按照一定的先后次序进行学习。无论在哪个阶段,儿童学习的内容都是贯通的、综合的、全面的,没有明确的界限划分,精炼整合,交叉融通,浑厚丰富,全面深入,他们始终被当作是发展的、完整的人来看待。而当今的教育内容被体系化、细分化、专业化、科学化,学前教育按照领域被划分为健康、

---

① 【清】贺兴思:《三字经注解备要》,见【宋】王应麟等著:《三字经·百家姓·千字文》,第35-36页。
② 【宋】朱熹著、【宋】张洪、齐熙编:《朱子读书法·辅广辑录部分(上)·循序渐进》,刘天然译注,北京:线装书局,2019年,第47页。

科学、社会、语言、艺术，而且各个幼儿园都有自己的特色领域，如音乐、游戏、美术、体育、科学、数学、语言等。走进音乐特色的幼儿园，从门口开始到处都跳跃着彩虹色的音符装饰，走廊、台阶、教室、操场都会让人沉浸在音乐的世界里；走进数学特色的幼儿园，你随意迈出一脚可能就踩上三角形、梯形、圆形、正方形的几何图案，墙壁上还会时不时跳出几个"数字宝宝"，整个幼儿园像是培养阿基米德、牛顿、高斯这样的数学天才圣地。体育的特色幼儿园更是高呼运动至上，随意往操场上瞧一眼，可能就看到穿着号码运动衫的小足球员，他们会经常参加各种体育竞赛，孩子的体能迅速飙升，但心灵不知如何。对于儿童本身而言，他们真的需要这种具有明显领域倾向性的成长环境吗？搞创新特色与专项特训到底是为儿童还是为幼儿园？从哲学角度而言，儿童是完整、独立的生命存在体，体育与心育、情感与行为、知识与道德、物质与精神的界限本身就不存在，谁也不知道教育是以怎样的路径进入儿童的身心世界的。现代儿童教育的体系化与结构化虽然有利于教育活动的有序开展，但这种人为的强行分割不仅忽视了人的整体性，还削弱了知识的综合性，很可能存在曲解儿童、背离儿童的风险，况且社会与语言、健康与科学这些领域之间的界限本身就很模糊，难以有明晰的标准和边界。《三字经》中的教育内容看似缺乏体系性，但这种整合圆融的教育影响可能更加贴合儿童获取知识的方式与节奏。

五、幼学为人的功夫要求

学习绝不是一件简单的事，必须要下一番苦功夫方可学有所成。《三字经》十分强调幼年学习的重要性，开始就有"子不学，非所宜。幼不学，老何为"的警示，小时候不学习，长大就很难有所作为。结尾部分又有"犬守夜，鸡司晨。苟不学，曷为人"

"蚕吐丝，蜂酿蜜。人不学，不如物"的训导。狗有守夜看门之功，鸡有晨间打鸣之劳，人若不学习，便毫无用处。桑蚕能吐丝做衣料，蜜蜂能酿制蜂蜜供人食用，人如果饱食终日，不求上进，连这些动物都不如。贺兴思注解曰："人生在世，若是苟且度日，而不思力学以荣其亲，虽鸡犬之不如矣，何以为人哉？"①努力学习是人超越禽兽而成为人的基本条件。孟子曰"人之所以异于禽兽者几希"②，人与动物的差别极其甚微，如果不学习就很容易沦落为衣冠禽兽。"苏老泉，二十七。始发奋，读书籍。彼既老，犹悔迟。"苏洵小时候不想念书，到了 27 岁才开始下定决心学习，最终通过自己的努力成了大学问家。即便如此，他仍然对小时候的废学而感到后悔。"尔小生，宜早思"，儿童应该引以为戒，趁早抓紧时间勤读诗书，以免造成"少壮不努力，老大徒伤悲"的结局。而且，人年幼时正是学习知识的最佳时机，"人生小幼，精神专利，长成已后，思虑散逸，固须早教，勿失机也"，③儿童年幼时精神专注、心智纯一，学习能力极强，绝不能浪费如此宝贵的学习时光。

学习还要尽早立志，向榜样学习。"若梁灏，八十二。对大廷，魁多士。"宋朝梁灏好学不倦，不中状元不甘心，82 岁终于如愿以偿，状元及第，他在金殿对策中独占鳌头，无人能敌，让人钦佩不已。梁灏做到了"一息尚存，此志不容少懈"④，只要有一口

---

①【清】贺兴思：《三字经注解备要》，见【宋】王应麟等著：《三字经·百家姓·千字文》，第 65 页。

②【汉】赵岐、【宋】孙奭：《重刊宋本孟子注疏附校勘记·离娄章句下》（影印本），第 145 页下。

③【北朝齐】颜之推著，【清】赵曦明注，【清】卢文弨补注：《颜氏家训·勉学》，上海：上海古籍出版社，2017 年，第 73 页。

④【明】程登吉原编，【清】邹圣脉增补：《幼学故事琼林·身体》，谷玉校点，上海：上海古籍出版社，2018 年，第 140 页。

气在，心中的志向就一刻不会减少，可谓"缊袍不耻，志独超欤"①之人。但是，《三字经》并不是要鼓励儿童成为梁灏这样的人，而是以此为例来鼓励儿童从小立志。"彼既成，众称异。尔小生，宜立志。"梁灏高龄尚能取得成功，儿童如果从小就树立远大志向，用功学习，必将前途无量。"莹八岁，能咏诗。泌七岁，能赋棋。"北齐祖莹日夜勤读，8 岁就能吟诗成章，后来成为秘书监著作郎；唐朝李泌聪颖过人，7 岁就能作出以棋为题的诗赋。"彼颖悟，人称奇。尔幼学，当效之。"祖莹、李泌这样颖悟绝伦的少年天才，人人都钦慕，儿童如果能像他们一样用心读书，"宜效法前人，殷勤发愤，自然下学而上达矣"②，只要肯下功夫，终能学有所成。"唐刘晏，方七岁。举神童，作正字。"唐玄宗时期，7 岁的刘晏被誉为神童，成为刊正文字的官员。③"彼虽幼，身已

---

① 【明】程登吉原编，【清】邹圣脉增补：《幼学故事琼林·衣服》，第 149 页。
② 【清】贺兴思：《三字经注解备要》，见【宋】王应麟等著：《三字经·百家姓·千字文》，第 64 页。
③ 古代还有诸多神童人物。譬如，春秋时期项橐 7 岁考倒孔子；西汉东方朔 2 岁就能暗诵《魏史》；东汉蔡文姬 6 岁能辨弦音；南朝文学家刘孝绰 6 岁能文；南朝陈阴铿 4 岁诵诗赋，一日千言；梁朝颜之推 7 岁诵《灵光殿赋》；唐代"诗鬼"李贺六七岁能即兴赋诗，其才华惊韩愈；唐代骆宾王 6 岁写下传诵千古的《咏鹅》诗，等等。《太平御览》引《东观汉记》曰："张堪，字君游，年六岁受业长安，治《梁丘易》，才美而高，京师号曰'圣童'。"（见【宋】李昉等撰：《太平御览·幼智上》，北京：中华书局，1998 年，第 1774 页）汉代的神童张堪，官方又称之为"圣童"，6 岁就有治学、受业的能力。王子今认为神童故事与当时社会普遍重视读书、学习的历史文化有关。（参阅王子今：《秦汉儿童的世界》，北京：中华书局，2018 年，第 259－260 页）王稚庵《中国儿童史》专门把从汉代至民国时期的 42 位优秀神童编入史册供后辈学习，使儿童从小就能够以古代优秀儿童为模范，模仿他们的言行品德，逐渐变化气质、涵养德性，这无疑是发扬中国本土儿童教育文明的重要方式。（具体内容可参见王稚庵编：《中国儿童史》，上海：儿童书局，1932 年，第 284、304 页）当今社会的儿童教育不是要把孩子们都培养成浪漫风雅的文人或学富五车之经师，人们应该以古者读书求学之精神去激励、鼓舞儿童树立人生目标、坚定学习信念，努力为孩子创设良好的成长环境与精神氛围。

仕。尔幼学，勉而致。有为者，亦若是。"刘晏这么小的年纪就被国家予以重任，说明人只要勤奋好学，就没有什么做不到的。这些生动的励志案例串联起来，给儿童注入了很多学习的正能量，这些优秀的学习榜样无形之中在给孩子们加油打气，鼓励他们相信自己、挑战自己、突破自己。"日月其除，志士正宜待旦"①，光阴不等人，立志要趁早。儿童心中恒存远大志向，读书才能有劲头、有动力，"有志向者，遂能磨砺，以就素业"②，最终成为一个对社会做出贡献的有用之人。2009年9月，广州媒体记者在开学日访问一年级小学生的理想，6岁小女孩回答：长大了要做贪官。这种歪曲的人生志向让人担忧，无论这是童言无忌的趣谈，还是社会造成的不良影响，我们都不得不重新审视今日的儿童理想教育，仍然有必要再读一读《三字经》中的励志故事，为儿童的内心点亮一盏长明灯，照亮前方向善的路，让孩子们带着美好希望与正确目标砥砺前行。

儿童努力学习并不只是为了自己，还关切到父母与家国利益。"扬名声，显父母。光于前，裕于后。"贺兴思注解曰："人能幼学壮行，致君泽民，或全忠尽孝，百世流放，或正直公廉，一时颂德，自然道德勋猷，扬显于世。"③儿童身上背负着自己、父母和社会的多重期望，努力学习不仅是孝敬父母、齐家爱国的表现，还能成为道德典范而名垂青史，激励后辈学人。"幼而学，壮而行。上致君，下泽民。"人在少年时勤奋读书，长大就能够学以致用，上能为国效力，下能恩泽于民，何乐而不为！《论语·宪

---

① 【明】程登吉原编，【清】邹圣脉增补：《幼学故事琼林·岁时》，第32页。
② 【北朝齐】颜之推著，【清】赵曦明注，【清】卢文弨补注：《颜氏家训·勉学》，第62页。
③ 【清】贺兴思：《三字经注解备要》，见【宋】王应麟等著：《三字经·百家姓·千字文》，第65页。

问》曰"修己以安百姓",邢昺疏曰:"修己以安天下之众人也。"①儿童从小就要树立远大理想,不仅要以正道修身,还要有齐家、治国、平天下的伟大情怀与长远格局。"古之学者为人,行道以利世也;今之学者为己,修身以求进也。"②古者学习读书并不仅仅在于修炼和提升自己,还要有为家争光、恩惠他人、造福社会的使命与担当,这样才能充分实现自己的人生价值。

学习没有捷径可行,最关键的秘诀就是勤奋。"玉不琢,不成器。人不学,不知义。"玉经过打磨、抛光、雕刻才能光滑透亮、精美绝伦;人要坚持学习,砥砺廉隅,方可知仁守义,成为德性高尚的人。"修以学艺,犹磨莹雕刻也"③,读书学习好比精雕金石之器物,必须投入足够的耐心与毅力。《三字经》以勤奋读书的历史故事来激励儿童学习。"披蒲编,削竹简。彼无书,且知勉。"西汉路温舒把字抄在蒲草上,公孙弘把《春秋》刻在削成的竹片上,两人都买不起书,但依然想办法坚持学习。"头悬梁,锥刺股。彼不教,自勤苦。"东汉孙敬为了避免学习时打瞌睡,把头发拴在屋梁上;战国苏秦读书疲倦时用锥子刺大腿。"如囊萤,如映雪。家虽贫,学不辍",晋人车胤把萤火虫放在纱袋里照明读书,孙康用积雪的反光来读书,两人家境贫寒,在如此艰苦的条件下仍然坚持学习。"如负薪,如挂角。身虽劳,犹苦卓",汉代朱买臣边担柴边读书,隋朝李密放牛时还把书挂在牛角上。这些勤奋读书的生动故事,每一个都感人至深,确实令人钦佩。

---

① 【魏】何晏、【宋】邢昺:《重刊宋本论语注疏附校勘记·宪问》(影印本),第131页上。

② 【北朝齐】颜之推著,【清】赵曦明注,【清】卢文弨补注:《颜氏家训·勉学》,第72页。

③ 【北朝齐】颜之推著,【清】赵曦明注,【清】卢文弨补注:《颜氏家训·勉学》,第65页。

人应当发挥"天行健，君子以自强不息"①的坚韧精神，勤学苦练，发愤读书，才能不被社会所淘汰。读书时必须"口而诵，心而惟。朝于斯，夕于斯"，全身心投入，边读边思考，用心体会，仔细琢磨，锲而不舍，孜孜不倦，从早到晚要把精力和心思放在学习上，才能把书读好。读书要有耐心和恒心，不可一蹴而就，亦不可三天打鱼两天晒网，"虽然有志者事竟成，伫看荣华之日；成丹者火候到，何惜烹炼之功"②，只要读书的功夫下到位了，自然就会有所收获。韩愈在《进学解》中曰："业精于勤，荒于嬉；行成于思，毁于随。"③读书学习要用功，更要用心、用脑，不可三心二意、落拓不羁。当今儿童的学习渠道十分丰富，书籍唾手可得，却没有古人读书的那股子认真劲儿，读书成了很多孩子的"苦差事"。《三字经》中这些勤奋苦学的人物故事值得孩子读一读，有利于激发他们的学习动机、培养他们的坚强毅力。

《三字经》以清晰凝练、通俗押韵、深入浅出的方式把当时最经典、最全面、最前沿的文明精粹传递给儿童，从人性到教化，从知识到伦理，从读经到学习，不仅包含着丰富多元的生活常识与思想内容，渗透着祖辈对晚辈学习成长的激劝勉励与积极引导，还夹杂着古代先贤对人性的理性思考与性情诠释。钱文忠引顾静先生言："通过《三字经》给予童蒙的教育，传统社会在一种程度上规定了一个人在社会化过程中建立起来的内在价值取向与精神认同。"④《三字经》以简明精练的文字凝聚了中国古代深厚

---

① 金景芳、吕绍刚：《周易全解·乾卦》（修订本），上海：上海古籍出版社，2017年，第19页。

② 【明】程登吉原编，【清】邹圣脉增补：《幼学故事琼林·科第》，第251页。

③ 【唐】韩愈：《韩愈集·进学解》，陈霞村、胥巧生评评，太原：山西古籍出版社，2005年，第138页。

④ 钱文忠：《钱文忠解读〈三字经〉·序》上册，第4页。

的文化传统。相比当今五花八门的儿童读物,《三字经》没有形象绚丽的色彩与图案,但其以简明精切、极富感染力的文字激发了儿童无穷的想象力与创造力;没有现代化的科学知识,却将深刻的人文精神蕴藏在朴实的生活常识之中,字里行间还透露着人们对大自然的敬畏与虔诚;看似单调无味的诵读经书,却传递着中国人骨子里寒窗苦读、悬梁刺股的坚韧品格与超凡毅力;没有成体系的课程架构,但每个事件、每个道理都安排得顺畅恰当,诠释得精准到位。当今的儿童教育,从早教机构、托儿所到幼儿园,都有着形形色色的课程模式、琳琅满目的课程资源、丰富多元的教育理念、灵活创新的教育形式等,给学前教育的发展带来了无限生机与活力。例如,蒙特梭利课程体系、乐吉欧幼教体系、华德福教育、高瞻学前教育课程(HighScope)、英国早期儿童基础教育体系 EYFS(Early Years Foundation Stage)、福禄贝尔教育理念、美国适宜性教育实践 DAP(Developmentally Appropriate Practice)教育理念、多元智能教育理论都很值得我们借鉴和学习。但越是在当代多元化、国际化的教育背景之下,我们越要抓住传统文化的教育命脉。对于中国的儿童教育而言,孝悌之本不能丢,仁、义、礼、智、信的伦理精神与价值追求不能忘。

《三字经》虽为传统的蒙学读物,但其重视人性之善、孝悌仁义、知识见闻、经史学习、人伦礼规等思想都抓住了育人的核心,对当今的儿童教育具有重要启发意义。儿童学习《三字经》,并不是要照搬古人的繁文缛节,而是要沉浸在经典中去感受和还原人之为人最根本的善良特质与精神追求,以一种朴素自然、贴合生活、有伦有序的方式引领和规劝人向善。无论我们处于人生的哪个阶段,《三字经》都值得读一读。同时,今人还要结合时代要求对《三字经》进行现代化诠释,使得传统的文化精髓能在当前的社会环境中发扬光大。如何在中国传统经典中寻求适合现代儿童发展需求的知识养分？如何将传统的教育智慧转化为现代教育的价值导向？如何在继承传统文化的同时理性地吸收西方的教育思想？这些都是我们要进一步深思和解决的问题。

第 十 章

为人做事:《弟子规》引领向善之路

　　《弟子规》是古代中国启蒙养正的传统经典之一。清代康熙年间的秀才、山西绛州人李毓秀(1647—1729)编撰了一本《训蒙文》,后经乾隆年间山西平阳府浮山县学者贾存仁(乾隆辛卯科副榜)修订为《弟子规》。①《弟子规》是依据孔子教诲编撰而成

---

① 人们对《弟子规》作者的认识略有偏颇,误以为《弟子规》的作者是李毓秀。目前所能见到的清代刻本《弟子规》中,署有两人姓名者均为"绛州李子潜(先生)原(元)本(著)浮山贾存仁(木斋)重(节)订",单独署只有"李子潜先生",尚未见到单独署名"贾存仁(木斋)"者。从成书过程来讲,李毓秀的《训蒙文》是基础和前提,贾存仁改动而成的《弟子规》是继承和发展,二者各有其功,均应载入史册。从内容上看,《训蒙文》与《弟子规》均为蒙书,三字韵文,是童蒙入小学前的重要读物,二者大体依照《论语·学而》篇中"弟子入则孝,出则悌,谨而信,泛爱众,而亲仁。行有余力,则以学文"为总框架,贾存仁对李毓秀的《训蒙文》进行了重订、节定、修删、完善,名为《弟子规》。全建平说:"《训蒙文》可见的正文342字与《弟子规》重复的仅有51字,约为七分之一。"(引文参阅全建平:《〈弟子规〉新探》,见金滢坤:《童蒙文化研究》(第三卷),北京:人民出版社,2018年,第174-175页)贾存仁结合自己私塾教育经历,发挥其音韵学专长,在序列、编排、文字、韵律上对《训蒙文》有所压缩、变动,易于童蒙诵读记忆,便于教师讲授示范,其贡献功不可没。贺瑞麟在《弟子规》序中言:"乃知浮山贾存仁木斋重为修订如此,贾之修订,固不能没先生之实,但其明白简要,较便初学,盖为有功于先生者,而改今名亦切事实,正童稚之脚跟,开圣贤之涂辙,殆与原书无异旨也。"见【清】李毓秀:《弟子规》序,津河广仁堂所刻书,光绪七年刻本。

的蒙学读物，其内容以《论语·学而》篇中的"弟子入则孝，出则
悌，谨而信，泛爱众，而亲仁。行有余力，则以学文"①为纲领，以
儒家的孝、悌、仁、爱为核心，"对为人子弟在家外出、待人接物、
修身自律、读书写字等113件生活琐事，一一给出礼法标准和规
范要求，构成儒家入世践履最基本的功夫标准，供与仁义初学
者、德业浅薄者练习参考"。②《弟子规》全书仅360句，1 080字，
每个字都渗透着儒家仁爱向善、有伦有序的道德理想与生活愿
景。三字一句，两句一韵，朗朗上口，便于诵记，具体细微，涵摄
广博，好懂易学，符合儿童学习的规律和特点。《易传·象·蒙》
曰："山下出泉，蒙。君子以果行育德。"③君子应取法泉水坚韧
果决、奔流不息、波澜壮阔之象，引导童蒙在事上磨炼，持之以
恒，艰苦奋斗，日渐成就德业。《弟子规》紧扣生活、关注言行、重
视践履的内容特征与儒家工夫论对教化育人的要求相一致。
《弟子规》"以其便于诵读讲解，而皆切于实用"的优势被誉为"开
蒙养正之最上乘者"④，教儿童以生活之事，又寓理于行为细节，
在一言一行、一点一滴的小事上修炼做人的智慧与大道。儿童
学习《弟子规》，人生就会少走弯路、避免恶习，从而在向善的生
命道路上稳进前行。

一、"弟子"何须"规"？

弟子，一是指"弟与子"，相对父兄而言；二是泛指少年；三是

---

① 钱穆：《论语新解·学而》，北京：生活·读书·新知三联书店，2012年，第9页。
② 余治平：《做人起步〈弟子规〉：脩礼立教以找回一种向善的生活方式》，上海：上海
　三联书店，2015年，第7页。作者还根据《论语·学而》篇的内容将《弟子规》前八
　句作为总叙，后面内容分为"入则孝""出则悌""谨""信""泛爱众""亲仁""学文"
　七章。下文凡引《弟子规》文本内容皆参阅此书，不再标明页码。
③ 高亨：《周易大传今注·蒙》，济南：齐鲁书社，1988年，第78页。
④ 仝建平：《〈弟子规〉新探》，见金滢坤：《童蒙文化研究》（第三卷），第171页。

门人、学生。①《尔雅·释亲》曰:"男子先生为兄,后生为弟。"②弟相对于兄而言,男子后生者为弟。季旭昇《说文新证》曰:"古代戈柲外缠以韦索,整齐有次弟,因此引申有次弟之义,又引申为兄弟。"③"弟"本义指次序,表示家中年龄较小的幼者。《论语·学而》曰:"弟子入则孝,出则悌。"刘宝楠《论语正义》曰:"'弟子'者,对兄父之称,谓人幼少为弟为子时。"④弟子一般指人的年幼时期。邢昺《疏》曰:"言为人弟与子者,人事父兄则当孝与弟也,出事公卿则当忠与顺也。"⑤弟子在家中有两重身份,于父为子,于兄为弟,子事父、弟敬兄从孝悌之礼;基于对父兄的情感,弟子在外事君当有忠顺之义。《仪礼·士相见礼》曰:"与老者言,言使弟子。与幼者言,言孝弟于父兄。"弟子事其师与事其父兄的大道相通,皆是幼对长、卑对尊、小对大的伦理关系,故弟子敬顺父兄,亦当尊重师傅。贾公彦《疏》引雷次宗云:"学生事师,虽无服,有父兄之恩,故称弟子也。"⑥弟子对师者的情感本质上是其对父兄之恩的延续和发挥,弟子可指在家事父兄的幼童,亦可引申为拜师求艺之人。

规,从夫从见,会意为成年男子所见合乎法度。⑦ 夫,《说

---

① 参阅《古代汉语词典》编写组:《古代汉语词典》,北京:商务印书馆,2002 年,第309 页。

② 【晋】郭璞、【宋】邢昺:《尔雅注疏·释亲》,上海:上海古籍出版社,2010 年,第208 页。

③ 季旭昇:《说文新证》,福州:福建人民出版社,2010 年,第490 页。

④ 【清】刘宝楠:《论语正义·学而第一》(上),北京:中华书局,1990 年,第一八页。

⑤ 【魏】何晏、【宋】邢昺:《重刊宋本论语注疏附校勘记·学而》(影印本),台北:艺文印书馆,2013 年,第7 页上。

⑥ 【汉】郑玄、【唐】贾公彦:《重刊宋本仪礼注疏附校勘记·士相见礼》(影印本),第74 页上。

⑦ 参阅李学勤主编:《字源·夫部》,天津:天津古籍出版社、沈阳:辽宁人民出版社,2012 年,第920 页。

文·夫部》曰"丈夫也"，指成年男子。"周制以八寸为尺，十尺为丈，人长八尺，故曰丈夫"，人长大之后，身心发育成熟，可谓之丈夫或夫。《穀梁传·鲁文公十二年》曰："男子二十而冠，冠而列丈夫。"①男子 20 岁行成年礼之后，才有资格称为丈夫。男子汉大丈夫就是指守规矩、有担当、怀大志的男子。《说文·夫部》曰："规，有法度也。"男子长大之后，为人做事就必须遵守礼节，而不能再像小孩一样无拘无束、自由散漫。规，也可指圆规，②由画圆引申为画、规划，又引申为谋求、谋划，又引申为规劝、告诫。③《淮南子·诠言训》曰："规不正，不可为圆。"④圆规内足不稳、外足不定就不可能画出完美的圆。人若不行规矩、随心所欲，同样也不可能生活得美满幸福。弟子年幼，不懂礼法，因而需要从小学习《弟子规》，在实践中慢慢学习规矩，在每一个生活细节上磨炼意志、涵泳德性、存真向善，逐渐形成彬彬有礼、温文儒雅的行为习惯与生活方式，为其日后的学习奠定良好基础。

　　《弟子规》主要是对年少幼稚或德业不足之人的礼乐教化与行为规约，旨在彰显儒家的礼教思想与育人主张。⑤《礼记·曲

---

① 【晋】范甯、【唐】杨士勋：《重刊宋本穀梁注疏附校勘记·鲁文公十二年》（影印本），第 108 页下。

② 余治平认为，"规"字中的"夫"，本指"外子""丈夫"，转义指圆规外侧的"足"，即落在圆周上的足，相对于圆规站立在圆心上的"内足"而言。"规"字中的"见"，意为"呈现"。"夫"与"见"结合，内足固定，外足走动，即可呈现圆周。参阅余治平：《做人起步〈弟子规〉：脩礼立教以找回一种向善的生活方式》，第 23 页。

③ 参阅李学勤主编：《字源·夫部》，第 920 页。

④ 刘文典：《淮南鸿烈集解·诠言训》，合肥：安徽大学出版社、昆明：云南大学出版社，1998 年，第 474 页。

⑤ 儒家认为，礼、乐在人的社会生活中所发挥的作用不同。"乐者为同，礼者为异"，礼重在别尊卑之序，乐重在谐和包容。礼仪规范的作用是"节民心"、辨同异、别尊卑，使人各安其位、各正其名。引文见【汉】司马迁：《史记·乐书》，北京：中华书局，2011 年，第 1119、1120 页。

礼上》曰："鹦鹉能言，不离飞鸟；猩猩能言，不离禽兽。今人而无礼，虽能言，不亦禽兽之心乎！夫唯禽兽无礼，故父子聚麀，是故圣人作，为礼以教人，使人以有礼，知自别于禽兽。"[①]人唯有知礼守法、有规有矩才能脱离身上原始的动物性，从而符合人之为人的身份规定。孔子曰："不学礼，无以立。"[②]人不经过礼乐修饰，便难以在现世中立足安身。《礼记·中庸》曰："天命之谓性，率性之谓道，修道之谓教。"人生来有性，婴孩无知无识、率性而为的状态最易通达人之道体，而人不可能永远停留在婴孩阶段，必须与外界事物、现实社会打交道，人性因此而变得混渎杂乱，急需教化的疏导、修饰和完善。朱熹注曰："圣人因人物之所当行者而品节之，以为法天下，则谓之教，若礼、乐、刑、政之属是也。"[③]仅仅有"性""道"还不足以为人，经过礼乐教化的熏陶和洗礼才能真正地成为人。圣人设教意在为人之本体立心、赋形、寓意，以彰显人之为人的文化蕴意。《弟子规》围绕"入则孝""出则弟""谨""信""泛爱众""亲仁""余力学文"七个方面展开，对人的饮食起居、穿衣戴帽、言谈举止、行走坐卧、待人接物、读书写字、修身自律等生活琐事做了具体、详尽、系统的规定，目的是将儒家的礼乐教化从小渗透到儿童的言谈举止当中，引导他们从日用常行开始，努力成为一个孝亲悌友、善良正直、诚信忠厚、仁爱尚德的人。

二、古之"规矩"是今之"良药"

今人对童蒙学习《弟子规》的态度褒贬不一，畸形的读经运

---

① 【汉】郑玄、【唐】孔颖达：《重刊宋本礼记注疏附校勘记·曲礼上》（影印本），第 18 页上。

② 【清】刘宝楠：《论语正义·季氏第十六》（下），第 668 页。

③ 【宋】朱熹：《四书章句集注·中庸》，北京：中华书局，2017 年，第 19 页。

动已经在某种程度上摧毁了儒学礼乐教化的良性体制，教育也重患僵化、刻板的怪病，迫切需要澄清《弟子规》中深刻的行为意旨与伦理诉求。目前，关于《弟子规》作为儒学启蒙教本存在两种冲突的理念：一种是儿童读经"热潮"之风，主张强迫记忆、包本背诵、意义封锁、僵化经典的儒学"复兴"；另一种是儿童读经"冷讽"之风，强调去其糟粕、反对保守、与时俱进、解放儿童的文化批判。① 《弟子规》的生存活力与文化价值在当前社会背景中受到了严峻考验，促使人们重新审视儒家工夫论②的精神实质与教育意义。《弟子规》不仅仅是一本承载着传统育人智慧的蒙学读物，其对于人的礼教训导与言行规约能够把我们每个人都引领上一条向善的正道上来。今人读《弟子规》，出现咬文嚼字、以偏概全、彻底否定的扭曲现象，将传统指责为封建、糟粕、垃圾，不免让人扼腕叹息。学习《弟子规》，不是背几个字、抄几页纸就完事，这样只会食古不化，迫害经典。"读书要用心，要得其

① 面对如此情形，今人还提出了"幼儿国学教育"的概念。张涛认为，幼儿国学教育是"国学教育"与"幼儿教育"两个学科的交叉项目，是一个新兴学科，正是因为其"新"，在许多方面还需要不断地加以探索和实践，不断地实现其自身的完善和发展。(参阅张涛：《经典诵读与幼儿国学教育》，见金滢坤：《童蒙文化研究》(第三卷)，第 117－119 页)传统蒙学教育是今幼儿教育的源头，今人有必要追溯到古人那种简单充实、礼乐灿备、仁爱有善、文明有序的生活状态中去激发儿童的人性善端，增强现代教育的生命力和渗透力。

② 杨儒宾等人认为，"工夫论"是传统中国哲学的术语，其接近于道德哲学和伦理学，也近于宗教学的"灵修"领域。(参见杨儒宾、祝平次：《儒学的气论与工夫论》，上海：华东师范大学出版社，2008 年，第 1 页)徐复观认为，"工夫"是以自身内在的精神为对象，为了人性中的生命和道德根源的呈现，对其进行处理、操运。即个体精神的自我完善。(参见徐复观：《中国人性论史·先秦篇》，上海：上海三联书店，2001 年，第 409 页)黄俊杰认为，"工夫"是指道德心在具体情境中的展开过程，而不是客观而抽象的推理过程，儒家并没有提出一套方法论意义的"工夫论"，其重视人不断的自我提升，完成"工夫"实践后，才能体认与描述"工夫"之境界。参见黄俊杰：《东亚儒学史的新视野》，上海：华东师范大学出版社，2004 年，第 313 页。

内在的精神旨意，而不能只逮住字面的一鳞半爪不放。"①今天的人面对《弟子规》，已经不必去纠结要不要读的问题了，而是能不能读懂、读透、读好的问题了。

　　近年来，有人主张删改《弟子规》，理由是其内容难以与时俱进，思想封建保守，不符合社会的主流价值观，支持这种观点的人没有把经典本身置于当时的历史境遇中予以考量和评判。有学者指出，《弟子规》中"盥、溺、辄、履"等偏、难字过多；"净手、紧切、冠服、乱顿"等生僻词已不再使用，故应删去。② 这些指责未免有些吹毛求疵、强词夺理。从历史学、文化学角度来看，文字本身就是一种历史符号，甚至一笔一画都传递着深邃、奥妙、有趣的文化密码与独特蕴意。余治平说："若今人跳出传统经典赖以生存的原始文化生态，就很难追溯经典的真正蕴意。"③如果人们偏要以现代化的视角与理念去考量《弟子规》，肯定会产生偏见和误解，更不可能读到其内在的教育精髓。如"执虚器，如执盈""入虚室，如有人"，手上即便拿的是空器物，也要同盛满东西一样警惕小心；进入没人的屋子也要像有人在一样敲门询问、恭敬礼貌，时刻注意自己的形象。乍一听，似乎有点"官能训练说"④的

---

① 余治平：《做人起步〈弟子规〉：脩礼立教以找回一种向善的生活方式》，第 9 页。
② 王汉卫、刘海娜：《从〈弟子规〉的改编看蒙学读物的华文教学价值》，《华文教学与研究》2010 年第 4 期，第 63-68 页。
③ 余治平：《从经学到哲学：董仲舒研究范式的现代扭转——以冯友兰〈中国哲学史〉上下卷、〈简史〉和〈新编〉为例》，《中国儒学》2016 年第 12 期，第 128-162 页。
④ 官能心理学是由沃尔夫（C. Wolf）系统提出，认为人的灵魂具有感觉、想象、记忆、注意、思维、推理、情感和意志等官能，各官能需经后天的训练才能得以发展，因而学习的实质就在于加强和训练各种心灵官能。此理论以性恶论为基础，认为学习想要成功必须要经历一个痛苦的过程。J. 杜威批评说："除非我们先决定我们希望学生熟练观察和记忆的是什么材料、为了什么目的，否则只顾发展学生的观察和记忆等官能，都是劳而无功的事情。"参见 J. 杜威：《民主主义与（转下页）

味道，刻板机械，缺乏变通，但仔细斟酌，这种谨慎自律、从容儒雅、文质彬彬的行为要求并不是对人的束缚与规训，而是儒家君子"慎独"①精神本该呈现出来的德性自觉与人格品质。

"父母教，须敬听；父母责，须顺承"，父母的教诲，子女必须恭敬聆听；父母的批评，子女也应虚心接受。这不是一种专制、高控的教育方式，而是儒家倡导亲亲至上的孝道理念的体现。《弟子规》把执物、入室这些再也简单不过的生活琐事以必要的教化处理，并以礼乐去规范之、文饰之，不漏掉任何一个生活细节，从而彻底地、全尽式地引导人们通往向善的道路，这似乎是儒家完美主义倾向对自己提出的高标准、严要求。今人读《弟子规》，大可不必拘泥于清规戒律，也不能死抠字眼，钻牛角尖，照搬照抄，把老祖宗原本合理有度的礼仪规制与道德要求理解为过时、陈腐、落后的守旧观念，甚至指责其是麻痹、奴化、压制、扼杀、伤害童蒙的精神毒药。我们需要重温《弟子规》，反思自己的一举一动，以一种具有时代气息与创造活力的方式来落实《弟子规》礼教文本的当代教育意义。

当今社会对人性的包容度、开放度越来越大。为了追求快乐与自由，人类无限度地膨胀欲望、挑战极限，做一件事，首先关心的是自己开不开心，而不是合不合礼法的问题，《弟子规》中的

（接上页）教育》，（*Democracy and Education：An Introduction to the Philosophy of Education*），王承绪译，北京：人民教育出版社，1990 年，第 76 页。

① 《中庸》曰："莫见乎隐，莫显乎微，故君子慎其独也。"朱熹注曰："言幽暗之中，细微之事，迹虽未形而几则已动，人虽不知而己独知之，则是天下之事无有著见明显而过于此者。是以君子既常戒惧，而于此尤加谨焉，所以遏人欲于将萌，而不使其滋长于隐微之中，以至离道之远也。"独处是最能考验人德性的时候，在这种状态下能做到自律自觉之人，无论面对何事，其行为表现都是靠内在的良知、善性所驱动，而非受外在的名声、地位、利益所诱惑，故慎独可谓一种高尚的道德境界，常人很难做到。引文见【宋】朱熹：《四书章句集注·中庸》，第 20 页。

礼法规约在现代社会中好像已经失去了生存空间与文化活力。人们对待父母,很难做到"敬听"与"顺承",更多是慵懒放纵、埋怨叛逆,乱发脾气;但是对待领导或外人,反而显得毕恭毕敬、温和顺从,完全偏离了儒家"以孝悌为本"的伦理要求。对待朋友,嫌贫爱富,嫉贤妒能,背信弃义。就连几岁的小朋友都开始把有钱的、好看的、住别墅的、有房车的视为自己的择友标准。而真正"以文会友,以友辅仁"①的志同道合之交却实为难得。对待社会,缺乏仁爱,冷漠无情,哪里还有"老吾老以及人之老,幼吾幼以及人之幼"②"亲亲而仁民,仁民而爱物"③的美好愿景。对待自然,更是胆大包天,毫无敬畏之心,依仗着现代科技的开发优势,一刻不停地猛耗地球资源,不可能再有"钓而不纲,弋不射宿"④"春秋杂食其和,而冬夏服其宜"⑤的天人合一、万物共生的和谐状态。声色货利的欲求驱使人们为了金钱害亲背友,为了山珍海味破坏自然,为了争夺名利同室操戈,可谓做事无底线、做人无原则。相比古人朴素有节的生活方式,今人好像越来越远离本体、闭塞善性、蒙蔽良知,而日渐走向类禽兽的野蛮状态。无论是对外在诱惑的抵抗力,还是对自身欲求的控制力,人们都越来越难以把持,趋利的生活方式如同烟草里的焦油和尼古丁一般悄悄地侵蚀着人的身体和灵魂。金钱与成功被吹捧为自我价值的最高体现,而做人真正的仁义之道却被定

---

① 【清】刘宝楠:《论语正义·卷十五·颜渊第十二》(下),第 513 页。

② 杨伯峻:《孟子译注·梁惠王章句上》,北京:中华书局,2007 年,第 20 页。

③ 【汉】赵岐、【宋】孙奭:《重刊宋本孟子注疏附校勘记·尽心章句上》(影印本),第 244 页上。

④ 【魏】何晏、【宋】邢昺:《重刊宋本论语注疏附校勘记·述而》(影印本),第 63 页下。

⑤ 转引自钟肇鹏主编:《春秋繁露校释·天地之行》(校补本),石家庄:河北人民出版社,2005 年,第 1059 页。

格在一堆飘着浓郁文墨古香而又无人问津的经典文字之中，实在可悲至极！

　　古人不赶时髦、不求超越，但时时刻刻都表现出恭敬有礼、温柔敦厚的气质，他们尊重人、善待物、讲伦理、守秩序、会节制、懂性情，在人性欲求与道德法度之间能够保持一种合理的张力，有"反身而诚，乐莫大焉"①的豁达心境，更有"志于道，据于德，依于仁，游于艺"②的生命境界。余治平说："我们只有回过头从老祖宗遵循并绵延了数千年之久的生存模式中、从先人那种简单而礼教灿备、缓慢而不失优雅、四肢劳顿却心灵充实的活法里寻找出路，接受启迪，倡导并力行一种仁民爱物、尊礼节欲、限制本能、自我规约、锤炼德性之道，才能避免早死，有限延缓人类群体的灭亡。"③《弟子规》之"规"恰恰就是通过约束言行、控制欲求、激发善性来呼吁人类走向正道，重新找回一种更加合理的、有价值的生存方式。《弟子规》以生活小事渗透做人大道，以人为主体，以实践为工夫，以仁道为信念，一点一点地把人往美好向善的生活轨道上引领，老祖宗这股做人的执着精神与认真态度确实值得我们敬畏和学习。老子曰："图难于其易，为大于其细。"④任何伟大的事都不可能一挥而就，一个人从日常生活中的细节、小事开始慢慢磨炼，日积月累，终究会成就大德。《弟子规》把儒家仁、义、礼、智、信的伦理精神贯穿于生活、见著于言行，清晰明确，具体可操作，对弟子的教育可谓用心到极

①　【汉】赵岐、【宋】孙奭：《重刊宋本孟子注疏附校勘记·尽心章句上》(影印本)，第229页下。
②　【魏】何晏、【宋】邢昺：《重刊宋本论语注疏附校勘记·述而》(影印本)，第60页下。
③　余治平：《做人起步〈弟子规〉：脩礼立教以找回一种向善的生活方式》，第4页。
④　陈鼓应：《老子注译及评介·六十三章》，北京：中华书局，1984年，第306页。

致了。

《弟子规》强调的儒家对人的道德要求和伦理规范并不会随着时间推演而褪色,当今仍然适用。《弟子规》是老祖宗在无数次社会动荡、人性考验、精神磨砺中总结出来的智慧结晶,其对人之为人所做出的深刻、有力、合理的哲学思考与人文修饰,在没有更好的思想出现之前,它就是做人最完美、最可靠、最放心的优秀经典之一,值得后人传承和发扬。"古人铺好了道德修为的阳关大道你不走,却偏偏扛着开拓、创新的旗号,朝着布满荆棘的荒野里去硬闯一条不切实际的所谓新路、自己的路,费神费力,劳而无获,是彻头彻尾的傻蛋,愚顽不化",[①]后世若想超越经典、跳出传统而走出一条开放、自由、个性、高效且富有现代化气息的新路是极其困难的。皮锡瑞说:"凡学不考其源流,莫能通古今之变;不别其得失,无以获从入之途。"[②]《弟子规》是在岁月长河中历经流变的蒙学读本,在当今看来,必然有得有失、有利有弊,尽管《弟子规》有传统保守的一面,但绝不可对其全盘否定。面对当今社会的伦理现状与道德困境,我们已经来不及对这样的优秀经典谴责谩骂、说三道四。当下最要紧的是,反求诸己,自我批评,找找我们与古人之间的差距,好好做人,好好做事,早日重回做人的正道。低幼童蒙要读《弟子规》,任何没掌握做人规矩或做人做得不到位的成人也有必要回过头来读一读《弟子规》,从一言一行开始抓起,纠正自身存在的问题。《弟子规》浅近而有灵气、传统而有活力、朴素而有韵味,与其说是一本童蒙读物,不如说是一部做人宝典、自救手册。

① 参阅余治平:《〈弟子规〉:不是"要不要读",而是"能不能读懂"——经由儒家礼乐教化而找回一种向善的生活方式》,《广西大学学报》(哲学社会科学版)2015 年第6 期,第 20 - 30 页。
② 【清】皮锡瑞:《经学历史·经学开辟时代》,北京:朝华出版社,2019 年,第 3 页。

三、孝悌之道是靠做出来的

孝，商代甲骨文作𡥉，像一个孩子搀扶老人之形，本义为孝顺。① 《说文·老部》曰："孝，善事父母者。"子女在父母身边照顾、陪伴、帮助、侍奉他们的行为谓之孝。《论语·学而》中，子夏曰，"事父母，能竭其力"②，对父母要毫无保留地付出自己的最大努力去孝顺他们。扬雄曰："事父母自知不足者，其舜乎！ 不可得而久者，事亲之谓也，孝子爱日。"汪荣宝注曰："无须臾懈于心。"③子女对待父母要全心全意，体贴周到，一刻都不能偷懒、松懈。孝应该是一种内化于心的精神需求，时时不知足，对待父母，怎么爱都爱不够。《袁氏世范·睦亲》曰："人之孝行，根于诚笃，虽繁文末节不至，亦可动天地、感鬼神。"④孝敬父母源于人内在本然的爱亲之心，由性而发，真挚无欺，一个人能够遵循事亲的礼法规范，不一定就是孝，只有诚心诚意、尽心尽力去爱父母，做到俯仰无愧，才是真孝。儒家强调孝悌之道要源于真心、落到实处。"入则孝，出则弟"，刘宝楠《论语正义》曰："诸言'则'，急辞也。"⑤人在家必须行孝，出门必须友悌，这是做人的金科玉律，没有任何理由逃避或违背。

"入则孝。"入，《说文·人部》曰："内也。""入""内"古字相

---

① 参阅李学勤主编：《字源·老部》，第 742 页。
② 【清】刘宝楠：《论语正义·学而第一》（上），第 19 页。
③ 汪荣宝：《法言义疏·孝至》，陈仲夫点校，北京：中华书局，1987 年，第 524、525 页。
④ 【宋】袁采：《袁氏世范·睦亲·孝行贵诚笃》，刘云军校注，北京：商务印书馆，2017 年，第 15 页。
⑤ 【清】刘宝楠：《论语正义·学而第一》（上），第 18 页。

通，本意是由外入内。"入则孝"即弟子在家须孝敬父母。[①] 亲亲为感情的伊始，骨肉亲情是人类最亲密、最崇高的人伦关系，故《弟子规》把孝视为做人的起点。《论语·学而》曰："孝悌也者，其为仁之本与！"何晏《集解》曰："先能事父兄，然后仁道可大成。"人类一切美好德仁均发源于儿童与父母、兄弟之间的亲亲之爱。孝为做人的"德之本"，亦是"教之所由生"[②]，教化亦当从弟子行孝的生活细节入手。"父母呼，应勿缓。父母命，行勿懒。父母教，须敬听。父母责，须顺承。"对待父母的叫唤、吩咐、叮咛、教诲、责备，子女应该恭敬顺从、立刻行动，不得拖延、怠慢。"得顺得亲，方可为人子"[③]，敬顺、亲爱父母是子女尽孝的基本道德要求。《幼学琼林·祖孙父子》曰："乔木高而仰，似父之道；梓木低而俯，如子之卑。"[④]乔木高大挺拔，好比父亲之尊严；梓木矮小低俯，如同子女之卑恭。"父者，子之天也"[⑤]，无论何时、何事，子女都应该把父母放在第一位，将对得起父母作为自己为人处世的根本原则。"冬则温，夏则凊。晨则省，昏则定。出必告，反必面。"冬天让父母感到温暖，夏天让父母感到凉爽；早晨

---

① 古代王室的孩童一出生就不与父母同居一室。《礼记·内则》曰："异为孺子室于宫中，择于诸母与可者，必求其宽裕慈惠、温良恭敬、慎而寡言者，使为子师。"幼儿出生后要专门为其打扫一处宫室，并且要为其挑选性情宽厚、善良温和、谨言慎行之人为师。因而，幼儿从小多与师父在一起学习，待其稍大一些，要专门时常从自己的居处到父母的居处去拜见和侍奉他们，故曰"入则孝"。而后人大多直接将"入"理解为在家之意。引文见【汉】郑玄、【唐】孔颖达：《重刊宋本礼记注疏附校勘记·内则》（影印本），第 535 页上。

② 【唐】李隆基、【宋】邢昺：《孝经注疏·开宗明义章第一》，上海：上海古籍出版社，2014 年，第 3 页。

③ 【明】程登吉原编、【清】邹圣脉增补：《幼学故事琼林·祖孙父子》，谷玉校点，上海：上海古籍出版社，2018 年，第 64 页。

④ 【明】程登吉原编、【清】邹圣脉增补：《幼学故事琼林·祖孙父子》，第 64 页。

⑤ 【汉】董仲舒：《春秋繁露·顺命》，上海：上海古籍出版社，1989 年，第 85 页。

向父母请安，晚上侍奉父母就寝；出门告诉父母去向，归来第一时间与父母见面，好让他们放心。而今天的子女忙于照顾家庭、奔波事业，连与父母见面的机会都很少，更不用说陪伴和侍奉他们。为人子女者，工作之余，时常抽空与父母视个频、通个话，节假日以归乡探望取代远途旅行，经常问问父母的身体状况，及时向他们报告自己生活工作的基本情况，等等，这些生活小事都可以让父母感到温暖安心。"亲有疾，药先尝；昼夜侍，不离床"，父母生病时，熬好汤药后，子女一定先尝尝苦不苦、烫不烫、剂量合不合适，不分昼夜地在床前悉心照顾、寸步不离。今人做不到"药先尝"，但在父母生病时多陪伴他们，为他们备好热水、药物，捏捏肩，揉揉腿，也是尽孝。爱父母是人的一种本能，只要良心还在，人人都不缺。笔者年幼时，有一次母亲因干农活身体太劳累，突然感冒发烧，卧病在床，我平日吃完饭就跑出去找小伙伴玩，这时候哪儿也不想去了，坐在床头的小凳上一直看着母亲，时不时还用小手抚摸她的脸颊，轻轻摇一摇她的肩头，看她还动不动、说不说话，生怕她醒不来。母亲闭着眼睛问我："乖，怎么了？"我回答："没事。"听到她说话，看到她身体在动，我才安心。虽时隔二十多年，但那种出于本能对母亲生病的恐惧、担忧和牵挂至今依旧荡漾心头。今日再回想起此事，不禁感叹人性亲亲之爱的诚挚与美好，深深被自己幼年时纯粹无饰的真情所打动。

当代的儿童教育已经丢失了太多让孩子们体验朴素生活与真实生命的机会，教育现代化的同时，有必要适度保留儒家为人做事的谨慎品质与务实精神。今天的儿童衣来伸手、饭来张口，见不到父母"锄禾日当午，汗滴禾下土"的辛劳背影；想象不到父母在农忙收割时双手粗糙、面容疲惫、衣衫湿透的勤苦情景；更感受不到父母为孩子愁吃穿、愁健康、愁学费的煎熬心情。父母的爱和付出都成了理所当然，儿童不开心就埋怨憎恨，不如意就叛逆反抗，生气起来摔桌子、踢板凳、离家出走，就连对父母说话都大喊大叫、满脸不耐烦，从小就把人性中猖狂、野蛮、丑陋的一面留给了至亲，而把和颜悦色留给了外人，令人痛恨、心寒。因而，儿童教育不得不借助丰富多样的亲子活动来培养孩子的孝心，例如，亲子运动会、亲子游戏、家长开放日、亲子考察、亲子春游等。母亲节时，老师教孩子们做一束花送母亲；父亲节时，教师教孩子们做一条领带送父亲；感恩节时，幼儿园还会开展"你陪我长大，我陪你变老"的主题教育。在这些活动中，很多父母被感动得热泪盈眶，足见亲子之爱在当今是多么饥渴和稀缺。《孝经·开宗明义》曰："夫孝，始于事亲。"[①]真正的孝本于内心、见于常行，怎么可能集中体现在一束花、一条领带、一次亲子游戏、一个教育口号上呢？儿童如果不能将孝道融于日常生活的细节中去行动、体验和感受，所有的亲子教育努力都只是一种艺术表演。相比形形色色的教育创意，儒家把孝渗透到照顾生病的父母、对父母好好说话、帮父母端茶倒水等生活小事上去的效果可能会更好。例如，央视曾经有一则"给妈妈洗脚"的公益广告，妈妈给奶奶洗脚，年幼的儿子看到了，便立刻跑到洗浴间吃力地端来一盆水给自己妈妈洗脚，水花洒来洒去溅在孩子纯真的笑脸上，画面和谐温暖，尽显人间孝道。

孝不仅体现在侍奉父母上，还表现在生活中的方方面面。"事虽小，勿擅为。苟擅为，子道亏"，子女遇到再小的事情也要禀报父母，如果独断专行、隐瞒实情则违背了为人子女的基本规矩。儿童年幼时，道德意识不强，判断力不成熟，无论大事小事最好让家长知晓，否则很可能被他人欺骗或伤害，这种规定看似剥夺了儿童独立做事、自主决策、积极创造的机会，但本质上则

———————

① 汪受宽：《孝经译注·开宗明义章第一》，上海：上海古籍出版社，2007年，第1页。

是古人对未成年人用心良苦的关爱和保护。儒家将子女对父母的汇报视为一种孝，从生活细节中增强了父母与子女之间的信任感与亲密感，有利于建立稳定良好的亲子关系。"物虽小，勿私藏。苟私藏，亲心伤"，事物再小也不能私自占有，家中的每一份财产都是父母通过辛勤劳动换来的，子女应该倍加珍惜。儿童年幼时道德感尚未形成，很容易会把喜欢的东西占为己有，学习《弟子规》，使他们从小就明白家里的一桌一椅、一粥一饭、一分一毛都是父母的血汗，来之不易，不可私藏。如果自己私藏物品或钱财，不仅会让父母感到羞耻和伤心，甚至还会造成"小时偷油，大时偷牛""小时偷针，大时偷金"的恶果。"亲所好，力为具。亲所恶，谨为去"，父母喜欢的事要努力去做，不喜欢的事要尽量避免。《孝经·纪孝行》曰："孝子之事亲也。居则致其敬，养则致其乐。"[1]子女对父母不仅要恭敬有礼，还要让他们感到心情欢愉。《礼记·内则》曰："孝子之养老也，乐其心不违其志，乐其耳目，安其寝处。"[2]孝子要懂得父母的良苦用心，不让他们操心、担忧，不辜负他们的期望，让他们感到身心愉快、起居安逸。孝是要钻进父母心里头，体其冷暖，忧其欢悲，感其意愿，明其志向。父母对子女的爱是出于人性本能的自然情感表现，天经地义，全心全意，无可挑剔，子女好他们就开心，子女不好他们就难过。没有哪个父母不希望自己的子女成为一个善良的好人，他们的谆谆教导本身就是一种善意的呵护与引领。而在现实社会中，"爸妈都是为了你好"这句话常常是父母求得子女理解和宽容的自明用语，隐藏了多少天下父母的委屈与心酸。子女不学

---

① 【唐】李隆基、【宋】邢昺：《孝经注疏·纪孝行章第十》，第 58 页。

② 【汉】郑玄、【唐】孔颖达：《重刊宋本礼记注疏附校勘记·内则》（影印本），第 531 页下。

习或做错事让父母伤心,这本身就是不孝的表现,如果还要让父母去迁就他们,甚至附身道歉,这岂不是更不孝?!《弟子规》将父母之爱转化成做人做事的法则和要求,儿童在实践的过程中也日渐将这种爱内化为自己的价值追求,孝顺父母、认真做事与好好做人之间相互贯通,最终能够以孝为本而成就教化之功。

"丧三年,常悲咽。居处变,酒肉绝。"父母离世,子女守丧三年,时常追思感怀他们的音容笑貌,铭记他们的养育之恩,忍不住地伤心痛哭,发自内心地缅怀、痛惜父母之逝。"丧三年,常悲咽",三年是丧期的节点,不可再少,也不可再多。《礼记·丧服四制》曰:"始死,三日不怠,三月不解,期悲哀,三年忧,恩之杀也。圣人因杀以制节,此丧之所以三年。贤者不得过,不肖者不得不及,此丧之中庸也,王者之所常行也。"郑玄注曰:"不怠,哭不绝声也;不解,不解衣而居,不倦息也。"父母刚去世时,孝子连续三天恸哭不止,三月之内丧服不离身,朝夕哭泣不断,一年后面有哀容,甚至第三年仍怀失亲之痛。孔颖达疏曰:"自初以降,是恩渐减杀也。"随着守孝时间的推移,孝子对父母的恩情会逐渐淡化和消退,悲痛的心情也日益好转。圣人制定礼仪据于人情,将丧期定为三年的意义深远,孝心重的人,三年后不能再悲伤抑郁,否则陷入事亲之痛而无法自拔,便会影响人的正常生活,而违背丧礼的本质。忤逆不孝之人,也必须坚持守孝三年,这是做人的规矩,如果连守丧之事都不能坚持三年,无仁无德,非人也!故而三年就是孝的中道,也是丧礼的人情基点与道德限度,谁也不可违背。父母去世后,孝子"三日而食粥,三月而沐,期十三月而练冠"①,三日后可喝粥,三月后可洗头,一年后

---

① 【汉】郑玄、【唐】孔颖达:《重刊宋本礼记注疏附校勘记·丧服四制》(影印本),第1034页上、下。

可戴粗布之冠，25个月丧期满了可举行大祥祭祀，逐渐恢复到之前正常的生活状态。丧亲之痛虽然让人悲伤憔悴，但也不能因为死者而伤害生者的身体健康与工作生活，丧期一满，就必须做个了结。守丧期间，丧服破了不可再补，坟头不再添新土，丧期第25个月的大祥祭礼可有素琴伴奏，可谓丧礼之节也。余治平说："守孝是报恩，长短有底线。血缘亲情不可忘记，养育之恩不可不报。"①守丧报恩必有节度，符合儒家中和之道的基本要求。"居处变，酒肉绝"，子女守丧期间还要节制自己的欲求，居处简陋，戒绝酒肉美食，不过两性生活，以表孝子事亲、守丧之诚心。一个真正有孝心的人，父母去世必然十分悲痛，哪有心思再喝酒吃肉、享受生活。子女守丧期间的节制性行为并非是一种强迫性的礼法约束，而是人在失亲境况下的真实情感需求，丧礼只不过是顺应人情而设。然而，今人大大简化了守丧的礼节，父母刚下葬没几天，就开始胡吃海喝，甚至举办嫁娶宴席，何以见其孝心？"丧尽礼，祭尽诚。事死者，如事生"，子女严格按照礼法要求为父母举办丧事，诚挚哀悼，沉痛祭奠，像生前一样对他们恭恭敬敬，这才是善始善终的尽孝。《弟子规》从如何侍奉父母、应答父母的召唤、让父母感到开心，到如何照顾父母、安葬父母、为父母守丧等一系列生活细节都做了具体规定，任何不知道怎样尽孝的人都可以拿来做参考，对照文本进行自我检讨，并将孝付诸行动。当然，我们不可能完全按照《弟子规》那一套事亲古礼来践行，但尽孝的大道古今同一。一个人孝不孝，一定是看他为父母做了些什么，有没有让父母感到舒心、快乐，而不是看他读过多少孝亲故事、懂得多少事亲道理。

---

① 余治平：《做人起步〈弟子规〉：脩礼立教以找回一种向善的生活方式》，第54页。

"出则弟。"《广雅·释亲》曰"弟,悌也",^①"弟"同"悌",即敬爱兄长。为人弟者要"心顺行笃"^②、"比顺以敬"^③,弟事兄须尊重顺从、恭敬有礼,其在家能敬服父兄,在外自然能忠于上级、敬爱长者。^④"兄道友,弟道恭,兄弟睦,孝在中",兄长关爱弟弟,弟弟尊敬兄长,兄弟和睦也是对父母尽孝。"或饮食,或坐走,长者先,幼者后",吃饭、行走、乘地铁、坐电梯都应该序齿,长者为先,幼者为后,既符合伦理规定,又能保证行动秩序,这比争抢、插队、占座、走后门

————————————

① 【清】王念孙:《广雅疏证·释亲》,张靖伟等校点,上海:上海古籍出版社,1989 年,第 1031 页。

② 【清】陈立:《白虎通疏证·三纲六纪·纲纪别名之义》,北京:中华书局,1994 年,第 380 页。

③ 【唐】房玄龄注,【明】刘绩补注:《管子·五辅》,上海:上海古籍出版社,2015 年,第 60 页。

④ 从时间上看,相比"入则孝","出则弟"是针对儿童稍微年长时需外出求学的阶段而提出的要求。《大戴礼记·保傅》曰:"古者年八岁而出就外舍,学小艺焉,履小节焉。束发而就大学,学大艺焉,履大节焉。"刘宝楠认为:"出谓事傅,居小学、大学时也。"(见【清】刘宝楠:《论语正义·学而第一》(下),第 18 页)儿童 8 岁开始离开家进入小学学习,进而再进入大学学习。《礼记·内则》曰:"十年,出就外傅,居宿于外,学书记。"(见【汉】郑玄、【唐】孔颖达:《重刊宋本礼记注疏附校勘记·内则》(影印本),第 538 页下)10 岁开始,孩子们就要居住在外拜师求学、修身进德。故"出则弟"之"出"是相对于儿童在家学习而言的。可见,"入则孝""出则悌"最初的指向都有非常明确、具体的行为规定,前者是弟子入于父母居处尽孝,后者是对弟子离开家进入下一阶段学习的道德要求。从对象上看,"出则弟"是家庭伦理关系向外推演的结果。孔子曰:"出则事公卿,入则事父兄。"(见【魏】何晏、【宋】邢昺:《重刊宋本论语注疏附校勘记·子罕》(影印本),第 80 页上)弟子在外听命公卿,在内敬顺父兄,"入则孝,出则悌"本意只是对特定对象而言,其他的社会伦理关系都是由孝悌所衍生出来的。"君子之事亲孝,故忠可移于君。事兄悌,故顺可移于长。居家理,故治可移于官。是以行成于内,而名立于后世矣。"君子孝顺父母,便会把对父母的孝心推移到君主身上,从而有忠顺之义;对兄长尊敬友爱,便会把这种尊敬之心推移到长辈或上级身上,才能对他人恭敬有礼。总之,小家之外是大家,一个人在家中对父母尽孝、对兄弟有爱,能够坚守孝悌之道、善治家庭关系,自然也能游刃有余地处理好在外的人际交往与工作事物。引文见【唐】李隆基、【宋】邢昺:《孝经注疏·广扬名章第十四》,第 72 页。

文明得多！"长呼人，即代叫。人不在，己即到。称尊长，勿呼名。对尊长，勿见能"，长辈喊人，自己主动代叫，若叫的人不在，自己就该跑来告诉长辈一声；对待长辈不能没大没小，直呼其名，也不要目中无人，炫耀自己的才华。"路遇长，疾趋揖；长无言，退恭立；骑下马，乘下车；过犹待，百步余"，今人虽然很难做到如此正规复杂的见面礼仪，但主动给长辈问好、走路礼让长者先行总是可以做到的。"尊长前，声要低。低不闻，却非宜。近必趋，退必迟。问起对，视勿移"，对长辈说话要控制好语气和音量，不要低声下气，也不要大喊大叫；与长辈会面时动作要迅速，告退时行动要缓慢；长辈问话时，主动站立起来，目光注视长辈，不可东张西望。然而，这些长幼尊卑的礼仪规定在当今已经越来越被忽视，儿童从小就被溺爱，见谁都以为自己是大王，对长辈动不动就直呼其名，我行我素，嚣张无礼，不守尊卑秩序，相比于古代的儿童，不免少了一些知书达理、谐和儒雅、爱老慈幼的伦理美德与文明气质。

四、谨、信、爱、仁之落实

人不仅要以孝悌之心对待亲人，还要善待他人、爱护万物，由亲至疏，由内到外，由近及远，逐层扩展，环环相扣，以构建出和谐的人伦秩序与良好的社会关系，从而接近人之为人的仁道大本。《弟子规》对如何待人接物、说话做事、读书学习等生活行为细节都一一给出标准、做出示范，从家庭到社会，从亲人到朋友，从个我到大我，从实践到精神，无所疏漏。"谨而信"，是对做事、说话的具体规定。"泛爱众，而亲仁"，强调自我与他人、社会、万物之间的圆融关系。儒家强调"仁民而爱物"[①]，要求人们

---

① 【汉】赵岐、【宋】孙奭：《重刊宋本孟子注疏附校勘记·尽心章句上》（影印本），第244页上。

对待每个人、每个物都要谨慎认真、用心呵护,不可粗暴野蛮、轻视践踏,人世间事事物物都值得用仁心去爱护。

谨,《说文·言部》曰"慎也",恭谨其事、慎重其行之意,强调对个体的言行举止进行详细规定,以帮助人们养成良好的生活习惯。"朝起早,夜眠迟。老易至,惜此时。晨必盥,兼漱口;便溺回,辄净手",起床、入睡、盥洗、如厕是一个人每天生活最基本的起居行为,应当养成早睡早起、勤勉自律、干净卫生的好习惯,珍惜时光,充实过好每一天。"冠必正,纽必结。袜与履,俱紧切",衣冠楚楚、清爽素雅、穿戴得体的仪容仪表总会给人一种舒适感。"置冠服,有定位。勿乱顿,致污秽",放帽子、衣服的位置要固定,不可随手乱扔、混乱无序。因为"每一个东西都有灵魂,都有良知,你怎么对待它,它就会怎样对待你,回报善恶,绝无亏欠"①,人只有善待每一个事物,才能形成向善的生活方式。"衣贵洁,不贵华。上循分,下称家",衣服重在整洁得体,不在华丽昂贵,与自己的身份相匹配即可,切勿与他人攀比。"对饮食,勿拣择。食适可,勿过则",一日三餐吃饱就好,饮食有节,不可偏食挑食、铺张浪费、暴饮暴食,甚至还有"年方少,勿饮酒"的禁酒命令。"步从容,立端正。揖深圆,拜恭敬",步履平缓,坐立端正,跪拜恭敬。就连人们站相、坐相、拉帘、转弯、执器、进屋、用物、借物等行为都做了详细规定,中规中矩,一丝不苟,把做人落实到了事事物物、时时处处。这些从容大方、庄重沉稳的行为举止,走到哪里都会让人觉得高雅舒服、印象良好,使人由内而外散发出一种高贵儒雅的德性光芒。而当今人们追求潮流,衣无领、裳破洞,到处都是奇装异服;吃饭更是挑剔浪费,好吃的吃撑,不好吃的浪费,暴殄天物,毫无节制;上班匆匆赶地铁,下班

① 余治平:《做人起步〈弟子规〉:脩礼立教以找回一种向善的生活方式》,第83页。

专注刷手机，坐立都是低头族，人们似乎已经忘却了老祖宗发明的礼法规矩与文明向善的生活方式。

信，《尔雅·释诂》曰："诚，信也。"[1]诚、信互训，人言诚实无欺谓之信。人说话要真实可靠、心诚意正，不要滑头，不诈骗人，不伤害人。人们常说祸从口出，说不好话会造成很多恩怨是非，儒家历来对人的言语行为就有诸多严格要求。《穀梁传·僖公二十二年》曰："人而不能言，何以为人？言之所以为言也，信也。"[2]言语是人进行社会交往的重要方式，人不能不说话，话不能不可信，若言而无信就不能称之为人言了。《弟子规》对人说话的表达方式、用词技巧、吐字方法、忌讳要求等方面都做了总结。"凡出言，信为先，诈与妄，奚可焉"，说出去的话要可信，有根有据，不说谎话，不说大话。"话说多，不如少，惟其是，勿佞巧"，人开口容易闭口难，说话真实在理即可，没必要花言巧语、滔滔不绝。"巧言令色，鲜矣仁"[3]，言多必失，沉默是金，真正的君子当"讷于言而敏于行"。[4] 现代的儿童教育在不断鼓励孩子多说话、多表达、多展示的同时，也不能忽视培养儿童专注倾听、谨慎说话、沉默思考的能力。"奸巧语，秽污词，市井气，切戒之"，一个人只要张口说话，德性品味就展露无遗，因而说话所用的措辞必须谨慎，脏话、刻薄话、污秽话、恶浊话、骂人话不要说，低俗奸佞、鄙俚讨厌的市侩话也不能说，否则会自降身份，招来

---

① 【晋】郭璞、【宋】邢昺：《尔雅注疏·释诂》，第 23 页。

② 【晋】范甯、【唐】杨士勋：《重刊宋本穀梁注疏附校勘记·鲁僖公二十二年》（影印本），第 90 页上。

③ 【魏】何晏、【宋】邢昺：《重刊宋本论语注疏附校勘记·学而》（影印本），第 6 页上。

④ 何晏《论语集解》引包咸曰："讷，迟钝也。"君子往往不急于表达，能够掌控好自己的表达欲望。"言欲迟而行欲疾"，说话慢一些，做事快一些，嘴上说得好听没用，见之于行动才是真功夫。引文见【魏】何晏、【宋】邢昺：《重刊宋本论语注疏附校勘记·里仁》（影印本），第 38 页上。

麻烦。"凡道字，重且舒，勿急疾，勿模糊"，人在说话时，字正腔圆，发音清晰，语速适中，镇定从容，徐徐道来。语言是一门艺术，也是一门技术，教育不仅要教会孩子语音、语法、词汇，还要引导他们掌握正确的说话技巧和方法，把话说好听、说清楚。"见未真，勿轻言；知未的，勿轻传"，在没弄清事情真相之前，不要乱嚼舌根，随意发表言论，更不要传播谣言。"你嘴巴里传的往往就是你心里想的，谣言止于智者，修养越深厚，过滤得越多"，①对自己不了解的事，绝不可随意往外说，听到别人说长道短，也要做到"不关己，莫闲管"。在互联网、大数据如此盛行的今天，我们更应该谨慎自己的言论。很多人随意在网络上乱发评论、散播谣言，不慎重言语，不尊重他人，背离了言而有信的要求。"事非宜，勿轻诺。苟轻诺，进退错"，不要轻易给他人许下承诺、吹大牛、说空话的人，迟早会让自己陷入尴尬为难的困境。一个人说话稳重、沉着、谨慎，才能让人感到靠谱、放心。人不光要会说话，还要会听取他人之言，"闻过怒，闻誉乐，损友来，益友却"，人人都爱听夸奖自己的话，厌恶指责自己的话，谄媚讨好之人不算是真朋友，那些愿意说出你缺点的人才是值得交往的益友。人若想要进步成长，就必须学会欣然接纳他人的批评。"良药苦口利于病，忠言逆耳利于行"②，主动以自己的善行与德性去克服不足，做到"闻誉恐，闻过欣"，听到他人的赞美感觉惶惶不安，这样正人君子才能与自己"渐相亲"。

"泛爱众。""泛"同"汜"，指博大、广泛、丰富、宽宏之意。邢昺疏曰："泛者，宽博之语，君子尊贤而容众，或博爱众人

---

① 余治平：《做人起步〈弟子规〉：脩礼立教以找回一种向善的生活方式》，第 116 页。
② 【三国】王肃注，[日]太宰纯增注：《孔子家语·六本》，宋立林点校，上海：上海古籍出版社，2019 年，第 118 页。

也。"①爱的对象不仅是自己的亲人和朋友，还要推及其他的人或物，仁人君子应该有包容天地万物的博大胸襟与真挚情怀。爱是一种相互理解、彼此交融、不分你我的伟大力量，"泛爱众"强调"人们要正确处理好德与能、行与名、貌与才、己与人、劝与和之间的关系"②。"凡是人，皆须爱。天同覆，地同载"，人人皆生于天地之间，"天无私覆也，地无私载也"③，天地将万物视为一个共生共存的整体来化育和呵护，没有偏袒，没有孤立，万物皆须相亲相爱、彼此关怀，才符合天地大道的本真意旨。每个人都要发动内在的"恻隐之心"或"仁之端"④，彰显与生俱来的同情心、怜悯心、亲善心，热爱自然，关心他人，甚至要把一切事物都看作和人一样具有生命灵气，都值得被人用心善待。冀教版《小学语文》三年级上册《这条小鱼在乎》的故事中，小男孩用力地把被暴风雨吹卷上岸而挣扎垂危的小鱼们一条一条扔回大海。一个来海边散步的男人看见了说："孩子，这水洼里有几百几千条小鱼，你救不过来的。"小男孩头也不抬回答说："我知道。"男人问道："哦？那你为什么还在扔？谁在乎呢？""这条小鱼在乎！"男孩儿一边回答，一边拾起一条鱼扔进大海。"这条在乎，这条也在乎！还有这一条、这一条、这一条……"孩子用小手温暖了一条条小鱼，每用力扬起一次手臂，就救活了一个小小的生命。这种天真有爱的行为打动了每一条鱼，也羞红了无数成人的心，相比这个小男孩，我们对待生命是多么冷酷无情、残暴

① 【魏】何晏、【宋】邢昺：《重刊宋本论语注疏附校勘记·学而》（影印本），第7页上。

② 余治平：《做人起步〈弟子规〉：脩礼立教以找回一种向善的生活方式》，第13页。

③ 【汉】高诱注、【清】毕沅校：《吕氏春秋·去私》，上海：上海古籍出版社，2014年，第19页。

④ 【汉】赵岐、【宋】孙奭：《重刊宋本孟子注疏附校勘记·公孙丑章句上》（影印本），第66页上。

不仁啊！儿童像是上天派来的爱心天使，对待这个世界，他们比成人爱得更加彻底、纯洁、高尚，直接通达人的内在仁心。孩子能够轻而易举地做到"泛爱众，而亲仁"，而成人要做到却很难。我们不得不向儿童天真无邪的心灵靠拢，用仁德与善行去驱除心中自私、黑暗、冷血的一面。

德性的高低是衡量和评价他人好坏的核心标准，只有始终保持良能善举之人才值得人尊重和喜爱。与人相处时一定要有识别善恶、美丑的能力，扬善除恶，见贤思齐，这样自己才能日渐成为有德之人。"行高者，名自高。人所重，非貌高。才大者，望自大。人所服，非言大"，人的好名声源于高尚的品德，而非取决于外在的好相貌、好身材、好口才，真正有涵养、有才华的人，自然能赢得他人的赞誉。"己有能，勿自私；人所能，勿轻訾"，自己有才能，不可只顾自己，当主动帮助他人、回报社会，进而修德为善；他人有才能，切勿嫉妒诋毁，当积极进取、从善如流，主动向他人请教学习以提升自己。"勿谄富，勿骄贫，勿厌故，勿喜新"，君子以道为本，把人世间的事事物物看得十分通透，不能沉沦于事物的外表与形式，嫌贫爱富、喜新厌旧皆非君子之所为。儿童从小就应该明白"富贵不能淫，贫贱不能移，威武不能屈"①的做人道理，更要树立"势服人，心不然；理服人，方无言"的信念，以德服人胜过一切权势富贵，使儿童形成正确的人生观与价值观。《弟子规》还总结了如何对待人的缺点、隐私、称赞、罪恶、错误、恩情等处世细节的基本法则，值得我们每个人好好学习。

人们对待他人要为善是从，发扬儒家推己及人、将心比心的

---

① 【汉】赵岐、【宋】孙奭：《重刊宋本孟子注疏附校勘记·滕文公章句下》(影印本)，第 108 页下。

恕道精神。"道人善，即是善；人知之，愈思勉"，学习真心地表扬和称赞他人，不仅是对他人的鼓励，还是对自己德行的增进。如果故意宣扬别人的恶行，不仅给他人带来伤害，还会给自己造成"疾之甚，祸且作"的后果。孩子们之间互相尊重、彼此促进，总比你争我抢、互相告状、彼此指责的成长氛围要和谐得多。"善相劝，德皆建；过不规，道两亏"，余治平解释说："做好事总是愉快的，有道德的行为总是互赢互利的。无论是劝善，还是止恶，别人直接受益，自己也会进仁补义。"①儒家强调"以仁安人"②、以德化人，对待别人的不良行为应该主动关心、有所回应，勉善谏恶，积极有为，互相进步，方可促进儒家仁道的真正落实。在生活细节上，要多站在他人角度考虑问题，具有同理心。"人不闲，勿事搅；人不安，勿话扰"，尊重他人空间，体恤他人的感受和需求，设身处地为他人着想，不给他人添烦恼、增麻烦。"将加人，先问己。己不欲，即速己"，想施加给别人某事之前，最好先换位思考，如果自己都觉得很痛苦，就不要将其强加给他人。"己所不欲，勿施于人"③，是从消极的方面来规定恕的内容；"夫仁者，己欲立而立人，己欲达而达人"④，是从积极的方面来阐发仁德主张。这两方面又不可分离，因为仁与恕在本质上是统一的，甚至立人、达人就是仁道推之于外的必然结果，是恕德的逻辑构成。⑤《论语·里仁》曰："夫子之道，忠恕而已矣。"朱熹注

---

① 余治平：《做人起步〈弟子规〉：脩礼立教以找回一种向善的生活方式》，第 147 页。

② 【汉】董仲舒：《春秋繁露·仁义法》，第 51 页。

③ 【魏】何晏、【宋】邢昺：《重刊宋本论语注疏附校勘记·卫灵公》（影印本），第 140 页上。

④ 【宋】朱熹：《四书章句集注·论语·雍也》，第 89 页。

⑤ 参阅余治平：《忠恕而仁：儒家将心比心的态度、观念与实践》，上海：上海人民出版社，2012 年，第 302 页。

曰:"中心为忠,如心为恕。"忠由内而发,呈现于心中,而恕是由内向外而接于物,程子称其是"推己及物"①,以己心度人心是儒家爱人的基本方法。人生活在世间,难免会有恩恩怨怨,要做到"恩欲报,怨欲忘。报怨短,报恩长",心中长存感恩,淡忘对他人的怨恨,及时化解矛盾,以德报怨,宽恕别人,解脱自己,从容应对各种恩怨情仇。②《诗经·大雅·抑》曰"投我以桃,报之以李",郑玄笺曰:"善往则善来。"③人与人之间的善良需要彼此传递、相互温暖,以善推动善,以仁带动仁,整个世界才能散发出美好的人性光辉。

"而亲仁。"《广雅·释诂》曰:"亲,近也。"④一个人能发自内心毫无保留地将爱延伸到别人、他物身上,尽可能增强爱的广泛性、深刻性与普遍性,进而接近孔儒之仁道。孔子曰:"好仁者,

---

① 【宋】朱熹:《四书章句集注·论语·里仁》,第 71 页。
② 对待怨仇,儒家的态度,既不同于道家,又不同于法家,因而既不是放任自流、得过且过、一无所谓,也不是以牙还牙、以暴制暴、以恶制恶,而是坚持真理,维护正义,把持仁道。《论语·宪问》曰:"以直报怨,以德报德。"所谓"直",指公而无私、行有道义而不违反礼法度制。孔子要求对待怨恨与错误的人和事,应该从原则出发,坚持正义,错了就是错了,也别再找借口,该怎么对待就怎么对待,该怎么处理就怎么处理,而不能姑息迁就、包庇罪责。《论语·公冶长》曰:"匿怨而友其人,左丘明耻之,丘亦耻之。"心里怨恨一个人,却故意藏匿、隐瞒自己的感情,不予外露,更不指出其错误,却仍与他结交朋友,这无异于藏怨于内、诈亲于外,很有损于君子的道德养成,因而是一种非常可耻的奸佞行为。对待有恩于你的人,必须报之以同样深厚的恩情,这是爱人的表现;而对待与你有怨的人,不是一直要耿耿于怀、埋恨在心,而是要用儒家的仁道让对方知道错在哪里,给对方一次改过自新的机会,及时挽救对方,这也是一种爱人的表现。参阅唐艳、余治平:《儒家"以直报怨"与恕道的原则要求》,《中共宁波市委党校学报》2020 年第 1 期,第 37-46 页。
③ 【汉】郑玄、【唐】孔颖达:《重刊宋本毛诗注疏附校勘记·大雅·抑》(影印本),第648 页上。
④ 【清】王念孙:《广雅疏证·释诂》,第 474 页。

无以尚之。"①"这是追求仁的最高最后境界，为之好之，成瘾成性，非一般感性欲望、经验对象而能满足之。达到这种境界，则已经等同生死，平齐万物，道德主体自身也早已消融在天地万物之中了"，②仁是儒家所追求的终极的、绝对的道，是做人的至善境界。"同是人，类不齐。流俗众，仁者希"，真正具有仁德的人凤毛麟角。"果仁者，人多畏。言不讳，色不媚"，仁者坦坦荡荡、刚直不阿、正气凛然，说话不会拐弯抹角，做事也不会阿谀奉承，具有超凡脱俗、高贵卓越的人格魅力。一般人虽然做不到仁，但心中一刻都不能放下仁的理想，主动亲近有仁德的人，因为"能亲仁，无限好，德日进，过日少；不亲仁，无限害，小人进，百事坏"。人如果不努力追求仁德，恶人恶事便会乘虚而入，最终就很难成为一个道德高尚的人。孔子曰："不仁者，不可以久处约，不可以长处乐。"③近朱者赤，近墨者黑，和什么样的人在一起就会成为什么样的人，人要趁早远离那些不三不四、无恶不作的人。儿童从小就要学会分清善恶、谨慎择友，主动亲近德性好的人，远离道德败坏之人。陈鹤琴说："儿童的兴趣是由于环境的刺激而产生的。"④孩子们天性好模仿、好交往、好游戏，特别容易受环境的影响和他人的暗示。因而，从小为儿童选择良好的居处环境、善良有德的邻里、品行端正的伙伴是十分重要的。

---

① 【清】刘宝楠：《论语正义·里仁第四》(上)，第144页。
② 余治平：《忠恕而仁：儒家将心比心的态度、观念与实践》，第302页。
③ 钱穆：《论语新解·里仁》，第77页。
④ 陈秀云、陈一飞：《陈鹤琴全集》第二卷，南京：江苏教育出版社，2008年，第472页。

五、知行合一，行重于知

儒家强调知行合一，文行不离，二者相辅相成、相互作用，但"行大于文，行重于文，当文与行不可兼得的时候，宁愿舍弃文"。①《论语·宪问》曰："君子耻其言而过其行。"②光说不做、只会耍嘴皮子的人，君子以之为耻。朱熹曰："知、行常相须，如目无足不行，足无目不行。"知、行相互作用、相互影响，如同目与足的关系一样亲密，而"论轻重，行为重"③，行始终要比知更加重要、关键。王阳明曰："真知即所以为行，不行不足谓之知。"④若没有行，知就只停留在道德认知层面，不落实到具体的社会实践中，就不能真正地理解和消化知识，"知而不行，只是未知"⑤，对自己的德性增进也没有任何助益。"士虽有学，而行为本焉"⑥，相比于一个人的学识，行为才是根本，人有一肚子知识却不做正事，就算不上有学问。《礼记·文王世子》曰："教之以事而喻诸德也。"孔颖达疏曰："每事之上使世子晓喻于德义也。"⑦教育的重点是教人学会做事，并在日积月累的行动中修炼德性、领悟道理。

《弟子规》要求儿童先把孝、悌、谨、信、仁爱的道德要求付诸

---

① 余治平：《做人起步〈弟子规〉：脩礼立教以找回一种向善的生活方式》，第 164 页。
② 【清】刘宝楠：《论语正义·宪问第十四》（下），第 588 页。
③ 【宋】黎靖德：《朱子语类》第一册，北京：中华书局，1986 年，第 6 页。
④ 【明】王阳明撰，邓艾民注：《传习录注疏·答顾东桥书》中，上海：上海古籍出版社，2015 年，第 95 页。
⑤ 【明】王阳明撰，邓艾民注：《传习录注疏》上，第 10 页。
⑥ 方勇：《墨子·修身》，北京：中华书局，2015 年，第 8 页。
⑦ 【汉】郑玄，【唐】孔颖达：《重刊宋本礼记注疏附校勘记·文王世子》（影印本），第 307 页下。

于生活实践，再去学习书本知识。一方面，幼童的学习方式以实践为主。刘宝楠《正义》曰："幼仪即毕，仍令学文也。"①儿童幼学结束以后，方可有能力学文，没结束之前，做好事情才是第一位的。张伯行曰："小学之事知之浅而行之小者。"②儿童年幼时主要学习浅显易懂的生活知识与做人道理，"教之以洒扫、应对、进退之节，礼乐、射御、书数之文"③，教育内容主要体现在日用生活的具体行为当中。从心理发展角度而言，儿童早期思维具有运动性、形象性、直观性的特点，感知和动作是儿童与环境作用的重要渠道，他们将经过同化、顺应、平衡的心理过程不断获取经验、完善认知图式。④ 教育只有为儿童提供多尝试、多实

---

① 刘宝楠认为，古者对于儿童与成人学习内容的次序要求是不同的。"言有余力学文，则无余力不得学文可知。先之以孝弟诸行，而学文后之者，文有理谊，非童子所知。若教成人，则百行皆所当谨，非教术所能徧及，故惟冀其博文，以求自得之而已。此夫子四教，先文后行，与此言教弟子法异也。"（见【清】刘宝楠：《论语正义·学而第一》（上），第 19 页）幼童的认知能力和理解能力有限，适合在实践中学习，见事明理，行事悟道，因而要先养成良好的行为习惯，再慢慢学习各种做人的道理。而成人则不同，需要先学文以明白道理，然后再付诸实践、修炼德行，故孔子四教的顺序是文、行、忠、信，把学习古者之遗文、典籍放在首位。而皇侃《论语义疏》对此解释曰："《论语》之体，悉是应机适会，教体多方，随须而与，不可一例责也。"（见【南朝梁】皇侃：《论语义疏·学而》，桂林：广西师范大学出版社，2018 年，第 8 页）教无定法，因人而异，教育内容的顺序安排无固定要求，当灵活应对，而非意在区别成人、孩童教化之序。

② 【清】张伯行纂辑：《小学集解·小学辑说》，同治正谊堂本。

③ 【宋】朱熹：《四书章句集注·大学章句序》，第 2 页。

④ J. 皮亚杰将人的认知发展分为四个阶段：感知运动阶段（0～2 岁）、前运算阶段（2～7 岁）、具体运算阶段（7～11 岁）、形式运算阶段（11 岁之后），主张儿童与环境之间的相互作用来构建自身的认知经验。（参见肖少北、申自力、袁晓琳编：《儿童发展与教育心理学》，北京：科学出版社，2016 年，第 37－38 页）图式是知识表征的结构；儿童把新经验结合到原有图式中的过程叫同化；当儿童遇到新经验不能纳入原有图式时，从而改变原有概念的过程叫顺应。通过同化与顺应，儿童达成对外界的认识，叫作平衡，平衡的结果又将产生新的图式。参阅梦昭兰：《普通心理学》，北京：北京大学出版社，1994 年，第 262－263 页。

践、多探索的机会，才能真正促进他们的成长。另一方面，《弟子规》注重生活践履，是对儒家工夫论精神的落实。《论语·学而》篇曰："行有余力，则以学文。"皇侃《论语义疏》曰："行者，所以行事已毕之迹也。"①亲身践行礼法规定之后，精力有余再学文。② 学习不能只停留在感性认知层面，还必须亲身践行，在实际行动中反复磨炼，真切体悟，并且融入自己的情感、意志和思考，将复杂烦琐的礼法规矩内化为自身的道德自觉与精神需求，进而从中获得践行仁道的愉悦感与充实感。事父母而知孝，事兄弟而知悌，爱万物而近仁，在事上磨炼得越久、投入得越多，德性就越深厚。

文、行不可或缺，不可分离。"不力行，但学文。长浮华，成何人"，知易行难，人们在书本里学习一堆做人的大道理，而从不将其付于行动，不务实际就是读死书、认死理，不仅无益于德性，很可能还会把书读偏了。"道德不是知识，德育不可能、也不应该被智育化"③，如果将知识用于不正当的事情上，则会害人误己。"但力行，不学文。任己见，昧理真"，如果只是闷头做事而不用知识去武装和提升自己，人也会变得视野狭隘、愚昧无知。"《弟子规》中的基本理念和规范，为一种社会规范和策略性知识；又是对清朝年间具体的价值规范、实践经验的总结和反思，又属于人文知识。"④《弟子规》不仅关注个体的言行举止，还在实践中注入了儒家对做人的道德要求、价值导向和人文精神。

① 【南朝梁】皇侃：《论语义疏·学而》，第 8 页。
② "学文"即学"先王之遗文"，邢昺、刘宝楠认为是《诗》《书》《礼》《乐》《易》《春秋》六经。《周礼》曰："养国子以道，乃教之六艺：一曰五礼，二曰六乐，三曰五射，四曰五御，五曰六书，六曰九数。"（见【汉】郑玄、【唐】贾公彦：《重刊宋本周礼注疏附校勘记·地官司徒·保氏》（影印本），第 212 页下）皇侃认为是"五经六籍"。参阅【南朝梁】皇侃：《论语义疏·学而》，第 8 页。
③ 余治平：《做人起步〈弟子规〉：脩礼立教以找回一种向善的生活方式》，第 164 页。
④ 石中英：《教育哲学》，北京：北京师范大学出版社，2007 年，第 5 页。

在现实生活中，满腹经纶、博览群书之人很多，而真正将所学知识都能付诸实践的人屈指可数，整日逍遥自在、不学无术之人更是不胜枚举，要做到知行合一，实属不易。[①] 人非圣贤，只有在一朝一夕的生活实践中身体力行，不断思考，勤奋修炼，才能在儒家的礼教规定与人伦要求中找到自我存在的价值与意义。

读书学文应该讲求方法和技巧，《弟子规》对此做了全面系统的总结。"读书法，有三到，心眼口，信皆要"，读书时眼、口、心齐发力，做到专注、投入、高效，完全将自己浸泡在经典之中，深刻体悟圣贤大道的智慧与魅力。"方读此，勿慕彼，此未终，彼勿起"，读书要一页一页翻、一本一本读，沉着冷静，专心致志，才能把一部经典读透。尤其读中国的古籍，要斟酌句读、揣测文意，想快也没法快，必须一字字念过去，漏一个都不行，正因如此，经典总让人常读常新、回味无穷。若走马观花式地读，肯定读不懂，那还不如不读。"宽为限，紧用功，工夫到，滞塞通"，读书是人一辈子的功课，终身读书，受益无穷，最好的状态是把读书变成一种精神享受。读书是人生的修行，日日增进，从不懈怠，工夫到位，自然会决疑通达。"心有疑，随札记，就人问，求确义"，如果读书过程中有疑问，就要及时做笔记、请教他人，直到弄懂为止。读书时做笔记、摘录、批注、标记，或向人请教、参与讨论，都是一些良好的学习方法，儿童从小就应该形成这样的读书习惯。犹太人在儿童年幼时，母亲把蜂蜜滴在书上，让他们尝一尝"书如甜蜜"的味道，孩子因喜欢甜味而爱上读书。教育从小就要培养儿童爱好读书的兴趣和习惯，因为书是他们一生的精神食粮，他们甚至应该有把读书当饭吃的精神冲动。

---

① 参阅唐艳：《儒家工夫论视域下〈弟子规〉之"教、学、做"》，《江南大学学报》（人文社会科学版）2018 年第 3 期，第 18－24 页。

读书时要保持环境的整洁,养成良好的阅读习惯。"房室清,墙壁净。几案洁,笔砚正",房屋干净、书桌整洁、文具规整,读起书来人的心情自然会舒畅、愉悦。"墨磨偏,心不端。字不敬,心先病",墨磨偏了说明态度不够严谨、心思不够专注;字迹不工整说明思想不纯净、心乱如其字。读书写字的每个细节都能体现出一个人的修行与境界,人的内心纯洁无邪、坦荡正直,读书、写字的行为表现才能整洁有序、端正从容。当今人们读书、写字已经变得十分轻松随意,任何环境、任何姿势都能看书,有了键盘和语音设备,连字都不需要一笔一画写了,即便写出来的字也是东倒西歪,人心又怎么能正呢?"列典籍,有定处。读看毕,还原处",书是凝聚着圣贤智慧的神圣之物,人们不可随意乱丢乱放,当倍加爱惜、好好珍藏,书册有固定的存放位置,看完的书应该轻轻放回原处。"虽有急,卷束齐。有缺坏,就补之",遇到再紧急的事,要先把书册收拾好,书破了要及时修补。我们如何对待书就是如何对待智慧,爱读书的人应该对书有一种敬畏感,而不可能随意破坏或虐待书的。读书要有选择性,不是每一本书都值得埋头苦读。"非圣书,屏勿视",人类的书籍浩瀚如海,读不胜读,不是圣贤之书看都不要看,读错书反而会"敝聪明,坏心志",不好的书会污染人的心灵、败坏人的德性。人的生命很有限,一辈子能够把几本经典好书读精、读透,足以够用。"篇卷浩博,非岁月可竟"[1],读书之功久而深,有志者事竟成,"勿自暴,勿自弃。圣与贤,可驯致",自强不息,坚持不懈,勤苦修行,"人皆可以为尧舜"[2],终有德厚功成之时。

---

[1]【宋】朱熹:《朱子家训》,上海:华东师范大学出版社,2014 年,第 213 页。

[2]【汉】赵岐、【宋】孙奭:《重刊宋本孟子注疏附校勘记·告子丑章句下》(影印本),第 210 页上。

儿童在实践中去感受孝、悌、谨、信、仁爱的伦理精神与行动力量，才能日渐将其内化为自身的道德信念，而且他们在实践中所获得的自我成长远远胜过输入性的知识教育。陶行知反对王阳明"知是行之始，行是知之成"的观点，提出"行是知之始，知是行之成"，行动才是知识的源头。他还举例，小孩手被烫了才知道火是热的，手被冰了才知道雪是冷的，吃过糖才知道糖是甜的，碰过石头才知道石头是硬的。① 儿童亲身经历得来的知识才是最深刻、最难忘的，听闻他人之言都不如让孩子自己去试一试。J.J.卢梭在《爱弥儿》中说："他打坏他所用的家具，你别忙着给他另外的家具，让他感觉到没有家具的不方便。他打破他房间的窗子，你就让他昼夜都受风吹……"②实践是儿童理解事物、获取知识、吸收教化的重要方式。J.杜威说："儿童4～8岁为通过活动和工作而学习的阶段，所学的是怎样做，方法是做中学，所得的知识得自运用，并为之运用，不是为了储存。"③儿童早期的学习为了做，做也是为了学，做、学合一。教育要让儿童怎样学，就应该让他们怎样做。而当今急功近利、崇尚智育的教育势态，无限放大了"学文"的地位，而忽视"力行"的重要性。因为儿童学习几乎没有"余力"，所以直接省略了"行"。孩子会背《弟子规》比为父母端茶倒水更重要；学习一门新课程比恭恭敬敬地给长辈行礼问好更重要；多识几个字比整理书桌、收拾文具更重要。儿童的学习以获得高分、赢在起点、识字背文为目的，《弟子规》这样的宝贵经典也沦落为成绩利器和升学法宝。这种功利性的读经方式很难发挥《弟子规》的教育价值，孝悌仁爱、恭

① 陶行知：《陶行知谈教育》，沈阳：辽宁人民出版社，2015年，第60页。
② ［法］J.J.卢梭：《爱弥儿》（émile：ou De l'éducation）（上卷），李平沤译，北京：商务印书馆，1996年，第107页。
③ ［美］J.杜威：《民主主义与教育》，北京：人民教育出版社，1990年，第28页。

谨诚信的功夫精神与伦理美德也无法融入生活、深入童心。孩子们个个张大嘴巴哇哇背着《弟子规》，面有嬉容，目光呆滞，心神分离，因为他们没有真正体验过事父母、敬兄长、爱他人、谨言语、慎行为的严肃与恭敬，也没有深切感受到孝悌之爱在生活细节中的温暖与善意，更难以体会到泛爱万物所带来的释然与欢乐。《弟子规》不是用来读的，而是用来做的，它的生命力源于实践者坚持不懈的行动。

六、规矩的前提与限度

儒家认为，每个人生活在世界上都必须对自己有明确的角色定位与身份要求。"君君，臣臣，父父，子子"①，君要有君的样子，臣要有臣的样子，父要有父的样子，子要有子的样子，人人严格规范自己，彼此之间的关系才能和谐有序，社会形态方可持久稳定。孔子曰："名不正，则言不顺。"②人的名分不正，说话就缺乏合理性。《说文·口部》曰："名，自命也。从口从夕。夕者，冥也。冥不相见，故以口自名。"古人夜晚相遇时，因光线太暗看不清对方的脸，故须彼此自报姓名，以明确对方的身份，避免造成失礼或误会。名一旦定位错误，人所说的话、所做的事就不符合当下的身份，君不君就不是君，臣不臣就不是臣，父不父就不是父，子不子就不是子，名不正就不配成为有该名之人。《白虎通·三纲六纪》引《含文嘉》曰："君为臣纲，父为子纲，夫为妻纲。"③臣对君、子对父、妻对夫的服从是以君君、父父、夫夫的道德要求为前提的，君不正则臣不忠，父不正则子不顺，夫不正

---

① 【清】刘宝楠：《论语正义·颜渊第十二》（下），第 499 页。
② 【魏】何晏、【宋】邢昺：《重刊宋本论语注疏附校勘记·子路》（影印本），第 115 页下。
③ 【清】陈立：《白虎通疏证·三纲六纪》，第 373－374 页。

则妇不从，从孔子的"正名"到董仲舒的"三纲五纪"①皆是如此。"君为臣纲，君不正，臣投他国；国为民纲，国不正，民起攻之；父为子纲，父不慈，子奔他乡；子为父望，子不正，大义灭亲；夫为妻纲，夫不正，妻可改嫁；妻为夫助，妻不贤，夫则休之。"②君与臣、国与民、父与子、夫与妻之间的伦理关系是双向建构、互相支撑的，彼此之间的礼法规矩需要同步维护与执行，任何一方不守正道、名实相悖，另一方都应该劝诫对方纠正和改过，甚至可以选择与其断绝关系。

《弟子规》中的礼法规定并非是对弟子单向度、强制性、压迫性的绝对命令，而是在施教者与受教者之间身份正当、关系对等的情况下而提出的行为要求。"子当以养为心，父当以学为教"③，做子女的要赡养好父母，做父母的也要履行好教育子女的职责，各司其职，各行其道，相互促进。子女听从父母之命当建立在父母有道的前提之下。孔子曰："其身正，不令而行。其身不正，虽令不从。"④家长或教师对儿童提出要求之前，必须先反求诸己，看看自己的言行越不越矩、合不合礼，如果自身做得很到位，儿童自然会仰慕之、崇敬之，心悦诚服，欣然受教。如果自身都做得不对，儿童即便被迫服从，但内心依然不服气，积怨成恨，教化难成。一个人连自己都做不好，就没有资格去教育他人。"父母教，需敬听。父母责，须顺承"，如果父母敦厚善良、彬

---

① 【汉】董仲舒：《春秋繁露·深察名号》，第 62 页。

② 转引自殷雄：《诸葛亮治政方略〈便宜十六策〉解读》，北京：新华出版社，2015 年，第 15 页。

③ 【北朝齐】颜之推著，【清】赵曦明注，【清】卢文弨补注：《颜氏家训·勉学》，上海：上海古籍出版社，2017 年，第 87 页。

④ 钱穆：《论语新解·子路》，第 301 页。

彬有礼,子女当然愿意听其教诲、服顺其志。[①]"人有短,切莫揭。人有私,切莫说",家长不对他人说三道四、评头论足,不揭他人短处,而是常常"乐道人之善"[②],孩子潜移默化就会明白"道人善,即是善""扬人恶,既是恶"的道理,主动学会"彰人之善而美人之功"[③]。"步从容""立端正""揖深圆""拜恭敬",成人得先注重自己走路、坐立、鞠躬的仪容举止,言传身教,上行下效,儿童不知不觉也会养成坐立端正、待人有礼的行为习惯。当今的儿童教育之所以困境重重,不是因为孩子难教,而是因为成人难自正。父母不让孩子玩游戏,自己却一下班就瘫在沙发上开几局王者荣耀;希望孩子多读书,自己却从来不碰书;不让孩子骂人,自己却出口满是脏话。成人如果不能严格要求自己,就别指望用《弟子规》来规范孩子的一言一行,而应该给自己先补补课。《弟子规》不是宣讲式的道德训示,成人必须先于儿童读懂《弟子规》,以身作则,为孩子做好榜样,用自己的善行正举去引导和激励儿童学会做人做事。父母或老师给孩子带来的影响绝不仅仅是教育他们如何去做事情,更重要的是让他们从成人身上学会如何做一个好人,充分感受每个礼法规矩背后的人伦精神与善性光辉,全身心体验做好事、做好人所带来的满足感与愉

---

① 美国 T.何德兰、英国 K.布朗士在《孩提时代》中根据 20 世纪初中国儿童的生活情状说:"子女对父母的尊敬和服从,使中国人保留了一种优秀的道德观,远离罪恶。"子女孝顺父母是人之为人的一种善性表达,这种善能量无穷,能够促使人驱除邪念、远离罪恶而成为更加圣洁、尊贵、博爱的生命个体。故儒家十分强调守孝悌之本以教人向善,一旦丢了本,人就很难往善的一面去发展和进步了。(引文见[美]T.何德兰、[英]K.布朗士:《孩提时代:两个传教士眼中的中国儿童生活》(The Chinese Boy and Girl),魏长保、黄一九、宣方译,北京:群言出版社,2000 年,第 235 页。

② 【清】刘宝楠:《论语正义·季氏第十六》(下),第 659 页。

③ 【汉】郑玄、【唐】孔颖达:《重刊宋本礼记注疏附校勘记·表记》(影印本),第 914 页上。

悦感，从而心甘情愿为之付出努力。《弟子规》不光是为儿童立规矩，还在督促成人养德行。成人以自己的行为去指导孩子的行为，用自己的生命去影响孩子的生命，正身而立道，修己以教人，方能真正发挥好《弟子规》的礼乐教化功能。

儒家力倡孝道，但并不认为父母就是圣人，啥事都对，更不排除父母出错、有过甚至犯罪的可能性，而敢于直面事实，能够因人因事因地做适当处理。[①] "亲有过，谏使更。怡吾色，柔吾声"，父母有过错，做子女的不能将错就错，而当和颜悦色、语气平和地劝诫父母改正。"谏不入，悦复谏。号泣随，挞无怨"，父母如果不接受，子女要等到他们心情舒畅时再次劝告，如父母还不听从，子女就要哭着恳求他们，即便被父母鞭打痛骂也毫无怨言。《小学诗礼·事亲》曰："父母或有过，柔声以谏之，三谏而不听，则号泣而随。"[②]子女连续三次温和劝谏父母失败，只能哭嚎而从之。若是臣子事其君，"三谏而不听，则逃之"，郑玄注曰："君臣有义，则合无义则离。"[③]君臣关系靠义来维系，君无义，则臣可弃之。[④] 而

① 余治平：《做人起步〈弟子规〉：脩礼立教以找回一种向善的生活方式》，第51页。
② 【宋】陈淳：《小学诗礼·事亲》，汕头：汕头大学出版社，2017年，第40页。
③ 【汉】郑玄、【唐】孔颖达：《重刊宋本礼记注疏附校勘记·曲礼下》（影印本），第95页下。
④ 据《公羊传·庄公二十四年》记载，曹国大夫曹羁三谏曹昭公，曹伯不从，曹羁便逃亡陈国，成语"三谏之义"便源于此事。《公羊传》曰："三谏不从，遂去之，故君子以为得君臣之义也。"臣子三谏，而君仍不从，臣子可以辞职不干。何休《解诂》曰："不从得去者，仕为行道，道不行，义不可以素餐，所以申贤者之志，孤恶君也。"（见【汉】何休、【唐】徐彦：《春秋公羊传注疏·庄公二十四年》，刁小龙整理，上海：上海古籍出版社，2013年，第310页）臣子三次进谏良言，君王仍然听不进去，说明君主不重道，臣子自然可以弃无道而从有道。《论语·卫灵公》曰："邦有道，则仕；邦无道，则可卷而怀之。"邢昺疏曰："此其君子之行也。"道先于君，道高于君，道重于君，无道则无君，当君主决策与道义发生矛盾，果断弃君从道，这是君子仕途中必须坚守的道义法则。引文见【魏】何晏、【宋】邢昺：《重刊宋本论语注疏附校勘记·卫灵公》（影印本），第138页上。

子女与父母之间靠亲情联结,三谏父母仍不听从,也不可能与他们断绝血亲关系,必须想办法劝导和感化父母。父母有过错,子女耐心劝谏是孝的体现,若在反复劝告的过程中能始终保持柔声怡色,做到"谏而不逆"①,更是十分难得的孝。② 子女对待父母,始终要有子女该有的样子,恭敬顺从,循循善诱,甚至"挞之流血,不敢疾怨,起敬起孝"③,身体发肤受之父母,子女即便忍受肌肤之痛,也要诚心诚意地帮助父母匡正行为。《礼记·坊记》曰:"从命不忿,微谏不倦,劳而无怨,可谓孝矣。"④孝就是要对父母恭敬顺从、任劳任怨,即便父母再固执无理,做子女的也要时刻提醒自己注意言行、控制情绪,不能生气反抗而使父母伤心。"天下无不是底父母",⑤每个人都没法选择自己的父母,无论他们是好是坏、是善是恶,都是你在这个世界上会唯一的至亲,子女有责任竭尽全力帮助父母改过自新,难也好,易也罢,我们都必须坦然面对,没有理由逃避、退缩和报怨。"孝子之爱亲,无所不至也"⑥,真正的孝子,无论遇到任何事情,都会发自肺

---

① 【汉】郑玄、【唐】孔颖达:《重刊宋本礼记注疏附校勘记·祭义》(影印本),第821页下。

② 子夏问孝,孔子曰:"色难。"何晏《论语集解》引包咸曰:"色难者,谓承顺父母颜色乃为难。"(见【魏】何晏、【宋】邢昺:《重刊宋本论语注疏附校勘记·为政》(影印本),第17页上)能够对父母和颜悦色、恭敬顺从才算得上是孝。"孝之有深爱者,必有和气;有和气者,必有愉色;有愉色者,必有婉容。"(见【汉】郑玄、【唐】孔颖达:《重刊宋本礼记注疏附校勘记·祭义》(影印本),第811页上)孝敬父母本于爱亲之心,有爱而生和气,有和气而面有愉色,有愉色而婉容自现,由内而外,自然而然,纯粹真实,无须任何外在修饰,这才是孝的理想境界。

③ 【汉】郑玄、【唐】孔颖达:《重刊宋本礼记注疏附校勘记·内则》(影印本),第521页下。

④ 【清】孙希旦:《礼记集解·坊记》(下),北京:中华书局,1989年,第1287页。

⑤ 【明】程登吉原编、【清】邹圣脉增补:《幼学故事琼林·兄弟》,第71页。

⑥ 【明】方孝孺:《逊志斋集·杂诫》(明成化十六年郭绅刻本影印),《中华再造善本·集部·明代编》,北京:国家图书馆出版社,2014年。

腑、至死不渝地保护和疼爱自己的父母，无时无刻不为他们着想。亲亲相隐，"直在其中"，邢昺疏曰："子苟有过，父为隐之，则慈也；父苟有过，子为隐之，则孝也。"①父慈、子孝是亲亲之爱的必然体现，其出于人之为人的善良本性，赤诚纯粹，无与伦比，可谓"天理人情之至"②，任何礼法规矩都无法超越之、代替之。故庄子曰："以敬孝易，以爱孝难。"成玄英疏曰："夫敬在形迹，爱率本心。心由天性，故难；迹关人情，故易也。"③爱出于天性，敬出于人情，爱父母比敬父母要困难得多。真正的孝必须上升到哲学高度予以强调，将其转化为人之为人追求本心、成就自性的生命表现，从而将孝道的内涵彰显到极致。

　　《弟子规》是活的，儿童也是活的，经典不能被读死，更不能把孩子当成奴隶、囚徒一样给规矩死，而是要遵循他们的身心发展规律，灵活变通，巧妙诱导，在古代文明向善的礼乐氛围中去激发当代儿童的能动性、自主性与创造性。"父母呼，应勿缓。父母命，行勿懒"，父母有呼唤，子女片刻都不能迟缓；父母有吩咐，子女要赶紧行动，甚至要做到"食在口则吐，手执业则投"④。这种行为要求在古代礼乐盛行的社会境遇中是可行的，而且是必需的，而在现代化的社会背景下，则要予以新的理解和诠释。当今社会以自由、平等、民主、公正为主流价值观，父母与孩子之间不仅是以血缘为纽带的亲亲关系，也是法律面前两个相互平等的社会主体，父母必须把子女当作具有独立生存权利的个体

---

① 【魏】何晏、【宋】邢昺：《重刊宋本论语注疏附校勘记·子路》(影印本)，第118页上。

② 【宋】朱熹：《四书章句集注·论语·子路》，第137页。

③ 【晋】郭象、【唐】成玄英：《庄子注疏·外篇·天运》，北京：中华书局，2011年，第270页。

④ 【宋】陈北溪：《小学诗礼·事亲》，见【清】陈宏谋：《五种遗规　养正遗规》，北京：中国华侨出版社，2012年，第43页。

来看来,尊重儿童,理解儿童,保护儿童,与他们平等地对话和交流,从而将亲亲与社会、法律与人权、情感与伦理交融在一起,构建出具有时代特征的和谐亲子关系。《弟子规》中那些老祖宗所遵照执行的礼仪规范是当时往来相宜、尊卑有序的社会背景下对人所做的普适性要求,而当今儿童在民主开放的社会环境中也不必一一效仿传统的清规戒律,而是要因时制宜、因势制宜、因情制宜,把《弟子规》中亲爱有序的伦常规范与仁民爱物的人道精神转化为现代化的教育内容,弘扬老祖宗待人、处事、接物的正确态度与谨慎作风,充分发挥《弟子规》在现代社会中的礼教魅力与育人价值。

《弟子规》也不是一套机械刻板、冷血无情的行为训练手册,人们应该在生活实践中用儒家的礼教文明去启迪、熏陶和感化孩子们的幼稚心灵,让他们从经典中逐渐领会古人崇德尚礼、温和向善的真挚情怀与文化魅力。对待父母,儿童如果亲身践行过"冬则温,夏则清;晨则省,昏则定"的细致关爱,自然能体谅父母从小呵护、照顾、养育自己的艰辛与不易;如果坚持遵循"出必告,反必面"行为规矩,就能深刻理解父母对自己时时刻刻的牵挂与担忧;如果经历过"亲有过,谏使更;怡吾色,柔吾声;谏不入,悦复谏;号泣随,挞无怨"的实践考验,儿童就能够真切体会到自己执拗、犯错时父母反复叮咛、谆谆教诲的用心与付出。对待长辈,儿童坚守"长者先,幼者后"的行为原则,慢慢就能形成尊老爱幼、敬老尚贤的伦理美德。对待朋友,儿童养成"闻誉恐,闻过欣"自觉意识,才能体验到"直谅士,渐相亲"的益友之乐。教育旨在"启发人的生存觉醒和生存智慧,使人能够批判地审视现有的生存境况,明智地选择有可能、有意义的未来生存走向"①,儿

---

① 王道俊、郭文安主编:《教育学》,北京:人民教育出版社,2009 年,第 16 页。

童学习《弟子规》，最重要的是在实践中积极体验这种有仁有爱、有礼有节、有情有义、有法有善、有伦有序的生活方式，并从中找到自己一生的道德追求与精神归宿，从而理性地选择一条向善的人生道路。

《弟子规》把老祖宗的生活智慧分解、细化到人的一举一动、一言一行，一代传一代，永续不竭地延续和弘扬着中国古代璀璨悠久的礼乐文明，"不知使学古人，何其蔽也哉?"①我们应该感恩、庆幸今天还能读到《弟子规》这样优秀的读本。余治平说："对于儿童(乃至成年人)善行养成而言，不论时代变成什么样子，在还没有产生出比《弟子规》更优秀的道德教育读本之前，读《弟子规》仍然是必需的选择。有总比没有好，能够落实到生活细节的总比假大空的好，教人学好、教人走正道的书终归不会错。"②《弟子规》教人学做事、学做人、学做好人，具体务实，细致精微，在任何年代都是值得一读的经典。然而，当今的教育并没有发挥好《弟子规》的育人精神。孩子们在幼儿园里施展个性、自由成长，到了小学又被一堆作业和兴趣班霸占所有的童年时光，初、高中校园的墙壁上开始张贴着"百善孝为先""十不准"的道德标语与行为准则，时至大学，思想道德修养才进入课堂。而《弟子规》从小就教育孩子如何事父母、讲诚信、守礼法，到了大学阶段，孝、悌、谨、信、仁爱的道德教育早已转化成他们坚定的做人信念与理想人格追求了。相比中国古代的儿童教育，今天的教育到底是在进步，还是退步? 确实值得我们深刻反思。

---

① 【北朝齐】颜之推著，【清】赵曦明注，【清】卢文弨补注：《颜氏家训·勉学》，第67页。

② 余治平：《〈弟子规〉：不是"要不要读"，而是"能不能读懂"——经由儒家礼乐教化而找回一种向善的生活方式》，《广西大学学报》(哲学社会科学版)2015年第6期，第20-30页。

参 考 文 献

【魏】王弼、【晋】韩康伯、【唐】孔颖达：《重刊宋本周易注疏附校勘记》（影印本），台北：艺文印书馆，2013 年。

【汉】郑玄、【唐】孔颖达：《重刊宋本毛诗注疏附校勘记》，台北：艺文印书馆，2013 年。

【汉】孔安国、【唐】孔颖达：《重刊宋本尚书注疏附校勘记》（影印本），台北：艺文印书馆，2013 年。

【汉】杜预、【唐】孔颖达：《重刊宋本左传注疏附校勘记》（影印本），台北：艺文印书馆，2013 年。

【汉】郑玄、【唐】贾公彦：《重刊宋本周礼注疏附校勘记》（影印本），台北：艺文印书馆，2013 年。

【汉】郑玄、【唐】贾公彦：《重刊宋本仪礼注疏附校勘记》（影印本），台北：艺文印书馆，2013 年。

【汉】赵岐、【宋】孙奭：《重刊宋本孟子注疏附校勘记》（影印本），台北：艺文印书馆，2013 年。

【汉】郑玄、【唐】孔颖达：《重刊宋本礼记注疏附校勘记》（影印本），台北：艺文印书馆，2013 年。

【魏】何晏、【宋】邢昺：《重刊宋本论语注疏附校勘记》（影印本），台北：艺文印书馆，2013 年。

【汉】何休、【唐】徐彦：《春秋公羊传注疏》，刁小龙整理，上海：上海古籍出版社，2013 年。

【晋】范甯、【唐】杨士勋：《重刊宋本穀梁注疏附校勘记》(影印本)，上海：
　　上海古籍出版社，2013 年。

【汉】郑玄、【唐】孔颖达：《重刊宋本礼记注疏附校勘记》(影印本)，台北：
　　艺文印书馆，2013 年。

【唐】李隆基、【宋】邢昺：《重刊宋本孝经注疏附校勘记》(影印本)，台北：
　　艺文印书馆，2013 年。

【晋】郭璞、【宋】邢昺：《尔雅注疏》，上海：上海古籍出版社，2010 年。

【魏】王弼、【唐】孔颖达：《周易正义》，《十三经注疏》标点本，北京：北京
　　大学出版社，2000 年。

【周】卜子夏：《子夏易传》，见《文渊阁四库全书·经部一·易类》，台北：
　　台湾商务印书馆，2018 年。

【战国】左丘明，【三国】韦昭注：《国语》，上海：上海古籍出版社，
　　2015 年。

【三国】王肃注，〔日〕太宰纯增注：《孔子家语》，宋立林点校，上海：上海
　　古籍出版社，2019 年。

【汉】许慎、【清】段玉裁：《说文解字注》，许惟贤整理，南京：凤凰出版社，
　　2015 年。

【汉】郑康成、【宋】王应麟：《周易郑康成注》，见《文渊阁四库全书·经部
　　一·易类》，台北：台湾商务印书馆，2018 年。

【汉】陆绩、【明】姚士粦辑，《陆氏易解》，见《文渊阁四库全书·经部一·
　　易类》，台北：台湾商务印书馆，2018 年。

【汉】司马迁：《史记》，北京：中华书局，2011 年。

【汉】班固：《汉书》，北京：中华书局，2012 年。

【汉】刘向：《列女传》，刘晓东校点，沈阳：辽宁教育出版社，1998 年。

【汉】高诱注、【清】毕沅校：《吕氏春秋》，上海：上海古籍出版社，
　　2014 年。

【魏】王弼、【晋】韩康伯、【唐】孔颖达：《南宋初刻本周易注疏》，郭彧汇

校,上海:上海古籍出版社,2014。

【魏】王弼:《周易略例》,楼宇烈校释,北京:中华书局,2011年。

【晋】郭象、【唐】成玄英:《庄子注疏》,北京:中华书局,2011年。

【梁】皇侃:《论语义疏》,桂林:广西师范大学出版社,2018年。

【北朝齐】颜之推著,【清】赵曦明注,【清】卢文弨补注:《颜氏家训集解》,
　　上海:上海古籍出版社,2017年。

【唐】陆德明:《经典释文》,上海:上海古籍出版社,2013年。

【唐】史徵:《周易口诀义》,见《文渊阁四库全书·经部一·易类》,台北:
　　台湾商务印书馆,2018年。

【唐】李鼎祚:《周易集解》,王鹤鸣、殷子和整理,北京:中央编译出版社,
　　2003年。

【唐】杨倞注:《荀子》,耿芸标校,上海:上海古籍出版社,2014年。

【唐】孙思邈:《千金方》,刘清国等校注,北京:中国中医药出版社,
　　1998年。

【唐】李隆基、【宋】邢昺:《孝经注疏》,上海:上海古籍出版社,2014年。

【唐】房玄龄注、【明】刘绩补注:《管子》,上海:上海古籍出版社,
　　2015年。

【宋】邵雍:《梅花易数》,李峰标点、注释,海口:海南出版社,2010年。

【宋】沈该:《易小传》,见《文渊阁四库全书·经部四·易类》,台北:台湾
　　商务印书馆,2018年。

【宋】朱熹:《周易本义》,北京:中华书局,2009年。

【宋】朱熹、【宋】蔡元定:《易学启蒙》(影印本),日本国立公文书馆。

【宋】朱熹:《朱子全书》,上海:上海古籍出版社、合肥:安徽教育出版社,
　　2002年。

【宋】朱熹:《四书章句集注》,北京:中华书局,2017年。

【宋】张载:《张载集》,北京:中华书局,1978年。

【宋】黎靖德编:《朱子语类》,北京:中华书局,1994年。

【宋】程颢、程颐:《二程集》,北京:中华书局,1981年。

【宋】程颐：《易程传》，台北：文津出版社，1988 年。

【宋】朱震：《汉上易传》，种方点校，见《周易十书》，北京：中华书局，
2020 年。

【宋】魏了翁：《周易要义》，见《文渊阁四库全书·经部一二·易类》，台
北：台湾商务印书馆，2018 年。

【宋】王宗传：《童溪易传》，张天杰校点，上海：上海古籍出版社，
2017 年。

【宋】李衡：《周易义海撮要》，见《文渊阁四库全书·经部七·易类》，台
北：台湾商务印书馆，2018 年。

【宋】范晔，【唐】李贤注：《后汉书》，北京：中华书局，1965 年。

【宋】蔡渊：《周易卦爻经传训解》，见《文渊阁四库全书·经部一二·易
类》，台北：台湾商务印书馆，2018 年。

【宋】胡瑗撰，【宋】倪天隐述：《周易口义》，见《文渊阁四库全书·经部
二·易类》，台北：台湾商务印书馆，2018 年。

【宋】郭雍：《郭氏传家易说》，见《文渊阁四库全书·经部七·易类》，台
北：台湾商务印书馆，2018 年。

【宋】李杞：《周易详解》，见《文渊阁四库全书·经部一三·易类》，台北：
台湾商务印书馆，2018 年。

【宋】李昉：《太平御览》，上海：上海古籍出版社，2008 年。

【宋】王应麟等：《三字经·百家姓·千字文》，吴蒙标点，上海：上海古籍
出版社，2017 年。

【宋】朱熹：《朱子家训》，上海：华东师范大学出版社，2014 年。

【元】王申子：《大易缉说》，见《文渊阁四库全书·经部一八·易类》，台
北：台湾商务印书馆，2018 年。

【元】胡炳文：《周易本义通释》，见《文渊阁四库全书·经部七·易类》，
台北：台湾商务印书馆，2018 年。

【元】熊良辅：《周易本义集成》，见《文渊阁四库全书·经部一八·易
类》，台北：台湾商务印书馆，2018 年。

【元】龙仁夫:《周易集传》,见《文渊阁四库全书·经部一九·易类》,台
　　北:台湾商务印书馆,2018 年。

【元】解蒙:《易精蕴大义》,见《文渊阁四库全书·经部一九·易类》,台
　　北:台湾商务印书馆,2018 年。

【明】来知德:《周易集注》,胡真校点,上海:上海古籍出版社,2013 年。

【明】蕅益智旭大师:《周易禅解》,台北:新文丰出版公司,1979 年。

【明】林希元:《易经存疑》,见《文渊阁四库全书·经部二四·易类》,台
　　北:台湾商务印书馆,2018 年。

【明】崔铣:《读易余言》,见《文渊阁四库全书·经部二四·易类》,台北:
　　台湾商务印书馆,2018 年。

【明】潘士藻:《读易述》,见《文渊阁四库全书·经部二七·易类》,台北:
　　台湾商务印书馆,2018 年。

【明】何楷:《古周易订诂》,见《文渊阁四库全书·经部三〇·易类》,台
　　北:台湾商务印书馆,2018 年。

【明】程登吉原编、【清】邹圣脉增补:《幼学故事琼林》,谷玉校点,上海:
　　上海古籍出版社,2018 年。

【明】罗汝芳:《近溪子集》,见方祖猷等编校:《罗汝芳集》,南京:凤凰出
　　版社,2007 年。

【明】王守仁,《王阳明全集》,吴光等编校,上海:上海古籍出版社,
　　1992 年。

【明】王阳明著,邓艾民注:《传习录注疏》,上海:上海古籍出版社,
　　2015 年。

【明】叶山:《叶八白易传》,见《文渊阁四库全书·经部二六·易类》,台
　　北:台湾商务印书馆,2018 年。

【明】胡广等纂修:《四书大全校注·大学或问》上,周群、王玉琴等校注,
　　武汉:武汉大学出版社,2015 年。

【明】方孝孺:《逊志斋集》(明成化十六年郭绅刻本影印),见《中华再造
　　善本·集部·明代编》,国家图书馆出版社,2014 年。

【清】李道平：《周易集解纂疏》，北京：中华书局，1994 年。

【清】王夫之：《周易内传》，李一忻点校，北京：九州出版社，2004 年。

【清】王夫之：《张子正蒙注》，章锡琛校点，北京：古籍出版社，1956 年。

【清】李塨：《周易传注》，见《文渊阁四库全书·经部四一·易类》，台北：台湾商务印书馆，2018 年。

【清】毛奇龄：《仲氏易》，见《文渊阁四库全书·经部三五·易类》，台北：台湾商务印书馆，2018 年。

【清】刁包：《易酌》，见《文渊阁四库全书·经部三三·易类》，台北：台湾商务印书馆，2018 年。

【清】毛奇龄：《易韵》，见《文渊阁四库全书·经部二三六·小学类》，台北：台湾商务印书馆，2018 年。

【清】胡煦：《周易函书约注》，见《文渊阁四库全书·经部四二·易类》，台北：台湾商务印书馆，2018 年。

【清】李光地：《周易函书约存》，见《文渊阁四库全书·经部四二·易类》，台北：台湾商务印书馆，2018 年。

【清】王先谦：《荀子集解》，北京：中华书局，2012 年。

【清】苏舆：《春秋繁露义证》，北京：中华书局，1992 年。

【清】孙诒让：《墨子闲诂》，孙启治点校，北京：中华书局，2017 年。

【清】陈立：《白虎通疏证》，吴则虞点校，北京：中华书局，1994 年。

【清】王聘珍：《大戴礼记解诂》，北京：中华书局，1983 年。

【清】李毓秀：《弟子规》，津河广仁堂所刻书，光绪七年刻本。

【清】皮锡瑞：《经学通论》（上册），北京：朝华出版社，2019 年。

【清】皮锡瑞：《经学历史》，北京：朝华出版社，2019 年。

【清】焦循：《易学三书》，台北：广文书局有限公司，1971 年。

【清】张惠言：《周易虞氏义》，见《儒藏精华编》第 10 册，北京：北京大学出版社，2010 年。

【清】朱骏声：《六十四卦经解》，北京：古籍出版社，1958 年。

【汉】董仲舒：《春秋繁露》，上海：上海古籍出版社，1989 年。

【清】刘大绅等著,方宝川编:《太谷学派遗书》(影印本)第三辑,南京:江苏古籍出版社,2001 年。

【清】王引之:《经义述闻》,虞思徵、马涛、徐炜君校点,上海:上海古籍出版社,2018 年。

【清】陈立:《白虎通疏证》,北京:中华书局,1994 年。

【清】王念孙:《广雅疏证》,张靖伟等校点,上海:上海古籍出版社,1989 年。

【清】王先谦:《释名疏证补》,上海:上海古籍出版社,1984 年。

【清】刘宝楠:《论语正义》,北京:中华书局,1990 年。

【清】孙希旦:《礼记集解》,北京:中华书局,1989 年。

【清】张志聪:《黄帝内经集注》,方春阳等点校,杭州:浙江古籍出版社,2002 年。

【清】尚秉和:《周易尚氏学》,北京:中华书局,1979 年。

【清】悟元子:《道解周易》,钟友文整理,北京:九州出版社,2010 年。

【清】朱彝尊撰,林庆彰等主编:《经义考新释》,上海:上海古籍出版社,2010 年。

阎振益、钟夏:《新书校注》,北京:中华书局,2000 年。

宗福邦、陈世铙、于亭主编:《古音汇纂》,北京:商务印书馆,2019 年。

宗福邦、陈世铙、萧海波主编:《故训汇纂》,北京:商务印书馆,2003 年。

季旭昇:《说文新证》,福州:福建人民出版社,2010 年。

徐时仪:《一切经音义(三种校本合刊)》,上海:上海古籍出版社,2008 年。

高亨:《周易大传今注》,济南:齐鲁书社,1998 年。

列圣齐注:《易经证释》第二部,台北:正一善书出版社,2005 年。

朱高正:《易传通解》,台北:台湾商务印书馆,2014 年。

金景芳、吕绍纲:《周易全解》(修订本),上海:上海古籍出版社,2017 年。

刘大钧:《周易概论》(增补修订本),成都:巴蜀书社,2016 年。

刘大钧、林忠军：《周易古经白话解》，济南：山东友谊书社，1989年。

刘大钧等著：《象数精解》，成都：巴蜀书社，2004年。

刘大钧：《今、帛、竹书〈周易〉综考》，上海：上海古籍出版社，2004年。

朱高正：《易传通解》，台北：台湾商务印书馆，2014年。

温海明：《周易明意：周易哲学新探》，北京：北京大学出版社，2019年。

刘震：《〈周易〉导读：纳甲筮法》，上海：上海科学技术文献出版社，
2016年。

刘震：《〈周易〉导读——帛书〈易传〉》，上海：上海科学技术文献出版社，
2016年。

周振甫：《周易译注》，北京：中华书局，1991年。

王亭之：《周易象数例解》，香港：香港商务印书馆，2013年。

马振彪：《周易学说》，张善文整理，广州：花城出版社，2001年。

黎子耀：《周易秘义》，杭州：浙江古籍出版社，1989年。

李镜池：《周易探源》，北京：中华书局，2007年。

廖名春：《〈周易〉经传与易学史续论：出土简帛与传世文献的互证》，北
京：中国财富出版社，2012年。

廖名春：《马王堆帛书周易经传释文》，见杨世文、李勇先、吴雨时编：《易
学集成》，成都：四川大学出版社，1998年。

丁四新：《楚竹简与汉帛书〈周易〉校注》，上海：上海古籍出版社，
2011年。

丁四新：《〈周易〉溯源与早期易学考论》，见王中江主编：《出土文献与早
期中国思想新知论丛》，北京：人民大学出版社，2017年。

侯乃峰：《〈周易〉文字汇校集释》，见丁原植主编：《出土思想文物与文献
研究丛书（三十六）》，台北：台湾古籍出版有限公司，2009年。

韩自强：《阜阳汉简〈周易〉研究：附〈儒家者言〉、〈春秋事语〉》，上海：上
海古籍出版社，2004年。

马承源主编：《上海博物馆藏战国楚竹书（三）》，上海：上海古籍出版社，
2003年。

李学勤：《周易经传溯源：从考古学、文献学看〈周易〉》，长春：长春出版社，1992年。

李笑野：《〈周易〉的观念形态论》，上海：上海古籍出版社，2016年。

朱启经：《易经爻变解》，上海：上海科学技术文献出版社，2016年。

余治平：《中国的气质——发现活的哲学传统》，北京：中国社会科学出版社，2019年。

余治平：《忠恕而仁：儒家将心比心的态度、观念与实践》，上海：上海人民出版社，2012年。

余治平：《周公〈酒诰〉训：酒与周初政法德教祭祀的经学诠释》，上海：上海古籍出版社，2018年。

余治平：《康德〈纯粹理性批判〉哲学概念系统引校》，北京：中国社会科学出版社，2017年。

余治平：《做人起步〈弟子规〉：脩礼立教以找回一种向善的生活方式》，上海：上海三联出版社，2015年。

谷继明：《周易正义读》，上海：上海人民出版社，2017年。

贾丰臻：《易之哲学》，上海：上海三联书店，2014年。

钟肇鹏主编：《春秋繁露校释》（校补本），石家庄：河北人民出版社，2005年。

陈鼓应：《老子注译及评介》，北京：中华书局，1984年。

徐志钧：《老子帛书校注》，上海：学林出版社，2002年。

郑开：《道德形而上学研究》，北京：宗教文化出版社，2003年。

侯才：《郭店楚墓竹简〈老子〉校读》，大连：大连出版社，1999年。

董平：《老子研读》，北京：中华书局，2015年。

许维遹：《韩诗外传集释》，北京：中华书局，1980年。

钱穆：《论语新解》，北京：生活·读书·新知三联书店，2012年。

章太炎撰，庞俊、郭诚永疏证：《国故论衡疏证》，北京：中华书局，2018年。

朱维焕：《周易经传象义阐释》，台北：台湾学生书局，1980年。

黄寿祺、张善文：《周易译注》，北京：中华书局，2016 年。

于豪亮：《〈周易〉释文校注》，上海：上海古籍出版社，2013 年。

杨万里：《诚斋易传》，北京：中华书局，1985 年。

徐复观：《中国人性论史》，上海：上海三联书店，2001 年。

杨儒宾、祝平次：《儒学的气论与工夫论》，上海：华东师范大学出版社，
　2008 年。

顾颉刚等编：《古史辨》，海口：海南出版社，2003 年。

廖名春：《〈周易〉经传与易学史续论：出土简帛与传世文献的互证》，北
　京：中国财富出版社，2012 年。

于省吾主编，姚孝遂按语编撰：《甲骨文字诂林》，北京：中华书局，
　1996 年。

牟宗三：《周易哲学演讲录》，上海：华东师范大学出版社，2004 年。

朱伯崑：《易学哲学史》，北京：华夏出版社，1994 年。

谢松龄：《天人象：阴阳五行学说史导论》，济南：山东文艺出版社，
　1989 年。

黄俊杰：《东亚儒学史的新视野》，上海：华东师范大学出版社，2004 年。

于雪棠：《先秦两汉文本研究》，北京：北京师范大学出版社，2012 年。

梁启超：《中国近三百年学术史》，北京：中国书籍出版社，2020 年。

郭齐勇：《中国儒学之精神》，上海：复旦大学出版社，2009 年。

中央教育科学研究所编：《陶行知教育文集》，北京：教育科学出版社，
　1981 年。

北京市教育科学研究所编：《陈鹤琴教育文集》（上卷），北京：北京出版
　社，1983 年。

北京市教育科学研究所编：《陈鹤琴全集》，南京：江苏教育出版社，
　1989 年。

王子今：《秦汉儿童的世界》，北京：中华书局，2018 年。

郭立诚：《中国生育礼俗考》，台北：文史哲出版社，1979 年。

许进雄：《中国古代社会：文字与人类学的透视》，北京：中国人民大学出

版社,2008年。

彭卫、杨振红:《中国风俗通史·秦汉卷》,上海:上海文艺出版社,
2002年。

马宗荣:《中国古代教育史》,上海:文通书局,1942年。

陈汉才:《中国古代幼儿教育史》,广州:广东高等教育出版社,1996年。

王稚庵编:《中国儿童史》,上海:儿童书局,1932年。

熊秉真:《童年忆往:中国孩子的历史》,台北:麦田出版,2000年。

金滢坤:《童蒙文化研究》(第三卷),北京:人民出版社,2018年。

詹栋梁:《儿童哲学》,广州:广东教育出版社,2005年。

潘小慧:《儿童哲学的理论与实践》,桂林:广西师范大学出版社,
2020年。

振宇:《儿童哲学导论》,桂林:广西师范大学出版社,2020年。

刘晓东:《儿童精神哲学》,南京:南京师范大学出版社,1999年。

刘炎:《学前教育原理》,沈阳:辽宁师范大学出版社,2002年。

石中英:《教育哲学》,北京:北京师范大学出版社,2007年。

朱智贤,林崇德:《儿童心理学史》,见《朱智贤全集》第6卷,北京:北京
师范大学出版社,2002年。

梦昭兰:《普通心理学》,北京:北京大学出版社,1994年。

张伯行:《小学集解》,北京:商务出版社,1937年。

刘殿爵等主编:《颜氏家训逐字索引》,香港:香港中文大学出版社,
2000年。

韩昇:《良训传家——中国文化的根基与传承》,北京:生活·读书·新
知三联书店,2017年。

王利器:《颜氏家训集解(增补本)》,北京:中华书局,1996年。

刘琳琳:《不简单的三字经》,北京:华文出版社,2018年。

汪受宽:《孝经译注》,上海:上海古籍出版社,2007年。

钱文忠:《钱文忠解读〈三字经〉》,武汉:长江文艺出版社,2015年。

[日]西山尚志:《古书新辨:先秦出土文献与传世文献相对照研究》,上

海：上海古籍出版社，2015 年。

［日］高岛嘉右卫门著，【清】王治本译：《增补高岛易断·周易上经》，北京：华龄出版社，2017 年。

［日］安居香山、中村璋八：《纬书集成》，石家庄：河北人民出版社，1994 年。

［古希腊］柏拉图：《理想国》（*Πολιτεία*），见《柏拉图全集》，王晓朝译，北京：人民出版社，2002 年。

［瑞士］J. 皮亚杰：《儿童的心理发展》（*The Psychology of the Child*），傅统先译，济南：山东教育出版社，1932 年。

［瑞士］J. 皮亚杰：《发生认识论原理》（*The Principles of Genetic Epistemology*），王宪钿等译，北京：商务印书馆，2017 年。

［美］S. J. 古尔德：《自达尔文以来》（*Ever since Darwin*），田洺译，海口：海南出版社，2008 年。

［美］N. 波兹曼：《童年的消逝》（*The disappearance of childhood*），吴燕莚译，桂林：广西师范大学出版社，2004 年。

［美］A. 班杜拉：《社会学习理论》（*Social Learning Theory*），陈欣银，李伯黍译，北京：中国人民大学出版社，2014 年。

［美］P. 罗夏：《婴儿的世界》（*The Infant's World*）（修订本），郭力平、郭琴、许冰灵译，上海：华东师范大学出版社，2019 年。

［美］B. F. 斯金纳：《科学与人类行为》（*Science and Human Behavior*），谭力海等译，北京：华夏出版社，1989 年。

［美］M. 李普曼：《教室里的哲学》（*Philosophy in the Classroom*），张爱琳、张爱维编译，太原：山西教育出版社，1997 年。

［美］G. B. 马修斯：《童年哲学》（*The Philosophy of Childhood*），刘晓东译，北京：生活·读书·新知三联书店，2015 年。

［美］G. B. 马修斯：《与儿童对话》（*Dialogues with Children*），陈鸿铭译，北京：生活·读书·新知三联书店，2015 年。

［美］G. B. 马修斯：《哲学与幼童》（*Philosophy and the Young Child*）

（修订本），陈国容译，北京：生活·读书·新知三联书店，2015 年。

［美］J. 杜威：《民主主义与教育》（*Democracy and Education：An Introduction to the Philosophy of Education*），王承绪译，北京：人民教育出版社，1990 年。

［美］J. O. 卢格：《人生发展心理学》（*Life Span Development*），陈德民、周国强、罗汉等译，上海：学林出版社，1996 年。

［美］T. 何德兰、［英］K. 布朗士：《孩提时代：两个传教士眼中的中国儿童生活》（*The Chinese Boy and Girl*），魏长保、黄一九、宣方译，北京：群言出版社，2000 年。

［美］A. 高普尼克：《宝宝也是哲学家：学习与思考的惊奇发现》（*The Philosophical Baby：What children's Minds Tell Us About Truth，Love，and the Meaning of Life*），杨彦捷译，杭州：浙江人民出版社，2014 年。

［英］J. 洛克：《教育漫话》（*Some Thoughts Concerning Education*），杨汉麟译，北京：人民教育出版社，2005 年。

［英］D. W. 温尼科特：《婴儿与母亲》（*Babies and Their Mothers*），卢林，张宜宏译，北京：北京大学出版社，2019 年。

［英］H. R. 谢弗：《儿童心理学》（*Introducing Child Psychology*）（修订本），王莉译，北京：电子工业出版社，2016 年。

［英］J. 鲍比尔：《依恋三部曲》第一卷《依恋》（*Attachment Vol. 1*），汪智艳、王婷婷译，北京：世界图书出版有限公司北京分公司，2017 年。

［法］J. J. 卢梭：《爱弥儿》（*émile：ou De l'éducation*），李平沤译，北京：商务印书馆，1996 年。

［法］J. J. 卢梭：《论科学与艺术》（*Discours sur les sciences et les arts*），何兆武译，北京：商务印书馆，1959 年。

［法］J. J 卢梭：《论人与人之间不平等的起因和基础》（*Discourse on the Origin and foundations on Inequality among mankind*），李平沤译，北京：商务印书馆，2015 年。

［法］J. P. 内罗杜:《古罗马的儿童》(être enfant à Rome),张鸿、向征译,桂林:广西师范大学出版社,2005 年。

［法］P. 阿利埃斯:《儿童的世纪:旧制度下的儿童和家庭生活》(L'enfant et la vie familiale sous l'Ancien Régime),沈坚、朱晓罕译,北京:北京大学出版社,2013 年。

［德］K. 雅斯贝尔斯:《什么是教育》(Was ist Erziehung?),邹进译,北京:生活·读书·新知三联书店出版社,1991 年。

［德］K. 雅斯贝尔斯:《智慧之路》(Way to Wisdom),柯锦华、范进译,北京:中国国际广播出版社,1988 年。

［德］K. 考夫卡:《心灵的成长:儿童心理学导论》(The Growth of Mind: An Introduction to Child-Psychology),北京:商务印书馆,2020 年。

［德］J. F. 赫尔巴特:《普通教育学》(Allgemeine Padagogik ausdem Zwe—ckder Erziehung),李其龙译,北京:人民教育出版社,1989 年。

［德］I. 康德:《纯粹理性批判》(Kritik der reinen Vernunft),邓晓芒译,杨祖陶校,北京:人民出版社,2017 年。

［意］M. 蒙台梭利:《童年的秘密》(Secret of Childhood),马荣根译,北京:人民教育出版社,2004 年。

［意］M. 蒙台梭利:《有吸收力的心灵》(The Absorbent Mind),高潮,薛杰译,北京:中国发展出版社,2003 年。

［意］E. 贝齐、［法］D. 朱利亚主编:《西方儿童史:从古代到 17 世纪》(Histoire de l'enfance en Occident: 1. De l' Antiquité au XVIIᵉ siècle)(上卷),申华明译,北京:商务印书馆,2016 年。

［奥］R. 斯坦纳:《童年的王国》(The kingdom of Childhood),潘定凯译,深圳:深圳报业集团出版社,2014 年。

［奥］A. 阿德勒:《儿童人格形成及培养》(The Education of children),张晓晨译,上海:上海三联书店,2017 年。

［奥］S. 弗洛伊德:《自我与本我》(The Ego and the Id),见车文博主编:《S. 弗洛伊德文集》,北京:九州出版社,2014 年。

[以色列]R.索兰:《童年之谜:了解儿童内心世界的心理学指南》(*The Enigma of Childhood: The Profound Impact of the First Years of Life on Adults as Couples and Parents*),丁瑞佳译,北京:人民邮电出版社,2020年。

Matthew Lipman. *Thinking in Education (Second Edition)*. New York:Cambridge University Press,2003.

Lam Chi-Ming, and Springer Link. *Childhood, Philosophy and Open Society Implications for Education in Confucian Heritage Cultures*. Education in the Asia-Pacific Region: Issues, Concerns and Prospects. 22. 2013.

Monica B. Glina. *Philosophy For, With, and Of Children*. Newcastle-upon-Tyne:Cambridge Scholars Publisher,2013.

主要索引

后 记

　　《周易》真的了不起！写到此处，书稿已经要收尾了，还意犹未尽。《易传·系辞上》曰："神无方而易无体。"易道确实有种吸引人的微妙神力，让人读了还想读，再读也读不透。在《蒙》卦灵动有趣的符号系统中我读到了活泼泼的儿童哲学、满盈盈的教化智慧。回想我过去所接受的儿童教育知识，多是把儿童解剖成认知、情感、社会化、个性等不同模块来做精细解读和观察分析，总是渗透着一种寻求阿基米德支点、验证牛顿万有引力的求真精神。M. 李普曼、G. B. 马修斯呼吁人们走进儿童的精神世界，因为在孩子们娇小的身体里还藏着美妙多彩的心灵宇宙。因而中国传统的儒、墨、道、法、名、阴阳等学派没有一个会把人分解开来讨论。在有着几千年文明底蕴的中华大地上，儿童曾经有着怎样的足迹？在满富田园风光、充斥烟火气息、天人同心同德的历史境遇里，老祖宗又是怎样对待儿童的？真的很想钻进经典文本的字缝中去瞧一瞧当时儿童生活的样子，更想看一看那些留着长须、垂着衣裳的智者们对儿童有着怎样的评价和欢喜？幸运的是，2019 年在上海交通大学余治平教授的指导和同事的帮助下，我顺利申请到了上海市高校青年教师培养资助计划重点推荐项目。人助我，天亦助我，必须珍惜此次难得之机遇，尽心尽力去研究优秀传统文化中的儿童教育智慧，这是作为青年学人的文化使命，也是我对自己学术研究历程的一次阶段性交代。

"童蒙"，一听就是带有中国复古音韵味儿的词，我第一次读到就倍感亲切，莫名的欢喜，深深被其吸引。追溯到《周易》第四卦《蒙》卦，卦辞中出现了"童蒙"，而六爻黑洞洞、直愣愣地整齐排列，虚实交合，阴阳互济，我又困惑又惊喜，下定决心要认真读、下功夫读。2019年12月底新冠疫情开始肆虐，我在山清水秀的桑梓故土着手写这本书，恰巧《蒙》卦是也是取"山水"之象，情景交融，物我两忘，性契情合，正是读书创作时！一种来自潜意识的直觉洪流不停地冲击我的脑神经，这《蒙》卦中的"山水"不一般，似乎与我有着天生注定的不解缘分。我的童年没有离开过唐岭那片青山绿水，山是把我家高高托起的地方，水是我幼时光着脚丫、踩着滚烫石头蹲在井边一滴一滴等的珍贵甘露。《论语·雍也》曰："智者乐水，仁者乐山。"虽不敢以智者、仁者自居，但我骨子里热爱山、依恋水。《蒙》卦这一卦象勾起了我对美好童年的无限追忆与原初生命的好奇深思。

从本科到硕士，我的专业领域是儿童教育，博士研究方向转为中国哲学，从事汉代经学研究，这种融合性、交叉性、跨越性的学习经历，让我更加有底气、有信心去挖掘《周易》中的儿童教育思想。这些学习经历不仅能够激活我多年所积累的儿童教育知识，还可以为我进一步研究中国哲学打牢扎实的学术基础。《易传·系辞上》曰："《易》与天地准，故能弥纶天地之道。"易道广大，包罗天地气象，涵摄万物之理，不好读，不易懂，从卦象到卦辞，从爻象到爻辞，从象数到义理，从字句训诂到哲学阐发，都得一点一点啃，一字一字抠。读累了，我就到房顶看看山，或下楼到油菜田边散散心。勤劳慈爱的母亲，牵挂小女太过辛劳，变着花样为我烹美食补营养，父亲更是反复叮咛："你也歇一歇啊！"我几乎是百分之百地全身心投入，日日都像桑蚕吐丝般把灵感往外泄，夜夜陷入覃思而不能寐，偶尔还会呷几口法国 Collin Bourisset 红葡萄酒以助眠。在撰写书稿的过程中，除了研读《周易》，我坚持每周参加《春秋公羊传》读书班并担任主讲人之一，浸泡在这两本经典中，逐渐开始打通儒家诸经，不知不觉已经把自己原有的儿童教育知识背景融入中国哲学话语系统中做了一番拷问和审视。因而，《童蒙养正，受益终身》以《蒙》卦的教育思想为核心，又延伸到《颜氏家训》《三字经》《弟子规》这三部古代蒙学代表读物，从经学诠释到教育实践，从智力启蒙到事上磨炼，任何一个环节我都舍不得丢下。古人过着最朴实简单的生活却享受着最高尚圣洁的精神世界，尤其是对于我这样从实践领域跨越到纯思领域的人而言，感触更加深刻、真切。"读书之味，愈久愈深，而不知厌也"（《薛瑄全集·读书录卷二》），优秀的经典如同春日的绚烂阳光，伸手触摸还不够，还要闭眼感受每个毛孔，侧耳倾听虫鸟吱语，低头轻闻泥息花香，越读越沉醉，越读越有味儿，一辈子也读不够！

在家闭关防疫的 4 个多月里，我沉浸在山水《蒙》卦的精微奥妙之中诠释童蒙、解读童年，感谢邻居家 2 岁半的小朋友陈馨怡，她是我创作的灵感来源。为了走进她的童心世界，我时常把自己也还原成两岁半的幼稚状态。她骑车车，我也跟着一起骑；她附身看脚下傻笑，我也跟着一起笑，她因童趣在笑，我因她在笑而笑。她用手指在门上捏一下，飞快跑来放到我手心，明明什么也没有，她却咯咯笑得脸蛋都快要涨破了，口水在衣领处不停飞溅。她到底在向我传递什么？是快乐，还是幽默？我分不清、看不懂、猜不透，永远也走不进她内心的"永无岛"，甚至会因此而深感羞愧。她身上有一股如同山泉般清澈澄明、纯一而发的灵气，大人们喜欢逗她，而我却在用力地在感受她、消解自己，因为只要存留成人的一丝念头，我肯定会被她拒之门外。我钦慕她的童真，她迷恋我的稚气，数不清多少次大声在楼下呼唤我——"姑姑""姑姑"。但因写作进度要求，我规定自己每日只能与她尽情相处 30 分钟，这 30 分钟的烂漫自在、快乐无忧，足足支撑我一整天的文思泉涌。

2020 年 5 月，我背着标记得密密麻麻的《童蒙养正·受益终身》初稿告别汉水之滨，浓浓乡愁，悠悠童真，铺满了整个飞机跑道，在秦岭至黄浦江畔上空的那朵云上抹了雪白轻柔的一笔，仿佛是在说秦巴明珠的汉水风情还需添上几分东方魔都的璀璨光辉。至今，我在沪上先后从北到南搬迁移居，从教师身份变回校园学生，修改书稿始终是我的头等大事，又经历了一年多时间断断续续的打磨，终于拙著初成，心情甚为激动。从定书名、拟大纲到章节撰写、观点论证，不知熬过多少次才思枯竭、灵感堵塞的痛苦纠结时刻，我之所以能够克服这些困难，离不开余治平老师的悉心指导，他以中西融通的哲学视野与深厚精专的经学素养一次次助我窍通疑虑、启迪思路，令我感激不尽！上海市高校青年教师培养资助计划重点推荐项目、国家社会科学基金重大项目"董仲舒传世文献考辨与历代注疏研究"、上海交通大学中华君子文化研究中心提供出版经费，使本书能够早日面世，在出版难的今天，尤显珍贵。著名易学家、山东大学易学与中国古代哲学研究中心主任刘大钧教授题写书名，作为易学界泰斗级人物，刘老欣然命笔，令小辈没齿难忘。感谢中国人民大学温海明教授、中国政法大学刘震教授拨冗写序，提携后进，鼓励末学。感谢荷兰爱思唯尔（Elsevier）出版公司大中华区总编李广良博士的推荐和支持。感谢上海交通大学出版社编辑李阳、冯勤老师的帮助。我将永远感恩铭记！

唐艳谨识

上海交通大学
董仲舒国际儒学研究院
壬寅 2022 年仲秋，黄浦江畔